21 世纪全国高等院校财经管理系列实用规划教材

高级财务会计

主　编　王奇杰

内 容 简 介

本书全面系统地介绍了高级财务会计的理论与实务。全书共分 4 篇 13 章，第 1 篇金融工具会计，包括金融资产、衍生金融工具、套期保值；第 2 篇特殊业务会计，包括外币折算会计、租赁会计、投资性房地产会计和所得税会计；第 3 篇企业合并会计，包括企业合并的会计处理方法、合并日以及合并日后的合并财务报表的编制原理和方法；第 4 篇特殊时期会计，包括物价变动会计和债务重组与企业清算会计。

本书提供了与高级财务会计有关的大量案例、例题和形式多样的练习题，具有很强的实用性和操作性，可以供读者阅读、训练使用，便于对所学知识的巩固和财务会计操作能力的培养。

本书除可作为高等院校会计学、财务管理与审计学等专业的本科生教材外，还可作为企业和社会培训会计人员、会计人员职称考试和注册会计师考试的参考书籍。

图书在版编目(CIP)数据

高级财务会计/王奇杰主编. —北京：中国农业大学出版社；北京大学出版社，2010.8

(21 世纪全国高等院校财经管理系列实用规划教材)

ISBN 978-7-5655-0061-9

Ⅰ. ①高… Ⅱ. ①王… Ⅲ. ①财务会计—高等学校—教材 Ⅳ. ①F234.4

中国版本图书馆 CIP 数据核字(2010)第 149192 号

书　　名：高级财务会计
著作责任者：王奇杰　主编
总 策 划：第六事业部
执行策划：李　虎
责任编辑：王显超　杨建民　从晓红
标准书号：ISBN 978-7-5655-0061-9
出 版 者：北京大学出版社(地址：北京市海淀区成府路 205 号　邮编：100871)
网址：http://www.pup.cn　http://www.pup6.com　E-mail: pup_6@163.com
电话：邮购部 62752015　发行部 62750672　编辑部 62750667　出版部 62754962
中国农业大学出版社(地址：北京市海淀区圆明园西路 2 号　邮编：100193)
网址：http://www.cau.edu.cn/caup　E-mail: cbsszs@cau.edu.cn
电话：编辑部 62732617　营销中心 62731190　读者服务部 62732336
印 刷 者：三河市北燕印装有限公司
发 行 者：北京大学出版社　中国农业大学出版社
经 销 者：新华书店
787 毫米×1092 毫米　16 开本　24.75 印张　567 千字
2010 年 8 月第 1 版　2010 年 8 月第 1 次印刷
定　　价：44.00 元

21世纪全国高等院校财经管理系列实用规划教材

专家编审委员会

丛书序

我国越来越多的高等院校设置了经济管理类学科专业，这是一个包括经济学、管理科学与工程、工商管理、公共管理、农业经济管理、图书档案学6个二级学科门类和22个专业的庞大学科体系。2006年教育部的数据表明在全国普通高校中经济类专业布点1518个，管理类专业布点4328个。其中除少量院校设置的经济管理专业偏重理论教学外，绝大部分属于应用型专业。经济管理类应用型专业主要着眼于培养社会主义国民经济发展所需要的德智体全面发展的高素质专门人才，要求既具有比较扎实的理论功底和良好的发展后劲，又具有较强的职业技能，并且又要求具有较好的创新精神和实践能力。

在当前开拓新型工业化道路，推进全面小康社会建设的新时期，进一步加强经济管理人才的培养，注重经济理论的系统化学习，特别是现代财经管理理论的学习，提高学生的专业理论素质和应用实践能力，培养出一大批高水平、高素质的经济管理人才，越来越成为提升我国经济竞争力、保证国民经济持续健康发展的重要前提。这就要求高等财经教育要更加注重依据国内外社会经济条件的变化适时变革和调整教育目标和教学内容；要求经济管理学科专业更加注重应用、注重实践、注重规范、注重国际交流；要求经济管理学科专业与其他学科专业相互交融与协调发展；要求高等财经教育培养的人才具有更加丰富的社会知识和较强的人文素质及创新精神。要完成上述任务，各所高等院校需要进行深入的教学改革和创新。特别是要搞好有较高质量的教材的编写和创新。

出版社的领导和编辑通过对国内大学经济管理学科教材实际情况的调研，在与众多专家学者讨论的基础上，决定编写和出版一套面向经济管理学科专业的应用型系列教材，这是一项有利于促进高校教学改革发展的重要措施。

本系列教材是按照高等学校经济类和管理类学科本科专业规范、培养方案，以及课程教学大纲的要求，合理定位，由长期在教学第一线从事教学工作的教师立足于21世纪经济管理类学科发展的需要，深入分析经济管理类专业本科学生现状及存在问题，探索经济管理类专业本科学生综合素质培养的途径，以科学性、先进性、系统性和实用性为目标，其编写的特色主要体现在以下几个方面：

(1) 关注经济管理学科发展的大背景，拓宽理论基础和专业知识，着眼于增强教学内容的联系实际和应用性，突出创造能力和创新意识。

(2) 体系完整、严密。系列涵盖经济类、管理类相关专业以及与经管相关的部分法律类课程，并把握相关课程之间的关系，整个系列丛书形成一套完整、严密的知识结构体系。

(3) 内容新颖。借鉴国外最新的教材，融会当前有关经济管理学科的最新理论和实践经验，用最新知识充实教材内容。

(4) 合作交流的成果。本系列教材是由全国上百所高校教师共同编写而成，在相互进行学术交流、经验借鉴、取长补短、集思广益的基础上，形成编写大纲。最终融合了各地特点，具有较强的适应性。

(5) 案例教学。教材具备大量案例研究分析，让学生在学习过程中理论联系实际，特别列举了我国经济管理工作中的大量实际案例，这可大大增强学生的实际操作能力。

(6) 注重能力培养。力求做到不断强化自我学习能力、思维能力、创造性解决问题的能力以及不断自我更新知识的能力，促进学生向着富有鲜明个性的方向发展。

作为高要求，财经管理类教材应在基本理论上做到以马克思主义为指导，结合我国财经工作的新实践，充分汲取中华民族优秀文化和西方科学管理思想，形成具有中国特色的创新教材。这一目标不可能一蹴而就，需要作者通过长期艰苦的学术劳动和不断地进行教材内容的更新才能达成。我希望这一系列教材的编写，将是我国拥有较高质量的高校财经管理学科应用型教材建设工程的新尝试和新起点。

我要感谢参加本系列教材编写和审稿的各位老师所付出的大量卓有成效的辛勤劳动。由于编写时间紧、相互协调难度大等原因，本系列教材肯定还存在一些不足和错漏。我相信，在各位老师的关心和帮助下，本系列教材一定能不断地改进和完善，并在我国大学经济管理类学科专业的教学改革和课程体系建设中起到应有的促进作用。

劉詩白

2007 年 8 月

刘诗白　刘诗白教授现任西南财经大学名誉校长、博士生导师，四川省社会科学联合会主席，《经济学家》杂志主编，全国高等财经院校资本论研究会会长，学术团体“新知研究院”院长。

前　　言

中国企业会计准则已于2005年实现了与国际财务报告准则的接轨，并在上市公司和非上市的大中型企业范围内平稳有效的实施，得到了国内外各大企业的广泛认可。为应对本次国际金融危机，中国支持建立全球统一的高质量的会计准则，积极推进中国企业会计准则同国际财务报告准则持续趋同。在此背景下，不断完善和更新《高级财务会计》一书的结构体系及内容是非常必要的。因此，本书的编写既要兼顾国际惯例与中国国情，又要协调前瞻性与实用性，正确处理好以下几个方面的关系。其一，教材与准则的关系。本书的编写以中国企业会计准则和国际财务报告准则为主要依据，以近年来高级财务会计的理论和实务的发展与完善为依托，以便于读者对高级财务会计原理的系统把握和技能的自如应用。其二，《高级财务会计》教材与《中级财务会计》教材的关系。编者对《高级财务会计》教材的内容定位是"特殊业务、特殊行业、特殊呈报"的会计理论与实务。根据这一定位，着力对财务会计学范畴内的诸多专门的会计领域进行详细的讲解，力求和《中级财务会计》形成一个前后紧密衔接而又不重复的内容体系。其三，本科教学与高职教学的关系。编者对本书使用对象的定位是：会计学、财务管理专业或其他相关专业的本科教学。由于高职教学阶段主要注重高级财务会计的各专门业务的实践操作，所以，本书立足于介绍高级财务会计的基本理论、基本方法，既力求理论论述的简练，又突出实践操作的简便。

本书共分4篇13章。第1篇金融工具会计，系统地阐述金融资产的确认与计量、重分类和金融资产转移以及套期保值的会计处理。第2篇特殊业务会计，涉及外币折算会计、租赁会计、投资性房地产会计和所得税会计。第3篇企业合并会计，对企业合并的会计方法、合并财务报表的编制程序和技术作了较为详尽的描述。此外，对集团内部交易抵销、合并现金流量表和合并所有者权益变动表等均作了系统深入的叙述，对合并财务报表理论进行了概括和提炼。第4篇特殊时期会计，着重介绍在特定时期发生的会计业务，诸如物价变动、债务重组、解散清算、破产清算时发生的会计业务。

本书具有下述鲜明的特色。

(1) 内容新颖。在编写本书的过程中，我们力求立足于国内同时兼顾国际财务报告准则的发展动态。所以，本书既有国际会计领域相关进展与最新动态的介绍，又有对国内企业会计准则运用和变化的讲解。

(2) 体例新颖。为体现本课程实践性和应用性较强的特点，书中每章都有导入案例，使较为枯燥、较难理解的高级财务会计的教学和学习尽可能的有趣和生动，每章附有重要术语、参考阅读文献和练习题，使了学生巩固、运用所学的高级财务会计的理论和实务。因此，本书的体例不同于以往的同类教材。

(3) 案例新颖。高级财务会计内容超前、难度较大，在教学中只有将理论与实务紧密结合、重视案例演示与业务分析，才能达到预期的教学效果。本书在编写过程中，紧密结合我国证券市场发展历程中的上市公司财务会计的典型案例，实现理论性与实践性的统一。

本书由盐城工学院经管学院王奇杰副教授担任主编，负责全书结构的设计、草拟写作提纲、组织编写工作和最后的统稿定稿。各章具体分工如下：第1、2、3、6、8、9、10、11、13章由王奇杰副教授编写；第4、12章由盐城工学院经管学院张思强教授编写；第5、7章由盐城工学院经管学院仓萍萍讲师编写。全书由南京财经大学会计学院周友梅教授、胡晓明教授审定。

本书在编写过程中参考了有关书籍和资料，得到盐城工学院教材出版基金资助，在此一并表示衷心的感谢！

由于作者水平所限，书中难免存在疏漏之处，敬请读者批评指正，以利修正和提高。

编　者

2010年8月

目　　录

第1篇　金融工具会计

第1章　金融资产

教学目标

通过本章的学习，要理解金融工具、金融资产和金融负债的基本定义，理解金融资产的分类与重分类和金融资产转移的基本内容；掌握金融资产初始计量的核算、金融资产后续计量的核算、采用实际利率确定金融资产摊余成本的方法和金融资产减值的会计处理方法，能够运用有关金融资产的会计确认和计量的基本方法。

教学要求

知识要点	能力要求	相关知识
金融工具概述 金融资产分类	理解金融工具的基本定义 学会金融资产的分类	金融工具的基本定义 金融资产和金融负债的基本定义 金融资产的分类与重分类
金融资产的确认和计量	学会实际利率法 学会摊余成本的计算方法 学会各类金融资产的账务处理	金融资产确认条件 金融资产的初始计量、后续计量 金融资产相关利得或损失的处理
金融资产减值 金融资产转移	学会判断金融资产减值损失 学会持有至到期投资减值的账务处理 学会贷款和应收款项减值的账务处理 学会可供出售金融资产减值账务处理	金融资产减值损失的确认 金融资产减值损失的计量 金融资产转移的确认 金融资产转移的计量

导入案例

金融资产归类的利润操纵问题

蓝海股份有限公司于2009年9月5日从证券市场上购入南方股份有限公司发行在外的股票200万股，占南方股份有限公司有表决权股份的1.5%，每股支付价款5元，另支付相关费用20万元。2009年9月30日，这部分股票的公允价值为1 050万元。

蓝海股份有限公司在该金融资产初始确认时，按其持有目的并结合自身业务的特点、投资策略和风险管理的要求，可以将该项股权投资划分为以公允价值计量且其变动计入当期损益的金融资产，也可以作为可供出售金融资产来处理。这样，蓝海股份有限公司可以将该项股权投资归为不同类别的金融资产，给企业利用金融资产归类调节利润提供了可能性。

如果蓝海股份有限公司将该项股权投资作为以公允价值计量且其变动计入当期损益的金融资产，那么蓝海股份有限公司支付的20万元的交易费用将以冲减投资收益来处理，蓝海股份有限公司当期将减少20万元的利润；如果蓝海股份有限公司将该项股权投资划分为可供出售金融资产，那么蓝海股份有限公司支付的20万元交易费用将作为可供出售金融资产的成本来处理，这样就增加了蓝海股份有限公司当期的资产，但蓝海股份有限公司当期利润比上一种划分方法增加了20万元。这就给蓝海股份有限公司利用金融资产归类调节利润提供了空间。

资料来源：许良虎，宋道勇，黄金鑫. 金融资产归类的利润操纵问题及监管[J]. 会计之友，2009(11).

问题：

(1) 对该项股权投资，蓝海股份有限公司应该如何分类？

(2) 蓝海股份有限公司对该项股权投资的公允价值变动应该如何处理？

(3) 该案例给我们什么启示？

1.1 金融工具概述

1.1.1 金融工具的定义

我国《企业会计准则第22号——金融工具确认和计量》(以下简称金融工具确认和计量准则)规范了包括金融企业在内的各类企业的金融工具交易的会计处理，要求企业将几乎所有的金融工具纳入表内核算，这有助于如实地反映企业的金融工具交易，便于投资者更好地了解企业的财务状况和经营成果。

根据金融工具确认和计量准则的规定，金融工具是指形成一个企业的金融资产，并形成其他单位的金融负债或权益工具的合同。金融工具包括金融资产、金融负债和权益工具。

金融工具可以分为基础金融工具和衍生工具。基础金融工具包括企业持有的现金、存放于金融机构的款项、普通股，以及代表在未来期间收取或支付金融资产的合同权利或义务等，如应收账款、应付账款、其他应收款、其他应付款、存出保证金、存入保证金、客户贷款、客户存款、债券投资、应付债券等。衍生工具又称“金融衍生产品”，是与基础金融工具相对应的一个概念，指建立在基础工具或基础变量之上，其价格随基础金融工具的价格(或数值)变动的派生金融工具[①]。

① 中国证券业协会. 证券交易[M]. 北京：中国财政经济出版社，2009.

1.1.2 金融资产的定义

金融资产是指企业的下列6种资产。

(1) 现金。

(2) 持有的其他单位的权益工具。

(3) 从其他单位收取现金或其他金融资产的合同权利。

(4) 在潜在有利条件下，与其他单位交换金融资产或金融负债的合同权利。

(5) 将来须用或可用企业自身权益工具进行结算的非衍生工具的合同权利，企业根据该合同将收到非固定数量的自身权益工具。

(6) 将来须用或可用企业自身权益工具进行结算的衍生工具的合同权利，但企业以固定金额的现金或其他金融资产换取固定数量的自身权益工具的衍生工具合同权利除外。其中，企业自身权益工具不包括本身就是在将来收取或支付企业自身权益工具的合同。

1.1.3 金融负债的定义

金融负债是指企业的下列4种负债。

(1) 向其他单位支付现金或其他金融资产的合同义务。

(2) 在潜在不利条件下，与其他单位交换金融资产或金融负债的合同义务。

(3) 将来须用或可用企业自身权益工具进行结算的非衍生工具的合同义务，企业根据该合同将交付非固定数量的自身权益工具。

(4) 将来须用或可用企业自身权益工具进行结算的衍生工具的合同义务，但企业以固定金额的现金或其他金融资产换取固定数量的自身权益工具的衍生工具合同义务除外。其中，企业自身权益工具不包括本身就是在将来收取或支付企业自身权益工具的合同。

1.1.4 权益工具的定义

权益工具是指能证明拥有某个企业在扣除所有负债后的资产中的剩余权益的合同；从发行方看，权益工具通常指企业发行的普通股、在资本公积项下核算的认股权等。

1.2 金融资产的分类

金融资产的分类是确认和计量的基础。企业应当结合自身业务的特点和风险管理的要求，将取得的金融资产在初始确认时分为以下几类：以公允价值计量且其变动计入当期损益的金融资产；持有至到期投资；贷款和应收款项；可供出售金融资产。金融资产分类与金融资产计量密切相关。不同类别的金融资产，其初始计量和后续计量采用的基础也不完全相同。因此，上述分类一经确定，不应随意变更。

1.2.1 以公允价值计量且其变动计入当期损益的金融资产

以公允价值计量且其变动计入当期损益的金融资产，可以进一步分为交易性金融资产和直接指定为以公允价值计量且其变动计入当期损益的金融资产。

1. 交易性金融资产

满足以下条件之一的金融资产，应当划分为交易性金融资产。

(1) 取得该金融资产的目的主要是为了近期内出售、回购或赎回。例如，企业以赚取差价为目的而从二级市场购入的股票、债券和基金等。通常情况下，这是企业交易性金融资产的主要组成部分。

(2) 属于进行集中管理的可辨认金融工具组合的一部分，且有客观证据表明企业近期采用短期获利方式对该组合进行管理。在这种情况下，即使组合中有某个组成项目持有的期限稍长也不受影响。例如，企业基于其投资策略和风险管理的需要，将某些金融资产进行组合来从事短期获利活动，组合中的金融资产应采用公允价值计量，并将其相关公允价值变动计入当期损益。

(3) 属于衍生工具。衍生工具通常划分为交易性金融资产或金融负债。但是，被指定为有效套期工具的衍生工具、属于财务担保合同的衍生工具、与在活跃市场中没有报价且其公允价值不能可靠计量的权益工具投资挂钩并须通过交付该权益工具结算的衍生工具除外。其中，财务担保合同是指保证人和债权人约定：当债务人不履行债务时，保证人按照约定履行债务或者承担责任的合同。

2. 直接指定为以公允价值计量且其变动计入当期损益的金融资产

(1) 根据金融工具确认和计量准则规定，对于包括一项或多项嵌入衍生工具的混合工具[①]，除了嵌入衍生工具对混合工具的现金流量没有重大改变或类似混合工具所嵌入的衍生工具明显不应当从相关混合工具中分拆外，企业可以将其直接指定为以公允价值计量且其变动计入当期损益的金融资产。

(2) 除混合工具以外的其他金融资产，只有能够产生更相关的会计信息时才能将某项金融资产直接指定为以公允价值计量且其变动计入当期损益的金融资产。符合以下条件之一，就说明直接指定能够产生更相关的会计信息。

① 该指定可以消除或明显减少由于该金融资产的计量基础不同而导致的相关利得或损失在确认和计量方面不一致的情况。设立这项条件，目的在于通过直接指定为以公允价值计量并将其变动计入当期损益，以消除会计上可能存在的不配比现象。例如，按照金融工具确认和计量准则规定，有些金融资产可以被划分为可供出售类，从而其公允价值变动计入所有者权益，但与之直接相关的金融负债却划分为以摊余成本进行后续计量的金融负债，从而导致“会计不配比”现象的出现，如果将以上金融资产和金融负债均直接指定为以公允价值计量且其变动计入当期损益类，那么这种会计不配比现象就能够被消除。

② 企业的风险管理或投资策略的正式书面文件已载明，该金融资产组合、或该金融资产和金融负债组合以公允价值为基础进行管理、评价并向关键管理人员报告。

此项条件重点在于企业日常管理和评价业绩的方式，而不是关注金融工具组合中各组成部分的性质。例如，某企业集团对所辖范围内全资子公司或分公司的风险敞口进行集中管理以总体控制财务风险，该企业集团采用金融资产和金融负债组合方式进行管理，每日均以公允价值对该组合进行评价以便及时调整组合，来应对相关的财务风险。该企业集团管理层对该组合的管理也以公允价值为基础。在这种情况下，该企业集团可以直接指定组

① 嵌入衍生工具是指嵌入到非衍生工具(即主合同)中，使混合工具的全部或部分现金流量随特定利率、金融工具价格、商品价格、汇率、价格指数、费率指数、信用等级、信用指数或其他类似变量的变动而变动的衍生工具。嵌入衍生工具与主合同构成混合工具，如嵌在某一权益工具中的看跌期权等。

合中的金融资产和金融负债为以公允价值计量且其变动计入当期损益的金融资产和金融负债。

1.2.2 持有至到期投资

持有至到期投资是指到期日固定、回收金额固定或可确定且企业有明确意图和能力持有至到期的非衍生金融资产。企业不能将下列非衍生金融资产划分为持有至到期投资：一是在初始确认时即被指定为以公允价值计量且其变动计入当期损益的非衍生金融资产；二是在初始确认时被指定为可供出售的非衍生金融资产；三是符合贷款和应收款项的定义的非衍生金融资产。

1. 到期日固定、回收金额固定或可确定

“到期日固定、回收金额固定或可确定”是指相关合同明确了投资者在确定的日期内获得或应收取现金流量(例如债券投资利息和本金等)的金额和时间。因此，从投资者的角度看，如果不考虑其他条件，在将某项投资划分为持有至到期投资时可以不考虑可能存在的发行方的重大支付风险；其次，由于要求到期日固定，因此权益工具投资不能划分为持有至到期投资；最后，如果符合其他条件，不能由于某债务工具投资是浮动利率投资而不将其划分为持有至到期投资。

2. 有明确意图持有至到期

“有明确意图持有至到期”是指投资者在取得投资时意图就是明确的，除非遇到一些企业所不能控制、预期不会重复发生且难以合理预计的独立事件，否则将持有至到期。

存在下列情况之一的，表明企业没有明确意图将金融资产投资持有至到期。

(1) 持有该金融资产的期限不确定。

(2) 发生市场利率变化、流动性需要变化、替代投资机会及其投资收益率变化、融资来源和条件变化、外汇风险变化等情况时，将出售该金融资产。但是，无法控制、预期不会重复发生且难以合理预计的独立事项引起的金融资产出售除外。

(3) 该金融资产的发行方可以按照明显低于其摊余成本的金额清偿。

(4) 其他表明企业没有明确意图将该金融资产持有至到期的情况。

据此，对于发行方可以赎回的债务工具，如发行方行使赎回权，投资者仍可收回其几乎所有的初始净投资(含支付的溢价和交易费用)，那么投资者可以将此类投资划分为持有至到期投资。但是，对于投资者有权要求发行方赎回的债务工具投资，投资者不能将其划分为持有至到期投资。

3. 有能力持有至到期

“有能力持有至到期”是指企业有足够的财务资源，并不受外部因素影响将投资持有至到期。存在下列情况之一的，表明企业没有能力将具有固定期限的金融资产投资持有至到期。

(1) 没有可利用的财务资源持续地为该金融资产投资提供资金支持，以使该金融资产投资持有至到期。

(2) 受法律、行政法规的限制，使企业难以将该金融资产投资持有至到期。

(3) 其他表明企业没有能力将具有固定期限的金融资产投资持有至到期的情况。

企业应当于每个资产负债表日对持有至到期投资的意图和能力进行评价。发生变化的，应当将其重分类为可供出售金融资产。

1.2.3 贷款和应收款项

贷款和应收款项是指在活跃市场中没有报价、回收金额固定或可确定的非衍生金融资产。贷款和应收款项泛指一类金融资产，主要是金融企业发放的贷款和其他债权，但不限于金融企业发放的贷款和其他债权。非金融企业持有的销售商品或提供劳务形成的应收款项、持有的其他企业的债权(不包括在活跃市场上有报价的债务工具)等，只要符合贷款和应收款项的定义，都可以划分为这一类。划分为贷款和应收款项类的金融资产，与划分为持有至到期投资的金融资产，其主要差别在于前者是在活跃市场上没有报价的金融资产，并且不像持有至到期投资的金融资产那样在出售或重分类时受到的限制较多。

1.2.4 可供出售金融资产

对于公允价值能够可靠计量的金融资产，企业可以将其直接指定为可供出售金融资产。例如，在活跃市场上有报价的股票投资、债券投资等。如企业没有将其划分为其他 3 类金融资产，则应将其作为可供出售金融资产处理。相对于交易性金融资产而言，可供出售金融资产的持有意图不明确。

企业持有上市公司限售股权且对上市公司不具有控制、共同控制或重大影响的，应当按照金融工具确认和计量准则规定，将该限售股权划分为可供出售金融资产，除非满足该准则规定条件，被划分为以公允价值计量且其变动计入当期损益的金融资产。

1.2.5 金融资产分类的判断流程

金融资产分类的判断流程如图 1.1 所示。

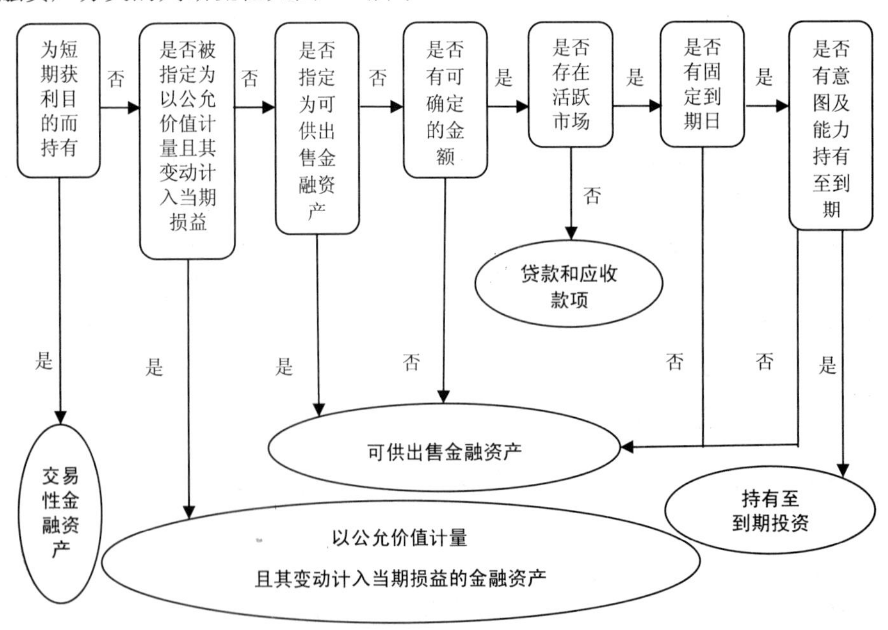

图 1.1 金融资产分类的判断流程

1.2.6　金融资产的重分类

(1) 某项金融资产划分为以公允价值计量且其变动计入当期损益的金融资产后，不能再重分类为其他类别的金融资产；其他类别的金融资产也不能再重分类为以公允价值计量且其变动计入当期损益的金融资产。

(2) 企业因持有意图或能力的改变，使某项投资不再适合划分为持有至到期投资的，应当将其重分类为可供出售金融资产。

企业将持有至到期投资在到期前处置或重分类，通常表明其违背了将投资持有至到期的最初意图。如果处置或重分类为其他类金融资产的金额相对于该类投资(即企业全部持有至到期投资)在出售或重分类前的总额较大，则企业在处置或重分类后应立即将其剩余的持有至到期投资(即全部持有至到期投资扣除已处置或重分类的部分)重分类为可供出售金融资产。但是，遇到下列情况可以除外。

① 出售日或重分类日距离该项投资到期日或赎回日较近(如到期前3个月内)，且市场利率变化对该项投资的公允价值没有显著影响。

② 根据合同约定的偿付方式，企业已收回几乎所有的初始本金。

③ 出售或重分类是由于企业无法控制、预期不会重复发生且难以合理预计的独立事件所引起的。

(3) 如出售或重分类金融资产的金额较大而受到的两个完整会计年度内不能将金融资产划分为持有至到期的限制已解除(即已过了两个完整的会计年度)，企业可以再将符合规定条件的金融资产划分为持有至到期投资。

比如，某企业20×0年1月份购入某公司新发行的3年期、年利率为2.3%的公司债券9 000万元，划分为持有至到期投资。当年6月份，因资金周转困难，该企业卖出上述债券5 000万元。在这种情况下，如不考虑其他因素，该企业应将剩余的4 000万元债券重分类为可供出售金融资产，并且在20×1年和20×2年的不得把任何取得的金融资产划分为持有至到期投资。

1.2.7　金融资产分类变化

国际会计准则理事会(IASB)于2009年11月12日发布了《国际财务报告准则第9号——金融工具》(IFRS 9)，这是IASB取代《国际会计准则第39号——金融工具：确认和计量》(IAS 39)项目的第一步。IFRS 9引入了有关金融资产分类和计量的新要求，此类新要求必须自2013年1月1日起实施，允许提前采用(包括可在2009年采用)。IASB打算在2010年对IFRS 9进行进一步的扩充，增加有关金融负债分类和计量、金融工具终止确认、减值和套期会计的新要求。

IFRS 9大大简化了金融资产分类，将原来4大类金融资产按管理层意图和现金流量特征分类，分为以摊余成本计量的金融资产、以公允价值计量且其变动计入损益的金融资产两大类，简化了金融资产的会计处理。

1.3 金融资产的确认和计量

1.3.1 金融资产的确认

金融资产的确认是指将符合金融资产定义和金融资产确认条件的项目记入和列入资产负债表的过程。

1. 金融资产确认条件

企业成为金融工具合同的一方时，应当确认一项金融资产或金融负债。根据此确认条件，企业应将金融工具确认和计量准则范围内的衍生工具合同形成的权利或义务，确认为金融资产或金融负债。但是，如果衍生工具涉及金融资产转移，且导致该金融资产转移不符合终止确认条件，则不应将其确认，否则会导致衍生工具形成的义务被重复确认。

2. 金融资产的终止确认

金融资产终止确认是指将金融资产从企业的账户和资产负债表内予以转销。

金融工具确认和计量准则规定，收取金融资产现金流量的合同权利终止，或金融资产已经转移，且符合《企业会计准则第 23 号——金融资产转移》规定的金融资产终止确认条件的，应当终止确认该金融资产。有关金融资产终止确认的会计处理请参见本章 1.5 节金融资产转移的相关内容。

1.3.2 金融资产的计量

1. 金融资产的初始计量

企业初始确认金融资产时，应当按照公允价值计量。对于以公允价值计量且其变动计入当期损益的金融资产，相关交易费用应当直接计入当期损益；对于其他类别的金融资产，相关交易费用应当计入初始确认金额，构成实际利息的组成部分。

交易费用是指可直接归属于购买、发行或处置金融工具新增的外部费用。新增的外部费用是指企业不购买、发行或处置金融工具就不会发生的费用，包括支付给代理机构、咨询公司、券商等的手续费和佣金及其他必要的支出，不包括债券溢价、折价、融资费用、内部管理成本及其他与交易不直接相关的费用。

企业取得金融资产所支付的价款中包含的已宣告但尚未发放的现金股利或已到付息期但尚未领取的债券利息，应当单独确认为应收项目。

2. 金融资产的后续计量

(1) 以公允价值计量且其变动计入当期损益的金融资产，应当按照公允价值计量，且不扣除将来处置该金融资产时可能发生的交易费用。

(2) 持有至到期投资应当采用实际利率法，按摊余成本计量。

(3) 贷款和应收款项应当采用实际利率法，按摊余成本计量。

(4) 可供出售金融资产应当按公允价值计量，且不扣除将来处置该金融资产时可能发生的交易费用。

3. 金融资产相关利得或损失的处理

(1) 对于按照公允价值进行后续计量的金融资产，其公允价值变动形成利得或损失，除与套期保值有关外，应当按照下列规定进行处理。

① 以公允价值计量且其变动计入当期损益的金融资产公允价值变动形成的利得或损失，应当计入当期损益。

② 可供出售金融资产公允价值变动形成的利得或损失，除减值损失和外币货币性金融资产形成的汇兑差额外，应当直接计入所有者权益(资本公积)，在该金融资产终止确认时转出，计入当期损益。

可供出售外币货币性金融资产形成的汇兑差额，应当计入当期损益。采用实际利率法计算的可供出售金融资产的利息，应当计入当期损益；可供出售权益工具投资的现金股利，应当在被投资单位宣告发放股利时计入当期损益。

(2) 以摊余成本计量的金融资产，在发生减值、摊销或终止确认时产生的利得或损失，应当计入当期损益。但是，该金融资产被指定为被套期项目的，相关的利得或损失的处理参照《企业会计准则第24号——套期保值》。

1.3.3 以公允价值计量且其变动计入当期损益的金融资产的会计处理

以公允价值计量且其变动计入当期损益的金融资产在初始确认时，应按公允价值计量，相关交易费用应当直接计入当期损益。

企业取得以公允价值计量且其变动计入当期损益的金融资产所支付的价款中，包含已宣告但尚未发放的现金股利或已到付息期但尚未领取的债券利息的，应当单独确认为应收项目；在持有期间取得的现金股利或利息，应当确认为投资收益。

在资产负债表日，企业应将以公允价值计量且其变动计入当期损益的金融资产的公允价值变动计入当期损益。

处置该金融资产时，其公允价值与初始入账金额之间的差额应确认为投资收益，同时调整公允价值变动损益。

对交易性金融资产和直接指定为以公允价值计量且其变动计入当期损益的金融资产应通过“交易性金融资产”账户核算，并按交易性金融资产的类别和品种，分别对“成本”、“公允价值变动”等项目进行明细核算。

【例1-1】 20×0年5月13日，甲公司支付价款1 060 000元从二级市场购入乙公司发行的股票100 000股，每股价格10.60元(含已宣告但尚未发放的现金股利0.60元)，另支付交易费用1 000元。甲公司将持有的乙公司股权划分为交易性金融资产，且持有乙公司股权后对其无重大影响。

甲公司其他相关资料如下所示。

(1) 5月23日，收到乙公司发放的现金股利。

(2) 6月30日，乙公司股票价格涨到每股13元。

(3) 8月15日，将持有的乙公司股票全部售出，每股售价为15元。

假定不考虑其他因素，甲公司的账务处理如下。

(1) 5 月 13 日，购入乙公司股票。

借：交易性金融资产——成本　　1 000 000
　　应收股利　　60 000
　　投资收益　　1 000
　　贷：银行存款　　1 061 000

(2) 5 月 23 日，收到乙公司发放的现金股利。

借：银行存款　　60 000
　　贷：应收股利　　60 000

(3) 6 月 30 日，确认股票价格变动。

借：交易性金融资产——公允价值变动　　300 000
　　贷：公允价值变动损益　　300 000

(4) 8 月 15 日，乙公司股票全部售出。

借：银行存款　　1 500 000
　　公允价值变动损益　　300 000
　　贷：交易性金融资产——成本　　1 000 000
　　　　　　　　　　——公允价值变动　　300 000
　　　　投资收益　　500 000

【例 1-2】 20×0 年 1 月 1 日，ABC 企业从二级市场支付价款 1 020 000 元(含已到付息期但尚未领取的利息 20 000 元)购入某公司发行的债券，另支付交易费用 20 000 元。该债券面值 1 000 000 元，剩余期限为 2 年，票面年利率为 4%，每半年付息一次，ABC 企业将其划分为交易性金融资产。

ABC 企业的其他资料如下所示。

(1) 20×0 年 1 月 5 日，收到该债券利息 20 000 元。

(2) 20×0 年 6 月 30 日，该债券的公允价值为 1150 000 元(不含利息)。

(3) 20×0 年 7 月 5 日，收到该债券上半年利息。

(4) 20×0 年 12 月 31 日，该债券的公允价值为 1100 000 元(不含利息)。

(5) 20×1 年 1 月 5 日，收到该债券 20×0 年下半年利息。

(6) 20×1 年 3 月 31 日，ABC 企业将该债券出售，取得价款 1180 000 元(含 1 季度利息 10 000 元)。

假定不考虑其他因素，则 ABC 企业的账务处理如下。

(1) 20×0 年 1 月 1 日，购入债券。

借：交易性金融资产——成本　　1 000 000
　　应收利息　　20 000
　　投资收益　　20 000
　　贷：银行存款　　1 040 000

(2) 20×0 年 1 月 5 日，收到该债券利息。

借：银行存款　　20 000
　　贷：应收利息　　20 000

(3) 20×0 年 6 月 30 日，确认债券公允价值变动和投资收益。

借：交易性金融资产——公允价值变动　　150 000
　　贷：公允价值变动损益　　150 000
借：应收利息　　20 000
　　贷：投资收益　　20 000

(4) 20×0 年 7 月 5 日，收到该债券上半年利息。

借：银行存款　　20 000
　　贷：应收利息　　20 000

(5) 20×0 年 12 月 31 日，确认债券公允价值变动和投资收益。

借：公允价值变动损益　　50 000
　　贷：交易性金融资产——公允价值变动　　50 000
借：应收利息　　20 000
　　贷：投资收益　　20 000

(6) 20×1 年 1 月 5 日，收到该债券 20×0 年下半年利息。

借：银行存款　　20 000
　　贷：应收利息　　20 000

(7) 20×1 年 3 月 31 日，将该债券予以出售。

借：应收利息　　10 000
　　贷：投资收益　　10 000
借：银行存款　　1 170 000
　　公允价值变动损益　　100 000
　　贷：交易性金融资产——成本　　1 000 000
　　　　　　　　　　——公允价值变动　　100 000
　　　　投资收益　　170 000
借：银行存款　　10 000
　　贷：应收利息　　10 000

1.3.4 持有至到期投资的会计处理

1. 持有至到期投资的初始计量

持有至到期投资在初始确认时，应当按照公允价值计量，相关交易费用应当计入初始确认金额。实际支付的价款中包括的已到付息期但尚未领取的债券利息，应单独确认为应收项目。

持有至到期投资在初始确认时，应当计算其实际利率[①]，并在该持有至到期投资预期存

① 实际利率是指将金融资产或金融负债在预期存续期间或适用的更短期间内的未来现金流量，折现为该金融资产或金融负债当前账面价值时所使用的利率。企业在确定实际利率时，应当在考虑金融资产或金融负债所有合同条款(包括提前还款权、看涨期权、类似期权等)的基础上预计未来现金流量，但不应考虑未来的信用损失。金融资产的未来现金流量或存续期间无法可靠预计时，应当采用该金融资产在整个合同期内的合同现金流量。

续期间或适用的更短期间内保持不变。

2. 持有至到期投资的后续计量

企业应当采用实际利率法，按摊余成本对持有至到期投资进行后续计量。其中，实际利率法是指按照金融资产或金融负债(含一组金融资产或金融负债)的实际利率计算其摊余成本及各期利息收入或利息费用的方法。摊余成本是指该金融资产的初始确认金额经下列调整后的结果：①扣除已偿还的本金；②加上或减去采用实际利率法将该初始确认金额与到期日金额之间的差额进行摊销形成的累计摊销额；③扣除已发生的减值损失。

企业应在持有至到期投资持有期间，采用实际利率法，按照摊余成本和实际利率计算利息收入，计入投资收益。实际利率应当在取得持有至到期投资时确定，实际利率与票面利率差别较小的，也可按票面利率计算利息收入，计入投资收益。

处置持有至到期投资时，应将所取得的价款与持有至到期投资的账面价值之间的差额计入当期损益。

企业应设置“持有至到期投资”账户，核算企业持有至到期投资的摊余成本，按持有至到期投资的类别和品种，分别对“成本”、“利息调整”、“应计利息”等项目进行明细核算。

【例 1-3】 20×0 年 1 月 1 日，A 公司支付价款 1 000 元(含交易费用)从活跃市场上购入某公司 5 年期债券，面值 1 250 元，票面利率 4.72%，按年支付利息(即每年 59 元)，本金最后一次支付。合同约定，该债券的发行方在遇到特定情况时可以将债券赎回，且不需要为提前赎回支付额外款项。A 公司在购买该债券时，预计发行方不会提前赎回。

A 公司将购入的该公司债券划分为持有至到期投资，且不考虑所得税、减值损失等因素。为此，A 公司在初始确认时先计算确定该债券的实际利率。

设该债券的实际利率为 R，则可列出如下等式：

$$59\times(P/A, R, 5)+1\,250\times(P/F, R, 5)=1\,000$$

采用插值法，可以计算得出 R=10%，由此可编制表 1-1。

表 1-1 A 公司购入债券摊余成本计算表

单位：元

年份	期初摊余成本(*a*)	实际利息(*b*) (按 10%计算)	现金流入(*c*)	期末摊余成本 (*d*=*a*+*b*-*c*)
20×0 年 12 月 31 日	1 000	100	59	1 041
20×1 年 12 月 31 日	1 041	104*	59	1 086
20×2 年 12 月 31 日	1 086	109	59	1 136
20×3 年 12 月 31 日	1 136	114	59	1 191
20×4 年 12 月 31 日	1 191	118**	1 309**	0

*数字四舍五入取整；

**数字考虑了计算过程中出现的尾差，118=1 309−1 191，1 309=59+1 250。

根据表 1-1 的数据，A 公司的有关账务处理如下。

(1) 20×0 年 1 月 1 日，购入债券。

借：持有至到期投资——成本　　1 250
　　贷：银行存款　　1 000
　　　　持有至到期投资——利息调整　　250

(2) 20×0 年 12 月 31 日，确认实际利息收入、收到票面利息等。

借：应收利息　　59
　　持有至到期投资——利息调整　　41
　　贷：投资收益　　100

借：银行存款　　59.
　　贷：应收利息　　59

(3) 20×1 年 12 月 31 日，确认实际利息收入、收到票面利息等。

借：应收利息　　59
　　持有至到期投资——利息调整　　45
　　贷：投资收益　　104

借：银行存款　　59
　　贷：应收利息　　59

(4) 20×2 年 12 月 31 日，确认实际利息收入、收到票面利息等。

借：应收利息　　59
　　持有至到期投资——利息调整　　50
　　贷：投资收益　　109

借：银行存款　　59
　　贷：应收利息　　59

(5) 20×3 年 12 月 31 日，确认实际利息、收到票面利息等。

借：应收利息　　59
　　持有至到期投资——利息调整　　55
　　贷：投资收益　　114

借：银行存款　　59
　　贷：应收利息　　59

(6) 20×4 年 12 月 31 日，确认实际利息、收到票面利息和本金等。

借：应收利息　　59
　　持有至到期投资——利息调整　　59
　　贷：投资收益　　118

借：银行存款　　59
　　贷：应收利息　　59

借：银行存款等　　1 250
　　贷：持有至到期投资——成本　　1 250

3. 持有至到期投资的转换

持有至到期投资重分类为可供出售金融资产时，应以公允价值进行后续计量。在重分类日，该投资的账面价值与其公允价值之间的差额应计入所有者权益，在该可供出售金融资产发生减值或终止确认时转出，计入当期损益。

【例 1-4】 20×1 年 3 月，由于贷款基准利率的变动和其他市场因素的影响，乙公司持有的、原划分为持有至到期投资的某公司债券价格持续下跌。为此，乙公司于 4 月 1 日对外出售该持有至到期债券投资的 10%，收取价款 1 200 000 元(即所出售债券的公允价值)。

假定 4 月 1 日该债券出售前的账面余额(成本)为 10 000 000 元，不考虑债券出售等其他相关因素的影响，则乙公司相关的账务处理如下。

借：银行存款　　1 200 000
　　贷：持有至到期投资——成本　　1 000 000
　　　　投资收益　　200 000
借：可供出售金融资产——成本　　10 800 000
　　贷：持有至到期投资——成本　　9 000 000
　　　　资本公积——其他资本公积　　1 800 000

假定 4 月 23 日，乙公司将该债券全部出售，收取价款 11 800 000 元，则乙公司相关账务处理如下。

借：银行存款　　11 800 000
　　贷：可供出售金融资产——成本　　10 800 000
　　　　投资收益　　1 000 000
借：资本公积——其他资本公积　　1 800 000
　　贷：投资收益　　1 800 000

1.3.5 贷款和应收款项的会计处理

贷款和应收款项的会计处理原则与持有至到期投资的会计处理原则大体相同，其主要内容如下。

(1) 金融企业按当前市场条件发放的贷款，应将发放贷款的本金和相关交易费用之和作为初始确认金额。一般企业对外销售商品或提供劳务形成的应收债权，通常应将从购货方应收的合同或协议价款作为初始确认金额。

(2) 贷款持有期间所确认的利息收入应当根据实际利率计算。实际利率应在取得贷款时确定，在该贷款预期存续期间或适用的更短期间内保持不变。实际利率与合同利率差别较小的，也可按合同利率计算利息收入。

(3) 企业收回或处置贷款和应收款项时，应将取得的价款与该贷款和应收款项账面价值之间的差额计入当期损益。

1.3.6 可供出售金融资产的会计处理

可供出售金融资产的会计处理，与以公允价值计量且其变动计入当期损益的金融资产的会计处理有类似之处，但也有所不同。具体而言：初始确认时，都应按公允价值计量，但对于可供出售金融资产，相关交易费用应计入初始入账金额；资产负债表日，都应按公允价值计量，但对于可供出售金融资产，公允价值变动不是计入当期损益，而应计入所有者权益(资本公积)。

企业应设置“可供出售金融资产”账户，核算企业持有的可供出售金融资产的公允价值，按可供出售金融资产的类别和品种，分别对“成本”、“利息调整”、“应计利息”、“公允价值变动”等项目进行明细核算。

企业在对可供出售金融资产进行会计处理时，还应注意以下几点。

(1) 企业取得可供出售金融资产支付的价款中包含的已到付息期但尚未领取的债券利息或已宣告但尚未发放的现金股利，应单独确认为应收项目。

可供出售金融资产持有期间取得的利息或现金股利，应当计入投资收益。资产负债表日，可供出售金融资产应当以公允价值计量，且公允价值变动计入资本公积(其他资本公积)。

(2) 处置可供出售金融资产时，应将取得的价款与该金融资产账面价值之间的差额计入投资收益；同时，将原直接计入所有者权益的公允价值变动累计额对应处置部分的金额转出，计入投资收益。

【例 1-5】 20×0 年 1 月 1 日甲公司支付价款 1 028.24 元购入某公司发行的 3 年期公司债券，该公司债券的票面总金额为 1 000 元，票面利率 4%，实际利率为 3%，利息每年年末支付，本金到期支付。甲公司将该公司债券划分为可供出售金融资产。20×0 年 12 月 31 日，该债券的市场价格为 1 000.09 元。假定无交易费用和其他因素的影响，甲公司的账务处理如下。

(1) 20×0 年 1 月 1 日，购入债券。

借：可供出售金融资产——成本　　1 000
　　　　　　　　　——利息调整　　28.24
　贷：银行存款　　1 028.24

(2) 20×0 年 12 月 31 日，收到债券利息、确认公允价值变动。

实际利息=1 028.24×3%=30.85(元)

年末摊余成本=1 028.24+30.85−40=1 019.09(元)

借：应收利息　　40
　贷：投资收益　　30.85
　　可供出售金融资产——利息调整　　9.15

借：银行存款　　40
　贷：应收利息　　40

借：资本公积——其他资本公积　　19
　贷：可供出售金融资产——公允价值变动　　19

【例 1-6】 20×1 年 5 月 6 日，甲公司支付价款 10 160 000 元(含交易费用 10 000 元和已宣告但尚未发放的现金股利 150 000 元)购入乙公司发行的股票 2 000 000 股，占乙公司有表决权股份的 0.5%。甲公司将其划分为可供出售金融资产，其他资料如下。

(1) 20×1 年 5 月 10 日，甲公司收到乙公司发放的现金股利 150 000 元。

(2) 20×1 年 6 月 30 日，该股票市价为每股 5.2 元。

(3) 20×1 年 12 月 31 日，甲公司仍持有该股票，当日，该股票市价为每股 5 元。

(4) 20×2 年 5 月 9 日，乙公司宣告发放股利 40 000 000 元。

(5) 20×2 年 5 月 13 日，甲公司收到乙公司发放的现金股利。

(6) 20×2 年 5 月 20 日，甲公司以每股 4.9 元的价格将该股票全部转让。

假定不考虑其他因素的影响，甲公司的账务处理如下。

(1) 20×1 年 5 月 6 日，购入股票。

借：应收股利　　150 000

　　可供出售金融资产——成本　　10 010 000

　　贷：银行存款　　10 160 000

(2) 20×1 年 5 月 10 日，收到现金股利。

借：银行存款　　150 000

　　贷：应收股利　　150 000

(3) 20×1 年 6 月 30 日，确认股票的价格变动。

借：可供出售金融资产——公允价值变动　　390 000

　　贷：资本公积——其他资本公积　　390 000

$$[5.2-(10\,010\,000 \div 2\,000\,000)] \times 2\,000\,000=390\,000$$

(4) 20×1 年 12 月 31 日，确认股票价格变动。

借：资本公积——其他资本公积　　400 000

　　贷：可供出售金融资产——公允价值变动　　400 000

(5) 20×2 年 5 月 9 日，确认应收现金股利。

借：应收股利　　200 000

　　贷：投资收益　　200 000

(6) 20×2 年 5 月 13 日，收到现金股利。

借：银行存款　　200 000

　　贷：应收股利　　200 000

(7) 20×2 年 5 月 20 日，出售股票。

借：银行存款　　9 800 000

　　投资收益　　210 000

　　可供出售金融资产——公允价值变动　　10 000

　　贷：可供出售金融资产——成本　　10 010 000

　　　　资本公积——其他资本公积　　10 000

1.4 金融资产减值

1.4.1 金融资产减值损失的确认

企业应当在资产负债表日对以公允价值计量且其变动计入当期损益的金融资产以外的金融资产(含单项金融资产或一组金融资产，下同)的账面价值进行检查，有客观证据表明该金融资产发生减值的，应当确认减值损失，计提减值准备。

表明金融资产发生减值的客观证据是指金融资产初始确认后实际发生的、对该金融资产的预计未来现金流量有影响，且企业能够对该影响进行可靠计量的事项。

金融资产发生减值的客观证据，包括下列各项。

(1) 发行方或债务人出现严重财务困难。

(2) 债务人违反了合同的条款，如偿付利息或本金时发生违约或逾期等。

(3) 债权人出于经济或法律等方面因素的考虑，对出现财务困难的债务人作出让步。

(4) 债务人很可能倒闭或进行其他财务重组。

(5) 因发行方出现重大财务困难，该金融资产无法在活跃市场上继续交易。

(6) 无法辨认一组金融资产中某项资产的现金流量是否已经减少，但根据公开的数据对其进行总体评价后发现，该组金融资产自初始确认以来的预计未来现金流量确已减少且可计量，如该组金融资产的债务人支付能力逐步恶化，或债务人所在的国家或地区失业率升高、担保物在其所在地区的价格明显下降、所处行业不景气等。

(7) 权益工具发行方经营所处的技术、市场、经济或法律环境等发生重大的不利变化，使权益工具投资人可能无法收回投资成本。

(8) 权益工具投资的公允价值发生严重或非暂时性下跌。

(9) 其他表明金融资产发生减值的客观证据。

在根据以上客观证据判断金融资产是否发生减值损失时，应注意以下几点。

(1) 与这些客观证据相关的事项(也称“损失事项”)必须影响金融资产的预计未来现金流量，并且能够可靠地计量。否则，对于预期未来事项可能导致的损失，无论其发生的可能性有多大，均不能作为减值损失予以确认。

(2) 企业通常难以找到某项单独的证据来认定金融资产是否已发生减值，因而应综合考虑相关证据的总体影响。

(3) 债务方或金融资产发行方信用等级下降本身不足以说明企业所持的金融资产发生了减值。但是，如果企业将债务人或金融资产发行方的信用等级下降的原因与可获得的其他客观的减值依据联系起来，往往能够对金融资产是否已发生减值作出判断。

(4) 对于可供出售权益工具投资，其公允价值低于其成本本身不足以说明可供出售权益工具投资已发生减值，而应当综合相关因素判断该投资公允价值的下降是否是严重或非暂时性下跌的。同时，企业应当从持有可供出售权益工具投资的整个期间来判断。

如果权益工具投资在活跃市场上没有报价，从而不能根据其公允价值下降的严重程度或持续时间来进行减值判断时，应当综合考虑其他因素(例如，被投资单位经营所处的技术、市场、经济或法律环境等)是否发生重大的不利变化。

对于以外币计价的权益工具投资，企业在判断其是否发生减值时，应当将该投资在初始确认时以记账本位币反映的成本，与资产负债表日以记账本位币反映的公允价值进行比较，同时考虑其他相关因素。

1.4.2 金融资产减值损失的计量

1. 持有至到期投资、贷款和应收款项减值损失的计量

1) 计量原则

(1) 持有至到期投资、贷款和应收款项以摊余成本后续计量，其发生减值时，应当将该金融资产的账面价值与预计未来现金流量现值之间的差额确认为减值损失，计入当期损益。

以摊余成本计量的金融资产预计未来现金流量现值，应当按照该金融资产的原实际利率折现确定，并考虑相关担保物的价值(取得和出售该担保物发生的费用应当予以扣除)。原实际利率是初始确认该金融资产时计算确定的实际利率。

对于浮动利率贷款、应收款项或持有至到期投资，在计算未来现金流量现值时可采用合同规定的现行实际利率作为折现率。

短期应收款项的预计未来现金流量与其现值相差很小的，在确定相关减值损失时，可不对其预计未来现金流量进行折现。

(2) 对于存在大量性质类似且以摊余成本后续计量金融资产的企业，在考虑金融资产减值测试时，应当先将单项金额重大的金融资产区分开来，单独进行减值测试。如有客观证据表明其已发生减值，应当确认减值损失，并计入当期损益。对单项金额不重大的金融资产，可以单独进行减值测试，或包括在具有类似信用风险特征的金融资产组合中进行减值测试。实务中，企业可以根据具体情况确定单项金额重大的标准。该项标准一经确定，应当一致运用，不得随意变更。

单独测试未发现减值的金融资产(包括单项金额重大和不重大的金融资产)，应当包括在具有类似信用风险特征的金融资产组合中再进行减值测试；已单项确认减值损失的金融资产，不应包括在具有类似信用风险特征的金融资产组合中进行减值测试。

(3) 外币金融资产发生减值的，预计未来现金流量现值应先按外币确定，在计量减值时再按资产负债表日即期汇率折成为记账本位币反映的金额。该项金额小于相关外币金融资产以记账本位币反映的账面价值的部分，确认为减值损失，计入当期损益。

(4) 持有至到期投资、贷款和应收款项等金融资产确认减值损失后，利息收入应当按照确定减值损失时对未来现金流量进行折现采用的折现率作为利率计算确认。

(5) 对以摊余成本计量的金融资产确认减值损失后，如有客观证据表明该金融资产价值已恢复，且客观上与确认该损失后发生的事项有关(如债务人的信用评级已提高等)，原确认的减值损失应当予以转回，计入当期损益。但是，该转回后的账面价值不应当超过假定不计提减值准备情况下该金融资产在转回日的摊余成本。

2) 账务处理

确定持有至到期投资、贷款和应收款项发生减值的，按应减记的金额，借记“资产减值损失”科目，贷记“持有至到期投资减值准备”、“贷款减值准备”或“坏账准备”科目。

对于已确认减值损失的持有至到期投资或贷款和应收款项，如有客观证据表明该金融资产价值已恢复，且客观上与确认该损失后发生的事项有关的，应在原确认的减值损失范围内按已恢复的金额，借记“持有至到期投资减值准备”等科目，贷记“资产减值损失”等科目。

【例 1-7】 20×0 年 1 月 1 日，甲公司支付价款 1 013 050 元(含交易费用)从上海证券交易所购入 A 公司同日发行的 5 年期公司债券 12 500 份，债券票面价值总额为 1 250 000 元，票面年利率为 5%，于年末支付本年度债券利息(即每年利息为 62 500 元)，本金在债券到期时一次性偿还。合同约定：A 公司在遇到特定情况时可以将债券赎回，且不需要为提前赎回支付额外款项。甲公司在购买该债券时，预计 A 公司不会提前赎回。甲公司有意图也有能力将该债券持有至到期，划分为持有至到期投资，有关资料如下。

(1) 20×1 年 12 月 31 日，有客观证据表明 A 公司出现了严重的财务困难，甲公司据此认定对 A 公司的债券投资发生了减值，并预期 20×2 年 12 月 31 日将收到利息 62 500 元，20×3 年 12 月 31 日将收到利息 62 500 元，但 20×4 年 12 月 31 日将仅收到本金 800 000 元。

(2) 20×2 年 12 月 31 日，收到 A 公司支付的债券利息 62 500 元。

(3) 20×3 年 12 月 31 日，收到 A 公司支付的债券利息 62 500 元，并且有客观证据表明 A 公司财务状况有显著改善，A 公司的偿债能力有所恢复，估计 20×4 年 12 月 31 日将能够收到利息 62 500 元，本金 1 013 050 元。

(4) 20×4 年 12 月 31 日，收到 A 公司支付的债券利息 62 500 元和偿还的本金 1 013 050 元。

假定不考虑所得税因素。

计算该债券的实际利率 R：

$$62\,500\times(P/A,\ R,\ 5)+1\,250\,000\times(P/F,\ R,\ 5)=1\,013\,050$$

采用插值法，计算得出 R=10%，由此可编制表 1-2。

表 1-2　A 公司购入债券的摊余成本计算表

单位：元

日　期	现金流入 (*a*)	实际利息收入 (*b*)=期初(*d*)×10%	已收回的本金 (*c*) = (*a*) − (*b*)	摊余成本余额 (*d*) =期初(*d*) − (*c*)
20×0 年 1 月 1 日				1 013 050.00
20×0 年 12 月 31 日	62 500.00	101 305.00	−38 805.00	1 051 855.00
20×1 年 12 月 31 日	62 500.00	105 185.50	−42 685.50	1 094 540.50
减值损失			*385 031.75*	*709 508.75*
20×2 年 12 月 31 日	62 500.00	109 454.05 *70 950.88*	−46 954.05 *−8 450.88*	1 141 494.55 *717 959.63*
20×3 年 12 月 31 日	62 500.00	114 149.46 *71 795.96*	−51 649.46 *−9 295.96*	1 193 144.01 *727 255.59*
减值恢复			*−385 031.75*	*1 112 287.34*
20×4 年 12 月 31 日	62 500.00	119 355.99* *−36 737.34***	−56 855.99 *99 237.34*	1 250 000.00 *1 013 050.00*
小　计	312 500.00 *312 500.00*	549 450.00 *312 500.00*	−236 950.00 *0*	1 250 000.00 *1 013 050.00*
20×4 年 12 月 31 日	1 250 000.00 *1 013 050.00*		1 250 000.00 *1 013 050.00*	0 *0*
合　计	1 562 500.00 *1 325 550.00*	549 450.00 *312 500.00*	1 013 050.00 *1 013 050.00*	

*尾数调整：1 250 000+625000−1 193 144.01 =119 355.99(元)；

**尾数调整：1 013 050+62 500−1 112 287.34=−36 737.34(元)。

说明：表中斜体数据表示计提减值准备后及恢复减值后应存在的数字。

根据表 1-2 中的数据，甲公司有关账务处理如下。

(1) 20×0 年 1 月 1 日，购入 A 公司债券。

借：持有至到期投资——成本　　1 250 000

　　贷：银行存款　　1 013 050

　　　　持有至到期投资——利息调整　　236 950

(2) 20×0 年 12 月 31 日，确认 A 公司债券实际利息收入、收到债券利息。

借：应收利息——A 公司　　62 500

　　持有至到期投资——利息调整　　38 805

　　贷：投资收益　　101 305

借：银行存款　　62 500

　　贷：应收利息——A 公司　　62 500

(3) 20×1 年 12 月 31 日，确认 A 公司债券实际利息收入、收到债券利息。

借：应收利息——A 公司　　62 500

　　持有至到期投资——利息调整　　42 685.50

　　贷：投资收益　　105 185.50

借：银行存款　　62 500

　　贷：应收利息——A 公司　　62 500

(4) 20×1 年 12 月 31 日，确认减值损失。

根据表 1-2 可知以下内容。

① 20×1 年 12 月 31 日未确认减值损失前，甲公司对 A 公司债券投资的摊余成本为 1 094 540.50 元。

② 20×1 年 12 月 31 日，甲公司预计从对 A 公司债券投资将收到现金流量的现值计算如下：

$$62\,500\times(P/A，10\%，2)+800\,000\times(P/F，10\%，2)=709\,508.75(元)$$

③ 20×1 年 12 月 31 日，甲公司应对 A 公司债券投资确认的减值损失=1 094 540.50-709 508.75 = 385 031.75(元)

④ 20×1 年 12 月 31 日，确认 A 公司债券投资的减值损失

借：资产减值损失　　385 031.75

　　贷：持有至到期投资减值准备　　385 031.75

(5) 20×2 年 12 月 31 日，确认 A 公司债券实际利息收入、收到债券利息。

借：应收利息——A 公司　　62 500

　　持有至到期投资——利息调整　　8 450.88

　　贷：投资收益　　70 950.88

借：银行存款　　62 500

　　贷：应收利息——A 公司　　62 500

(6) 20×3 年 12 月 31 日，确认 A 公司债券实际利息收入、收到债券利息。

借：应收利息——A 公司　　62 500

　　持有至到期投资——利息调整　　9 295.96

　　贷：投资收益　　71 795.96

借：银行存款　　62 500

　　贷：应收利息——A 公司　　62 500

(7) 20×3 年 12 月 31 日，转回减值损失。

由表 1-2 可知以下内容。

① 20×3 年 12 月 31 日，假定在不计提减值准备的情况下，A 公司债券投资的摊余成本为 1 193 144.01 元。

② 20×3 年 12 月 31 日，甲公司可对 A 公司债券投资转回的减值准备金额

为 385 031.75(元)< (1 193 144.01−727 255.59)= 465 888.42(元)

③ 20×3 年 12 月 31 日，确认 A 公司债券投资减值损失的转回。

借：持有至到期投资减值准备　　385 031.75
　　贷：资产减值损失　　385 031.75

(8) 20×4 年 12 月 31 日，确认 A 公司债券实际利息收入、收到债券利息和本金。

借：应收利息——A 公司　　62 500
　　投资收益　　36 737.34
　　贷：持有至到期投资利息调整　　99 237.34

借：银行存款　　62 500
　　贷：应收利息——A 公司　　62 500

借：银行存款　　1 013 050
　　投资收益　　236 950
　　贷：持有至到期投资——成本　　1 250 000

2. 可供出售金融资产减值损失的计量

1) 计量原则

(1) 可供出售金融资产发生减值时，即使该金融资产没有终止确认，原直接计入所有者权益中的因公允价值下降形成的累计损失也应当予以转出，计入当期损益。该转出的累计损失，等于可供出售金融资产的初始取得成本扣除已收回本金和已摊余金额、当前公允价值和原已计入损益的减值损失后的余额。

在活跃市场中没有报价且其公允价值不能可靠计量的权益工具投资发生减值时，应当将该权益工具投资或衍生金融资产的账面价值与按照类似金融资产当时市场收益率对未来现金流量折现确定的现值之间的差额，确认为减值损失，计入当期损益。与该权益工具挂钩并须通过交付该权益工具结算的衍生金融资产发生减值的，也应当采用类似的方法确认减值损失。

(2) 对于已确认减值损失的可供出售债务工具，在随后的会计期间内公允价值已上升且客观上与确认原减值损失后发生的事项有关的，原确认的减值损失应当予以转回，计入当期损益。

(3) 可供出售权益工具投资发生的减值损失，在该权益工具价值回升时，应通过权益转回，不得通过损益转回。但是，在活跃市场中没有报价且其公允价值不能可靠计量的权益工具投资，或与该权益工具挂钩并须通过交付该权益工具结算的衍生金融资产发生的减值损失，不得转回。

2) 账务处理

确定可供出售金融资产发生减值的，按应减记的金额，借记“资产减值损失”科目，按应从所有者权益中转出原计入资本公积的累计损失金额，贷记“资本公积——其他资本公积”科目，按其差额，贷记“可供出售金融资产减值准备”科目。

对于已确认减值损失的可供出售金融资产，在随后的会计期间内公允价值已上升且客观上与确认原减值损失后事项有关的，应在原确认的减值损失范围内按已恢复的金额，借记“可供出售金融资产减值准备”等科目，贷记“资产减值损失”科目；但可供出售金融资产为股票等权益工具投资(不含在活跃市场中没有报价且其公允价值不能可靠计量的权益工具投资)的，借记“可供出售金融资产减值准备”等科目，贷记“资本公积——其他资本公积”科目。

【例 1-8】 20×0 年 1 月 1 日，甲公司从股票二级市场以每股 15 元(含已宣告发放但尚未领取的现金股利 0.2 元)的价格购入乙公司发行的股票 2 000 000 股，占乙公司有表决权股份的 5%，对乙公司无重大影响，甲公司将该股票划分为可供出售金融资产，其他资料如下。

(1) 20×0 年 5 月 10 日，甲公司收到乙公司发放的上年现金股利 400 000 元。

(2) 20×0 年 12 月 31 日，该股票的市场价格为每股 13 元。甲公司预计该股票的价格下跌是暂时的。(暂时下跌这个条件说明应作公允价值变动的处理，不计提减值)

(3) 20×1 年，乙公司因违反相关证券法规，被证券监管部门查处。受此影响，乙公司股票的价格发生下挫。至 20×1 年 12 月 31 日，该股票的市场价格下跌到每股 6 元。

(4) 20×2 年，乙公司整改完成，加之市场宏观面好转，股票价格有所回升，至 12 月 31 日，该股票的市场价格上升到每股 10 元。

(5) 20×3 年 1 月 11 日，甲公司以每股 14 元的价格将股票全部出售。

假定 20×1 年和 20×2 年均未分派现金股利，不考虑其他因素的影响，则甲公司有关的账务处理如下。

(1) 20×0 年 1 月 1 日购入股票。

借：可供出售金融资产——成本　　　(14.8×2 000 000)29 600 000
　　应收股利　　　　　　　　　　　　(0.2×2 000 000)400 000
　　贷：银行存款　　　　　　　　　　　　　　　　　30 000 000

(2) 20×0 年 5 月确认现金股利。

借：银行存款　　　　　　　　　　　　　　　　400 000
　　贷：应收股利　　　　　　　　　　　　　　　　400 000

(3) 20×0 年 12 月 31 日确认股票公允价值变动。

借：资本公积——其他资本公积　　[(14.8−13)×2 000 000]3 600 000
　　贷：可供出售金融资产——公允价值变动　　　　　3 600 000

(4) 20×1 年 12 月 31 日，确认股票投资的减值损失。

可供出售金融资产发生减值时，即使该金融资产没有终止确认，原直接计入所有者权益中的因公允价值下降形成的累计损失，应当予以转出，计入当期损益。

借：资产减值损失　　　　　[(13−6)×2 000 000+3 600 000]17 600 000
　　贷：资本公积——其他资本公积　　　　　　　　3 600 000
　　　　可供出售金融资产减值准备　　　　　　　　14 000 000

(5) 20×2 年 12 月 31 日确认股票价格上涨。

借：可供出售金融资产——公允价值变动　[(10−6)×2 000 000]8 000 000
　　贷：资本公积——其他资本公积　　　　　　　　8 000 000

(6) 20×3 年 1 月 11 日，出售股票。

借：银行存款　　　　　　　　　　　　　28 000 000
　　可供出售金融资产减值准备　　　　　　14 000 000
　　贷：可供出售金融资产——成本　　　　　　　29 600 000
　　　　　　　　　　　——公允价值变动　　　　4 400 000
　　　　投资收益　　　　　　　　　　　　　　8 000 000

同时，应从所有者权益中转出的公允价值累计变动额=−3 600 000+3 600 000+8 000 000=8 000 000(元)

借：资本公积——其他资本公积　　　　　8 000 000
　　贷：投资收益　　　　　　　　　　　　　8 000 000

1.5　金融资产转移

1.5.1　金融资产转移的界定

金融资产转移是指企业(转出方)将金融资产让与或交付给该金融资产发行方以外的另一方(转入方)。这里所指的金融资产，既包括单项金融资产，也包括一组类似的金融资产；既包括单项金融资产(或一组类似金融资产)的一部分，也包括单项金融资产(或一组类似金融资产)的整体。《企业会计准则第 23 号——金融资产转移》(以下简称金融资产转移准则)规范了金融资产转移的确认和计量。

金融资产转移包括金融资产整体转移和部分转移。

金融资产部分转移包括下列 3 种情形。

(1) 将金融资产所产生的现金流量中特定、可辨认的部分转移，如企业将一组类似贷款的应收利息转移等。

(2) 将金融资产所产生的全部现金流量的一定比例转移，如企业将一组类似贷款的本金和应收利息合计的 90%转移等。

(3) 将金融资产所产生的现金流量中特定、可辨认的部分的一定比例转移，如企业将一组类似贷款的应收利息的 90%转移等。

1.5.2　金融资产转移的形式

根据金融资产转移准则的规定，企业金融资产转移包括下列两种情形。

1. 将收取金融资产现金流量的权利转移给另一方

企业将收取金融资产现金流量的权利转移给另一方，表明该项金融资产发生了全部或部分转移，通常表现为金融资产的合法出售或者金融资产现金流量权利的合法转移。例如，我国实务中常见的票据背书转让、商业票据贴现等，均属于金融资产转移的情形。在这种情形下，转入方拥有了获取被转移金融资产所有的未来现金流量的权利，转出方可视金融资产风险和报酬转移情况选择是否终止确认被转移金融资产。

2. 保留收取金融资产现金流量的权利

将金融资产转移给另一方，但保留收取金融资产现金流量的权利，并承担将收取的现金流量支付给最终收款方的义务，这种金融资产转移的情形通常被称作“过手协议”，因为金融资产未来现金流量的最终收款方通常是独立于转入方和转出方的第三方，转出方扮演了现金流量最终收款人的代理人的角色。这种金融资产转移情形常见于资产证券化业务。例如，当商业银行转移住房抵押信贷的收益权时，银行可能负责收取所转移信贷的本金和利息并最终支付给收益权凭证的持有者，同时相应地收取服务费。因此，这种金融资产转移的情形从表现形式与第一种有所不同。

根据金融资产转移准则的规定，如果“过手协议”作为金融资产转移的处理方式，必须同时符合下列 3 个条件。

(1) 在该金融资产收到对等的现金流量后才有义务将其支付给最终收款方。

(2) 根据合同约定，不能出售该金融资产或将其作为担保物，但可以将其作为对最终收款方支付现金流量的保证。

(3) 有义务将收取的现金流量及时支付给最终收款方。

1.5.3 金融资产转移的确认和计量

1. 金融资产转移的确认

金融资产转移的确认主要解决的是金融资产转移中被转移金融资产是否应当终止确认，以及终止确认的相关问题。

1) 符合终止确认条件的转移

终止确认是指将金融资产或金融负债从企业的账户和资产负债表内予以转销。按照金融资产转移准则，金融资产转移满足下列条件的，企业应当终止确认该金融资产：①企业已将金融资产所有权上几乎所有的风险和报酬转移给转入方的；②企业既没有转移也没有保留金融资产所有权上几乎所有的风险和报酬，但放弃了对该金融资产控制的。

金融资产转移是否符合终止确认条件，有时比较容易判断。比如，下列情况就表明已将金融资产所有权上几乎所有的风险和报酬转移给了转入方，因而应当终止确认相关金融资产：①企业以不附追索权方式出售金融资产；②企业将金融资产出售，同时与买入方签订协议，在约定期限结束时按当日该金融资产的公允价值回购；③企业将金融资产出售，同时与买入方签订看跌期权合约(即买入方有权将该金融资产返售给企业)，但从合约条款判断，该看跌期权是一项重大价外期权(即期权合约的条款设计使得金融资产的买方极小可能会到期行权)。

对于其他一些复杂的金融资产转移的情况，其是否符合终止确认条件，应当从比较转移前后该金融资产未来现金流量净现值及时间分布的波动使其面临的风险来判断。企业面临的风险因金融资产转移发生实质性改变的，表明该企业已将金融资产所有权上几乎所有的风险和报酬转移给了转入方，从而应终止确认该金融资产。

企业需要通过计算判断是否已将金融资产所有权上几乎所有的风险和报酬转移给了转入方的，在计算金融资产未来现金流量净现值时，应当考虑所有合理、可能的现金流量波动，并采用适当的现行市场利率作为折现率。

2) 不符合终止确认条件的转移

与终止确认相对应，未终止确认时，企业不得将金融资产从企业的账户和资产负债表内予以转销。按照金融资产转移准则，企业保留了金融资产所有权上几乎所有的风险和报酬的，不应当终止确认该金融资产。

对于相对简单的金融资产转移的情况，其是否符合终止确认条件比较容易判断。比如，下列情况就表明企业保留了金融资产所有权上几乎所有的风险和报酬，不应当终止确认相关金融资产：①企业采用附追索权方式出售金融资产；②企业将金融资产出售，同时与买入方签订协议，在约定期限结束时按固定价格将该金融资产回购，如采用买断式回购、质押式回购交易卖出债券等；③企业将金融资产出售，同时与买入方签订看跌期权合约(即买入方有权将该金融资产返售给企业)，但从合约条款判断，该看跌期权是一项重大价内期权(即期权合约的条款设计，使得金融资产的买方很可能会到期行权)；④企业(银行)将信贷资产整体转移，同时保证对金融资产买方可能发生的信用损失进行全额补偿；⑤企业将金融资产出售，同时与转入方达成一项总回报互换协议，该互换使市场风险又转回给了金融资产出售方。

而对于相对复杂的金融资产转移的情况，应当像判断是否符合终止确认条件那样，通过分析计算来判断是否应当进行该金融资产的终止确认。如果分析计算表明，企业面临的风险没有因金融资产转移发生实质性的改变，则表明该企业仍保留了金融资产所有权上几乎所有的风险和报酬，从而不应当终止确认该金融资产。

3) 继续涉入条件下的金融资产转移

企业既没有转移也没有保留金融资产所有权上几乎所有的风险和报酬，但未放弃对该金融资产控制的，应当按照其继续涉入所转移金融资产的程度确认有关金融资产，并相应确认有关负债。

继续涉入所转移金融资产的程度是指该金融资产价值变动使企业面临的风险水平。在这种情况下，这种转移实际上反映了企业对所转移的金融资产风险和报酬的风险敞口，这一风险敞口并不与资产整体有关，而是限制为一定的金额。

继续涉入的方式主要有：享有继续服务权、签订回购协议、签发或持有期权以及提供担保等。有时，企业仅继续涉入所转移金融资产的一部分，例如，保留一项买入期权以回购所转移金融资产的某一部分；保留所转移金融资产上的一项剩余权益，该剩余权益使企业仅保留了所转移金融资产所有权上的部分重大风险和报酬，此时，企业应当按照其继续涉入所转移金融资产的部分确认有关金融资产，并相应确认有关负债。

图 1.2 说明了如何判断金融资产是否应当终止确认，以及在多大程度上终止确认。

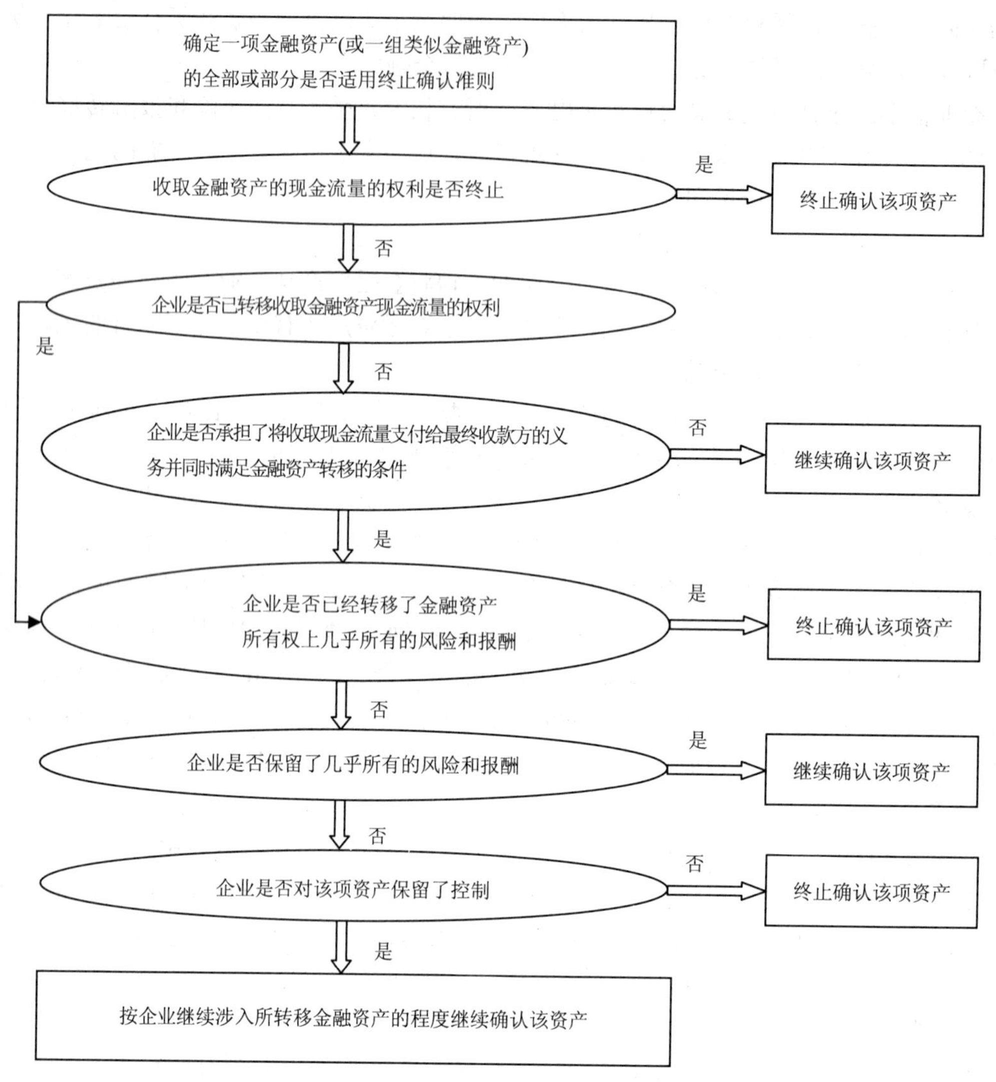

图 1.2 金融资产终止确认判断流程

2. 金融资产转移的计量

1) 满足终止确认条件的计量

(1) 整体转移满足终止确认条件时的计量。

金融资产整体转移满足终止条件时，应当将金融资产转移损益计入当期损益，相关金融资产转移损益应按如下公式计算。

金融资产整体转移损益=因转移收到的对价+原直接计入所有者权益的公允价值变动累计利得(如为累计损失，应为减项)-所转移金融资产的账面价值。

理解以上公式时，应注意下面两点。

① 因金融资产转移获得了新金融资产或承担了新金融负债的，应当在转移日按照公允价值确认该金融资产或金融负债(包括看涨期权、看跌期权、担保负债、远期合同、互换等)，并将该金融资产扣除金融负债后的净额作为上述对价的组成部分。

企业与金融资产转入方签订服务合同来提供相关服务的(包括收取该金融资产的现金流量，并将所收取的现金流量交付给指定的资金保管机构等)，应当就该服务合同确认一项服务资产或服务负债。服务负债应当按照公允价值进行初始计量，并作为上述对价的组成部分；服务资产应当视同未终止确认金融资产的一部分，其金额应根据所转移金融资产整体的账面价值，在终止确认和未终止确认部分之间按各自相对公允价值进行分摊而确定。实务中，服务合同所涉及的服务费金额较小的，企业可以在收取服务费当期将其确认为收入。

所以，因转移收到的对价=因转移交易收到的价款+新获得金融资产的公允价值+因转移获得服务资产的公允价值-新承担金融负债的公允价值-因转移承担的服务负债的公允价值。

② 原直接计入所有者权益的公允价值变动累计利得或损失是指所转移的金融资产(如可供出售金融资产)在转移前其公允价值变动直接计入所有者权益的累计额。

(2) 部分转移满足终止确认条件时的计量。

金融资产部分转移满足终止确认条件的，应当将所转移金融资产整体的账面价值，在终止确认部分和未终止确认部分(在此种情况下，所保留的服务资产应当视同未终止确认金融资产的一部分)之间，按照各自的相对公允价值进行分摊，并将终止确认部分的对价与原直接计入所有者权益的公允价值变动累计额中对应终止确认部分的金额(涉及转移的金融资产为可供出售金融资产的情形)之和，扣除终止确认部分的账面价值后的差额，确认为金融资产转移损益。

原直接计入所有者权益的公允价值变动累计额中对应终止确认部分的金额，应当按照金融资产终止确认部分和未终止确认部分的相对公允价值，对该累计额进行分摊后确定。

在金融资产部分转移满足终止确认条件的情况下，企业在将所转移金融资产整体的账面价值按相对公允价值在终止确认部分和未终止确认部分之间进行分摊时，未终止确认部分的公允价值按照下列原则确定。

① 企业出售过与未终止确认部分类似的金融资产，或发生过与未终止确认部分有关的其他市场交易的，应当按照最近的实际交易价格来确定。

② 未终止确认部分在活跃市场上没有报价且最近市场上也没有与其有关的实际交易价格的，应当按照所转移金融资产整体的公允价值扣除终止确认部分的对价后的余额来确定；该金融资产整体的公允价值确实难以合理确定的，按照金融资产整体的账面价值扣除终止确认部分的对价后的余额来确定。

【例 1-9】 20×0 年 3 月 15 日，甲公司销售一批商品给乙公司，开出的增值税专用发票上注明的销售价款为 300 000 元，增值税销项税额为 51 000 元，款项尚未收到。双方约定，乙公司应于 20×0 年 10 月 31 日付款。20×0 年 6 月 4 日，经与中国银行协商后约定：甲公司将应收乙公司的货款出售给中国银行，价款为 263 250 元，在应收乙公司货款到期无法收回时，中国银行不能向甲公司追偿。甲公司根据以往经验，预计该批商品将发生的销售退回金额为 23 400 元，其中，增值税销项税额为 3 400 元，成本为 13 000 元，实际发生的销售退回由甲公司承担。20×0 年 8 月 3 日，甲公司收到乙公司退回的商品，价款为 23 400 元。假定不考虑其他因素。

甲公司与应收债权出售有关的账务处理如下。

(1) 20×0 年 6 月 4 日出售应收债权。

借：银行存款　　263 250
　　营业外支出　　64 350
　　其他应收款　　23 400
　　贷：应收账款　　351 000

(2) 20×0 年 8 月 3 日收到退回的商品。

借：主营业务收入　　20 000
　　应交税费——应交增值税(销项税额)　　3 400
　　贷：其他应收款　　23 400

借：库存商品　　13 000
　　贷：主营业务成本　　13 000

本例涉及企业将应收债权不附追索权予以出售(处置)。应收债权的出售通常分为不附追索权的出售和附追索权出售。不附追索权应收债权出售的涵义是：企业将其按照销售商品、提供劳务的销售合同所产生的应收债权出售给银行等金融机构，根据企业、债务人及银行等金融机构之间的协议，在所售应收债权到期无法收回时，银行等金融机构不能够向出售应收债权的企业进行追偿。在这种情况下，企业应将所售应收债权予以转销，结转计提的相关坏账准备，确认按协议约定预计将发生的销售退回、销售折让、现金折扣等，确认出售损益。

企业在出售应收债权的过程中如附有追索权，即在有关应收债权到期无法从债务人处收回时，银行等金融机构有权向出售应收债权的企业追偿，或按照协议约定，企业有义务按照约定金额自银行等金融机构回购部分应收债权，应收债权的坏账风险由售出应收债权的企业负担，则企业应按照以应收债权为质押取得借款的核算原则进行会计处理。

2) 未满足终止确认条件时的计量

企业仍保留与所转移金融资产所有权上几乎所有的风险和报酬的，应当继续确认所转移金融资产整体，并将收到的对价确认为一项金融负债。

该金融资产与确认的相关金融负债不得相互抵销。在随后的会计期间内，企业应当继续确认该金融资产产生的收入和该金融负债产生的费用。所转移的金融资产以摊余成本计量的，确认的相关负债不得指定为以公允价值计量且其变动计入当期损益的金融负债。

【例 1-10】 甲企业销售一批商品给乙企业，货已发出，增值税专用发票上注明的商品价款为 200 000 元，增值税销项税额为 34 000 元。当日收到乙企业签发的不带息商业承兑汇票一张，该票据的期限为 3 个月。相关销售商品收入符合收入确认条件。

甲企业的账务处理如下。

(1) 销售实现时。

借：应收票据　　234 000
　　贷：主营业务收入　　200 000
　　　　应交税费——应交增值税(销项税额)　　34 000

(2) 3 个月后，应收票据到期，甲企业收回款项 234 000 元，存入银行。

借：银行存款　　234 000
　　贷：应收票据　　234 000

(3) 如果甲企业在该票据到期前向银行贴现，且银行拥有追索权，则表明甲企业的应收票据贴现不符合金融资产终止确认条件，应将贴现所得确认为一项金融负债(短期借款)。假定甲企业贴现获得现金净额 231 660 元，则甲企业相关账务处理如下。

借：银行存款	231 660	
短期借款——利息调整	2 340	
贷：短期借款——成本		234 000

贴现息 2 340 元应在票据贴现期间采用实际利率法确认为利息费用。

需要注意的是，企业应当设置“应收票据备查簿”，逐笔登记商业汇票的种类、号数和出票日、票面金额、交易合同号和付款人、承兑人、背书人的姓名或单位名称、到期日、背书转让日、贴现日、贴现率和贴现净额以及收款日和收回金额、退票情况等资料。商业汇票到期结清票款或退票后，在备查簿中应予注销。

3) 继续涉入条件下金融资产转移的计量

企业既没有转移也没有保留金融资产所有权上几乎所有的风险和报酬，且未放弃对该金融资产控制的，应当根据其继续涉入所转移金融资产的程度确认有关金融资产和金融负债。企业所确认的金融资产和金融负债，应当充分反映企业所保留的权利和承担的义务。

企业应当对因继续涉入所转移金融资产形成的有关资产确认相关收入，对继续涉入形成的有关负债确认相关费用。继续涉入所形成的相关资产和负债不应当相互抵销，其后续计量应按照《企业会计准则第 22 号——金融工具确认和计量》的相关规定进行处理。继续涉入资产应当根据所转移的性质及其分类，列报于资产负债表中的贷款、应收款项等；继续涉入负债应当根据所转移的资产按摊余成本计量，分类为按公允价值计量且其变动计入当期损益的金融负债或其他金融负债。

本章小结

金融工具包括金融资产、金融负债和权益工具。本章重点阐述了金融资产的分类、确认、计量、减值损失和转移的基本理论和基本方法。

金融资产的分类是确认和计量的基础。金融资产在初始确认时分为 4 类。金融资产初始计量是按照公允价值计量的。要关注两个内容的会计处理：第一，交易费用；第二，买价中所包含的应收股利和应收利息。

交易性金融资产以公允价值进行后续计量，其公允价值变动计入当期损益，持有期间收到的股利和利息记入投资收益。交易性金融资产不需考虑减值测试。

持有至到期投资、贷款和应收款项以摊余成本进行后续计量。以摊余成本计量的金融资产，在发生减值、摊销或终止确认时产生的利得或损失，应当计入当期损益。

可供出售金融资产以公允价值进行后续计量，除减值损失和外币货币性金融资产形成的汇兑差额外，其公允价值变动计入资本公积——其他资本公积。可供出售金融资产发生减值时，因公允价值下降形成的累计损失原计入资本公积的金额要转入资产减值损失，而对于减值的恢复，则需要区分权益工具和债务工具。

金融资产转移包括金融资产整体转移和部分转移。

重要术语

金融工具、金融资产、金融负债、权益工具、基础金融工具、衍生工具、交易性金融资产、直接指定为以公允价值计量且其变动计入当期损益的金融资产、贷款和应收款项、持有至到期投资、可供出售金融资产、嵌入衍生工具、混合工具、公允价值、实际利率法、摊余成本、金融资产减值损失、金融资产转移、继续涉入

参考阅读文献

[1]《企业会计准则第22号——金融工具确认和计量》(2006年2月15日财政部发布，自2007年1月1日起施行)

[2]《企业会计准则第22号——金融工具确认和计量》应用指南(2006年10月30日财政部发布，自2007年1月1日起施行)

[3]《企业会计准则第23号——金融资产转移》(2006年2月15日财政部发布，自2007年1月1日起施行)

[4]《企业会计准则第23号——金融资产转移》应用指南(2006年10月30日财政部发布，自2007年1月1日起施行)

[5]《企业会计准则第37号——金融工具列报》(2006年2月15日财政部发布，自2007年1月1日起施行)

[6]《企业会计准则第37号——金融工具列报》应用指南(2006年10月30日财政部发布，自2007年1月1日起施行)

习　　题

一、单项选择题

1．关于金融资产的重分类，下列说法中不正确的有(　　)。

A．持有至到期投资和可供出售金融资产之间在一定条件下可以重分类

B．交易性金融资产和持有至到期投资之间不能进行重分类

C．以公允价值计量且其变动计入当期损益的金融资产和可供出售金融资产之间不能进行重分类

D．金融资产的分类一旦确定，不得改变

2．以公允价值计量且其变动计入当期损益的金融资产，应当以公允价值进行后续计量，公允价值变动记入的科目是(　　)。

A．公允价值变动损益　　B．投资收益

C．营业外收入　　D．资本公积

3．20×0年9月2日，甲公司支付830万元取得一项股权投资，作为交易性金融资产核算，支付价款中包括已宣告但尚未领取的现金股利20万元，另支付交易费用5万元。甲公司该项交易性金融资产的入账价值为(　　)万元。

A．810　　B．815　　C．830　　D．835

4．关于金融资产，下列说法中不正确的是(　　)。

A．交易性金融资产主要是指企业为了近期内出售而持有的金融资产

B．以公允价值计量且其变动计入当期损益的金融资产包括交易性金融资产

C．以公允价值计量且其变动计入当期损益的金融资产和交易性金融资产是同一概念

D．直接指定为以公允价值计量且其变动计入当期损益的金融资产，主要是指企业基于风险管理、战略投资需要等所作的指定

5. A 公司于 20×0 年 11 月 5 日从证券市场上购入 B 公司发行在外的股票 200 万股作为交易性金融资产，每股支付价款 5 元，另支付相关费用 20 万元，20×0 年 12 月 31 日，这部分股票的公允价值为 1 050 万元，A 公司在 20×0 年 12 月 31 日应确认的公允价值变动损益为(　　)万元。

A．损失 50　　B．收益 50　　C．收益 30　　D．损失 30

6．关于持有至到期投资的计量，下列说法中不正确的是(　　)。

A．应当按取得该金融资产的公允价值和相关交易费用之和作为初始确认金额

B．应当按取得该金融资产的公允价值作为初始确认金额，相关交易费用在发生时计入当期损益

C．资产负债表日，企业应按持有至到期投资的摊余成本和实际利率计算确定的利息收入，计入投资收益

D．处置该金融资产时，其公允价值与其账面余额之间的差额应确认为投资收益，已计提减值准备的，还应同时结转减值准备

7．20×0 年 11 月 1 日，甲公司自证券市场购入面值总额为 1 500 万元的债券，期限为 3 年，将其划分为持有至到期投资。购入时，该债券的公允价值为 1 600 万元，另支付交易费用 20 万元，每年按票面利率 3%支付利息。则取得时该持有至到期投资的入账金额为(　　)万元。

A．1 500　　B．1 600　　C．1 620　　D．1 520

8．20×0 年 1 月 1 日，甲公司自证券市场购入面值总额为 2 000 万元的债券。购入时实际支付价款 2 078.98 万元，另外支付交易费用 10 万元。该债券发行日为 20×0 年 1 月 1 日，系分期付息、到期还本债券，期限为 5 年，票面年利率为 5%，实际年利率为 4%，每年 12 月 31 日支付当年利息。甲公司将该债券作为持有至到期投资核算。假定不考虑其他因素，该持有至到期投资在 20×0 年 12 月 31 日的账面价值为(　　)万元。

A．2 062.14　　B．2 068.98　　C．2 072.54　　D．2 083.43

9．A 公司于 20×1 年 1 月 2 日从证券市场上购入 B 公司于 20×0 年 1 月 1 日发行的债券，该债券为 3 年期、票面年利率为 5%、每年 1 月 5 日支付上年度的利息，到期日为 20×3 年 1 月 1 日，到期日一次归还本金和最后一次利息。A 公司购入债券的面值为 1 000 万元，实际支付价款为 1 011.67 万元，另支付相关费用 20 万元。A 公司购入后将其划分为持有至到期投资。购入债券的实际利率为 6%。20×1 年 12 月 31 日，A 公司应确认的投资收益为(　　)万元。

A．58.90　　B．50　　C．49.08　　D．60.70

10．在已确认减值损失的金融资产价值恢复时，下列金融资产的减值损失不得通过损益转回的是(　　)。

A．持有至到期投资的减值损失　　B．贷款及应收款项的减值损失

C．可供出售权益工具投资的减值损失　　D．可供出售债务工具投资的减值损失

11．A 公司将一笔因销售商品形成的应收账款出售给银行，售价为 80 万元，双方协议规定不附追索权。该应收账款的账面余额为 100 万元，已计提坏账准备 5 万元。A 公司根据以往经验，预计该应收账款的商品将发生部分销售退回(货款 10 万元，增值税销项税额为 1.7 万元)，实际发生的销售退回由 A 公司负担。该应收账款实际发生退货的价税合计数为 15 万元。A 公司将此应收账款出售给银行时应确认的营业外支出金额为(　　)万元。

A．15　　B．10.6　　C．3.3　　D．8.3

12．可供出售金融资产应当以公允价值进行后续计量，公允价值变动记入的科目是(　　)。

A．营业外收入　　B．投资收益

C．公允价值变动损益　　D．资本公积

13．A 公司于 20×0 年 9 月 5 日从证券市场上购入 B 公司发行在外的股票 200 万股作为可供出售金融资产，每股支付价款 4 元(含已宣告但尚未发放的现金股利 0.5 元)，另支付相关费用 12 万元，A 公司可供出售金融资产取得时的入账价值为(　　)万元。

A．700　　B．800　　C．712　　D．812

14．关于可供出售金融资产的计量，下列说法中正确的是(　　)。

A．应当按取得该金融资产的公允价值和相关交易费用之和作为初始确认金额

B．应当按取得该金融资产的公允价值作为初始确认金额，相关交易费用计入当期损益

C．持有期间取得的利息或现金股利，应当冲减成本

D．资产负债表日，可供出售金融资产应当以公允价值计量，且公允价值变动计入当期损益

15．金融资产发生减值时，计入资产减值损失的金额为(　　)。

A．该金融资产账面价值与其可变现净值之间的差额

B．该金融资产账面价值与其可收回金额之间的差额

C．该金融资产账面价值与其预计未来现金流量现值之间的差额

D．该金融资产账面价值与其公允价值之间的差额

16．A 公司 20×0 年 1 月 10 日销售商品给 B 公司，收到 B 公司的一笔应收账款为 1 500 万元，20×0 年 6 月 30 日计提坏账准备 250 万元，20×0 年 12 月 31 日，该笔应收账款的未来现金流量现值为 1 050 万元。20×0 年 12 月 31 日，该笔应收账款应计提的坏账准备为(　　)万元。

A．300　　B．200　　C．450　　D．0

二、多项选择题

1．下列关于金融资产的说法，正确的有(　　)。

A．持有至到期投资初始确认时，应当计算确定其实际利率，并在持有至到期投资预期存续期间或适用的更短期间内保持不变

B．当持有至到期投资的部分本金被提前收回时，应该重新计算确定其实际利率

C．可供出售金融资产取得时应该按公允价值来确认初始入账金额，但应该按照摊余成本进行后续计量

D．对于可供出售权益工具，企业应该按照公允价值进行后续计量；而对于可供出售债务工具，企业则应该按照摊余成本进行后续计量

E．重分类日，持有至到期投资的账面价值与其公允价值之间的差额计入所有者权益，如果该可供出售金融资产后来发生减值，则应将这部分金额转入当期损益

2．满足下列(　　)条件的金融资产，应当划分为交易性金融资产。

A．取得该金融资产的目的，主要是为了近期内出售

B．被指定为有效套期工具的衍生工具

C．属于进行集中管理的可辨认金融工具组合的一部分，且有客观证据表明企业近期采用短期获利方式对该组合进行管理

D．以赚取差价为目的从二级市场购入的股票

E．从二级市场上购入的不准备立即出售的债券

3．关于金融资产的重分类，下列说法中不正确的是(　　)。

A．交易性金融资产可以和持有至到期投资进行重分类

B．交易性金融资产和可供出售金融资产之间不能进行重分类

C．可供出售金融资产可以随意和持有至到期投资进行重分类

D．交易性金融资产在符合一定条件时可以和持有至到期投资进行重分类

E．持有至到期投资和应收款项只有满足规定的条件时，二者之间才可以进行重分类

4．下列有关持有至到期投资，正确的处理方法有(　　)。

A．企业从二级市场上购入的固定利率国债、浮动利率公司债券等，符合持有至到期投资条件的，可以划分为持有至到期投资

B．购入的股权投资也可能划分为持有至到期投资

C．持有至到期投资通常具有长期性质，但期限较短(1 年以内)的债券投资，符合持有至到期投资条件的，也可将其划分为持有至到期投资

D．持有至到期投资应当按取得时的公允价值作为初始确认金额，相关交易费用计入当期损益，支付的价款中包含已宣告发放债券利息的，应作为初始确认金额

E．持有至到期投资在持有期间应当按照实际利率法确认利息收入，计入投资收益。实际利率应当在取得持有至到期投资时确定，在随后期间内保持不变

5．划分为贷款和应收款项类的金融资产，与划分为持有至到期投资的金融资产，其主要差别在于(　　)。

A．贷款和应收款项在活跃市场上有报价

B．持有至到期投资在活跃市场上有报价

C．持有至到期投资在出售或重分类方面受到较多限制

D．贷款和应收款项在出售或重分类方面受到较多限制

E．贷款和应收款项类金融资产采用摊余成本计量，持有至到期投资采用公允价值计量

6．下列有关贷款和应收款项，正确的处理方法有(　　)。

A．贷款和应收款项主要是指金融企业发放的贷款和一般企业销售商品或提供劳务形成的应收款项等债权

B．贷款和应收款项在活跃市场中通常有活跃的市场报价

C．金融企业按当前市场条件发放的贷款，应按发放贷款的本金和相关交易费用之和作为初始确认金额

D．一般企业对外销售商品或提供劳务形成的应收债权，通常应按公允价值作为初始入账金额

E．企业收回或处置贷款和应收款项时，应按取得的价款与该贷款和应收款项账面价值之间的差额，确认为当期损益

7．下列金融资产中，应按公允价值进行初始计量且交易费用计入初始确认金额的是(　　)。

A．交易性金融资产　　B．持有至到期投资　　C．应收款项

D．可供出售金融资产　　E．贷款

8．下列金融资产中，应采用摊余成本进行后续计量的有(　　)。

A．交易性金融资产　　B．持有至到期投资　　C．贷款

D．可供出售金融资产　　E．应收款项

9．下列金融资产，可能计提资产减值准备的有(　　)。

A．以公允价值计量且其变动计入当期损益的金融资产　　B．贷款

C．持有至到期投资　　D．可供出售金融资产　　E．应收款项

10．下列有关可供出售金融资产会计处理的表述中，正确的有(　　)。

A．可供出售金融资产发生的减值损失应计入当期损益

B．取得可供出售金融资产发生的交易费用应计入资产成本

C．可供出售金融资产期末应采用摊余成本计量

D．可供出售金融资产持有期间取得的现金股利应冲减资本成本

E．以外币计价的可供出售金融资产发生的汇兑差额应计入当期损益

11．关于可供出售金融资产的计量，下列说法中正确的有(　　)。

A．支付的价款中包含的已到付息期但尚未领取的债券利息或已宣告但尚未发放的现金股利，应单独确认为应收项目

B．资产负债表日，可供出售金融资产应当以公允价值计量，且公允价值变动计入资本公积

C．处置可供出售金融资产时，应将取得的价款与该金融资产账面价值之间的差额计入投资损益；同时，将原直接计入所有者权益的公允价值变动累计额对应处置部分的金额转出，计入投资损益

D．处置可供出售金融资产时，应将取得的价款与该金融资产账面价值之间的差额计入投资损益，不考虑原计入所有者权益的公允价值变动累计额的转出

E．资产负债表日，可供出售金融资产应当以公允价值计量，且公允价值变动计入当期损益

12．关于应收款项减值，下列说法中正确的有(　　)。

A．对于单项金额重大的应收款项，应当单独进行减值测试

B．有客观证据表明其发生了减值的，应当根据其未来现金流量现值低于其账面价值的差额，确认减值损失，计提坏账准备

C．对于单项金额非重大的应收款项可以单独进行减值测试，确定减值损失，计提坏账准备；也可以与经单独测试后未减值的应收款项一起按类似信用风险特征划分为若干组合，再按这些应收款项组合在资产负债表日余额的一定比例计算确定减值损失，计提坏账准备

D．应收款项只能单独进行减值测试

E．已单项确认减值损失的应收款项不应包括在具有类似信用风险特征的金融资产组合中再进行减值测试

13．关于金融资产发生减值的会计处理，下列说法正确的有(　　)。

A．可供出售金融资产发生减值时，原直接计入所有者权益的因公允价值下降形成的累计损失，应当予以转出，计入当期损益

B．可供出售权益工具投资发生的减值损失，不得通过损益转回

C．可供出售债务工具投资发生的减值损失，不得通过损益转回

D．在活跃市场中没有报价且其公允价值不能可靠计量的权益工具投资，或与该权益工具挂钩并须通过交付该权益工具结算的衍生金融资产发生的减值损失，不得转回

E．对于交易性金融资产，有客观证据表明其发生了减值的，应当根据其账面价值与预计未来现金流量现值之间的差额计算确认减值损失

14．下列事项中，应终止确认的金融资产有(　　)。

A．企业以不附追索权方式出售金融资产

B．企业采用附追索权方式出售金融资产

C．贷款整体转移，并对该贷款可能发生的信用损失进行全额补偿

D．企业将金融资产出售，同时与买入方签订协议，在约定期限结束时按当日该金融资产的公允价值回购

E．企业将金融资产出售，同时与买入方签订协议，在约定期限结束时按固定价格将该金融资产回购

15．下列表明企业保留了金融资产所有权上几乎所有的风险和报酬的情况有(　　)。

A．企业采用不附追索权的方式出售金融资产

B．企业将信贷资产整体转移，同时保证对金融资产买方可能发生的信用损失进行全额补偿

C．企业将金融资产出售，同时与买入方签订看跌期权合约，但从合约条款判断，该期权是重大价外期权

D．企业将金融资产出售，同时与买入方签订协议，在约定期限结束时按当日该金融资产的公允价值回购

E．企业将金融资产出售，同时与买入方签订协议，在约定期限结束时按固定价格将该金融资产回购

16．下列投资中，应作为可供出售金融资产核算的是(　　)。

A．对子公司的投资

B．对联营企业和合营企业的投资

C．在活跃市场中没有报价、公允价值无法可靠计量的没有重大影响的权益性投资

D．在活跃市场中有报价、公允价值能可靠计量的没有重大影响的权益性投资

E．企业购入有公开报价但不准备随时变现的 A 公司 5%的流通股票

三、计算及会计处理题

1．20×0 年 5 月 10 日，甲公司以 620 万元(含已宣告但尚未领取的现金股利 20 万元)购入乙公司股票 200 万股作为交易性金融资产，另支付手续费 6 万元，5 月 30 日，甲公司收到现金股利 20 万元。20×0 年 6 月 30 日该股票每股市价为 3.2 元，20×0 年 8 月 10 日，乙公司宣告分派现金股利，每股 0.20 元，8 月 20 日，甲公司收到分派的现金股利。至 12 月 31 日，甲公司仍持有该交易性金融资产，期末每股市价为 3.6 元，甲公司于 20×1 年 1 月 3 日以 630 万元出售该交易性金融资产。假定甲公司每年 6 月 30 日和 12 月 31 日对外提供财务报告。

要求：

(1) 编制上述经济业务的会计分录。

(2) 计算该交易性金融资产的累计损益。

2．甲企业于 20×1 年 1 月 2 日从证券市场上购入乙企业于 20×0 年 1 月 1 日发行的 5 年期债券，该债券票面年利率为 4%、实际年利率为 5%，每年 1 月 5 日支付上年度的利息，到期日为 20×5 年 1 月 1 日，到期日一次归还本金和最后一次利息。甲企业购入债券的面值为 2 000 万元，实际支付价款为 1 985.54 万元，另支付相关费用 20 万元。甲企业购入后将其划分为持有至到期投资。假定按年计提利息。

要求：编制甲企业从 20×1 年 1 月 1 日至 20×5 年 1 月 1 日的上述有关业务的会计分录。

3．20×0 年 1 月 1 日，东方公司从证券市场上购入大海公司当期发行的面值为 2 200 万元的 5 年期公司债券。购买当日，该债券的公允价值为 1 920 万元，票面年利率为 5%，实际年利率为 6%，另支付交易费用 20 万元。该债券按年计提利息，每年 1 月 5 日支付上年度利息。20×0 年 12 月 31 日，该债券的公允价值为 2 000 万元。

要求：

(1) 若将该债券划分为交易性金融资产，编制 20×0 年与其有关的会计分录。

(2) 若将该债券划分为持有至到期投资，编制 20×0 年与其有关的会计分录。

(3) 若将该债券划分为可供出售金融资产，编制 20×0 年与其有关的会计分录。

4．20×0 年 1 月 1 日，A 公司按面值从债券二级市场购入 M 公司公开发行的债券 10 000 张，每张面值 100 元，票面利率 3%，划分为可供出售金融资产。

20×0 年 12 月 31 日，该债券的市场价格为每张 100 元。

20×1 年，M 公司因投资决策失误，出现严重财务困难，但仍可支付该债券当年的票面利息。20×1 年 12 月 31 日，该债券的公允价值下降为每张 80 元。A 公司预计，如 M 公司不采取措施，该债券的公允价值预计会持续下跌。

20×2 年，M 公司调整产品结构并整合其他资源，使上年出现的财务困难大为好转。20×2 年 12 月 31 日，M 公司发行的上述债券的公允价值已上升至每张 95 元。

假定 A 公司初始确认该债券时计算确定的债券实际利率为 3%，且不考虑其他因素。

要求：编制 A 公司有关业务的会计分录。

第2章 衍生工具

教学目标

通过本章的学习，理解衍生工具的基本定义和特征，了解衍生工具的分类；掌握用于投机交易的远期外汇合同的会计处理方法，掌握用于投机交易的利率期货、货币期货和股票指数期货的会计处理方法，掌握用于投机交易的看涨期权和看跌期权的会计处理方法；了解用于投机交易的货币互换、利率互换的会计处理方法。

教学要求

知识要点	能力要求	相关知识
衍生工具概述	理解衍生工具的定义 了解衍生工具的分类 理解和运用“衍生工具”账户	衍生工具的定义 衍生工具的分类 衍生工具核算账户
金融远期的会计处理 金融期货的会计处理	理解金融远期的定义、特点 学会远期外汇合同的账务处理 理解金融期货的定义、特点 学会利率期货、外汇期货、股指期货的账务处理	金融远期 金融期货
金融期权的会计处理 金融互换的会计处理	理解金融期权的定义、类型和特点 学会看涨期权、看跌期权的账务处理 理解金融互换的定义、特点 了解利率互换、货币互换的账务处理	金融期权 利率互换 货币互换

导入案例

中航油事件与衍生工具

中航油事件被称为20世纪90年代发生的“巴林事件”的再版。“巴林事件”使得久负盛名的英国巴林银行破产倒闭，而中航油事件也使得中航油面临破产。巧合的是，两个事件都发生在新加坡，均因对衍生工具的冒险投机行为所致。

中航油为中国航油(新加坡)股份有限公司的简称，是中国航空油料集团公司的海外控股子公司。该公司于2001年12月6日在新加坡交易所主板挂牌上市。中航油事件的产生源于公司在OTC(场外交易)市场上卖出了大量石油看涨期权。这里有两个关键词：看涨期权和OTC市场。看涨期权赋予期权合约的买方，以约定的价格在规定的时间里买入合约中标明的资产，比如石油。为此，买方支付一定的费用，即权利金；卖方则收取权利金。当买方要求执行这一权利时，期权的卖方有义务以约定的价格卖出合约中标明的资产。因为出售看涨期权的交易方随时可能被迫承担因交易对手行权而产生的损失，故卖出看涨期权可以说是金融衍生产品中操作风险最大品种之一。所以，在国际上除摩根大通等大投行外，很少有交易者敢于出售看涨期权。OTC市场有别于在交易所进行的场内交易，OTC的风险更高，但其好处是灵活，买卖双方可以自行洽谈条件。

由于中航油对国际油价的判断失误，2003年底至2004年，中航油卖出的期权盘位到期时面临亏损。根据国际会计准则第32号规定的金融资产和金融负债在公允价值下的利得或损失核算要求，如果企业拥有了一项金融负债，要以公允价值反映其利得或损失，并需要披露：由非基准利率改变而产生的公允价值的变化金额；持有的金额与企业按合同要求在到期日支付义务所需金额的差额。

根据此准则，2004年1月，中航油要确认金融负债580万美元，并要对此卖出看涨期权行为进行详细地披露。为了避免在其会计报表的季报中反映亏损，中航油于2004年1月与其他金融机构进行了第一次挪盘(比如中航油可能将2004年1月到期的看涨期权换成2004年6月到期的看涨期权)，并增加仓位，以期油价回落，从而弥补亏损。但事与愿违，国际油价继续上升，到2004年6月及9月，公司若按国际会计准则对金融负债确认、计量的规定，需要分别确认3 000万及1亿多美元的亏损。为弥补亏损及缓和季报、半年报报告亏损的压力，2004年6月及9月，中航油又分别两次与国际金融机构(如高盛投资)进行挪盘，并两次增加仓位。自此，到2004年12月，公司的卖出看涨期权合同继续遭逼仓，截至11月25日，实际亏损达3.81亿美元。到12月1日，在账面亏损5.5亿美元后，中航油不得不向新加坡高等法院申请破产保护。

资料来源：谢香兵. 中航油事件与衍生金融工具的会计处理[J]. 中国农业会计, 2006(09).

问题：

(1) 中航油是怎么被搞垮的？

(2) 对于中航油在OTC市场上卖出大量看涨期权，许多人提出质疑：中航油为什么要卖出石油看涨期权？理论上，看涨期权卖方的亏损风险是无限大的，作为期权卖方，一般需要很强的风险管理能力与相当强大的资金实力，或者手中正好具有充足的对应资产可以履约。显然，中航油都不具备这些条件，为何还在一个月内以每桶45美元一路往上卖空到55美元呢？

2.1 衍生工具概述

2.1.1 衍生工具的定义

衍生工具是指《企业会计准则第 22 号——金融工具确认和计量》(以下简称金融工具确认和计量准则)涉及的、具有下列特征的金融工具或其他合同。

(1) 其价值随着特定利率、金融工具价格、金融价格、商品价格、汇率、价格指数、费率指数、信用等级、信用指数或其他类似变量的变动而变动，变量为非金融变量(比如特定区域的地震损失指数、特定城市的气温指数等)的，该变量与合同的任一方不存在特定关系。

衍生工具的价值变动取决于标的变量的变化。比如，国内甲金融企业与境外乙金融企业签订了一份一年期利率互换合同，甲企业每半年向乙企业支付美元固定利息、向乙企业收取以 6 个月美元 LIBOR①(浮动利率)计算确定的浮动利息，合同名义金额为 1 亿美元。合同签订时，其公允价值为零。假定合同签订半年后，浮动利率(6个月美元 LIBOR)与合同签订时不同，甲企业将根据未来可收取的浮动利息现值扣除支付的固定利息现值确定该合同的公允价值。显然，该合同的公允价值因浮动利率的变化而改变。

(2) 不要求初始净投资，或与对市场情况变动有类似反应的其他类型合同相比，要求很少的初始净投资。

企业从事衍生工具交易不要求初始净投资，通常指签订某项衍生工具合同时不需要支付现金。例如，某企业与其他企业签订一项将来买入债券的远期合同，就不需要在签订合同时支付将来购买债券所需的现金。但是，不要求初始净投资并不排除企业按照约定的交易惯例或规则缴纳一笔相应的保证金。缴纳保证金不构成一项企业解除负债的现时支付，因为保证金仅具有“保证”的性质。

在某些情况下，企业在从事衍生工具交易时也会遇到要求进行现金支付的情况，但该现金支付只是相对很少的初始净投资。例如，从市场上购入备兑认股权证，就需要先支付一笔款项。但相对于行权时购入相应股份所需支付的款项，此项支付往往是很小的。又如，企业进行货币互换时，通常需要在合同签订时支付一笔由某种货币表示的款项，但同时也会收到一笔以另一种货币表示的“等值”的款项，无论是从该企业的角度，还是从其对手(合同的另一方)的角度看，初始净投资均为零。

(3) 在未来某一日期结算。

衍生工具在未来某一日期结算，表明衍生工具结算需要经历一段特定的期间。衍生工具通常在未来某一特定日期结算，也可能在未来多个日期结算。例如，利率互换可能涉及合同到期前的多个结算日期；另外，有些期权可能由于是价外期权而到期不行权，也是在未来日期结算的一种方式。

远期合同是常见的衍生工具。例如，某项 6 个月后结算的远期合同。根据该合同，合

---

① LIBOR(London Inter Bank Offered Rate)，伦敦同业拆借利率，这些拆款利率是英国银行家协会根据其选定的银行在伦敦市场报出的银行同业拆借利率，进行取样并平均计算成为基准利率。LIBOR 已成为全球贷款方及债券发行人的普遍参考利率，是目前国际间最重要和最常用的市场利率基准。

同一方(买方)承诺支付 100 万元现金，以换取面值为固定利率的债券；合同的另一方(卖方)承诺交付面值 100 万元的固定利率的政府债券以换取 100 万元现金。在这 6 个月的期间内，双方均有交换金融工具的合同权利或义务。如果债券的市价超过 100 万元，情况对买方有利，而对卖方不利；如果市价低于 100 万元，结果正相反。可见，买方既有类似所持有看涨期权下的权利的合同权利(金融资产)，也有类似所签出有看跌期权下的义务的合同义务(金融负债)；卖方既有类似所持有看跌期权下的权利的合同权利(金融资产)，也有类似所签出有看涨期权下的义务的合同义务(金融负债)。与期权相同，这些合同权利和合同义务构成的金融资产和金融负债与合同中的基础金融工具(被交换的债券和现金)有明显的区别。

2.1.2 衍生工具的分类

1. 按其据以衍生的基础金融工具及应用领域不同划分

(1) 股票衍生工具，如股票期货、股票期权、股指期货、股指期权等。

(2) 外汇衍生工具，如远期外汇合同、外汇期货、外汇期权、货币互换等。

(3) 利率衍生工具，如远期利率合同、利率期货、利率期权、利率互换等。

2. 按风险和收益的对称与否划分

(1) 风险和收益对称式衍生工具，也称远期式衍生工具，包括远期外汇合同、远期利率合同等远期合同；股票期货、股指期货、货币期货、利率期货等期货合同；货币互换、利率互换等互换合同。

(2) 风险和收益不对称式衍生工具，也称期权式衍生工具，包括股票期权、股指期权、货币期权、利率期权等期权合同；利率上限、利率下限、认股权证等期权的变形。

3. 按交易方式不同划分

(1) 场内交易的衍生工具，也称交易所交易的衍生工具，如期货合同、部分标准化的期权合同等。

(2) 场外交易的衍生工具，也称柜台交易的衍生工具，如远期合同、互换合同、大部分期权合同等。

4. 按衍生工具本身的交易方式及特点分类

(1) 金融远期，如远期外汇合同、远期利率合同等。

(2) 金融期货，如货币期货、利率期货、股指期货等。

(3) 金融期权，如股票期权、股指期权、货币期权、利率期权等。

(4) 金融互换，如货币互换、利率互换等。

2.1.3 账户设置

企业持有衍生工具的意图可能是为了交易以获取价差，也可能是套期保值。有关套期保值的账户设置见第 3 章，基于交易目的、为获取价差而持有的衍生工具的核算账户有以下几种。

1.“衍生工具”账户

“衍生工具”账户核算企业交易性衍生工具的公允价值及其变动形成的衍生资产或负债。该账户按衍生工具类别分户进行明细分类核算。

企业取得衍生工具时，按其公允价值，借记本账户；按发生的交易费用，借记“投资收益”账户；按实际支付的金额，贷记“银行存款”等账户。

资产负债表日，衍生工具的公允价值高于其账面余额的差额，借记或贷记本账户，同时贷记或借记“公允价值变动损益”账户；公允价值低于其账面余额的差额，做相反的会计分录。

衍生工具终止确认时，应借记或贷记本账户。本账户期末借方余额反映企业衍生工具形成的资产的公允价值；本账户期末贷方余额反映企业衍生工具形成的负债的公允价值。

2.“公允价值变动损益”账户

“公允价值变动损益”账户核算企业交易性金融资产、交易性金融负债，以及采用公允价值模式计量的投资性房地产、衍生工具、套期保值业务中公允价值变动形成的应计入当期损益的利得或损失。期末，应将本科目余额转入“本年利润”科目，结转后本科目无余额。

资产负债表日的会计分录。

(1) 若衍生工具表现为金融资产，则其公允价值高于其账面余额的差额，借记“衍生工具”账户，贷记本账户；公允价值低于其账面余额的差额，做相反的会计分录。

(2) 若衍生工具表现为金融负债，则其公允价值高于其账面余额的差额，借记本账户，贷记“衍生工具”账户；公允价值低于其账面价值的差额，做相反的会计分录。

衍生工具履约和终止确认时的会计分录。

(1) 若该衍生工具表现为金融资产，应将实际收到的金额借记“银行存款”账户，按照衍生工具的账面价值贷记“衍生工具”账户，差额借记或贷记“投资收益”；同时，将原在“公允价值变动损益”账户中反映的衍生工具公允价值变动额转出，借记或贷记“公允价值变动损益”账户，贷记或借记“投资收益”。

(2) 若该衍生工具表现为金融负债，应按金融负债的账面价值借记“衍生工具”账户，贷记“银行存款”账户，差额贷记或借记“投资收益”；同时，将原在“公允价值变动损益”账户中反映的衍生工具公允价值变动额转出，贷记或借记“公允价值变动损益”账户，借记或贷记“投资收益”。

2.2 金融远期

2.2.1 金融远期的定义

金融远期是指交易双方达成的、在将来某一特定日期按照事先商定的价格(如汇率、利率、股票价格等)，以预先确定的方式买卖约定数量的某种标的的合同。在合同中规定在将来买入标的的一方称为多方，而在未来卖出标的的一方称为空方。合同中规定的未来买卖标的的价格称为交割价格。

金融远期按照标的的不同可分为远期外汇合同、远期利率合同和远期股票合同等。

金融远期属于非标准化的、最简单的合同，由交易双方直接协商后签订或通过经纪人协商签订。

2.2.2 金融远期的特点

(1) 未规范化、标准化，一般在场外交易，不易流动。

(2) 买卖双方易发生违约问题，从合同签订到交割期间不能直接看出履约情况，风险较大。

(3) 在合同到期之前并无现金流。

(4) 合同到期必须交割，不可实行反向对冲操作来平仓。

2.2.3 金融远期的会计处理

金融远期有许多类型，最典型的是远期外汇合同。远期外汇合同是指客户与外汇经纪银行签订的由银行按照双方约定的汇率(远期汇率)在未来某一日期以一种货币兑换另一种货币的合同。本节主要以远期外汇合同为例，阐述以投机套利为目的的金融远期的会计处理。

【例 2-1】 甲公司出于投机套利目的，于 20×0 年 6 月 1 日与某外汇经纪银行签订了一项 60 天期，以人民币兑换 1 000 000 美元的远期外汇合同，有关汇率资料见表 2-1。

表 2-1 汇率变化表

日　期	即期汇率	60 天远期汇率	30 天远期汇率
6 月 1 日	1 美元=7.52 元人民币	1 美元=7.55 元人民币	
6 月 30 日	1 美元=7.56 元人民币		1 美元=7.58 元人民币
7 月 31 日	1 美元=7.57 元人民币		

(1) 6 月 1 日签订远期外汇合同时，风险与收益是对等的，此时，合同的公允价值为零，无需做账务处理。

(2) 对于远期外汇合同而言，合同的公允价值取决于合同净头寸的金额和性质。在本例中，6 月 30 日时 30 天远期汇率为 1 美元=7.58 元人民币，远期合同的净头寸为 30 000 元。按远期外汇合同的约定，甲公司按 1 美元=7.55 元人民币的汇率购入 100 万美元，6 月 30 日的 30 天远期汇率上升 0.03，在预计汇率上升的情况下，仍然按合同中规定的较低汇率购入美元，则产生 30 000 元的收益((7.58−7.55)×1 000 000=30 000 元)。6 月 30 日，该合同的公允价值为 30 000 元。会计处理如下。

借：衍生工具——远期外汇合同　　　　30 000

　　贷：公允价值变动损益　　　　30 000

(3) 尽管远期汇率与即期汇率存在着差异，但随着合同逐渐接近到期日，合同存续期内即期汇率和远期汇率之间的差异会越来越小，二者最终在到期日重合。7 月 31 日，即期汇率与远期汇率相同，都是 1 美元=7.57 元人民币，甲公司按 1 美元=7.55 元人民币买进 100 万美元，并按即期汇率卖出 100 万美元，从而最终实现 20 000 元的收益。

7 月 31 日，确认远期外汇合同公允价值变动损失 10 000 元((7.57−7.55)× 1 000 000−30 000)。

借：公允价值变动损益　　10 000

　　贷：衍生工具——远期外汇合同　　10 000

7 月 31 日，向银行买进 1 000 000 美元。

借：银行存款——美元　　7 570 000

　　贷：银行存款——人民币　　7 550 000

　　贷：衍生工具——远期外汇合同　　20 000

同时：

借：公允价值变动损益　　20 000

　　贷：投资收益　　20 000

甲公司的上述做法是通过远期外汇合同标的美元对人民币汇率的变动来获取价差收益的。实际上，交易性的远期合同不仅可以通过合同标的价值的变动获取价差收益，还可以通过合同本身公允价值的变动谋取收益。签订交易性的远期外汇合同后，在大多数情况下，企业并不将合同持有至到期日，而是当企业认为能够取得最高价格时将合同出售，以谋取合同价差收益。

【例 2-2】 甲公司根据对未来汇率走势的判断，认为 20×0 年 6 月 30 日的合同公允价值是合同存续期间的最高价值，以后汇率很可能呈下降趋势从而导致合同贬值。甲公司于 6 月 30 日以 30 000 元的价格出售此合同，则 6 月 30 日的会计分录如下。

借：银行存款　　30 000

　　贷：衍生工具——远期外汇合同　　30 000

借：公允价值变动损益　　30 000

　　贷：投资收益　　30 000

作为衍生工具的远期外汇合同，既可能是一项资产，也可能是一项负债。在例 2-1 中，如果甲公司签订远期外汇合同后，汇率呈下降趋势，合同公允价值很可能为负值，反映为金融负债。

【例 2-3】 接例 2-1，其他资料不变，若甲公司签订远期外汇合同后的汇率变化见表 2-2。

表 2-2　汇率变化表

日　期	即期汇率	60 天远期汇率	30 天远期汇率
6 月 1 日	1 美元=7.59 元人民币	1 美元=7.60 元人民币	
6 月 30 日	1 美元=7.57 元人民币		1 美元=7.55 元人民币
7 月 31 日	1 美元=7.54 元人民币		

6 月 30 日该远期外汇合同的公允价值为(7.55−7.60)×1 000 000=−50 000 元，反映为金融负债，会计分录如下。

借：公允价值变动损益　　50 000

　　贷：衍生工具——远期外汇合同　　50 000

在编制 20×0 年 6 月 30 日的资产负债表时，“衍生工具”账户贷方余额 50 000 元作为金融负债列示在资产负债表右方的“其他流动负债项目”内。

2.3 金融期货

2.3.1 金融期货的定义

金融期货是指交易双方在有组织的市场中以公开竞价的方式达成的、在将来某一特定日期以预先约定的价格交割标准数量特定标的的标准化协议。与金融产品相关联的期货合同品种很多。根据金融期货合同标的的不同性质，金融期货通常分为利率期货、货币期货和股票指数期货3大类。其中影响较大的合同有美国芝加哥期货交易所(CBOT)的美国长期国库券期货合同、东京国际金融期货交易所(TIFFE)的90天期欧洲日元期货合同和中国香港期货交易所(HKFE)的恒生指数期货合同等。

2.3.2 金融期货的特征

金融期货具有期货交易的一般特征，其基本特征可概括为以下几点。

(1) 与商品期货相比，金融期货合同的标的不是实物商品，而是无形的、虚拟化的金融产品或金融工具，如股票、股指、利率与外汇等。

(2) 金融期货合同交易是标准化合同的交易。合同的收益率和数量都具有同质性和标准性，如货币币别、交易金额、清算日期、交易时间等都作了标准化规定，唯一需要买卖双方确定的是期货合同价格。

(3) 金融期货合同交易采取公开竞价方式来决定合同买卖的价格，交易效率高、透明度好、可信度高。

(4) 金融期货合同交易实行会员制度。非会员要参与金融期货的交易必须由会员代理。由于期货交易限于会员之间，而会员同时又是结算会员，交纳保证金，因而期货交易的信用风险较小，安全保障程度较高。

(5) 金融期货合同交割期限规格化。金融期货合同的交割期限与交割时间根据交易对象的不同特点大多设为3个月、6个月、9个月或12个月，最长的是两年。金融期货的特征使得其交割具有极大的便利性；与现货之间的套利交易更易进行，到期时很少发生逼仓行为。

2.3.3 金融期货的会计处理

对于金融期货交易的会计处理，根据金融工具确认和计量准则的规定，不作为有效套期工具的金融期货，在初始时按照合同约定的价格确认金融资产或金融负债，同时还应该确认缴纳的保证金。当金融期货合同的公允价值发生变动时，应该相应地调整其账面价值，变动带来的损失或利得应计入当期损益，并且补交或退回保证金。当金融期货合同的交易参与者在合同到期前转手或合同到期时进行实际交割时，应将此时金融期货合同公允价值变动带来的损失或利得计入当期损益，并且结算保证金。

1. 利率期货

利率期货是指协议双方同意在约定的将来某个日期按约定条件买卖一定数量的某种长

短期信用工具的可转让的标准化协议。利率期货交易的对象有长期国债、政府住宅抵押证券、中期国债、短期国债等。

根据上海证券交易所的有关规定，国债期货的交易单位为面值 2 万元，即期货标的，交易价格的变动价位为 0.02 元，合同月份为每年的 3、6、9、12 月份。客户在开仓时，一手合同需要向期货经纪公司交纳保证金 500 元，一手表示一个标准合同。期货经纪公司须按每手 200 元的标准向证券交易所交纳保证金。期货经纪公司为客户买卖每手合同收取的佣金最高不超过 5 元，最后结算时的结算费为每手合同 5 元。国债期货按每万元报价，持仓盈亏和平仓盈亏的计算公式如下。

持仓盈亏=(当日结算价-持仓价)×200×持仓合同数

平仓盈亏=(卖出价-买入价)×200×平仓合同数

【例 2-4】 假设 20×0 年度 A 公司发生以下期货投资业务。

(1) 2 月 2 日，以 120 元报价买入国债期货合同 10 手，交易保证金 500 元/手，交易手续费 5 元/手。

(2) 2 月 28 日结算价为 123 元。

(3) 3 月 31 日将上述国债期货全部平仓，平仓成交价 125 元，交易手续费 5 元/手。

A 公司的有关会计处理如下。

(1) 2 月 2 日买入国债期货 10 手，交纳交易保证金 5 000 元(10×500)，交易手续费 50 元(10×5)。

借：衍生工具——国债期货　　5 000
　　投资收益　　50
　　贷：银行存款　　5 050

(2) 2 月 28 日，国债期货合同盈利 6 000 元((123-120)×200×10)。

借：衍生工具——国债期货　　6 000
　　贷：公允价值变动损益　　6 000

(3) 3 月 31 日，国债期货合同盈利 4 000 元((125-123)×200×10)。

借：衍生工具——国债期货　　4 000
　　贷：公允价值变动损益　　4 000

(4) 3 月 31 日，将上述国债期货全部平仓。

借：银行存款　　15 000
　　贷：衍生工具——国债期货　　15 000

(5) 支付交易手续费。

借：投资收益　　50
　　贷：银行存款　　50

(6) 将原确认的持仓盈亏转入投资效益。

借：公允价值变动损益　　10 000
　　贷：投资收益　　10 000

2. 外汇期货

外汇期货是指协约双方同意在未来某一日期，根据约定价格——汇率，买卖一定标准数量的某种外汇的可转让的标准化协议。外汇期货包括以下币种：欧元、日元、英镑、瑞士法郎、加拿大元、美元等。

【例 2-5】 假设 20×0 年度 B 公司发生以下期货投资业务。

(1) 4 月 2 日，以 1 美元=7.2 元人民币的报价买入美元期货合同 10 手，每手 10 万美元，交易保证金 20 000 元/手，交易手续费 100 元/手。

(2) 4 月 30 日汇率为：1 美元=7.3 元人民币。

(3) 5 月 31 日将上述美元期货全部平仓，平仓成交价 1 美元=7.4 元人民币，交易手续费 100 元/手。

B 公司的有关会计处理如下。

(1) 4 月 2 日买入美元期货 10 手，交纳交易保证金 200 000 元(10×20 000)，交易手续费 1 000 元(10×100)。

借：衍生工具——美元期货　　200 000
　　投资收益　　1 000
　　贷：银行存款　　201 000

(2) 4 月 30 日，美元期货合同盈利 100 000 元((7.3−7.2)×100 000×10)。

借：衍生工具——美元期货　　100 000
　　贷：公允价值变动损益　　100 000

(3) 5 月 31 日，美元期货合同盈利 100 000 元((7.4−7.3)×100 000×10)。

借：衍生工具——美元期货　　100 000
　　贷：公允价值变动损益　　100 000

(4) 5 月 31 日，将上述美元期货全部平仓。

借：银行存款　　400 000
　　贷：衍生工具——美元期货　　400 000

(5) 支付交易手续费。

借：投资收益　　1 000
　　贷：银行存款　　1 000

(6) 将原确认的持仓盈亏转入投资收益。

借：公允价值变动损益　　200 000
　　贷：投资收益　　200 000

3. 股票指数期货

股票指数期货是指协议双方同意在将来某一日期按约定的价格买卖股票指数的可转让的标准化合同。最具代表性的股票指数有美国的道·琼斯股票指数和标准·普尔 500 种股票指数、英国的金融时报工业普通股票指数、中国香港的恒生指数、日本的日经指数等。合同的价格为当前市场股价指数乘以每一点所代表的金额。股票指数期货的交割采用现金形式，而不用股票。作为中国内地资本市场首个金融期货品种，沪深 300 股票指数期货合同 2010 年 4 月 16 日在中国金融期货交易所正式上市。

【例 2-6】 假设丙公司于 20×0 年 4 月 29 日在指数 4 850 点时购入一手沪深 300 股票指数期货合同，沪深 300 股票指数期货合同价值乘数为 300，交易保证金比例为 10%，交易手续费为交易金额的万分之三。5 月 31 日股票指数下降 1%，6 月 1 日该投资者在此指数水平下卖出股票指数期货合同平仓。

M 公司的有关会计处理如下。

(1) 4 月 29 日开仓时，交纳交易保证金 145 500 元(4 850×300×10%)，交纳手续费 436.5 元(4 850×300×0.0003)，会计分录如下。

借：衍生工具——股票指数期货合同　　145 500
　　投资收益　　436.5
　　贷：银行存款　　145 936.5

(2) 由于是多头，5 月 31 日股指期货下降 1%，该投资者发生亏损，需要按交易所的要求补交保证金。

亏损额：4 850×1%×300=14 550 元

补交额：4 850×99%×300×10%-(145 500-14 550)=13 095 元

借：公允价值变动损益　　14 550
　　贷：衍生工具——股票指数期货合同　　14 550
借：衍生工具——股票指数期货合同　　13 095
　　贷：银行存款　　13 095

在 5 月 31 日编制的资产负债表中，“衍生工具——股票指数期货合同”账户借方余额 144 045 元(145 500-14 550+13 095)作为资产列示于资产负债表的“其他流动资产”项目中。

(3) 6 月 1 日平仓。

借：银行存款　　144 045
　　贷：衍生工具——股票指数期货合同　　144 045

（4）支付交易手续费，手续费金额为 408.08 元(4 850×99%×300×0.0003)。

借：投资收益　　408.08
　　贷：银行存款　　408.08

（5）将原确认的持仓盈亏转入投资收益。

借：投资收益　　14 550
　　贷：公允价值变动损益　　14 550

2.4 金融期权

2.4.1 金融期权的定义

金融期权又称选择权合同，是合同双方按约定价格在约定日期内，就是否买卖某种金融资产所达成的协议。合同买方在支付权利金后具有在到期日或期满日之前按约定价格购买或售出约定数量的某种标的，或者不履行该合同的权利，即买方可以根据市场行情变化决定是否履行合同，但合同的卖方则有义务在买方要求履约合同时进行出售或购买。

2.4.2 金融期权的类型

根据交易方向的不同，金融期权分为看涨期权和看跌期权两大类。看涨期权是合同买方按行权价购买合同标的的权利，看跌期权是合同买方按行权价出售合同标的的权利。金融期权的组成，如图 2.1 所示。

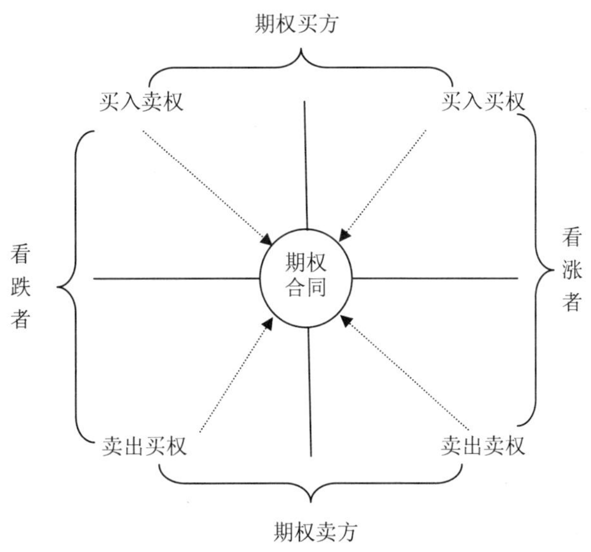

图 2.1 期权合同的组成

按行权时间不同，金融期权分为欧式期权和美式期权。欧式期权只允许合同买方在到期日执行权利；美式期权允许合同买方在期权有效期内的任何一个营业日执行权利。以上两种分类的比较见表 2-3。

表 2-3 看涨期权与看跌期权比较表

	看涨期权	看跌期权
买方	有权在到期日之前或当日按合同中的行权价购买某种标的	有权在到期日之前或当日按合同中的行权价卖出某种标的
卖方	有义务在到期日之前或当日，应买方要求按行权价卖出某种标的	有义务在到期日之前或当日，应买方要求按行权价买入某种标的

按标的不同，金融期权分为现货期权(如利率期权、股票期权、外汇期权、股票指数期权等)和期货期权(如利率期货期权，外汇期货期权，股票指数期货期权等)。

2.4.3 金融期权的特点

1. 金融期权是一种风险和收益不对称的衍生工具

在期权的行权日，合同买方可以行权，也可以不行权，这取决于行权对合同买方是否有利，但合同买方一旦行权，合同卖方必须履行合同。与金融期货相比，金融期权的买方仅被赋予了行使购买权或卖出权的权利，不负有履约义务，履约义务由卖方承担。从这一点上看，金融期权是一种风险和收益不对称的衍生工具。

2. 期权费和保证金

作为合同卖方承担义务的报酬，合同买方必须支付给合同卖方一定的费用，称为期权费或期权价格。该价格代表着合同买方可能损失的最高金额，同时也是合同卖方可能获得的最大利润。期权价格由内含价值和时间价值两部分构成，其中内含价值是指期权买方行使期权时可以获得的收益的现值；时间价值是指在期权有效期内标的价格波动为期权买方带来收益的可能性所隐含的价值。显然，标的价格的波动率越高，期权的时间价值就越大。

为确保合同义务的履行，期权卖方必须在订约时缴付保证金，并随市价的涨跌在必要时追加保证金，但不必每日计算盈亏。

3. 有限代价取得无限利润的机会

期权合同的买方在签订期权合同、支付期权费后，有权在最佳时机(美式期权)或特定日期(欧式期权)按合同规定的数量和价格买进或卖出金融资产，视基础资产现货市价与合同价格的背离程度，从理论上说合同买方具有获取无限利润的可能性；若行市不利而放弃权利，合同买方损失的仅仅是期权费。另外，期权买方以少量的期权费购买期权合同后，可以用极少量的资金控制着价值比期权费数额大得多的金融资产，起到财务杠杆的作用。

4. 期权价格与期权合同交易对象的价格

期权价格与期权合同交易对象价格是两个不同的概念。

期权价格是期权合同买方为取得期权合同交易对象的交换权而付出的代价，其公允价值一般可参照金融市场的行情或通过“期权定价模型”，即“期权价格=期权内在价值+期权时间价值”这一公式来确定。

期权合同交易对象的价格则指期权合同中规定的作为交易对象的标的的价格，它与合同执行价格的背离给予合同买方获利的机会。

2.4.4 金融期权与金融期货的区别

1. 标的不同

一般地说，凡可作期货交易的金融商品都可作期权交易。然而，可作期权交易的金融商品却未必可作期货交易。在实践中，只有金融期货期权，而没有金融期权期货，即只有以金融期货合同为标的的金融期权交易，而没有以金融期权合同为标的的金融期货交易。一般而言，金融期权的标的多于金融期货的标的。

2. 交易者权利与义务的对称性不同

金融期货交易的双方权利与义务对称，即对任何一方而言，都既有要求对方履约的权利，又有自己对对方履约的义务。而金融期权交易双方的权利与义务存在着明显的不对称性，期权的买方只有权利而没有义务，而期权的卖方只有义务而没有权利。

3. 履约保证不同

金融期货交易双方均需开立保证金账户，并按规定缴纳履约保证金。而在金融期权交易中，只有期权出售者，尤其是无担保期权的出售者才需开立保证金账户，并按规定缴纳保证金，以保证其履约的义务。至于期权购买者，因期权合同未规定其义务，其无需开立保证金账户，也就无需缴纳任何保证金。

4. 现金流转不同

金融期货交易双方在成交时不发生现金收付关系，但在成交后，由于实行逐日结算制度，交易双方将因价格的变动而发生现金流转，即盈利一方的保证金账户余额将增加，而亏损一方的保证金账户余额将减少。当亏损方保证金账户余额低于规定的维持保证金时，他必须按规定及时缴纳追加保证金。因此，金融期货交易双方都必须保有一定的流动性较高的资产，以备不时之需。

而在金融期权交易中，在成交时，期权购买者为取得期权合同所赋予的权利，必须向期权出售者支付一定的期权费；但在成交后，除了到期履约外，交易双方不发生任何现金流转。

5. 盈亏特点不同

金融期货交易双方都无权违约也无权要求提前交割或推迟交割，而只能在到期前的任一时间通过反向交易实现对冲或到期进行实物交割。而在对冲或到期交割前，价格的变动必然使其中一方盈利而另一方亏损，其盈利或亏损的程度取决于价格变动的幅度。因此，从理论上说，金融期货交易中双方潜在的盈利和亏损都是无限的。

相反，在金融期权交易中，由于期权购买者与出售者在权利和义务上的不对称性，他们在交易中的盈利和亏损也具有不对称性。从理论上说，期权购买者在交易中的潜在亏损是有限的，仅限于所支付的期权费，而可能取得的盈利却是无限的；相反，期权出售者在交易中所取得的盈利是有限的，仅限于所收取的期权费，而可能遭受的损失却是无限的。当然，在现实的期权交易中，由于成交的期权合同事实上很少被执行，因此，期权出售者未必总是处于不利的地位。

6. 套期保值的作用与效果不同

一般而言，利用金融期货进行套期保值，在避免价格不利变动造成的损失的同时也必须放弃若价格有利变动可能获得的利益。利用金融期权进行套期保值，若价格发生不利变动，套期保值者可通过执行期权来避免损失；若价格发生有利变动，套期保值者又可通过放弃期权来保护利益。这样，通过金融期权交易，既可避免价格不利变动造成的损失，又可在相当程度上保住价格有利变动而带来的利益。

2.4.5 金融期权的会计处理

1. 看涨期权的会计处理

【例 2-7】 甲公司于 20×0 年 2 月 1 日向乙公司发行以自身普通股为标的看涨期权。根据该期权合同，如果乙公司行权(行权价为 51 元)，乙公司有权以每股 51 元的价格从甲公司购入普通股 1 000 股。合同签订日为 20×0 年 2 月 1 日，行权日(欧式期权)为 20×1 年 1 月 31 日，20×0 年 2 月 1 日每股市价为 50 元，20×0 年 12 月 31 日每股市为 52 元，20×1 年 1 月 31 日每股市价为 52 元，20×1 年 1 月 31 日应支付的固定行权价格为每股 51 元，20×0 年 2 月 1 日期权的公允价值为 6 000 元，20×0 年 12 月 31 日期权的公允价值为 3 000 元，

20×1 年 1 月 31 日期权的公允价值为 1 000 元。

1) 假定期权将以现金净额结算

(1) 甲公司的有关会计处理。

① 20×0 年 2 月 1 日，确认发行的看涨期权。

借：银行存款　　6 000
　　贷：衍生工具——看涨期权　　6 000

② 20×0 年 12 月 31 日，确认期权公允价值减少。

借：衍生工具——看涨期权　　3 000
　　贷：公允价值变动损益　　3 000

③ 20×1 年 1 月 31 日，确认期权公允价值减少。

借：衍生工具——看涨期权　　2 000
　　贷：公允价值变动损益　　2 000

④ 20×1 年 1 月 31 日，乙公司行使了该看涨期权，合同以现金净额方式进行结算。甲公司有义务向乙公司交付 52 000 元(52×1 000)，并从乙公司收取 51 000 元(51×1 000)，甲公司实际支付净额为 1 000 元。反映看涨期权结算的会计处理如下。

借：衍生工具——看涨期权　　1 000
　　贷：银行存款　　1 000

(2) 乙公司的有关会计处理。

① 20×0 年 2 月 1 日，确认购买的看涨期权。

借：衍生工具——看涨期权　　6 000
　　贷：银行存款　　6 000

② 20×0 年 12 月 31 日，确认期权公允价值减少。

借：公允价值变动损益　　3 000
　　贷：衍生工具——看涨期权　　3 000

③ 20×1 年 1 月 31 日，确认期权公允价值减少。

借：公允价值变动损益　　2 000
　　贷：衍生工具——看涨期权　　2 000

④ 20×1 年 1 月 31 日，乙公司行使了该看涨期权，合同以现金净额方式进行结算。甲公司有义务向乙公司交付 52 000 元(52×1 000)，并从乙公司收取 51 000 元(51×1 000)，甲公司实际支付净额为 1 000 元。反映看涨期权结算的会计处理如下。

借：银行存款　　1 000
　　贷：衍生工具——看涨期权　　1 000

2) 假定期权将以普通股净额结算

期权如果以普通股净额结算，甲公司和乙公司的会计分录，除反映看涨期权结算的会计分录外，其他会计分录与 1)相同。

(1) 20×1 年 1 月 31 日，甲公司反映看涨期权结算的会计处理如下。

借：衍生工具——看涨期权　　1 000
　　贷：股本　　19.2(1000÷52)
　　　　资本公积——资本溢价　　980.8

(2) 20×1 年 1 月 31 日，乙公司反映看涨期权结算的会计处理如下。

借：交易性金融资产　　1 000

　　贷：衍生工具——看涨期权　　1 000

2. 看跌期权的会计处理

【例 2-8】 甲公司于 20×0 年 2 月 1 日向乙公司发行以自身普通股为标的看跌期权。根据该期权合同，如果乙公司行权(行权价为 53 元)，乙公司有权以每股 53 元的价格向甲公司出售甲公司普通股 1 000 股。

如乙公司到时不行权，不需要作出任何支付。

其他有关资料如下：

(1) 合同签订日　　20×0 年 2 月 1 日

(2) 行权日(欧式期权，仅能在到期时行权)　　20×1 年 1 月 31 日

(3) 20×0 年 2 月 1 日每股市价　　55 元

(4) 20×0 年 12 月 31 日每股市价　　50 元

(5) 20×1 年 1 月 31 日每股市价　　50 元

(6) 20×1 年 1 月 31 日应支付的固定行权价格　　53 元

(7) 期权合同中的普通股数量　　1 000 股

(8) 20×0 年 2 月 1 日期权的公允价值　　5 000 元

(9) 20×0 年 12 月 31 日期权的公允价值　　4 000 元

(10) 20×1 年 1 月 31 日期权的公允价值　　3 000 元

假定不考虑其他因素，甲公司的账务处理如下。

1) 若期权将以现金净额结算

(1) 甲公司的有关会计处理。

① 20×0 年 2 月 1 日，确认发行看跌期权。

借：银行存款　　5 000

　　贷：衍生工具——看跌期权　　5 000

② 20×0 年 12 月 31 日，确认期权的公允价值下降。

借：衍生工具——看跌期权　　1 000

　　贷：公允价值变动损益　　1 000

③ 20×1 年 1 月 31 日，确认期权公允价值下降。

借：衍生工具——看跌期权　　1 000

　　贷：公允价值变动损益　　1 000

在同一天，乙公司行使了该看跌期权，合同以现金净额方式进行结算。乙公司有义务向甲公司交付 50 000 元(50×1 000)，甲公司有义务向乙公司支付 53 000 元(53×1 000)，甲公司实际支付净额为 3 000 元，确认期权合同的结算。

借：衍生工具——看跌期权　　3 000

　　贷：银行存款　　3 000

(2) 乙公司的有关会计处理。

① 20×0 年 2 月 1 日，确认购入看跌期权。

借：衍生工具——看跌期权　　5 000

　　贷：银行存款　　5 000

② 20×0 年 12 月 31 日，确认期权的公允价值下降。

股票的公允价值下降为 50 元，看跌期权的公允价值下降为 4 000 元，其中 3 000 元((53−50)×1 000)属于内在价值，1 000 元属于剩余的时间价值。

借：公允价值变动损益　　1 000

　　贷：衍生工具——看跌期权　　1 000

③ 20×1 年 1 月 31 日，确认期权的公允价值下降。

股票的公允价值仍然为 50 元，期权合同的公允价值下降为 3 000 元((53−50)×1 000)，均属于内在价值，因为不再剩下时间价值。

借：公允价值变动损益　　1 000

　　贷：衍生工具——看跌期权　　1 000

在同一天，乙公司行使了该看跌期权，合同以现金净额方式进行结算。乙公司有义务向甲公司交付 50 000 元(50×1 000)，甲公司有义务向乙公司支付 53 000 元(53×1 000)，乙公司实际收到净额为 3 000 元，确认期权合同的结算。

借：银行存款　　3 000

　　贷：衍生工具——看跌期权　　3 000

2) 若期权将以普通股净额结算

期权如果以普通股净额结算，甲公司和乙公司的会计分录，除反映看跌期权结算的会计分录外，其他会计分录与 1)相同。

(1) 20×1 年 1 月 31 日，乙公司行权且以普通股净额结算。乙公司有义务向甲公司交付与 50 000 元(50×1 000)等值的甲公司普通股，甲公司有义务向乙公司交付与 53 000 元(53×1 000)等值的甲公司普通股。两者相抵，甲公司有义务向乙公司交付与 3 000 元等值的甲公司普通股 60 股。甲公司反映看跌期权结算的会计处理如下。

借：衍生工具——看跌期权　　3 000

　　贷：股本　　60(3 000÷50)

　　　　资本公积——股本溢价　　2 940

(2) 20×1 年 1 月 31 日，乙公司反映看跌期权结算的会计处理如下。

借：交易性金融资产　　3 000

　　贷：衍生工具——看跌期权　　3 000

2.5 金融互换

2.5.1 金融互换的定义

金融互换是指两个或两个以上的当事人按照商定的条件，在金融市场上进行不同金融工具的交换，从而在一定时期交换一系列现金流的协议。

金融互换是由 20 世纪 70 年代初期的平行贷款以及相互担保贷款衍生出来的，是继 20 世纪 70 年代初出现金融期货后，又一典型的金融市场创新业务，其实质上是远期合同的组合。金融互换主要包括利率互换和货币互换等。利率互换是指双方同意在未来的一定期限内根据同种货币的同样的名义本金交换现金流，其中一方的现金流是根据浮动利率计算出来的，而另一方的现金流是根据固定利率计算的。利率互换的期限通常在 2 年以上，有时甚至在 15 年以上。货币互换是将一种货币的本金和固定利息与另一货币的等价本金和固定利息进行交换。其主要原因是双方在各自国家中的金融市场上具有比较优势。利用金融互换交易，可依据不同时期的不同利率、外汇或资本市场的限制动向筹措到理想的资金。

2.5.2 金融互换的特点

1. 金融互换与其他衍生工具相比有着自身的优势

(1) 金融互换交易集外汇市场、证券市场、短期货币市场和长期资本市场业务于一身，既是融资的创新工具，又可用于金融管理。

(2) 金融互换能满足交易者对非标准化交易的要求，运用面广。

(3) 用金融互换套期保值可以省去对其他金融衍生工具所需头寸的日常管理，使用简便且风险转移较快。

(4) 金融互换交易期限灵活，长短随意，最长可达几十年。

(5) 互换仓库的产生使银行成为金融互换的主体，所以金融互换市场的流动性较强。

2. 金融互换交易中的缺点

金融互换交易本身也存在许多风险。信用风险是金融互换交易所面临的主要风险，也是互换方及中介机构因种种原因发生的违约拒付等不能履行合同的风险。另外，由于互换期限通常长达数年，对于买卖双方来说，还存在着互换利率的风险。

2.5.3 金融互换的会计处理

1. 利率互换

利率互换中最常见的是息票互换。其基本做法是：持有同种货币的交易双方，以商定的筹资本金为计算利息的基础，一方以其筹措的固定利率资金换取另一方的浮动利率资金。在交易中双方实际上只计算互换的利息差异并作结算，而不会发生本金的实际转移。

无论是筹资阶段，还是清偿债务阶段，企业都可通过利率互换来规避利率风险。要想达到互换的目的，取得良好的互换效果，互换操作必须遵循以下原则：在互换利率趋于下跌的情况下，适时地将固定利率互换成浮动利率；在利率呈上涨走势的情况下，适时地将浮动利率换成固定利率。利率互换中，由于交换的货币是相同的，只是利率形式不同，所以一般采用净额支付的方法来支付利息，即由利息支出较高的一方向利息支出较低的一方支付按相同本金和两种利率形式计算出的利息差额。两者差额构成利率互换合同公允价值的组成部分，与公允价值变动一道作为一项金融资产或金融负债计入资产负债表。

利率互换发生的原理在于具有不同资信的筹资人在不同利率方式筹资上具有比较成本优势。互换是比较优势理论在金融领域最生动的应用。

根据比较优势理论，只要满足以下两种条件，就可进行互换。

(1) 双方对对方的资产或负债均有需求。

(2) 双方在两种资产或负债上存在比较优势。

用一个利率互换的例子来说明，假定 A、B 公司都想借入 5 年期的 1 000 万美元的借款，A 想借入与 6 个月期相关的浮动利率借款，B 想借入固定利率借款。但两家公司信用等级不同，故市场向它们提供的利率也不同，见表 2-4。

表 2-4　利率表

	固定利率	浮动利率
A 公司	10.00%	6 个月期 LIBOR+0.30%
B 公司	11.20%	6 个月期 LIBOR+1.00%

此表中的利率均为一年计一次复利的年利率。从上表可以看出，A 公司在固定利率和浮动利率市场具有绝对优势，但在固定利率上，其绝对优势为 1.20%，而在浮动利率上，为 0.7%。故 A 公司在固定利率市场上有比较优势，B 公司在浮动利率市场上有比较优势。

因此，A 公司以 10%的固定利率借入 1 000 万美元，而 B 公司以 6 个月期 LIBOR+1.00%的浮动利率借入 1 000 万美元。由于本金相同，故双方不必交换本金，而只交换利息的现金流，即 A 公司向 B 公司支付浮动利率，B 公司向 A 公司支付固定利率。

双方总的筹资成本降低了 0.5%(11.20%+6 个月期 LIBOR+0.30%-10.00%-6 个月期 LIBOR+1.00%)，假设双方各分享 50%，则双方都将筹资成本降低了 0.25%。不采用互换和采用互换的资金成本比较见表 2-5。

表 2-5　互换前后的资金成本比较

	不采用互换的资金成本	采用互换的资金成本	资金成本差额
A 公司	6 个月期 LIBOR+0.30%	6 个月期 LIBOR+0.05%	-0.25%
B 公司	11.20%	10.95%	-0.25%
总计	11.20%+6 个月期 LIBOR+0.30%	10.95%+6 个月期 LIBOR+0.05%	-0.50%

在上述互换中，每隔 6 个月为利息支付日，因此互换协议的条款应规定每 6 个月一方向另一方支付固定利率与浮动利率的差额。假定某一支付日的 LIBOR 为 11.00%，则 A 公司应付给 B 公司 5.25 万美元(1 000 万×(11.00%-9.95%)×1/2)。

该利率互换的流程图如图 2.2 所示。

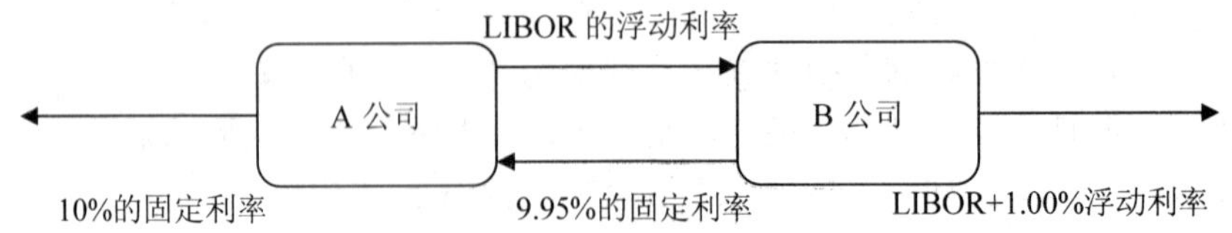

图 2.2　利率互换的流程

从上例可以看出，A 公司成功地将固定利率支出，通过利率互换转化为 6 个月期 LIBOR+0.05%的浮动利率，在预期利率大幅下降时(预期下降到固定利率以下)，节约了利息支出。

【例 2-9】 乙公司于 20×0 年 1 月 1 日与 A 银行签订 2 000 万美元借款协议，期限为 2 年，浮动利率为 6 个月的 LIBOR+0.25%，每半年支付一次利息，付息时间为每年的 6 月 30 日和 12 月 31 日。由于乙公司预测利率上升的可能性比较大，所以乙公司决定将浮动利率换成固定利率。于是，乙公司于同日与 B 银行签订了一项名义本金为 2 000 万美元、期限 2 年、每半年支付一次利息的利率互换合同。支付 B 银行手续费 1 500 美元。

在合同期内，乙公司将收到 B 银行支付的按浮动利率计算的利息，并向 B 银行支付按固定利率 10%计算的利息。

乙公司在付息日的浮动利率以及乙公司在互换中支付和收到的利息金额见表 2-6。

表 2-6 利率互换合同现金流

日　　期	浮动利率	浮动利率收入	固定利率支出	合同公允价值
20×0.6.30	10.5%	1 050 000	1 000 000	30 000
20×0.12.31	9.8%	980 000	1 000 000	19 000
20×1.6.30	10.2%	1 020 000	1 000 000	13 000
20×1.12.31	10.1%	1 010 000	1 000 000	-11 000

假设上述利率互换合同与借款协议之间不满足套期会计条件，并且不考虑衍生工具的时间价值因素，乙公司记账本位币是美元，则乙公司有关的账务处理如下。

(1) 20×0 年 1 月 1 日账务处理。

① 签订借款协议时。

借：银行存款——美元　　20 000 000

　　贷：长期借款　　20 000 000

签订利率互换合同时，交易双方均没有发生现金流量，因而利率互换合同开始时其公允价值为 0，不需要做会计分录。

② 支付 B 银行手续费。

借：投资收益　　1 500

　　贷：银行存款——美元　　1 500

(2) 20×0 年 6 月 30 日账务处理。

① 支付给 A 银行利息。

借：财务费用　　1 050 000

　　贷：银行存款——美元　　1 050 000

② 乙公司从 B 银行取得的利息差额。

借：银行存款——美元　　50 000

　　贷：衍生工具——利率互换　　50 000

③ 确认利率互换合同公允价值变动收益。

借：衍生工具——利率互换　　30 000

　　贷：公允价值变动损益　　30 000

(3) 20×0 年 12 月 31 日账务处理。

① 支付给 A 银行利息。

借：财务费用　　980 000

　　贷：银行存款——美元　　980 000

② 乙公司支付给 B 银行利息差额。

借：衍生工具——利率互换　　20 000

　　贷：银行存款——美元　　20 000

③ 确认利率互换合同公允价值变动损失。

借：公允价值变动损益　　11 000

　　贷：衍生工具——利率互换　　11 000

(4) 20×1 年 6 月 30 日账务处理。

① 支付给 A 银行利息。

借：财务费用　　1 020 000

　　贷：银行存款——美元　　1 020 000

② 乙公司从 B 银行取得利息差额。

借：银行存款——美元　　20 000

　　贷：衍生工具——利率互换　　20 000

③ 确认利率互换合同公允价值变动损失。

借：公允价值变动损益　　6 000

　　贷：衍生工具——利率互换　　6 000

(5) 20×1 年 12 月 31 日账务处理。

① 支付给 A 银行利息。

借：财务费用——美元　　1 010 000

　　贷：银行存款——美元　　1 010 000

② 乙公司从 B 银行取得利息差额。

借：银行存款——美元　　10 000

　　贷：衍生工具——利率互换　　10 000

③ 确认利率互换合同公允价值变动损失。

借：公允价值变动损益　　24 000

　　贷：衍生工具——利率互换　　24 000

④ 结转公允价值变动损益。

借：投资收益　　11 000

　　贷：公允价值变动损益　　11 000

⑤ 归还借款。

借：长期借款　　20 000 000

　　贷：银行存款——美元　　20 000 000

通过签订利率互换合同，乙公司将浮动利息支出转换成固定利息支出，节约利息支出 60 000(50 000−20 000+20 000+10 000)美元。

2. 货币互换

货币互换的基本程序是：第一，期初的本金互换，其主要目的是确定交易双方各自本金的金额，以便将来计算应支付的利息和再换回本金；第二，利息的互换，即交易双方按议定的利率，以未偿还本金额为基础，进行利息支付；第三，本金的再次互换，即在合同到期日，双方换回交易开始时互换的本金。

【例 2-10】 我国甲公司因业务发展需要 500 万英镑，期限 2 年，该资金用于某项目的建设，项目投产后可以获得的收入为人民币。英国 A 公司需要人民币 72 400 000 元，期限 2 年，A 公司未来收入是英镑。甲公司在我国有人民币借款优势，A 公司在英国有英镑借款优势。20×0 年 1 月 1 日，甲公司与 A 公司分别从本国银行借款并签订了货币互换合同。即 A 公司从英国借 500 万英镑，甲公司从我国银行借 72 400 000 元人民币，然后互换。签订货币互换合同时，英镑固定利率 3%，人民币固定利率 4%，汇率为 1 英镑=14.48 元人民币。20×0 年 12 月 31 日汇率为 1 英镑=14.51 元人民币，20×1 年 12 月 31 日汇率为 1 英镑=14.46 元人民币。每年年末支付一次利息。甲公司与 A 公司实际交换了本金和利息。

互换过程如图 2.3 所示。

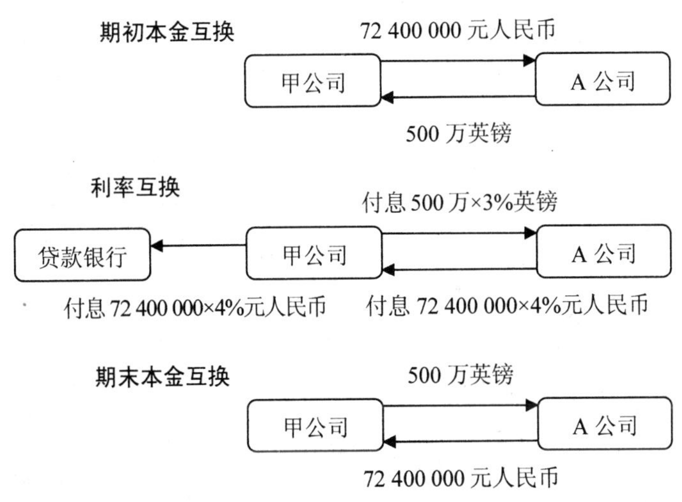

图 2.3 货币互换过程

假定该货币互换合同与借款协议之间不满足套期保值的条件，并且不考虑衍生工具的时间价值因素。那么，甲公司有关的账务处理如下。

(1) 20×0 年 1 月 1 日账务处理。

① 甲公司取得银行借款。

借：银行存款——人民币　　72 400 000

　　贷：长期借款　　72 400 000

② 签订货币互换合同，进行本金互换。

借：银行存款——英镑　　(500 万×14.48)72 400 000

　　贷：银行存款——人民币　　72 400 000

(2) 20×0 年 12 月 31 日账务处理。

① 支付借款利息。

借：财务费用　　2 896 000

　　贷：银行存款——人民币　　(72 400 000×4%)2 896 000

② 确认互换合同公允价值变动收益。

借：衍生工具——货币互换合同　　150 000

　　贷：公允价值变动损益　　((14.51−14.48)×5 000 000)150 000

③ 结算互换的利息。

借：财务费用 2 176 500

　　贷：银行存款——英镑 (5 000 000×3%×14.51)2 176 500

借：银行存款——人民币 (72 400 000×4%)2 896 000

　　贷：财务费用 2 896 000

(3) 20×1 年 12 月 31 日账务处理。

① 支付借款利息。

借：财务费用 2 896 000

　　贷：银行存款——人民币 (72 400 000×4%)2 896 000

② 确认互换合同公允价值变动损失。

借：公允价值变动损益 250 000

　　贷：衍生工具——货币互换合同 ((14.51−14.46)×5 000 000)250 000

③ 结算互换的利息。

借：财务费用 2 169 000

　　贷：银行存款——英镑 (5 000 000×3%×14.46)2 169 000

借：银行存款——人民币 (72 400 000×4%)2 896 000

　　贷：财务费用 2 896 000

④ 合同到期，换回本金。

借：银行存款——人民币 72 300 000

　　衍生工具——货币互换合同 100 000

　　贷：银行存款——英镑 72 400 000

借：投资收益 100 000

　　贷：公允价值变动损益 100 000

甲公司通过货币互换，节约了利息支出 1 446 500(2 896 000−2 176 500+2 896 000−2 169 000)元。本例题省略了有关外币账户的期末汇兑损益调整。

本 章 小 结

本章在介绍衍生工具的定义、特点和分类的基础上，着重阐述了基于投机套利交易的金融远期、金融期货、金融期权和金融互换的基本知识和基本会计处理方法。

衍生工具可以从不同的角度进行分类，但按照交易方式和特点进行分类是衍生工具最基本和普遍的分类方式，包括金融远期、金融期货、金融期权和金融互换 4 种。

远期外汇合同是一种最常见的金融远期；最典型的金融期货交易品种有利率期货、外汇期货和股票价格指数期货；根据交易方向的不同，金融期权可分为看涨期权和看跌期权两大类；金融互换主要包括利率互换和货币互换等。

按照企业会计准则的规定，衍生工具不作为有效套期工具的，一般应按交易性金融资产或金融负债核算，按公允价值对其进行计量，并在会计期末确认其公允价值变动损益，实务中应设置“衍生工具”账户和“公允价值变动损益”账户进行核算。

重要术语

衍生工具、金融远期、金融期货、金融期权、看涨期权、看跌期权、金融互换、利率互换、货币互换、投机套利

参考阅读文献

[1]《企业会计准则第 22 号——金融工具确认和计量》(2006 年 2 月 15 日财政部发布，自 2007 年 1 月 1 日起施行)

[2] 郑磊，吴超. 金融工具会计[M]. 北京：清华大学出版社，2004.

[3] 孙玉甫. 衍生金融工具会计[M]. 上海：复旦大学出版社，2005.

[4] 周斌，杨志慧. 新会计准则金融工具讲解与实务运用[M]. 北京：企业管理出版社，2007.

[5] 聂兴凯. 新会计准则下金融工具的会计处理[M]. 上海：立信会计出版社，2007.

[6] [美国]马克·A·特朗布利(Mark A.Trombley)著. 衍生工具与套期会计[M]. 王荭译. 上海：立信会计出版社，2009.

习　　题

一、单项选择题

1．对于利率互换和货币互换的异同，下面说法中不正确的是(　　)。

A．它们都是银行常用的金融衍生品，都属于互换

B．利率互换只涉及一种货币，而货币互换通常涉及两种货币

C．利率互换可以对冲汇率风险，货币互换可以对冲利率风险

D．利率互换不进行本金的交换，货币互换一般要进行本金的交换

2．将给予合同持有人在未来一定时间内以事先约定的价格出售某项金融资产的权利称为(　　)。

A．看跌期权　　B．看涨期权　　C．期权合同　　D．套期保值

3．有关远期外汇合同的表述正确的是(　　)。

A．远期外汇合同是一种基础金融工具　　B．远期外汇合同是标准化合同

C．远期外汇合同在履行时才确认　　D．远期外汇合同在订立时即可确认和计量

4．看涨期权卖方的最大损失为(　　)。

A．零　　B．期权费　　C．无穷大　　D．以上都不对

5．货币互换指交易双方在(　　)的情况下，通过签订合同相互交换不同币种的货币和利率的一种交易行为。

A．币种相同但利率不同　　B．币种不同但利率相同

C．币种不同且利率也不同　　D．利率相同

6．对货币互换表述最为恰当的是(　　)。

A．期初必须交换本金

B．出于债务管理目的的互换，期初可以不交换本金

C．必须在合同到期时才交换本金

D．基于筹资目的的互换，互换开始时不需要交换本金

7．利率互换指交易双方在(　　)一样的情况下，互相交换不同形式的利率。

A．债务币种　　B．期限　　C．利率水平　　D．利率形式

8．看涨期权是指(　　)。

A．买方有权在到期日或之前按合同中的协定价格购买某种金融资产

B．卖方有权在到期日或之前按合同中的协定价格卖出某种金融资产

C．买方有义务在到期日或之前应卖方要求按合同中的协定价格购买某种金融资产

D．卖方有义务在到期日或之前应买方要求按合同中的协定价格购买某种金融资产

9．出于投机目的且即期汇率大于远期汇率，则签订远期外汇合同时的会计处理为(　　)。

A．确认衍生工具，作为金融负债列示

B．确认公允价值变动损益

C．确认衍生工具，作为金融资产列示

D．此时，合同的公允价值为零，无需做账务处理

10．期权的卖方由于具有将来为买方承诺选择权的(　　)，所以应(　　)一笔期权费。

A．权利，得到　　B．权利，支付

C．义务，得到　　D．义务，支付

二、多项选择题

1．期货的套期保值与投机套利业务的主要区别有(　　)。

A．套期保值的目的是使被套保项目锁定成本或收益水平

B．投机套利旨在谋利

C．套期保值期货买卖实现的损益应作为被套保项目账面成本或收入的调整

D．投机套利期货交易实现的损益全部作为平仓当期的损益处理

E．持仓期内，企业对套期保值期货合同应核算浮动盈亏，投机套利期货合同则相反

2．期货交易的主要特点包括(　　)。

A．期货合同标准化

B．期货交易的买卖对象是期货合同而不是商品

C．期货交易场所固定

D．期货交易以保证金的方式保证合同双方履约

E．期货交易双方可进行面对面的谈判

3．决定期权价格的主要因素有(　　)。

A．基础资产的当前价格和协定价格　　B．期权性质

C．基础资产价格的稳定性　　D．无风险的收益率

E．期权的存续期

4．以下(　　)属于衍生工具。

A．以外币为交易对象的远期合同　　B．以股票为交易对象的远期合同

C．以钢铁为交易对象的远期合同　　D．以大豆为交易对象的远期合同

E．以债券为交易对象的远期合同

5．下列属于风险和收益不对称的衍生工具的有(　　)。

A．远期外汇合同　　B．利率互换

C．股票期货　　D．股票期权

E．认股权证

6．金融期权与金融期货的主要区别有(　　)。

A．履约保证不同　　B．交易者权利与义务的对称性不同

C．盈亏特点不同　　D．现金流转不同

E．标的不同

三、计算及会计处理题

1．A公司出于投机套利目的，于20×0年11月30日与某外汇经纪银行签订了一项远期外汇合同，约定3个月后向银行出售100万美元，90天的远期汇率为1美元＝8.15元人民币，有关汇率资料见表2-7。

表 2-7　汇率资料

<table>
<tr><td rowspan="3">汇　　率</td><td colspan="2">20×0 年 11 月 30</td><td colspan="2">20×0 年 12 月 31</td><td colspan="2">20×1 年 2 月 28</td></tr>
<tr><td colspan="2">交易日</td><td colspan="2">报告日</td><td colspan="2">交割日</td></tr>
<tr><td>即期汇率</td><td>远期汇率</td><td>即期汇率</td><td>远期汇率</td><td>即期汇率</td><td>远期汇率</td></tr>
<tr><td></td><td>1 美元=8.2 元人民币</td><td>1 美元=8.15 元人民币</td><td>1 美元=8.1 元人民币</td><td>1 美元=8.08 元人民币</td><td>1 美元=8 元人民币</td><td></td></tr>
<tr><td>远期外汇合同汇率变动损益</td><td colspan="2"></td><td colspan="2">70 000</td><td colspan="2">150 000</td></tr>
</table>

要求：编制 A 公司有关远期外汇合同的会计分录。

2．假设 20×0 年度 C 公司发生以下期货投资业务。

(1) 4 月 1 日向期货经纪公司申请开立股指期货买卖账户，存入资金 2 000 000 元。

(2) 4 月 10 日购入沪深 300 指数股指期货合同 10 手，当天的沪深 300 指数为 5 000 点，每份沪深 300 指数股指期货合同的价值为指数乘以 300 元，即 1 500 000 元(5 000×300)，交易保证金为合同价值的 8%，交易手续费 30 元/手。

(3) 4 月 30 日，沪深 300 指数上涨为 5 400 点。

(4) 5 月 31 日，公司卖出股指期货合同时沪深 300 指数回落为 5 300 点，交易手续费 30 元/手。

要求：编制 C 公司的有关股指期货的会计分录。

3．甲公司于 20×0 年 2 月 1 日与 M 公司签订一项期权合同，支付期权费 5 000 元。根据该合同，甲公司有权要求 M 公司于 20×1 年 1 月 31 日购入甲公司普通股 1 000 股，对价为 98 000 元，即每股 98 元。因此，甲公司实际购入了以股份为标的的看跌期权。如甲公司到时不行权，不需要作出任何支付。甲公司股票的市价和看跌期权的公允价值见表 2-8。

表 2-8　甲公司股票的市价和看跌期权的公允价值

单位：元

	20×0 年 2 月 1 日	20×0 年 12 月 31 日	20×1 年 1 月 31 日
股票每股市价	100	95	95
股票总价	100 000	95 000	95 000
期权价值	5 000	4 000	3 000
内在价值	0	3 000	3 000
时间价值	5 000	1 000	0

假定不考虑其他因素，要求如下。

(1) 编制甲公司该看跌期权将以现金净额结算的会计分录。

(2) 编制甲公司该看跌期权将以普通股净额结算的会计分录。

(3) 编制甲公司该看跌期权将以现金换普通股方式结算的会计分录。

第3章 套期保值

教学目标

通过本章的学习，要理解套期保值的基本定义、基本分类，理解套期工具和被套期项目的条件、套期会计方法的运用条件；掌握公允价值套期、现金流量套期、境外经营净投资套期的会计处理方法。

教学要求

知识要点	能力要求	相关知识
套期保值概述	理解套期保值的定义、分类	套期保值的定义
套期工具和被套期项目	学会套期工具、被套期项目的指定	套期工具、被套期项目
套期会计方法	理解运用套期会计方法的条件 学会评价套期有效性	运用套期会计方法的条件 套期有效性评价
套期保值业务会计	学会设置套期保值会计账户 学会公允价值套期的账务处理 学会现金流量套期的账务处理 学会境外经营净投资套期的账务处理	套期保值会计账户设置 公允价值套期 现金流量套期 境外经营净投资套期

导入案例

从航企遭遇看套期保值时机选择

全球航空业2008年亏损80亿美元，我国国航、东航、南航三大航企的亏损占了其中的48.1%。2009年以来，随着原油价格逐节上升，公允价值的负值出现回转。2009年6月30日油价升至70美元以上，由此推断出国航燃油套保减亏35亿元，东航燃油套保减亏30亿元。显然，面对油价过山车式的暴涨暴跌，企业在套保过程中如何进行风险控制等诸多问题，都需要重新认识。

新会计准则规定，套期保值是指企业为规避外汇风险、利率风险、商品价格风险、信用风险等，指定一项或一项以上套保工具，使套保工具的公允价值或现金流量变动，预期抵销被套项目全部或部分公允价值或现金流量的变动。套保业务可分为公允价值套保、现金流量套保和境外经营净投资套保三类。公允价值套保是指对已确认资产或负债、尚未确认的确定承诺的资产或负债、尚未确认的确定承诺中可辨认部分的公允价值变动风险进行的套保。现金流量套保是指对现金流量变动风险的套保。为防止原材料价格上涨或产品价格下跌而进行的套期保值，属于现金流量套期保值的范畴。

企业通过套保规避价格波动的风险，既可以锁定生产经营成本或利润，也可以防止不利价格波动带来的流动风险。不同的企业有不同的套保策略。对于上游敞口的企业，要在期货市场买入套期保值，回避原材料价格上涨导致成本增加的风险；对于下游敞口的企业应卖出套期保值，以回避产品价格下跌导致利润下降的风险。

我国各大航企利用燃油套保的方式来锁定航油成本，并非错误的选择，关键是如何用好这个选择，运用好减少账面浮亏的策略。一般情况下，当国际油价已处于历史高位时，就不需要去套期保值。若在高位套保，因为未来油价下跌的可能性较大，反而会增加采购成本。美国航空在瞬息万变的2008年，通过从事燃油套保对冲油价成本，节省了3.8亿美元。他们的策略主要就是关注未来3个月的燃油走向，签订一些3个月左右的套保合同。

套保的动机，既不是风险的最小化，也不是利益的最大化，而是两者的统一。套保的目的是试图在风险与收益之间得到一个最优平衡。套保比率有全部套保和部分套保的不同选择，比率的大小取决于套保者对市场趋势的判断和风险的偏好程度。企业应严格测算套保规模，防止投机行为，并将风险限定在可控范围内。例如，美国航空“2008年只对30%左右的用油量实行3个月左右的套保”，“目的是减少市场的波动性，通过一定时间的特定价格来锁定燃油成本，而不是为了赚钱”，2008年6月时任南航董事长的刘绍勇在国外“敏锐地发现石油价格将发生大波动，马上告诉财务部门套保业务全部清仓，那时国际油价每桶高达150美元”。

我国企业参与国际金融活动时间不长，普遍存在对国际金融产品的复杂性了解不足的状况。对某些金融衍生品收益有限、损失无限的风险缺乏认识。而国际金融衍生工具具有巨大的杠杆作用，对投机者有着巨大的吸引力，但超越合约金额会带来巨大的投机风险。企业签订套保合约，应严格测算套保规模，防止出现以套保之名签订经过包装的复杂的“套保+投机”的混合合约。对套保业务要谨慎操作，要从国际大视野出发，实施全方位的战略性的动态监控，加强内部控制与风险管理。

资料来源：李婷. 从航企遭遇看套期保值时机选择[N]. 上海证券报, 2009-7-1.

问题：

(1) 航空公司利用航油套保一定能避免价格波动风险吗？如何才能避免价格波动风险？

(2) 套期保值产生的浮亏对财务报表有何影响？

3.1 套期保值概述

3.1.1 套期保值的定义

套期保值是指企业为规避外汇风险、利率风险、商品价格风险、股票价格风险、信用风险等，指定一项或一项以上套期工具，使套期工具的公允价值或现金流量变动，预期抵销被套期项目全部或部分公允价值或现金流量的变动。

企业运用商品期货进行套期时，其套期保值策略通常是：买入(卖出)与现货市场数量相当、但交易方向相反的期货合同，以期在未来某一时间通过卖出(买入)期货合同来补偿现货市场价格变动所带来的实际价格风险。

相对于非金融企业，金融企业面临较多的金融风险，如利率风险、外汇风险、信用风险等，因此对套期保值有更多的需求。例如，某上市银行为规避汇率变动风险，与某金融机构签订外币期权合同，对现存数额较大的美元敞口进行套期保值。《企业会计准则第 24 号——套期保值》(以下简称套期保值准则)规范了企业的套期保值业务的会计处理，有助于提升企业的风险防范能力。

3.1.2 套期保值的分类

套期保值(以下简称套期)按套期关系(套期工具和被套期项目之间的关系)可划分为公允价值套期、现金流量套期和境外经营净投资套期。

1. 公允价值套期

公允价值套期是指对已确认资产或负债、尚未确认的确定承诺，或该资产或负债、尚未确认的确定承诺中可辨认部分的公允价值变动风险进行的套期。该类价值变动源于某类特定风险，且将影响企业的损益。以下是公允价值套期的例子。

(1) 企业对承担的固定利率负债的公允价值变动风险进行套期。

(2) 航空公司签订了一项 3 个月后以固定外币金额购买飞机的合同(未确认的确定承诺)，为规避外汇风险对该确定承诺的外汇风险进行套期。

(3) 电力公司签订了一项 6 个月后以固定价格购买煤炭的合同(未确认的确定承诺)，为规避价格变动风险对该确定承诺的价格变动风险进行套期。

【例 3-1】 运用远期外汇合同锁定进口付汇的成本(套期工具：远期外汇合同)。

20×0 年 12 月 1 日，国内甲公司从美国进口某种商品，货款总计为 80 000 美元，合同约定于 20×1 年 1 月 30 日以美元结算。为规避美元远期汇率升值的风险，在进口交易日，甲公司与银行签订了买入金额为 80 000 美元、期限为 60 天的远期外汇合同，双方约定结算汇率为 1 美元=7.83 元人民币。假设 20×1 年 1 月 30 日，美元汇率为 1 美元=7.86 元人民币，通过套期保值工具，无论汇率如何变化，甲企业锁定了进口付汇成本(8 000×7.83=62 640 元)。若不采用套期保值，则甲公司按照汇率 7.86 结算，将多支付 80 000×(7.86−7.83)=2 400 元人民币。当然，当汇率出现反向有利的变化时(如 1 美元=7.80 元人民币)，甲企业的进口付汇成本依然为 62 640 元，但丧失获利的机会：80 000×(7.83−7.80)=2 400 元。

2. 现金流量套期

现金流量套期是指对现金流量变动风险进行的套期。该类现金流量变动源于与已确认资产或负债、很可能发生的预期交易有关的某类特定风险，且将影响企业的损益。以下是现金流量套期的例子。

(1) 企业对承担的浮动利率债务的现金流量变动风险进行套期。

(2) 航空公司为规避 3 个月后预期很可能发生的与购买飞机相关的现金流量变动风险进行套期。

(3) 商业银行对 3 个月后预期很可能发生的与可供出售金融资产处置相关的现金流量变动风险进行套期。

对确定承诺的外汇风险进行的套期，企业可以将其作为现金流量套期或公允价值套期。

【例 3-2】 A 公司发行浮动利率人民币债券，期限为 10 年，每年支付一次利息，票面浮动利率为“一年期定期储蓄存款利率+40 个基本点”。A 公司预期未来 10 年人民币利率将呈上升趋势，如果持有浮动利率债务，利息负担会越来越重，因此，A 公司希望能将其转换为固定利率债务。此时，A 公司可与 B 银行签订利率互换合同，进行利率互换交易。若 A 公司指定浮动利率人民币债券为被套期项目，则该套期为现金流量套期。

3. 境外经营净投资套期

境外经营净投资套期是指对境外经营净投资外汇风险进行的套期。境外经营净投资是指企业在境外经营净资产中的权益份额。

企业既无计划也无可能于可预见的未来会计期间结算的长期外币货币性应收项目(含贷款)，应当视同境外经营净投资的组成部分。因销售商品或提供劳务等形成的期限较短的应收账款不属于境外经营净投资。

【例 3-3】 A 公司是一家中国企业，拥有一家美国子公司，净投资额为 1 000 万美元。20×0 年 10 月 1 日，A 公司与某银行签订了一项 6 个月期限的远期外汇合同，将卖出 1 000 万美元，约定汇率为 1 美元=8.40 元人民币。20×0 年 12 月 31 日，即期汇率为 1 美元=8.35 元人民币；20×1 年 4 月 1 日，即期汇率为 1 美元=8.28 元人民币。

A 公司在美国的净投资额 1 000 万美元暴露在汇率变动风险之下。为了规避汇率下降，即美元贬值带来的风险，A 公司利用远期外汇合同进行套期，以一个固定的远期汇率(1 美元=8.40 元人民币)卖出 1 000 万美元，形成空头。再于 20×1 年 4 月 1 日以即期汇率(1 美元=8.28 元人民币)买入 1 000 万美元进行交割，使得自己完全规避了美元汇率下降带来的外汇风险，有效保持了净投资额的价值，否则 A 公司将要承担 120(1 000×(8.40−8.28))万元人民币的汇率变动损失。

3.2 套期工具和被套期项目

3.2.1 套期工具

1. 可以作为套期工具的金融工具

套期工具是指企业为进行套期而指定的、其公允价值或现金流量变动预期可抵销被套期项目的公允价值或现金流量变动的衍生工具，对外汇风险进行套期还可以将非衍生金融资产或非衍生金融负债作为套期工具。

1) 衍生工具

衍生工具通常可以作为套期工具。衍生工具包括远期合同、期货合同、互换和期权，以及具有远期合同、期货合同、互换和期权中一种或一种以上特征的工具。例如，某企业为规避库存铜价格下跌的风险，可以卖出一定数量的铜期货合同。其中，铜期货合同即是套期工具。

但是，无法有效地对冲被套期项目风险的衍生工具，不能作为套期工具。例如，企业发行的期权就不能作为套期工具，因为该期权的潜在损失可能大大超过被套期项目的潜在利得，从而不能有效地对冲被套期项目的风险。对于利率上下限期权，或由一项发行的期权和一项购入的期权组成的期权，其实质相当于企业发行一项期权(企业收取了净期权费)，不能将其指定为套期工具。与此不同的是，购入期权的一方可能承担的损失最多就是期权费，而可能拥有的利得通常等于或大大超过被套期项目的潜在损失，因而购入期权的一方可以将购入的期权作为套期工具。

2) 某些非衍生金融资产或非衍生金融负债

非衍生金融资产或非衍生金融负债通常不能作为套期工具，但被套期风险为外汇风险时，某些非衍生金融资产或非衍生金融负债可以作为套期工具。例如，某种外币借款可以作为对同种外币结算的销售(确定)承诺的套期工具；持有至到期投资可以作为规避外汇风险的套期工具。

2. 作为套期工具的条件

1) 作为套期工具的基本条件

无论是衍生工具还是某些非衍生金融资产或非衍生金融负债，其作为套期工具的基本条件就是其公允价值应当能够可靠地计量。因此，在活跃市场上没有报价的权益工具投资，以及与该权益工具挂钩并须通过交付该权益工具进行结算的衍生工具，由于其公允价值难以可靠地计量，因此不能作为套期工具。企业自身的权益工具既非企业的金融资产也非金融负债，因而也不能作为套期工具。

2) 只有涉及报告主体以外的主体的工具才能作为套期工具

在运用套期会计方法时，只有涉及报告主体以外的主体的工具(含符合条件的衍生工具或非衍生金融资产或非衍生金融负债)才能作为套期工具。这里所说的报告主体是指企业集团或集团内的各企业，也指提供分部信息的各分部。因此，在分部或集团内各企业的财务报表中，只有涉及这些分部或企业以外的主体的工具及相关套期指定，才能在符合套期保值准则规定条件时运用套期会计方法，而在集团合并财务报表中，如果这些套期工具及相关套期指定并不涉及集团外的主体，则不能对其运用套期会计方法。

3. 对套期工具的指定规则

套期关系是指套期工具和被套期项目之间的关系。套期关系分为以下 4 种：一对一、多对一、一对多和组合方式。

1) 一对一

企业对套期工具进行计量时，通常以该工具整体为对象，采用单一的公允价值基础对其进行计量。同时，由于引起套期工具公允价值变动的因素具有相互关联性，因此，企业应当将其整体或其一定比例(例如，其名义金额的50%)指定为套期工具。

企业虽然可以将整体套期工具的一定比例指定为套期工具，但不能在套期关系中对套期工具剩余期限内的某一时段进行套期指定。例如，某公司拥有一项支付固定利息、收取浮动利息的互换合同，打算将其用于对所发行的浮动利率债券进行套期。该互换合同的剩余期限为10年，而债券的剩余期限为5年。在这种情况下，甲公司不能将互换合同剩余期限中的某5年指定为套期工具。

2) 多对一

由于期权的内在价值和远期合同的升水通常可以单独计量，为便于提高某些套期策略的有效性，套期保值准则允许企业在对套期工具进行指定时，就期权和远期合同作出例外处理，即对于期权，企业可以将期权的内在价值和时间价值分开，只就内在价值变动将期权指定为套期工具；对于远期合同，企业可以将远期合同的利息和即期价格分开，只就即期价格变动将远期合同指定为套期工具。

3) 一对多

企业通常可将单项衍生工具指定为对一种风险进行套期，但同时满足下列条件的，也可以指定为对一种以上的风险进行套期。

(1) 各项被套期风险可以清晰辨认。

(2) 套期有效性可以证明。

(3) 可以确保该衍生工具与不同风险头寸之间存在具体指定关系。

其中，套期有效性是指套期工具的公允价值或现金流量变动能够抵销被套期风险引起的被套期项目公允价值或现金流量变动的程度。

例如，甲企业的记账本位币是人民币，承担了一项5年期美元浮动利率负债。为规避该金融负债的外汇风险和利率风险，甲企业可以与某金融机构签订一项交叉货币利率互换合同，使该互换合同的条款与该金融负债的条款相匹配，并将该互换合同指定为套期工具。根据该互换合同，甲企业可以定期收取按美元浮动利率计算确定的利息，同时支付按人民币固定利率计算确定的利息。

4) 组合

企业可以将两项或两项以上衍生工具的组合或该组合的一定比例指定为套期工具。对于外汇风险套期，企业可以将两项或两项以上非衍生工具的组合或该组合的一定比例，或将衍生工具和非衍生工具的组合或该组合的一定比例指定为套期工具。

3.2.2 被套期项目

1. 可以作为被套期项目的项目

被套期项目是指使企业面临公允价值或现金流量变动风险，且被指定为被套期对象的下列项目：单项已确认资产、负债、确定承诺、很可能发生的预期交易或境外经营净投资；一组具有类似风险特征的已确认资产、负债、确定承诺、很可能发生的预期交易或境外经营净投资；分担同一被套期利率风险的金融资产或金融负债组合的一部分(仅适用于利率风险公允价值组合套期)。其中，确定承诺是指在未来某特定日期或期间，以约定价格交换特定数量资源、具有法律约束力的协议；预期交易是指尚未承诺但预期会发生的交易。

作为被套期项目应注意以下几点。

(1) 作为被套期项目，应当使企业面临公允价值或现金流量变动风险(被套期风险)，在本期或未来期间会影响企业的损益。与之相关的被套期风险，通常包括外汇风险、利率风险、商品价格风险、股票价格风险、信用风险等。企业的一般经营风险(如固定资产毁损风险等)不能作为被套期风险，因为这些风险不能具体辨认和单独计量。同样地，企业合并交易中，与购买另一个企业的确定承诺相关的风险(不包括外汇风险)也不能作为被套期风险。

(2) 衍生工具不能作为被套期项目，但对于外购的、嵌在另一项金融工具(主合同)中的期权，如果其与主合同存在紧密关系，且混合工具没有被指定为以公允价值计量且其变动计入当期损益的金融工具，则可以作为被套期项目。

(3) 对于信用风险或外汇风险，企业可以将持有至到期投资作为被套期项目，而对于利率风险或提前还款风险，则持有至到期投资不可以作为被套期项目。

(4) 采用权益法核算的股权投资不能在公允价值套期中作为被套期项目，因为权益法下，投资方只是将其在联营企业或合营企业中的损益份额确认为当期损益，而不确认投资的公允价值变动。与之相类似，在母公司合并财务报表中，对子公司的投资也不能作为被套期项目，但对境外经营净投资可以作为被套期项目，因为相关的套期指定针对的是外汇风险，而非境外经营净投资的公允价值变动风险。

(5) 在运用套期会计方法时，只有涉及报告主体以外的主体的资产、负债、确定承诺或很可能发生的预期交易才能作为被套期项目。因此，企业集团内的各组成企业或分部之间发生的套期活动，只能在各组成企业的财务报表或分部的分部报告中运用套期会计方法，而不能在企业集团合并财务报表中对其予以反映。但是，发生在企业集团内两个组成企业或两个分部之间的外币交易形成的外币货币性项目(外币应收款项)，如果其外币汇兑损益不能相互抵销，则可以在企业集团合并财务报表中运用套期会计方法。例如，按照《企业会计准则第 19 号——外币折算》的规定，当企业集团内的两个关联企业采用不同的记账本位币时，它们之间形成的应收(应付)款项产生的外汇汇兑损益通常不能全额抵销。与之类似，企业集团内部两个关联企业之间很可能发生的预期交易，按照进行此项交易的主体的记账本位币以外的货币标价(按外币标价)，且相关的外汇风险将影响合并利润或损失的，该很可能发生的预期交易(外汇风险)可以在合并财务报表中作为被套期项目。

2. 对被套期项目的指定

1) 将金融项目指定为被套期项目

对于金融资产或金融负债而言，将其指定为被套期项目具有较多选择。只要被套期风险可以辨认且套期的有效性可以计量，则仅与金融资产或金融负债现金流量或公允价值的一部分相关的风险，均可以作为被套期风险。相应地，相关金融资产或金融负债也可以指定为被套期项目。例如，某附息金融资产或金融负债全部利率风险中的可辨认且可单独计量的部分(如无风险利率组成部分)，就可以作为被套期风险，与之相关的金融资产或金融负债可以指定为被套期项目。

金融资产和金融负债现金流量的一部分指定为被套期项目时，被指定部分的现金流量应当少于该金融资产或金融负债现金流量的总额。但是，企业可以仅就一项特定风险(如

LIBOR 变动形成的风险等)，将金融资产或金融负债整体的所有现金流量进行指定。例如，假定企业有一项实际利率为 LIBOR-1%的附息金融负债，则其不能将债务本金和以 LIBOR 确定的利息指定为被套期项目，也不能将-1%指定为被套期项目，但企业可以就 LIBOR 变动引起的该金融负债整体(债务本金和以 LIBOR-1%确定的利息)公允价值或现金流量变动，将该金融负债整体指定为被套期项目。

在金融资产或金融负债组合利率风险的公允价值套期中(也仅限于这种套期)，企业可以将某种货币金额(如人民币、美元或欧元金额)而不是单项资产或负债指定为被套期项目，并对与其相关的利率风险部分进行套期。在风险管理实务中，一项组合中可能既包括金融资产，也包括金融负债，但指定的货币金额应当是一项金融资产或负债金额。

企业不能将金融资产和金融负债形成的净头寸指定为被套期项目。在这种情况下，企业往往可以通过其他办法达到几乎相同的规避风险的效果。例如，某商业银行有承担类似风险和到期期限的金融资产和金融负债分别为 1 亿元和 9 000 万元，两者形成的净头寸为 1 000 万元。对此，该商业银行可以仅将金融资产总额中的 1 000 万元指定为被套期项目。

2) 将非金融项目指定为被套期项目

通常情况下，企业难以区分和计量与非金融项目特定风险(不包括外汇风险)相关的公允价值或现金流量变动。因此，企业在将非金融资产或非金融负债指定为被套期项目时，对应的被套期风险只限于与该非金融资产或非金融负债相关的全部风险或外汇风险。

例如，甲公司预期从乙公司购买一批轮胎。甲公司和乙公司的记账本位币分别为美元和人民币。由于轮胎是非金融项目，因此，甲公司只能将与轮胎有关的所有风险或其中的外汇风险指定为被套期风险。但是，甲公司不能将预期购买的轮胎所含橡胶成分的成本变动风险指定为被套期风险。

3) 将若干项目的组合指定为被套期项目

对具有类似风险特征的资产或负债组合进行套期时，该组合中的各单项资产或负债应当同时承担被套期风险，且该组合内各单项金融资产或单项金融负债由被套期风险引起的公允价值变动，应当预期与该组合由被套期风险引起的公允价值整体变动基本成比例。例如，当被套期组合因被套期风险形成的公允价值变动为 10%时，该组合中各单项金融资产或单项金融负债因被套期风险，其形成的公允价值变动应当限制在 9%～11%之间的较小的范围内。

3.3 套期会计方法

对于满足套期保值准则规定条件的公允价值套期、现金流量套期和境外经营净投资套期，企业可运用套期会计方法进行处理。套期会计方法是指在相同会计期间将套期工具和被套期项目公允价值变动的抵销结果计入当期损益的方法。

3.3.1 运用套期保值会计方法应遵循的原则

套期保值准则规定，公允价值套期、现金流量套期或境外经营净投资套期同时满足下列条件的，才能运用套期会计方法进行处理。

(1) 在套期开始时，企业对套期关系有正式指定，并准备了关于套期关系、风险管理目标和套期策略的正式书面文件。该文件至少载明了套期工具、被套期项目、被套期风险的性质和套期有效性的评价方法等内容。套期必须与具体可辨认并被指定的风险有关，且最终影响企业的损益。

(2) 该套期预期高度有效，且符合企业最初为该套期关系所确定的风险管理策略。

(3) 对预期交易的现金流量套期，预期交易应当很可能发生，且必须使企业面临最终将影响损益的现金流量变动风险。

(4) 套期有效性能够可靠地计量，即被套期风险引起的被套期项目的公允价值或现金流量以及套期工具的公允价值能够可靠地计量。

(5) 企业应当持续地对套期有效性进行评价，并确保该套期在套期关系被指定的会计期间内高度有效。

3.3.2 高度有效套期的认定

套期只有满足下列全部条件时，企业才能认定其为高度有效。

(1) 在套期开始及以后期间，该套期预期会高度有效地抵销套期指定期间被套期风险引起的公允价值或现金流量变动。

(2) 该套期的实际抵销结果在 80%～125%的范围内。例如，某企业套期的实际结果是：套期工具公允价值变动形成的损失为 120 万元，而被套期项目的公允价值变动形成的利得为 100 万元，两者相互抵销的程度可以计算如下：120÷100=120%，或 100÷120=83.33%。如果该套期也满足以上条件(1)，那么该企业可以认定该套期是高度有效的。

企业至少应当在编制中期报告或年度财务报告时对套期有效性进行评价。

3.3.3 套期有效性评价

运用套期会计方法的条件实际上隐含了两项套期有效性评价的要求：一是预期性评价，即评价套期在未来会计期间是否高度有效。这就要求企业在套期开始时，以及至少在中期报告或年度财务报告日对套期有效性进行评价。二是回顾性评价，即评价套期在以往的会计期间实际上是否高度有效。这就要求企业至少在中期报告或年度财务报告日对套期有效性进行评价。

一般情况下，企业难以实现套期工具和被套期项目的公允价值或现金流量变动完全抵销，因而会出现套期无效的较小金额范围。无效套期的形成源于多方面的因素，这些因素通常包括以下几点。

(1) 套期工具和被套期项目以不同的货币表示。

(2) 套期工具和被套期项目有不同的到期期限。

(3) 套期工具和被套期项目内含不同的利率或权益指数变量。

(4) 套期工具和被套期项目使用不同市场的商品价格标价。

(5) 套期工具和被套期项目对应不同的交易对手。

(6) 套期工具在套期开始时的公允价值不等于零。

套期有效性评价方法应当与企业的风险管理策略相吻合，并在套期开始时就在风险管理有关的正式文件中详细地加以说明。在这些正式文件中，企业应当就套期有效性评价的程序和方法、评价时是否包括套期工具的全部利得或损失、是否包括套期工具的时间价值等做出说明。常见的套期有效性评价方法有3种：①主要条款比较法；②比率分析法；③回归分析法。

1. 主要条款比较法

主要条款比较法是通过比较套期工具和被套期项目的主要条款，以确定套期是否有效的方法。如果套期工具和被套期项目的所有主要条款均能准确地匹配，可认定因被套期风险引起的套期工具和被套期项目公允价值或现金流量变动可以相互抵销。套期工具和被套期项目的主要条款包括名义金额或本金、到期期限、内含变量、定价日期、商品数量、货币单位等。

企业在以利率互换对利率风险进行套期时，可以采用主要条款比较法。此外，以远期合同对很可能发生的预期商品购买进行套期保值，也可以采用主要条款比较法。

例如，当以下全部条件同时符合时，可以认定该套期是高度有效的。

(1) 远期合同与被套期的预期商品购买交易在商品购买时间、地点、数量、质量等方面条款相同。

(2) 远期合同初始确认时的公允价值为零。

(3) 进行套期有效性评价时，不考虑远期合同溢价或折价变动对其价值的影响，或预期商品购买交易的预计现金流量变动是以商品的远期价格为基础确定的。

值得注意的是，采用这种方法对套期有效性评价虽然不需要进行计算，但适用的情况往往有限，而且只能用于套期预期性评价。即使是套期工具和被套期项目的主要条款均能准确地匹配，企业依然需要进行套期的回顾性评价。因为在这种情况下，套期无效的情况仍可能出现。例如，套期工具的流动性或其交易对手的信用等级发生变化时，通常会导致套期无效。

2. 比率分析法

比率分析法也称金额对冲法，是通过比较被套期风险引起的套期工具和被套期项目公允价值或现金流量变动比率，以确定套期是否有效的方法。运用比率分析法时，企业可以根据自身风险管理政策的特点进行选择，以累积变动数(自套期开始以来的累积变动数)为基础进行比较，或以单个期间变动数为基础进行比较。如果上述比率没有超过80%～125%的范围，则可以认定套期是高度有效的。

应当注意的是，以累积变动数和单个期间变动数分别作为比较基础，可能会得出不同的结论。即如果以单个期间变动数为基础，套期可能不是高度有效的，但若以累积变动数为基础，套期却可能是高度有效的。

【例3-4】 甲公司于20×0年1月1日预期将在20×1年1月1日对外出售一批商品。为了规避商品价格下降的风险，甲公司于20×0年1月1日与其他方签订了一项远期合同(套期工具)，在20×1年1月1日以预期相同的价格(作为远期价格)卖出相同数量的商品。合同签订日，该远期合同的公允价值为零。假定套期开始时，该现金流量套期高度有效。

甲公司每季采用比率分析法对套期有效性进行评价。套期期间，套期工具的公允价值及其变动、被套期项目的预计未来现金流量现值及其变动见表3-1和表3-2。

表 3-1 以单个期间为基础比较

单位：万元

项 目	3 月 31 日	6 月 30 日	9 月 30 日	12 月 31 日
当季套期工具公允价值变动	-100	-50	110	140
当季被套期项目预计未来现金流量现值变动	90	70	-110	-140
当季套期有效程度	111%	71.4%	100%	100%
评价	高度有效	非高度有效	高度有效	高度有效

说明：以单季为基础比较，第 2 季度非高度有效。

表 3-2 以累积变动数为基础比较

单位：万元

项 目	3 月 31 日	6 月 30 日	9 月 30 日	12 月 31 日
至本月止套期工具公允价值累积变动	-100	-150	-40	100
至本月止被套期项目预计未来现金流量现值累积变动	90	160	50	-90
至本月止累积套期有效程度	111%	93.8%	80%	111%
评价	高度有效	高度有效	高度有效	高度有效

说明：以累积变动数为基础比较，第 2 季度高度有效。

3. 回归分析法

回归分析法是一种统计学方法，它是在掌握一定量观察数据的基础上，利用数理统计方法建立自变量和因变量之间回归关系函数的方法。将此方法运用到套期有效性评价中，需要研究分析套期工具和被套期项目价值变动之间是否具有高度相关性，进而判断确定套期是否有效。运用回归分析法，自变量反映被套期项目公允价值变动或预计未来现金流量现值变动，而因变量反映套期工具公允价值变动，相关回归模型如下：

$$y = kx + b + \varepsilon$$

式中：y——因变量，即套期工具的公允价值变动；

k——回归直线的斜率，反映套期工具价值变动与被套期项目价值变动的比率；

b——y 轴上的截距；

x——自变量，即被套期风险引起的被套期项目价值变动；

ε——均值为零的随机变量，服从正态分布。

企业运用线性回归分析确定套期有效性时，套期只有满足以下全部条件时才能被认为是高度有效的。

(1) 回归直线的斜率必须为负数，且数值应在-0.8～-1.25 之间。

(2) 相关系数(R_2)应大于或等于 0.96，该系数表明套期工具价值变动由被套期项目价值变动影响的程度。当 R_2＝96%时，说明套期工具价值变动的 96%是由于某特定风险引起被套期项目价值变动形成的。R_2 越大，表明回归模型对观察数据的拟合越好，用回归模型进行预测的效果也就越好。

(3) 整个回归模型的统计有效性(F－测试)必须是显著的。F 值也称置信程度，表示自变量 x 与因变量 y 之间线性关系的强度。F 值越大，置信程度越高。

3.3.4 套期有效性评价应注意的问题

(1) 对于利率风险，套期有效性可以通过编制金融资产和金融负债的到期期限表进行估计。该表反映了每一时期利率的净敞口。只要此净敞口与产生这种净敞口的特定资产和负债(或特定资产组合、特定负债组合，或其中的一部分)有关，套期有效性就可以根据这些资产和负债来评价。

(2) 在评价套期的有效性时，企业通常要考虑货币的时间价值。被套期项目的固定利率不需要与指定为公允价值套期的互换的固定利率完全吻合。带息资产和负债的浮动利率与指定为现金流量套期的互换的浮动利率亦无须相同。互换的公允价值来自其结算净额。如果互换的固定利率和浮动利率按同样的数额变动，则该变动对互换合同的净结算不会产生影响。

(3) 某企业不符合套期有效性评价标准时，该企业应该从符合套期有效性的最后日期开始停止运用套期会计。但是，如果企业能够识别引起套期关系不符合套期有效性评价标准的事件或环境变化，并且能证明在该事件或环境变化之前套期是有效的，企业应该从该事件或环境变化之日起停止运用套期会计。

3.4 套期保值业务的会计处理

3.4.1 套期保值会计账户设置

核算套期保值业务，需要设置“套期工具”、“被套期项目”、“公允价值变动损益”或“套期损益”等账户。

1.“套期工具”账户

“套期工具”账户核算套期保值业务中套期工具公允价值变动形成的资产或负债，可按套期工具类别进行明细核算。

企业将已确认的衍生工具等金融资产或金融负债指定为套期工具的，应按其账面价值，借记或贷记本科目，贷记或借记“衍生工具”等科目。

资产负债表日，对于有效套期，应按套期工具产生的利得，借记本科目，贷记“公允价值变动损益”或“套期损益”、“资本公积——其他资本公积”等科目；套期工具产生损失时做相反的会计分录。

金融资产或金融负债不再作为套期工具核算的，应按套期工具形成的资产或负债，借记或贷记有关科目，贷记或借记本科目。

本账户期末借方余额，反映企业套期工具形成资产的公允价值；本科目期末贷方余额，反映企业套期工具形成负债的公允价值。

2.“被套期项目”账户

“被套期项目”账户核算企业开展套期保值业务被套期项目公允价值变动形成的资产或负债，可按被套期项目类别进行明细核算。

企业将已确认的资产或负债指定为被套期项目，应按其账面价值，借记或贷记本科目，贷记或借记“库存商品”、“长期借款”、“持有至到期投资”等科目。已计提跌价准备或减值准备的，还应同时结转跌价准备或减值准备。

资产负债表日，对于有效套期，应按被套期项目产生的利得，借记本科目，贷记“公允价值变动损益”或“套期损益”、“资本公积——其他资本公积”等科目；被套期项目产生损失的做相反的会计分录。

资产或负债不再作为被套期项目核算的，应按被套期项目形成的资产或负债，借记或贷记有关科目，贷记或借记本科目。

本账户期末借方余额，反映企业被套期项目形成资产的公允价值；本科目期末贷方余额，反映企业被套期项目形成负债的公允价值。

3.“公允价值变动损益”或“套期损益”账户

有效套期关系中套期工具或被套期项目的公允价值变动应通过“公允价值变动损益”账户核算，根据《企业会计准则——应用指南》的规定，也可以单独设置“套期损益”账户核算。本书例题采用“套期损益”账户进行核算。

3.4.2 公允价值套期

1. 公允价值套期会计处理原则

1) 基本要求

公允价值套期满足运用套期会计方法条件的，应当按照下列规定处理。

(1) 套期工具为衍生工具的，公允价值变动形成的利得或损失应当计入当期损益；套期工具为非衍生工具的，账面价值因汇率变动形成的利得或损失应当计入当期损益。

(2) 被套期项目因被套期风险形成的利得或损失应当计入当期损益，同时调整被套期项目的账面价值。被套期项目为按成本与可变现净值孰低法进行后续计量的存货、按摊余成本进行后续计量的金融资产或可供出售金融资产的，也应当按此规定处理。

2) 被套期项目利得或损失的具体处理要求

(1) 对于金融资产或金融负债组合一部分的利率风险公允价值套期，企业对被套期项目形成的利得或损失可按下列方法处理。

① 被套期项目在重新定价期间内是资产的，在资产负债表中资产项下单列项目反映，待终止确认时转销。

② 被套期项目在重新定价期间内是负债的，在资产负债表中负债项下单列项目反映，待终止确认时转销。

(2) 被套期项目是以摊余成本计量的金融工具的，对被套期项目账面价值所作的调整，应当按照调整日重新计算的实际利率在调整日至到期日的期间内进行摊销，计入当期损益。对利率风险组合的公允价值套期，在资产负债表中单列的相关项目，也应当按照调整日重新计算的实际利率在调整日至相关的重新定价期间结束日的期间内摊销。采用实际利率法进行摊销不切实可行的，可以采用直线法进行摊销。此调整金额应当于金融工具到期日前摊销完毕；对于利率风险组合的公允价值套期，应当于相关重新定价期间结束日前摊销完毕。

(3) 被套期项目为尚未确认的确定承诺的，该确定承诺因被套期风险引起的公允价值变动累计额应当确认为一项资产或负债，相关的利得或损失应当计入当期损益。

(4) 在购买资产或承担负债的确定承诺的公允价值套期中，该确定承诺因被套期风险引起的公允价值变动累计额(已确认为资产或负债)，应当调整履行该确定承诺所取得的资产或承担的负债的初始确认金额。

3) 终止运用公允价值套期会计方法的条件

套期满足下列条件之一的，企业应终止运用公允价值套期会计。

(1) 套期工具已到期、被出售、合同终止或已行使。套期工具展期或被另一项套期工具替换时，展期或替换是企业正式书面文件所载明的套期策略组成部分的，不作为已到期或合同终止处理。

(2) 该套期不再满足运用套期会计方法的条件。

(3) 企业撤销了对套期关系的指定。

2. 公允价值套期会计处理举例

【例 3-5】 20×0 年 1 月 1 日，M 公司为规避所持有的一批库存商品 X 的公允价值变动风险，与某金融机构签订了一项衍生工具合同(衍生工具 Y)，并将其指定为 20×0 年上半年库存商品 X 价格变化引起的公允价值变动风险的套期。衍生工具 Y 的标的资产与被套期项目库存商品在数量、质次、价格变动和产地方面相同。

20×0 年 1 月 1 日，衍生工具 Y 的公允价值为零，被套期项目(库存商品 X)的账面价值和成本均为 2 000 000 元，公允价值是 2 400 000 元。20×0 年 6 月 30 日，衍生工具 Y 的公允价值上涨了 50 000 元，库存商品 X 的公允价值下降了 50 000 元。当日，M 公司将库存商品 X 出售，并将衍生工具 Y 结算。

M 公司采用比率分析法评价套期有效性，即通过比较衍生工具 Y 和库存商品 X 的公允价值变动来评价套期有效性。M 公司预期该套期完全有效。

假定不考虑衍生工具的时间价值、商品销售相关的增值税及其他因素，M 公司的账务处理如下。

(1) 20×0 年 1 月 1 日。

科目	借方	贷方
借：被套期项目——库存商品 X	2 000 000	
贷：库存商品——X		2 000 000

(2) 20×0 年 6 月 30 日。

科目	借方	贷方
借：套期工具——衍生工具 Y	50 000	
贷：套期损益		50 000
借：套期损益	50 000	
贷：被套期项目——库存商品 X		50 000
借：应收账款或银行存款	2 350 000	
贷：主营业务收入		2 350 000
借：主营业务成本	1 950 000	
贷：被套期项目——库存商品 X		1 950 000
借：银行存款	50 000	
贷：套期工具——衍生工具 Y		50 000

注：由于M公司采用了套期策略，规避了库存商品公允价值变动风险，因此其库存商品公允价值下降没有对预期毛利额400 000元(2 400 000−2 000 000)产生不利影响。

假定20×0年6月30日，衍生工具Y的公允价值上涨了45 000元，库存商品X的公允价值下降了50 000元。其他资料不变，M公司的账务处理如下。

(1) 20×0年1月1日。

借：被套期项目——库存商品X　　2 000 000

　　贷：库存商品——X　　2 000 000

(2) 20×0年6月30日。

借：套期工具——衍生工具Y　　45 000

　　贷：套期损益　　45 000

借：套期损益　　50 000

　　贷：被套期项目——库存商品X　　50 000

借：应收账款或银行存款　　2 350 000

　　贷：主营业务收入　　2 350 000

借：主营业务成本　　1 950 000

　　贷：被套期项目——库存商品X　　1 950 000

借：银行存款　　45 000

　　贷：套期工具——衍生工具Y　　45 000

说明：两种情况的差异在于，前者不存在“无效套期损益”，后者存在“无效套期损益”5 000元，从而对M公司当期利润总额的影响相差5 000元。本例中，套期工具公允价值变动45 000元与被套期项目公允价值变动50 000的比率为90%(45 000÷50 000)，这一比率在80%～125%之间，可以认定该套期是高度有效的。

【例3-6】 20×1年1月1日，乙公司以每股50元的价格，从二级市场上购入丁公司股票10 000股(占丁公司有表决权股份的3%)，且将其划分为可供出售金融资产。为规避该股票价格下降风险，乙公司于20×1年12月31日支付期权费60 000元购入一项看跌期权。该期权的行权价格为每股65元，行权日期为20×3年12月31日。乙公司购入的丁公司股票和看跌期权的公允价值见表3-3。

表3-3　乙公司购入的丁公司股票和看跌期权的公允价值

单位：元

项　目	20×1年12月31日	20×2年12月31日	20×3年12月31日
丁公司股票			
每股市价	65	60	57
总　价	650 000	600 000	570 000
看跌期权			
时间价值	60 000	40 000	0
内在价值	0	50 000	80 000
总　价	60 000	90 000	80 000

乙公司将该看跌期权指定为对可供出售金融资产(丁公司股票)的套期工具，在进行套期有效性评价时将期权的时间价值排除在外，即不考虑期权的时间价值变化。

假定乙公司于20×3年12月31日行使了看跌期权，同时不考虑税费等其他因素的影响。据此，乙公司套期有效性分析及账务处理如下。

1) 套期有效性分析

套期有效性分析结果见表3-4。

表3-4 套期有效性分析表

日　期	期权内在价值变化(利得)	丁公司股票市价变化(损失)	套期有效率
20×2年12月31日	50 000元	-50 000元	100%
20×3年12月31日	30 000元	-30 000元	100%

2) 账务处理

套期工具的标的资产为股票，股票的市价在不断地变动，因此，可以判断其属于公允价值套期项目。

(1) 20×1年1月1日。

借：可供出售金融资产　500 000

　贷：银行存款　500 000

(2) 20×1年12月31日。

① 核算股票公允价值变动额(65-50)×10 000=150 000元。

借：可供出售金融资产　150 000

　贷：资本公积——其他资本公积　150 000

② 在套期开始时，将可供出售金融资产账面价值650 000元(500 000+150 000=650 000)转入被套期项目。

借：被套期项目——可供出售金融资产　650 000

　贷：可供出售金融资产　650 000

③ 确认套期开始时，套期工具的初始值，即期权费60 000元。

借：套期工具——看跌期权　60 000

　贷：银行存款　60 000

(3) 20×2年12月31日。

① 核算套期工具看跌期权增加的公允价值(内在价值增加50 000元)。

借：套期工具——看跌期权　50 000

　贷：套期损益　50 000

② 核算套期工具看跌期权减少的公允价值(时间价值减少60 000-40 000=20 000元)。

借：套期损益　20 000

　贷：套期工具——看跌期权　20 000

③ 核算被套期项目股票的公允价值变动(65-60)×10 000=50 000元。

借：套期损益　50 000

　贷：被套期项目——可供出售金融资产　50 000

(4) 20×3年12月31日。

① 核算套期工具看跌期权增加的公允价值(内在价值增加80 000-50 000=30 000元)。

借：套期工具——看跌期权　30 000

　贷：套期损益　30 000

② 核算套期工具看跌期权减少的公允价值(时间价值减少 40 000 元)。

借：套期损益　　40 000

　　贷：套期工具——看跌期权　　40 000

此时，“套期工具——看跌期权”科目账面余额为：

60 000+50 000−20 000+30 000−40 000=80 000(元)

③ 核算被套期项目股票的公允价值变动(60−57)×10 000=30 000 元，不冲减资本公积科目，直接计入当期损益，同时调整被套期项目的账面价值。

借：套期损益　　30 000

　　贷：被套期项目——可供出售金融资产　　30 000

④ 套期结束时行权(看跌期权)，以 65 元/股卖出股票，获得 650 000 元。

借：银行存款　　650 000

　　贷：套期工具——看跌期权　　80 000

　　　　被套期项目——可供出售金融资产　　570 000

⑤ 结转“资本公积——其他资本公积”科目余额。

借：资本公积——其他资本公积　　150 000

　　贷：套期损益　　150 000

评析：通过看跌期权，用期权的公允价值变动额(80 000 元)抵销了股票全部公允价值变动额(−80 000 元)，实现了套期保值。企业总的收益来自于初始买入股票时的市价和投资成本之间的差价，即(65−50)×10 000=150 000 元。从财务处理上看，即从“资本公积——其他资本公积”科目转入“套期损益”的 150 000 元。

3.4.3　现金流量套期

1. 现金流量套期会计处理原则

1) 基本要求

现金流量套期满足运用套期会计方法条件的，应当按照下列规定处理。

(1) 套期工具利得或损失中属于有效套期的部分，应当直接确认为所有者权益，并单列项目反映。该有效套期部分的金额，按照下列两项的绝对额中较低者进行确定。

① 套期工具自套期开始的累计利得或损失。

② 被套期项目自套期开始的预计未来现金流量现值的累计变动额。

(2) 套期工具利得或损失中属于无效套期的部分(扣除直接确认为所有者权益后的其他利得或损失)，应当计入当期损益。

(3) 在风险管理策略的正式书面文件中，载明了在评价套期有效性时将排除套期工具的某部分利得或损失或相关现金流量影响的，被排除的该部分利得或损失的处理适用《企业会计准则第 22 号——金融工具确认和计量》。

2) 套期工具利得或损失的后续处理要求

(1) 被套期项目为预期交易，且该预期交易使企业随后确认一项金融资产或一项金融负债的，原直接确认为所有者权益的相关利得或损失，应当在该金融资产或金融负债影响企业损益的相同期间转出，计入当期损益。但是，企业预期原直接在所有者权益中确认的净损失全部或部分在未来会计期间不能弥补时，应当将不能弥补的部分转出，计入当期损益。

(2) 被套期项目为预期交易，且该预期交易使企业随后确认一项非金融资产或一项非金融负债的，企业可以选择下列方法进行处理。

① 原直接在所有者权益中确认的相关利得或损失，应当在该非金融资产或非金融负债影响企业损益的相同期间转出，计入当期损益。但是，企业预期原直接在所有者权益中确认的净损失全部或部分在未来会计期间不能弥补时，应当将不能弥补的部分转出，计入当期损益。

② 将原直接在所有者权益中确认的相关利得或损失转出，计入该非金融资产或非金融负债的初始确认金额。

非金融资产或非金融负债的预期交易形成了一项确定承诺时，该确定承诺满足运用套期保值准则规定的套期会计方法条件的，也应当选择上述两种方法之一进行处理。企业选择了上述两种处理方法之一作为会计政策后，应当一致地运用于相关的所有预期交易套期，不得随意变更。

(3) 不属于以上(1)或(2)所指情况的，原直接计入所有者权益中的套期工具利得或损失，应当在被套期预期交易影响损益的相同期间转出，计入当期损益。

3) 终止运用现金流量套期会计方法的条件

(1) 套期工具已到期、被出售、合同终止或已行使。

在套期有效期间直接计入所有者权益中的套期工具利得或损失不应当转出，直至预期交易实际发生时，再按有关规定处理。套期工具展期或被另一项套期工具替换，且展期或替换是企业正式书面文件所载明套期策略组成部分的，不作为已到期或合同终止处理。

(2) 该套期不再满足运用套期保值准则规定的套期会计方法的条件。

在套期有效期间直接计入所有者权益中的套期工具利得或损失不应当转出，直至预期交易实际发生时，再按有关规定处理。

(3) 预期交易预计不会发生。

在套期有效期间直接计入所有者权益中的套期工具利得或损失应当转出，计入当期损益。

(4) 企业撤销了对套期关系的指定。

对于预期交易套期，在套期有效期间直接计入所有者权益中的套期工具利得或损失不应当转出，直至预期交易实际发生或预计不会发生。预期交易实际发生的，应按有关规定处理；预期交易预计不会发生的，原直接计入所有者权益中的套期工具利得或损失应当转出，计入当期损益。

2. 现金流量套期会计处理举例

【例3-7】 20×0年1月1日，N公司预期在20×0年6月30日将销售一批商品X，数量为100 000吨。为规避该预期销售有关的现金流量变动风险，N公司于20×0年1月1日与某金融机构签订了一项衍生工具合同Y，且将其指定为对该预期商品销售的套期工具。衍生工具Y的标的资产与被套期预期商品销售在数量、质次、价格变动和产地等方面相同，并且衍生工具Y的结算日和预期商品销售日均为20×0年6月30日。

20×0年1月1日，衍生工具Y的公允价值为零，商品的预期销售价格为2 400 000元。20×0年6月30日，衍生工具Y的公允价值上涨了50 000元，商品的预期销售价格下降了 50 000 元。当日，N 公司将商品 X 出售，并将衍生工具 Y 结算。

N 公司采用比率分析法评价套期有效性，即通过比较衍生工具 Y 和商品 X 预期销售价格变动来评价套期有效性。N 公司预期该套期完全有效。

假定不考虑衍生工具的时间价值、商品销售相关的增值税及其他因素，N 公司的账务处理如下。

(1) 20×0 年 1 月 1 日，N 公司不作账务处理。

(2) 20×0 年 6 月 30 日，确认衍生工具的公允价值变动。

借：套期工具——衍生工具 Y　　50 000

　　贷：资本公积——其他资本公积　　50 000

(3) 20×0 年 6 月 30 日，确认商品 X 的销售。

借：应收账款或银行存款　　2 350 000

　　贷：主营业务收入　　2 350 000

(4) 20×0 年 6 月 30 日，结算衍生工具 Y。

借：银行存款　　50 000

　　贷：套期工具——衍生工具 Y　　50 000

(5) 20×0 年 6 月 30 日，转出计入资本公积的衍生工具公允价值变动。

借：资本公积——其他资本公积　　50 000

　　贷：主营业务收入　　50 000

【例 3-8】甲公司采用人民币作为记账本位币，于 20×0 年 11 月 1 日与境外 D 公司签订合同，约定于 20×1 年 1 月 30 日以外币(FC)100 000 元购入一批商品。甲公司为规避该确定承诺的外汇风险，于当日与某金融机构签订一项 3 个月到期的远期外汇合同，约定汇率为 1FC＝44.4 元人民币，购买 FC100 000 元。20×1 年 1 月 30 日，甲公司以净额方式结算该远期外汇合同，并履行了该确定承诺。

假定：

(1) 20×0 年 12 月 31 日，FC 对人民币的远期汇率为 1FC=44.7 元人民币，人民币的市场利率为 6%。

(2) 20×1 年 1 月 30 日，FC 对人民币即期汇率为 1FC=44.9 元人民币。

(3) 该套期符合运用套期保值准则所规定的运用套期会计的条件。

(4) 不考虑增值税等相关税费。

根据套期保值准则，对外汇确定承诺的套期既可以划分为公允价值套期，也可以划分为现金流量套期。

情形 1：若甲公司将上述套期划分为公允价值套期

(1) 20×0 年 11 月 1 日。

远期合同的公允价值为零，不做账务处理，将套期保值进行表外登记。

(2) 20×0 年 12 月 31 日。

远期外汇合同的公允价值变动=[(44.7−44.4)×100 000÷(1+6%×l/12)]=29 850.75 元人民币。

借：套期工具——远期外汇合同　　29 850.75

　　贷：套期损益　　29 850.75

借：套期损益　29 850.75
　贷：被套期项目——确定承诺　29 850.75

(3) 20×1 年 1 月 30 日。

远期外汇合同的公允价值变动=(44.9−44.4)×100 000−29 850.75=20 149.25 元人民币。

借：套期工具——远期外汇合同　20 149.25
　贷：套期损益　20 149.25

借：套期损益　20 149.25
　贷：被套期项目——确定承诺　20 149.25

(4) 20×1 年 1 月 30 日，结算该远期外汇合同。

借：银行存款　50 000
　贷：套期工具——远期外汇合同　50 000

(5) 20×1 年 1 月 30 日，购入商品。

借：库存商品　4 490 000
　贷：银行存款　4 490 000

(6) 20×1 年 1 月 30 日，将被套期项目的余额调整为商品的入账价值。

借：被套期项目——确定承诺　50 000
　贷：库存商品　50 000

情形 2：若甲公司将上述套期划分为现金流量套期

(1) 20×0 年 11 月 1 日。

不做账务处理，将套期保值进行表外登记。

(2) 20×0 年 12 月 31 日。

远期外汇合同的公允价值=[(44.7−44.4)×100 000÷(1+6%×1/12)]=29 850.75 元人民币。

借：套期工具——远期外汇合同　29 850.75
　贷：资本公积——其他资本公积　29 850.75

(3) 20×1 年 1 月 30 日。

远期外汇合同的公允价值变动=(44.9−44.4)×100 000−29 850.75=20 149.25 元人民币。

借：套期工具——远期外汇合同　20 149.25
　贷：资本公积——其他资本公积　20 149.25

借：银行存款　50 000
　贷：套期工具——远期外汇合同　50 000

借：库存商品　4 440 000
　资本公积——其他资本公积　50 000
　贷：银行存款　4 490 000

本例中，采用的会计政策是将资本公积转出，计入商品的初始确认金额。

3.4.4 境外经营净投资套期

1. 境外经营净投资套期会计处理原则

对境外经营净投资的套期，企业应按类似于现金流量套期会计的规定进行处理。

(1) 套期工具形成的利得或损失中属于有效套期的部分，应当直接确认为所有者权益，并单列项目反映。

处置境外经营时，上述在所有者权益中单列项目中反映的套期工具利得或损失应当转出，计入当期损益。

(2) 套期工具形成的利得或损失中属于无效套期的部分，应当计入当期损益。

2. 境外经营净投资套期会计处理举例

【例 3-9】 20×0 年 10 月 1 日，丙公司(记账本位币为人民币)在其境外子公司 F 有一项境外净投资 1 000 万美元。为规避境外经营净投资外汇风险，丙公司与某境外金融机构签订了一项 6 个月的远期外汇合同，约定于 20×1 年 4 月 1 日卖出 1 000 万美元。丙公司每季度对境外净投资余额进行检查，且依据检查结果调整对净投资价值的套期。其他有关资料见表 3-5。

表 3-5 汇率变化情况表

日期	即期汇率(美元/人民币)	远期汇率(美元/人民币)	远期合同的公允价值(人民币)
20×0 年 10 月 1 日	7.72	7.70	0
20×0 年 12 月 31 日	7.67	7.63	450 000
20×1 年 3 月 31 日	7.54	不适用	1 530 000

丙公司在评价套期有效性时，将远期合同的时间价值排除在外。假定丙公司的上述套期满足运用套期会计方法的所有条件。丙公司的账务处理如下(单位：元)。

(1) 20×0 年 10 月 1 日。

借：被套期项目——境外经营净投资　　77 200 000(7.72×10 000 000)

　　贷：长期股权投资　　77 200 000

远期外汇合同的公允价值为零，套期工具不作账务处理。

(2) 20×0 年 12 月 31 日，确认远期合同的公允价值变动。

借：套期工具——远期外汇合同　　450 000

　　贷：资本公积——其他资本公积　　450 000

确认对子公司净投资的汇兑损益。

借：资本公积——其他资本公积　　500 000((7.72−7.67)×10 000 000))

　　贷：被套期项目——境外经营净投资　　500 000

(3) 20×1 年 3 月 31，确认远期合同的公允价值变动。

借：套期工具——远期外汇合同　　1 080 000(1 530 000−450 000)

　　贷：资本公积——其他资本公积　　1 080 000

确认对子公司净投资的汇兑损益。

借：资本公积——其他资本公积　　1 300 000((7.67−7.54)×10 000 000))

　　贷：被套期项目——境外经营净投资　　1 300 000

结算远期外汇合同。

借：银行存款　　1 530 000

　　贷：套期工具——远期外汇合同　　1 530 000

远期外汇合同的公允价值变动收益为 1 530 000 元，境外经营净投资发生汇兑损失为

1 800 000 元，两者相互抵销的程度为 85%，因此该套期高度有效。境外经营净投资套期(类似现金流量套期)产生的利得在所有者权益中列示，直至子公司 F 被处置。

本章小结

本章主要阐述了套期保值的定义、套期保值的分类、套期工具和被套期项目的定义和指定、套期会计方法的运用条件和套期有效性评价，以及公允价值套期、现金流量套期和境外经营净投资套期的会计处理方法。

为运用套期会计方法，将套期保值按套期关系划分为公允价值套期、现金流量套期和境外经营净投资套期。企业应当持续地对套期有效性进行评价，并确保该套期在套期关系被指定的会计期间内高度有效。核算套期保值业务，需要设置“套期工具”、“被套期项目”、“公允价值变动损益”或“套期损益”等账户。

对于满足套期会计方法运用条件的公允价值套期，套期工具为衍生工具的，套期工具公允价值变动形成的利得或损失应当计入当期损益；套期工具为非衍生工具的，套期工具账面价值因汇率变动形成的利得或损失应当计入当期损益。被套期项目因被套期风险形成的利得或损失应当计入当期损益，同时调整被套期项目的账面价值。

对于满足套期会计方法运用条件的现金流量套期，套期工具利得或损失中属于有效套期的部分应当直接确认为所有者权益，套期工具利得或损失中属于无效套期的部分应当计入当期损益。被套期项目为预期交易，且该预期交易使企业随后确认一项金融资产或一项金融负债的，原直接确认为所有者权益的相关利得或损失，应当在该金融资产或金融负债影响企业损益的相同期间转出，计入当期损益。被套期项目为预期交易，且该预期交易使企业随后确认一项非金融资产或一项非金融负债的，有两种处理方法可供选择。

对境外经营净投资的套期，应当按照类似于现金流量套期会计的规定进行处理。

重要术语

套期保值、套期损益、公允价值套期、现金流量套期、境外经营净投资套期、套期有效性、套期工具、被套期项目

参考阅读文献

[1]《企业会计准则第 24 号——套期保值》(2006 年 2 月 15 日财政部发布，自 2007 年 1 月 1 日起施行)

[2]《企业会计准则第 24 号——套期保值》应用指南(2006 年 10 月 30 日财政部发布，自 2007 年 1 月 1 日起施行)

[3] [美]莱斯利 • F • 塞德曼(Leslie • F • Seidman). 金融工具会计及财务报告综合指南(A Comprehensive Guide to Financial Instruments Accounting and Reporting)[M]. 北京：中信出版社，2004.

[4] [美]马克 • A • 特朗布利(Mark A.Trombley). 衍生与套期会计(Accounting for Derivatives and Hedging)[M]. 上海：立信会计出版社，2006.

习　　题

一、单项选择题

1．下列属于公允价值套期的是(　　)。

A．对固定利率债券因市场利率变化形成的公允价值变动风险进行套期

B．境外经营净投资套期

C．对预期商品销售进行的套期

D．对承担的浮动利率债务的现金流量变动风险进行套期

2．不能作为被套期项目的是(　　)。

A．持有至到期投资

B．很可能发生的预期交易

C．预期购买的轮胎所含橡胶成分的成本变动风险

D．确定承诺

3．有关现金流量套期会计处理不正确的是(　　)。

A．套期工具利得或损失中属于无效套期的部分，应当计入当期损益

B．套期工具利得或损失中属于有效套期的部分，应当计入当期损益

C．对确定承诺的外汇风险进行的套期，可以作为现金流量套期

D．预期交易预计不会发生，应当终止运用现金流量套期会计方法

4．下列不属于无效套期的是(　　)。

A．套期工具和被套期项目有不同的到期期限

B．套期工具和被套期项目以不同的货币表示

C．套期工具在套期开始时的公允价值不等于零

D．套期工具和被套期项目的所有主要条款均能准确地匹配

5．有关套期会计处理不正确的是(　　)。

A．对境外经营净投资的套期，应当按照类似于现金流量套期会计方法处理

B．企业撤销了对套期关系的指定，应终止运用套期会计方法

C．公允价值套期中，被套期项目为按摊余成本进行后续计量的金融资产的，因被套期风险形成的利得或损失应当计入当期损益，同时调整被套期项目的账面价值

D．公允价值套期中，被套期项目为可供出售金融资产的，因被套期风险形成的利得或损失应当计入当期损益，不调整被套期项目的账面价值

6．对境外子公司投资净额进行套保时，所形成的汇兑损益及期汇溢折价作为(　　)。

A．当期收益入账　　B．当期金融资产

C．当期金融负债　　D．所有者权益项目

7．当外币投资净额为净资产时，套期保值的结果为(　　)。

A．当远期汇率大于即期汇率时，有利

B．当远期汇率小于即期汇率时，有利

C．当远期汇率大于即期汇率时，不利

D．当远期汇率小于即期汇率时，不利

二、多项选择题

1．下列有关套期保值的说法正确的有(　　)。

A．可以将期权的内在价值和时间价值分开，只就内在价值变动将期权指定为套期工具

B．可以将远期合同的利息和即期价格分开，只就即期价格变动将远期合同指定为套期工具

C．可以将两项或两项以上衍生工具的组合指定为套期工具
D．在确立套期关系时，一般应当对套期工具整体或其一定比例(不含套期工具剩余期限内的某一时段)进行指定
E．对外汇风险进行套期还可以将非衍生金融资产或非衍生金融负债作为套期工具

2．下列能够指定为套期工具的有(　　)。
A．利率上下限期权　　B．利率互换协议
C．远期外汇合同　　D．货币互换协议
E．企业本身的权益工具

3．关于套期工具的说法正确的有(　　)。
A．非衍生金融资产或非衍生金融负债通常不能作为套期工具
B．只有当金融工具具有企业以外的合同方时，该金融工具才可以被指定为套期工具
C．持有至到期投资可以作为规避外汇风险的套期工具
D．某种外币借款可以作为对同种外币结算的销售承诺的套期工具
E．被套期风险为外汇风险时，某些非衍生金融资产或非衍生金融负债可以作为套期工具

4．套期会计方法的适用条件有(　　)。
A．对套期关系有正式指定，并准备了关于套期关系、风险管理目标和套期策略的正式书面文件
B．套期预期高度有效
C．对现金流量套期，预期交易很可能发生
D．套期有效性可以可靠计量
E．必须持续地对套期有效性进行评价

5．有关公允价值套期会计处理正确的是(　　)。
A．套期工具为衍生工具的，套期工具公允价值变动形成的利得或损失应当计入当期损益
B．套期工具为非衍生工具的，套期工具账面价值因汇率变动形成的利得或损失应当计入当期损益
C．被套期项目因被套期风险形成的利得或损失应当计入当期损益，同时调整被套期项目的账面价值
D．套期工具为衍生工具的，套期工具公允价值变动形成的利得或损失应当计入所有者权益
E．套期工具利得或损失中属于有效套期的部分，应当直接确认为所有者权益，并单列项目反映。

三、计算及会计处理题

1．我国A公司于20×0年11月30日向古巴出口一批价值为100万美元的乐器，信用期为3个月，20×1年2月28日收到货款。为了减少损失，A公司与银行签订一笔远期结汇合同，约定3个月后向银行出售100万美元，90天的远期汇率为1美元=8.15元人民币，该远期外汇合同被A公司管理当局指定为对这笔外汇应收账款的套期工具，A公司20×1年2月28日如期收到货款，并且远期结汇合同也进行了交割。有关汇率资料见表3-6。

表3-6　汇率资料

汇　率	20×0年11月30		20×0年12月31		20×1年2月28	
	交易日		报告日		交割日	
	即期汇率	远期汇率	即期汇率	远期汇率	即期汇率	远期汇率
	1美元=8.17元人民币	1美元=8.15元人民币	1美元=8.10元人民币	1美元=8.08元人民币	1美元=8.00元人民币	
远期外汇合同汇率变动损益			70 000		150 000	

假定上述套期高度有效，不考虑其他因素。

要求：编制A公司有关外汇应收账款的套期保值的会计分录，并分析其套期保值的效果。

2．20×0 年 11 月 30 日，我国 A 公司向美国某供应商订购了一台价值为 100 万美元的设备，90 天后设备到达，A 公司支付货款。同日，为规避美元汇率变动风险，A 公司与银行签订了 90 天后向银行购买 100 万美元的远期售汇合同，该远期售汇合同被 A 公司管理当局指定为对 90 天后货到付款的套期保值，各时点的即期汇率和远期汇率见表 3-6。20×1 年 2 月 28 货物到达，A 公司与银行进行了交割并对外付汇。

假定上述套期高度有效，不考虑其他因素。

要求：编制 A 公司的有关套期保值的会计分录，并分析其套期保值的效果。

3．20×0 年 1 月 1 日，A 公司以每股 50 元的价格，从二级市场上购入 M 公司股票 20 000 股，且将其划分为可供出售金融资产。为规避该股票价格下降风险，A 公司于 20×0 年 12 月 31 日支付期权费 120 000 元购入一项看跌期权。该期权的行权价格为每股 65 元，行权日期为 20×2 年 12 月 31 日。A 公司购入的 M 公司股票和卖出期权的公允价值见表 3-7。

表 3-7　A 公司购入的 M 公司股票和看跌期权的公允价值

单位：元

	20×0 年 12 月 31 日	20×1 年 12 月 31 日	20×2 年 12 月 31 日
M 公司股票			
每股价格	65	60	57
总价	1 300 000	1 200 000	1 140 000
卖出价格			
时间价值	120 000	70 000	
内在价值		100 000	160 000
总价	120 000	170 000	160 000

要求：

(1) 进行套期有效性分析。

(2) 编制 A 公司有关的套期保值的会计分录。

第2篇　特殊业务会计

第4章　外币折算会计

教学目标

通过本章的学习，要理解记账本位币的定义及其确定方法；掌握外币交易发生日折算汇率的选择、外币交易初始确认的会计处理方法，掌握资产负债表日及结算日折算汇率的选择及所产生汇兑差额的会计处理方法；理解外币报表折算的定义及其意义、外币报表折算的4种方法；掌握我国外币报表折算的基本方法。

教学要求

知识要点	能力要求	相关知识
记账本位币	理解记账本位币的定义 学会选择记账本位币	企业记账本位币的确定 境外经营记账本位币的确定
外币交易的会计处理	学会外币交易初始确认的账务处理 学会外币交易结算日的账务处理 学会会计期末汇兑差额的账务处理	外币交易发生日的初始确认 资产负债表日及结算日的会计处理
外币财务报表折算	理解外币报表折算的4种方法 学会我国外币报表折算的基本方法	外币报表折算的方法 我国外币报表折算准则

 导入案例

漳泽电力："非常"汇兑损益

近年来，漳泽电力(000767)的巨额汇兑损益已发展为一种常态。并且，漳泽电力特立独行地其将汇兑损益计入非经常性损益。

1. *起落之间，一把"双刃剑"*

在中国资本市场，谈到汇兑收益时，如果没有提及漳泽电力，显然会被人视为不够专业。

2007 年上半年，漳泽电力净利润 2.82 亿元，比上年同期增长 48.64%；财务费用 214 万元，比上年同期 3 628 万元减少 3 414 万元，主要原因是本期人民币兑日元的汇率上升，形成汇兑收益。具体而言，2007 年上半年，漳泽电力汇兑收入 6 631 万元，占当期净利润的比例高达 24%。

漳泽电力的汇兑损益源自于其日元贷款。据 2007 年中报披露，截至 2007 年 6 月 30 日止，漳泽电力尚拥有由中国电力投资集团公司担保的从工行太原分行取得的日元贷款，本金共计 1 742 160 万日元，贷款利率为 6 个月的 LIBOR+1.2%利差组合的浮动利率。

事实上，这种巨额汇兑收益并非 2007 年上半年独有的。近年来，对于漳泽电力而言，巨额汇兑损益已经成为一种时尚。如表 4-1 所示自 2001 年出现巨额汇兑收益后，历年来漳泽电力汇兑损益波动巨大。其中，2001、2005 与 2006 年是巨额收益，2002 至 2004 年是巨额损失。由于汇兑损益的巨幅波动，进而导致财务费用的大幅增减。

表 4-1　漳泽电力历年财务费用情况表

单位：万元

项　　目	2006 年	2005 年	2004 年	2003 年	2002 年	2001 年	2000 年	1999 年	总计
利息支出	6 101	5 612	7 254	9 875	9 763	11 114	3 023	1 504	54 246
减：利息收入	316	262	427	313	260	182	387	262	2 410
汇兑损失	−5 677	−22 821	5 309	18 249	13 668	−10 938	0	0	−2 210
手续费	27	4	0	0	0	0	0	0	31
其他	0	4	114	215	12	2	2	0	349
合计	135	−17 463	12 250	28 026	23182	−3	2 638	1 242	50 007

于是，漳泽电力的历年年报中，不得不对汇兑损益进行专门地分析说明，尤其是出现巨额汇兑损失时，以利于投资者分析。

2001 年漳泽电力的净利润是 1.48 亿元，汇兑收益占到净利润的 73.6%，可以说是这 1.09 亿元的汇兑收益救了漳泽电力。

2002 年漳泽电力汇兑损失高达 1.37 亿元，财务费用高达 2.32 万元。漳泽电力在年报中介绍说，汇兑损失形成的主要原因为日元汇率波动；本年末日元折算汇率为 1 日元兑换人民币 0.069 035 元，而 2001 年为 0.063 005 元。同时，漳泽电力指出，公司日元长期借款还款期限长，金额大，产生的汇兑损益只是折算为记账本位币形成的，并没有真正受到损失或得到收益。

2004 年漳泽电力汇兑损失比上年度大量减少，从而导致财务费用的巨幅减少。漳泽电力又在年报中介绍说，相对于 2003 年，2004 年的财务费用减少 1.58 亿元，减少 56.29%，主要是由于本年度日元长期借款的汇兑损益比 2003 年减少了 1.29 亿元；并且，本年度偿还了中国进出口银行的日元贷款，从工商银行取得利率更低的日元贷款，减少了本年度的利息支出 2 623 万元。

2005年漳泽电力汇兑收益高达2.28亿元，财务费用为-1.75亿元。漳泽电力在年报中介绍说，人民币兑日元的汇率由期初6.871 6增长为期末的7.970 1，日元长期借款形成大额汇兑收益。

然而，若按2005年年报所介绍的汇率变化计算，即人民币兑日元的汇率由期初6.871 6变为期末的7.970 1，本应该形成大额汇兑损失。在查阅了中国人民银行网站的历史汇率数据后，我们发现，2005年12月30日人民币兑日元的汇率为6.871 6。可见，也许是漳泽电力自己也已被汇率问题绕晕了，在2005年年报中，期初期末汇率位置安放有误。

2. 如何列报，非常之惑

在2007年年报中，漳泽电力将其汇兑损益计入非经常性损益中。而查阅历年年报后可以发现，正如巨额汇兑损益成为漳泽电力的传统一样，其将汇兑损益计入非经常性损益也同样属于一种惯例。而同样是汇兑损益，作为2006年度汇兑收益居中国A股上市公司之首的南方航空(600029)，却未将其计入非经常性损益。

南方航空2006年度净利润1.18亿元，扣除非经常性损益后的净利润为-5.58亿元。其中，非经常性损益项目包括五项：一是处置固定资产的净收益3.33亿元；二是补贴收入1.27亿元；三是超过规定结算时限的票证3.05亿元；四是扣除处置固定资产的净收益及超过规定结算时限票证的其他各项营业收入(支出)净额0.60亿元；五是以上各项对税务的影响-1.49亿元，合计6.76亿元。而2006年南方航空的汇兑收益高达15.07亿元。可见，南方航空并未将巨额汇兑收益计入非经常性损益中。

资料来源：徐万忠，王梓任. 漳泽电力："非常"汇兑损益[J]. 新理财, 2007(09).

问题：

(1) 如何规避汇兑损益这柄双刃剑带来的风险？

(2) 汇兑损益是否可以计入非经常性损益？

4.1 记账本位币的确定

4.4.1 记账本位币的定义

《企业会计准则第19号——外币折算》(以下简称外币折算准则)规定，记账本位币是指企业经营所处的主要经济环境中的货币。它通常是企业主要产生和支出现金的经济环境中的货币，因为使用这一货币最能反映企业主要交易业务的经济结果。

会计核算上的外币与一般意义上的外币在概念上是不同的。会计核算上的外币是相对于企业选定的记账本位币而言的，企业选定的记账本位币以外的货币，在会计核算上均视为外币，以企业选定的记账本位币以外的货币计价的经济业务，则均属于外币业务。

4.4.2 企业记账本位币的确定

企业选则记账本位币①时应当考虑下列因素。

(1) 该货币主要影响商品和劳务的销售价格，通常以该货币进行商品和劳务的计价及结算。

①《中华人民共和国会计法》第十二条规定：会计核算以人民币为记账本位币。业务收支以人民币以外的货币为主的单位，可以选定其中一种货币作为记账本位币，但是编报的财务会计报告应当折算为人民币。

(2) 该货币主要影响商品和劳务所需的人工、材料和其他费用，通常以该货币进行上述费用的计价和结算。

(3) 融资活动获得的货币以及保存从经营活动中收取款项所使用的货币。

【例 4-1】 国内 A 公司为自营出口企业，超过 80%的营业收入以美元计价并结算，因此，从商品和劳务销售价格和计价结算的角度看，A 公司应选择美元作为记账本位币。如果 A 公司除厂房设施、20%的人工成本在国内以人民币支付外，生产所需原材料、机器设备及 80%以上的人工成本以美元支付，则可确定 A 公司的记账本位币是美元。但如果 A 公司的人工成本、原材料及相应的厂房设施、机器设备等 95%以上在国内采购并以人民币计价结算，则难以判定 A 公司的记账本位币应选择美元还是人民币，还需要结合第三项因素予以确定。如果 A 公司取得的美元营业收入在汇回国内时直接换成了人民币存款，且 A 公司对美元波动产生的外币风险进行了套期保值，则 A 公司可以选择人民币作为记账本位币。

需要说明的是，在确定企业的记账本位币时，上述因素的重要程度因企业具体情况不同而不同，需要企业管理层根据实际情况进行判断，但是，这并不能说明企业管理层可以根据需要随意选择记账本位币，根据实际情况只能确定其中的一种货币作为记账本位币。

4.1.3 境外经营记账本位币的确定

境外经营是指企业在境外的子公司、合营企业、联营企业、分支机构。企业在境内的子公司、合营企业、联营企业、分支机构，采用不同于本企业记账本位币的，也视同境外经营。

确定境外经营记账本位币时，除考虑上述确定企业记账本位币需要考虑的因素外，还应当考虑下列有关该境外经营与企业之间关系的一些因素。

(1) 境外经营对其所从事的活动是否拥有很强的自主性。如果境外经营所从事的活动是视同本企业经营活动的延伸，构成企业经营活动的组成部分，该境外经营应当选择与企业记账本位币相同的货币作为记账本位币；如果境外经营所从事的活动拥有极大的自主性，境外经营就不能选择与企业记账本位币相同的货币作为记账本位币。

(2) 境外经营活动中与企业的交易是否在境外经营活动中占有较大比重。如果境外经营与企业的交易在境外经营活动中所占的比例较高，境外经营应当选择与企业记账本位币相同的货币作为记账本位币；反之，应选择其他货币。

(3) 境外经营活动产生的现金流量是否直接影响企业的现金流量、是否可以随时汇回。如果境外经营活动产生的现金流量直接影响企业的现金流量，并可随时汇回，境外经营应当选择与企业记账本位币相同的货币作为记账本位币；反之，应选择其他货币。

(4) 境外经营活动产生的现金流量是否足以偿还其现有的债务和可预期的债务。如果境外经营活动产生的现金流量在企业不提供资金的情况下，难以偿还其现有的债务和正常情况下可预期的债务，境外经营应当选择与企业记账本位币相同的货币作为记账本位币；反之，应选择其他货币。

4.1.4 记账本位币的变更

企业记账本位币一经确定，不得随意变更，除非与确定记账本位币相关的企业经营所处的主要经济环境发生重大变化。主要经济环境发生重大变化，通常是指企业主要产生和支出现金的环境发生重大变化。

根据外币折算准则的规定，如果企业因经营所处的主要经济环境发生重大变化，确需变更记账本位币的，应当采用变更当日的即期汇率将所有项目折算为变更后的记账本位币，折算后的金额作为以新的记账本位币计量的历史成本，由于采用同一即期汇率进行折算，不会产生汇兑差额。企业需要提供确凿的证据表明企业经营所处的主要经济环境确实发生了重大变化，并应当在附注中披露变更的理由。

4.2 外币交易的会计处理

4.2.1 外币交易的定义和核算程序

1. 外币交易的定义

外币交易是指以外币计价或者结算的交易，包括买入或者卖出以外币计价的商品或者劳务、借入或者借出外币资金和其他以外币计价或者结算的交易。

2. 外币核算的基本程序

(1) 交易发生日将外币金额按即期汇率或与即期汇率近似的汇率折算为记账本位币金额。

(2) 期末，将所有外币货币性项目的外币余额，按照期末即期汇率折算为记账本位币金额，并与原记账本位币金额相比较，其差额即为汇兑差额。

(3) 结算外币货币性项目时，将其外币结算金额按照当日即期汇率折算为记账本位币金额，并与原记账本位币金额相比较，其差额记入“财务费用——汇兑差额”科目。

4.2.2 即期汇率和即期汇率的近似汇率

即期汇率通常是指中国人民银行公布的当日人民币外汇牌价的中间价。企业发生的外币兑换业务或涉及外币兑换的交易事项，应当按照交易实际采用的汇率(银行买入价或卖出价)折算。

即期汇率的近似汇率是指按照系统合理的方法确定的、与交易发生日即期汇率近似的汇率，通常采用当期平均汇率或加权平均汇率等。

企业通常应当采用即期汇率进行折算。汇率变动不大的，为简化核算，也可以采用即期汇率的近似汇率进行折算。

4.2.3 外币交易发生日的初始确认

外币交易应当在初始确认时，采用交易发生日的即期汇率将外币金额折算为记账本位币金额；也可以采用按照系统合理的方法确定的、与交易发生日即期汇率近似的汇率折算。按照折算后的记账本位币金额登记有关账户；在登记有关记账本位币账户的同时，按照外币金额登记相应的外币账户。

1. 外币购销业务的会计处理

企业从国外或境外购进原材料、商品或引进设备，按照当日的市场汇率将支付的外币或应支付的外币金额折算为记账本位币金额，以确定购入原材料等货物及债务的入账价值，同时按照外币金额登记有关外币账户，如外币银行存款和外币应付账款账户等。

企业出口商品或产品时，按照当日的市场汇率将外币销售收入折算为记账本位币金额入账；对于出口销售取得的款项或发生的债权，按照折算为记账本位币金额入账，同时按照外币金额登记有关外币账户，如外币银行存款账户和外币应收账款账户等。

【例 4-2】 A 股份有限公司属于增值税一般纳税企业，选择确定的记账本位币为人民币，其外币交易采用交易日即期汇率折算。20×0 年 4 月 18 日，从美国乙公司购入某种工业原料 600 吨，每吨价格为 3 000 美元，当日的即期汇率为 1 美元=6.9 元人民币，进口关税为 1 520 000 元人民币，支付进口增值税 2 369 800 元人民币，货款尚未支付，进口关税及增值税由银行存款支付。其会计分录如下。

借：原材料　　(600×3 000×6.9+1 520 000)13 940 000
　　应交税费——应交增值税(进项税额)　　2 369 800
　　贷：应付账款——乙公司(美元)　　12 420 000
　　　　银行存款　　3 889 800

【例 4-3】 A 股份有限公司的记账本位币为人民币，对外币交易采用交易日的即期汇率折算。20×0 年 4 月 13 日，向 B 公司出口销售商品 10 000 件，销售合同规定的销售价格为每件 300 美元，当日的即期汇率为 1 美元=6.65 元人民币。假设不考虑相关税费，货款尚未收到。相关会计分录如下。

借：应收账款——B 公司(美元)　　19 950 000
　　贷：主营业务收入　　(10 000×300×6.65)19 950 000

【例 4-4】 C 股份有限公司的记账本位币为人民币，对外币交易采用交易日的即期汇率折算。20×0 年 3 月 18 日，从境外丙公司购入不需要安装的设备一台，设备价款为 240 000 美元，购入该设备当日的即期汇率为 1 美元=6.8 元人民币，适用的增值税率为 17%，款项尚未支付，增值税以银行存款支付。相关会计分录如下。

借：固定资产——机器设备　　(240 000×6.8)1 632 000
　　应交税费——应交增值税(进项税额)　　277 440
　　贷：应付账款——丙公司(美元)　　1 632 000
　　　　银行存款　　277 440

2. 接受外币资本投资的账务处理

外币折算准则规定，企业收到投资者以外币投入的资本，应当采用交易发生日即期汇率折算，不得采用合同约定汇率和即期汇率的近似汇率折算，外币投入资本与相应的货币性项目的记账本位币金额之间不产生外币资本折算差额。

【例 4-5】 甲股份有限公司的记账本位币为人民币，对外币交易采用交易日的即期汇率折算。根据其与外商签订的投资合同，外商将分两次投入外币资本 1 000 000 美元，投资合同约定的汇率是 1 美元=7.00 元人民币。20×0 年 2 月 1 日，甲股份有限公司第一次收到外商投入资本 500 000 美元，当日即期汇率为 1 美元=6.8 元人民币；20×0 年 11 月 8 日，第二次收到外商投入资本 500 000 美元，当日即期汇率为 1 美元=6.6 元人民币。相关会计分录如下。

(1) 20×0 年 2 月 1 日，第一次收到外币资本时。

借：银行存款——美元　　(500 000×6.8)3 400 000

　　贷：股本　　3 400 000

(2) 20×0 年 11 月 8 日，第二次收到外币资本时。

借：银行存款——美元　　(500 000×6.6)3 300 000

　　贷：股本　　3 300 000

3. 外币借款业务的会计处理

企业借入外币时，按照借入外币时的即期汇率折算为记账本位币入账，同时按照借入外币的金额登记相关的外币账户。

【例 4-6】 D 股份有限公司的记账本位币是人民币。对外币交易采用交易日即期汇率折算。20×0 年 4 月 10 日，从中国银行借入 500 000 港元，期限为 6 个月，借入的港元暂存银行。借入当日的即期汇率为 1 港元=1.08 元人民币。相关会计分录如下。

借：银行存款——港元　　(500 000×1.08)540 000

　　贷：短期借款——港元　　540 000

4. 外币兑换业务

外币兑换业务是指企业从银行等金融机构购入外币(对于银行来说，则是卖出外币)或向银行等金融机构售出外币(对于银行来说，则是买入外币)的业务。

企业卖出外币时，一方面将实际收取的记账本位币(按照外币买入价折算的记账本位币金额)登记入账；另一方面将卖出的外币实际收到的记账本位币金额，与付出的外币按当日即期汇率折算为记账本位币之间的差额，作为汇兑损益。

【例 4-7】 E 股份有限公司以人民币为记账本位币，对外币交易采用交易日的即期汇率折算。20×0 年 9 月 1 日，将 50 000 美元到银行兑换为人民币，银行当日的美元买入价为 1 美元=6.85 元人民币，中间价为 1 美元=6.90 元人民币。

本例中，企业与银行发生货币兑换业务，兑换所用汇率为银行的买入价或卖出价，而通常记账所用的即期汇率为中间价，由于汇率变动而产生的汇兑差额计入当期财务费用。有关会计分录如下。

借：银行存款——人民币　　(50 000×6.85)342 500

　　财务费用　　2 500

　　贷：银行存款——美元　　(50 000×6.90) 345 000

企业买入外币时，要按外币卖出价折算应向银行支付的记账本位币，并记录所支付的金额；另一方面按照当日的即期汇率将买入的外币折算为记账本位币，并登记入账；同时按照买入的外币金额登记相应的外币账户。实际付出的记账本位币金额与收取的外币按照当日即期汇率折算为记账本位币金额之间的差额，作为当期汇兑损益。

【例 4-8】 E 股份有限公司外币业务采用业务发生时的即期汇率折算。本期因外币支付需要，从银行购入 10 000 美元，银行当日的美元卖出价为 1 美元=6.40 元人民币，中间价为 1 美元=6.30 元人民币。

本例中，应对银行存款美元账户作增加记录，按照当日的即期汇率折算为人民币，按照实际付出的人民币金额对银行存款人民币账户作减少记录。两者之间的差额作为当期财务费用。会计分录如下。

借：银行存款——美元　　(10 000×6.30) 63 000
　　财务费用　　1 000
　　贷：银行存款——人民币　　(10 000×6.40) 64 000

4.2.4 资产负债表日及结算日的会计处理

1. 货币性项目

货币性项目是指企业持有的货币资金和将以固定或可确定的金额收取的资产或者偿付的负债。例如，库存现金、银行存款、应收账款、其他应收款、长期应收款、短期借款、应付账款、其他应付款、长期借款、应付债券、长期应付款等。

期末外币货币性项目调整的步骤如下。

(1) 计算外币货币性项目外币余额。

(2) 用外币余额乘以资产负债表日即期汇率计算记账本位币余额。

(3) 上述记账本位币余额与原记账本位币余额的差额即为汇兑差额。符合资本化条件的记入“工程成本”；不符合资本化条件而且属于筹建期内发生的部分则列入“管理费用”；既不符合资本化条件又未发生在筹建期内的部分则计入各期损益，列为“财务费用——汇兑差额”。

另外，结算外币货币性项目时，银行存款用当日即期汇率折算，往来款项用原记账汇率折算，因汇率波动而形成的汇兑差额计入当期损益。

【例 4-9】 沿用例 4-2，20×0 年 12 月 31 日，A 股份有限公司尚未向美国乙公司支付所欠工业原料款。当日即期汇率为 1 美元=7.00 元人民币。应付乙公司货款按期末即期汇率折算为 12 600 000 元人民币(600×3 000×7.00)，与该货款原记账本位币之差 180 000 元人民币计入当期损益。相关会计分录如下。

借：财务费用——汇兑差额　　180 000
　　贷：应付账款——乙公司(美元)　　180 000

【例 4-10】 沿用例 4-3，20×0 年 9 月 30 日，A 股份有限公司仍未收到 B 公司的货款。当日的即期汇率为 1 美元=7.00 元人民币。B 公司所欠货款按当日即期汇率折算为 21 000 000 元人民币(10 000×300×7.00)，与该货款原记账本位币之差额为 1 050 000 元人民币，应当计入当期损益，同时调整货币性项目的原记账本位币金额。相关会计分录如下。

借：应收账款——B 公司(美元)　　1 050 000
　　贷：财务费用——汇兑差额　　1 050 000

假定 20×0 年 10 月 20 日收到上述货款，兑换成人民币后直接存入银行，当日银行的美元买入价为 1 美元=6.90 元人民币，相应的会计分录如下。

借：银行存款——人民币　　(10 000×300×6.9)20 700 000
　　财务费用——汇兑差额　　300 000
　　贷：应收账款——B 公司(美元)　　21 000 000

【例 4-11】 沿用例 4-6，6 个月后，D 股份有限公司按期向中国银行归还借入的 500 000 港元。归还借款时的港元的卖出价为 1 港元=1.06 元人民币。相关会计分录如下。

借：短期借款——港元　　540 000

　　贷：银行存款——人民币　　(500 000×1.06)530 000

　　　　财务费用——汇兑差额　　10 000

2. 非货币性项目

非货币性项目是指货币性项目以外的项目。例如，存货、长期股权投资、固定资产、无形资产等。

(1) 以历史成本计量的外币非货币性项目，期末采用交易发生日的即期汇率折算，不改变其记账本位币金额，不产生汇兑差额。

(2) 对于以成本与可变现净值孰低计量的存货，如果其可变现净值以外币确定，则在确定存货的期末价值时，应先将可变现净值折算为记账本位币，再与以记账本位币反映的存货成本进行比较。

【例 4-12】 A 上市公司以人民币为记账本位币。20×0 年 11 月 2 日，从英国 B 公司采购国内市场短缺的甲商品 5 000 件，每件价格为 2 000 英镑，当日即期汇率为 1 英镑=15 元人民币。20×0 年 12 月 31 日，尚有 1 000 件甲商品未销售出去，国内市场仍无甲商品供应，甲商品在国际市场的价格降至 1 900 英镑。12 月 31 日的即期汇率是 1 英镑=15.5 元人民币。假定不考虑增值税等相关税费。

本例中，由于存货在资产负债表日采用成本与可变现净值孰低计量，因此，在以外币购入存货并且该存货在资产负债表日获得的可变现净值以外币反映时，计提存货跌价准备时应当考虑汇率变动的影响。因此，A 公司应作为会计分录如下。

11 月 2 日，购入甲商品。

借：库存商品——甲　　(5 000×2 000×15)150 000 000

　　贷：银行存款——英镑　　150 000 000

12 月 31 日，计提存货跌价准备。

借：资产减值损失　　550 000

　　贷：存货跌价准备　　(1 000×2 000×15−1 000×1 900×15.5)550 000

(3) 以公允价值计量的外币非货币性项目，期末公允价值以外币反映的，应当先将该外币金额按照公允价值确定当日的即期汇率折算为记账本位币金额，再与原记账本位币金额进行比较。属于交易性金融资产(股票、基金等)的，折算后的记账本位币金额与原记账本位币金额之间的差额应作为公允价值变动损益(含汇率变动)，计入当期损益；属于可供出售金融资产的，差额则应计入资本公积。

【例 4-13】 国内 A 公司的记账本位币为人民币。20×0 年 12 月 15 日以每股 1.2 美元的价格购入 B 公司 H 股 10 000 股作为交易性金融资产，当日汇率为 1 美元=6.9 元人民币，款项已付。20×0 年 12 月 31 日，由于市价变动，当月购入的 B 公司 H 股的市价变为每股 0.9 美元，当日汇率为 1 美元=6.65 元人民币。假定不考虑相关税费的影响。

20×0 年 12 月 15 日，该公司应对上述交易应作以下处理。

借：交易性金融资产　　(1.2×10 000×6.9)82 800

　　贷：银行存款——美元　　82 800

根据金融工具确认和计量准则的规定，资产负债表日该交易性金融资产公允价值为

9 000(0.9×10 000)美元，折算人民币金额为 59 850(0.9×10 000×6.65)元，与原账面价值 82 800 元的差额为 22 950 元人民币，计入公允价值变动损益。相应的会计分录如下。

借：公允价值变动损益　　22 950

　贷：交易性金融资产　　22 950

22 950 元人民币既包含甲公司所购 B 公司 H 股公允价值变动的影响，又包含人民币与美元之间汇率变动的影响。

20×1 年 1 月 10 日，A 公司将所购 B 公司 H 股按当日市价每股 1.2 美元全部售出，所得价款为 12 000 美元，按当日汇率 1 美元=6.7 元人民币折算为人民币金额为 80 400 元，与其原账面价值人民币金额 59 850 元的差额为 20 550 元人民币，对于汇率的变动和股票市价的变动不进行区分，均作为投资收益进行处理。因此，售出当日，A 公司应作会计分录如下。

借：银行存款——美元　　(1.2×10 000×6.7)80 400

　贷：交易性金融资产　　59 850

　　投资收益　　20 550

借：投资收益　　22 950

　贷：公允价值变动损益　　22 950

【例 4-14】 M 公司以人民币作为记账本位币，其外币交易采用交易日即期汇率折算，按月计算汇兑差额。M 公司在银行开设有欧元账户。

M 公司有关外币账户在 20×0 年 8 月 31 日的余额见表 4-2。

表 4-2　20×0 年 8 月 31 日 M 公司有关外币账户余额

项　目	外币账户余额/欧元	汇　率	人民币账户余额/元
银行存款	800 000	9.56	7 648 000
应收账款	400 000	9.56	3 824 000
应付账款	200 000	9.56	1 912 000

(1) M 公司 20×0 年 9 月份发生的有关外币交易或事项如下。

① 9 月 5 日，以人民币向银行买入 200 000 欧元。当日即期汇率为 1 欧元=9.69 元人民币，当日银行卖出价为 1 欧元=9.75 元人民币。

② 9 月 12 日，从国外购入一批原材料，总价款为 400 000 欧元。该原材料已验收入库，货款尚未支付。当日即期汇率为 1 欧元=9.64 元人民币。另外，以银行存款支付该原材料的进口关税 644 000 元人民币，增值税 765 000 元人民币。

③ 9 月 16 日，出口销售一批商品，销售价款为 600 000 欧元，货款尚未收到。当日即期汇率为 1 欧元=9.41 元人民币。假设不考虑相关税费。

④ 9 月 25 日，收到应收账款 300 000 欧元，款项已存入银行。当日即期汇率为 1 欧元=9.54 元人民币。该应收账款系二月份出口销售发生的。

⑤ 9 月 30 日，即期汇率为 1 欧元=9.64 元人民币。

M 公司相关账务处理如下。

① 借：银行存款——××银行(欧元)　　(200 000×9.69)1 938 000

　　财务费用——汇兑差额　　12 000

　　贷：银行存款——××银行(人民币)　　(200 000×9.75)1 950 000

② 借：原材料——××材料　　(400 000×9.64+644 000)4 500 000
　　应交税费——应交增值税(进项税额)　　765 000
　　贷：应付账款——××单位(欧元)　　(400 000×9.64)3 856 000
　　　　银行存款——××银行(人民币)　　1 409 000

③ 借：应收账款——××单位(欧元)　　(600 000×9.41)5 646 000
　　贷：主营业务收入——出口××商品　　5 646 000

④ 借：银行存款——××银行(欧元)　　(300 000×9.54)2 862 000
　　财务费用——汇兑差额　　6 000
　　贷：应收账款——××单位(欧元)　　(300 000×9.56)2 868 000

(2) 20×0 年 9 月 30 日，计算期末产生的汇兑差额。

① 银行存款欧元户余额=800 000+200 000+300 000=1 300 000(欧元)
按当日即期汇率折算为人民币金额=1 300 000×9.64=12 532 000(元)
汇兑差额=12 532 000−(7 648 000+1 938 000+2 862 000)=84 000(元)(汇兑收益)

② 应收账款欧元户余额=400 000+600 000−300 000=700 000(欧元)
按当日即期汇率折算为人民币金额=700 000×9.64=6 748 000(元)
汇兑差额=6 748 000−(3 824 000+5 646 000−2 868 000)=146 000(元)(汇兑收益)

③ 应付账款欧元户余额=200 000+400 000= 600 000(欧元)
按当日即期汇率折算为人民币金额=600 000×9.64= 5 784 000(元)
汇兑差额=5 784 000−(1 912 000+3 856 000)=16 000(元)(汇兑损失)

④ 应计入当期损益的汇兑差额=84 000+146 000−16 000=214 000(元)(汇兑收益)
相应的会计分录如下。

借：银行存款——××银行(欧元)　　84 000
　　应收账款——××单位(欧元)　　146 000
　　贷：应付账款——××单位(欧元)　　16 000
　　　　财务费用——汇兑差额　　214 000

4.3 外币报表折算

4.3.1 外币报表折算的定义、动因及其难点

1. 外币报表折算的定义

外币报表折算是将财务报表中以原编报货币表示的资产、负债、所有者权益、收入、费用等项目，按一定的汇率换算为按所需货币表示的相同项目，并据以重新编制财务报表的过程。显然，以编制合并财务报表等目的进行的货币转换，不同于货币兑换。因为货币兑换一般是用来说明不同货币之间的实际兑付，即以 种货币表示的金额实际兑换成另一种货币的等值金额；而外币报表折算对原来企业的资产等项目没有任何改变，所发生的只是用另一种货币来重新表述其价值而已。所以，外币报表折算的实质是为了一定的折算目的和运用一定的折算方法，将不同货币金额表述的财务报表按另一种选定的货币金额来对其进行重新表述，使报表能以统一的计量单位综合反映和揭示企业整体的财务状况、经营

成果和有关经济信息，并使之能满足报表特定使用者的要求。

2. 外币报表折算的动因

外币报表折算的动因主要有以下两个方面。

(1) 跨国公司为了向居住于不同国家的股东提供财务报告而把财务报告翻译和折算为股东居住国的文字和货币单位。在这种情况下，外币报表的折算只不过是改变表述的货币单位，只要进行简单的换算就行了。

(2) 为了在某国的证券市场发行股票或债券，跨国公司要向股东和潜在的投资者提供折算的财务报告。有时，为了提供更详细的信息，除了提供简单换算的财务报告之外，还要提供另一套按该国的会计准则重编的财务报告。

在目前的经济状况下，外币报表折算的最主要的动因就是跨国公司合并其遍布全世界的子公司的财务报表。

3. 外币报表折算面临的问题

1) 折算汇率的选择

在将外币折算成本国货币时有 3 个可供选择的汇率：一是历史汇率，这是业务发生时的汇率，使用历史汇率可以在本国货币报表上保留外币项目的原始成本，可以使财务报表免受折算损益的影响；二是现行汇率，指资产负债表日当天的汇率，使用现行汇率会产生折算差异；三是平均汇率，是现行汇率与历史汇率的简单加权平均。

在实务中，进行报表折算时，并非对所有报表项目的折算均采用上述某种折算汇率，而往往是对不同的报表项目采用不同汇率折算。

2) 折算损益(折算差额)的处理

从理论上讲折算损益的处理有 4 种观点。

(1) 折算损益全部计入当期损益。该观点主张，利润可以定义为净资产的增加，因此，在进行外币报表折算时，如果某项资产或负债现在的折算价值不同于原先的折算价值，则其差额自然应计入当年的利润表。

(2) 折算损益全部递延。该观点主张将折算损益按照人为的标准在若干个会计期间分摊。

(3) 折算损失计入当期损益，折算利得递延。这是一种介于前两种方法之间的方法，采用这种方法主要是基于稳健性的考虑。

(4) 作为所有者权益的调整额。也就是将折算损益列入资产负债表中的所有者权益中，作为所有者权益的组成部分。

外币报表折算选择哪种汇率最好、折算损益应该怎样进行会计处理正是外币报表折算的难点所在。

4.3.2 外币报表折算的方法

从目前世界各国外币报表折算的情况来看，还未形成公认的可接受的理论和方法，概括起来，主要有 4 种方法可供选择，这 4 种方法就是现行汇率法、流动与非流动项目法、货币性与非货币性项目法以及时态法。

1. 现行汇率法

1) 现行汇率法的特点

现行汇率法是在1967年英镑贬值后，英格兰和威尔士特许会计师协会在1968年的会计实务公告中提出的。现行汇率法是指外币资产负债表中的所有资产、负债项目都根据资产负债表日的现行汇率进行折算，资本项目按收到资本时的历史汇率折算，利润表中的收入和费用按确认这些项目时的汇率(或平均汇率)折算。因折算汇率不同而形成的“外币折算损益”作为一个单独项目，列示于所有者权益中。

现行汇率法把折算损益计入所有者权益的依据是：折算损益只是由于对子公司报表中的当地货币重新表述而产生的调整额，实质上是未实现的，而且，汇率本身的变动还可能会发生逆转，如将这项未实现的损益列入当期损益，很容易令报表使用者产生误解。

2) 现行汇率法的理论依据

现行汇率法的理论依据是子公司观点，即把国外子公司视为一个高度独立的实体，母公司所关注的只是其在子公司经营活动的净投资，而经受汇率变动风险的正是这种净投资。

3) 对现行汇率法的评价

现行汇率法实际上是将子公司的外币财务报表项目乘上一个常数，因而只改变了外币报表的表现形式，而没改变资产和负债的内部结构。

现行汇率法的优点有以下几点。

(1) 在合并报表中保持了国外子公司单独报表所反映的原有财务状况和比率关系，也就是说，合并结果反映了那些经营成果被合并的各子公司所在国的多种货币观点，而并不代表母公司所在国的单一货币观点。

(2) 折算损益列示在合并资产负债表的所有者权益项目下，汇率变动对本期折算的损失(或利得)被下期的折算利得(或损失)所抵销。

(3) 简单、易于操作，折算结果易为报表使用者所理解。

现行汇率法的缺点有以下几点。

(1) 该方法假设以外币表述的子公司的所有的资产、负债项目都同等地受汇率波动的影响，这与子公司存货、固定资产等的价格在一定程度上不受汇率变动影响的经济现象不符。

(2) 它对以历史成本计量的存货、固定资产按资产负债表日的现行汇率折算，违反了传统的历史成本会计模式，改变了折算项目的计量属性，使得折算后的结果成为历史成本与期末现行汇率这两个不相关时点上数字的简单乘积，它既不是现行重置成本，也不是现行市价，因而缺乏经济意义。

2. 流动与非流动项目法

1) 流动与非流动项目法的特点

美国注册会计师协会在20世纪30年代末曾推荐使用流动与非流动项目法。流动与非流动项目法将资产与负债项目区分为流动性项目与非流动性项目两大类，流动性项目按现行汇率折算，非流动性项目按历史汇率折算的外币报表折算方法。比如，固定资产按购置时的历史汇率折算；实收资本项目按股票发行时的历史汇率折算，留存收益为轧算的平衡数额。对利润表项目，固定资产折旧额和无形资产摊销费用应按取得有关资产时的历史汇率折算；其他所有收入项目和费用项目，按确认该项目时的汇率折算，由于形成收入和费用的交易是经常而且大量地发生的，因此可以按整个报告期间的平均汇率(简单平均或加权平均)折算。

2) 流动与非流动项目法的理论依据

流动与非流动项目的理论依据是：非流动资产在短期内不会转变为现金，非流动负债在短期内也不需偿还，所以他们不受现行汇率的影响。采用这种方法使现行汇率的变动在当期只影响流动资产和流动负债。

3) 对流动与非流动项目法的评价

流动与非流动项目法的优点是：流动资产与流动负债按现行汇率折算，有利于对企业营运资本的分析。一个企业净营运资金的情况取决于折算过程中的结果是收益还是损失，若企业的流动资产大于流动负债，则在外币贬值时，将遭受折算损失；在外币升值时，将产生折算利得。

但流动与非流动项目法存在着明显的缺陷：首先，它对存货与现金、应收账款一样采用现行汇率折算，意味着存货与现金、应收账款一样承受汇率风险，这对按历史成本计价的存货来说是不恰当的，因为存货与现金、应收账款相比，受汇率变动的影响程度不同，汇率变动会使现金贬值或升值，但它不会影响到存货价值，除非存货被出售；其次，它对长期应收款、长期应付款、长期借款、应付债券等项目采用历史汇率折算，由于它们按当地货币表述的金额是固定的，从而抹煞了它们所承受的汇率变动的影响。

3. 货币性与非货币性项目法

1) 货币性与非货币性项目法的特点

货币性与非货币性项目法是由美国 S.R.赫普华斯(Hepworth)教授在 1957 年发表的“对国外经营活动的报告”一文中提出的，是指将资产与负债项目区分为货币性项目和非货币性项目两大类，货币性项目按现行汇率折算，非货币性项目按历史汇率折算的一种外币报表折算方法。这种方法和流动与非流动法的区别在于对存货项目、投资项目的处理上的差异。

对于外币应收、应付款项等货币性资产和负债，这些债权或债务的币值会随着汇率变动而相应有所增减，因此这些项目按资产负债表日的现行汇率折算，比较恰当地反映了汇率变动所产生的影响；对于股东权益部分，公司的实收资本总是按股份发行时日的历史汇率折算；留存收益则是轧算的平衡数额。对于利润表项目，折旧费用与摊销费用项目按有关资产取得时日的历史汇率折算；按照“年初存货+本年购货-年末存货”的关系式对存货和购货分别折算后确定销货成本，年初、年末存货按不同时日的历史汇率折算，本年购货按照报告期平均汇率折算；其他项目均按业务发生时的汇率或报告期的平均汇率折算。

2) 货币性与非货币性项目法的理论依据

提出采用这种方法的理由是：货币性项目的价值是按外币(子公司所在国货币)的固定金额表示的，因此一旦汇率发生变动，这些项目的本国货币等值就会发生变动。所以，子公司资产负债表中所有的货币性项目外币余额，应按照资产负债表日的现行汇率折算为本国货币。在汇率变动时，非货币性资产的价值随着当地通货贬值或升值后的物价涨跌而变动，因而它们按历史成本计量的价值应当按历史汇率折算。

3) 对货币性与非货币性项目法的评价

货币性与非货币性项目法恰当地分析了汇率变动对资产和负债项目的影响，通过对资产与负债进行分类组合，选用不同的汇率进行折算，其优点是考虑到货币性项目容易受汇率变动的影响。由于货币性项目所代表的价值相当于一定的货币金额，汇率的每次变动都直接引起等量外币金额的变化，因而货币性项目采用现行汇率进行折算。和流动与非流动项目法相比，该方法反映了汇率变动对不同资产、负债项目的影响。因此，在外币报表折算方法的演变过程中，它必然取代流动非流动项目法而成为主流的方法。

然而，货币性与非货币性项目法仍有缺陷，它仍然没有超越对资产和负债项目进行某种分类组合的框框。它虽然恰当地分析了汇率变动对资产和负债项目的影响，从而提出货币性与非货币性项目的分类概念并以此作为选择折算汇率的准绳，但当企业存货、长期投资等非货币性资产按现行市场价值计量时，这一方法就显得不够合理了。

4. 时态法

1) 时态法的特点

时态法也称为时间度量法，是由美国注册会计师协会的研究人员列奥纳德·洛伦森于1972 年在其研究报告中针对货币性与非货币性项目法的不足而提出来的，并于 1975 年为美国财务会计准则委员会的第 8 号财务会计准则所采用。

时态法即按照外币报表上资产负债项目的计价时间，分别采用现行汇率和历史汇率进行折算的方法。对于货币资金、应收和应付项目及长期负债等货币性项目，按现行汇率折算；按历史成本表述的各项非货币性资产，按资产取得日的历史汇率折算；按现行成本表述的非货币性资产项目，按资产负债表日的现行汇率折算；对于股东权益项目，公司的实收资本总是按股份发行日的历史汇率折算，留存收益则为轧算的平衡数额。对于利润表项目，折旧费用和摊销费用按固定资产或无形资产取得时日的历史汇率折算；收入和费用项目按交易发生时日的即期汇率折算，也可以采用平均汇率折算；在对年初存货、本年购货和年末存货按不同的适用汇率分别折算后计算确定销货成本。对于折算过程中形成的折算损益，在利润表中单项列示，直接计入当期净利润。时态法和货币性与非货币性项目法相比较，绝大部分内容是相同的，不同之处表现如下。

(1) 资产负债表上按历史成本计价的非货币性资产(如按历史成本计价的存货及投资、固定资产、无形资产等)项目，按取得这些资产时的历史汇率折算。

(2) 资产负债表上按现行市价计价的非货币性资产项目(如按市价计价的存货、投资等)，按资产负债表日的现行汇率折算。

2) 时态法的理论依据

时态法是 1972 年由美国的奥纳德·洛伦森(Lorensen)提出的，根据洛伦森的见解，保持外币项目计量属性的最好方式，是按照外币计量所属时日的即期汇率来折算它们的外币金额。这种方法的理论依据是；外币的折算实际上是将外币报表按一种新的货币单位重新表述的一个过程，其改变的只是被计量项目的计量单位，而不是计量属性。因此，各个外币报表项目应按其计量日期的即期汇率折算，这样才能保证不改变各外币报表项目的计量属性。

3) 对时态法的评价

时态法是建立在货币性与非货币性项目法的基础上的，它以各资产、负债项目的计量属性作为选择折算汇率的依据，从会计计量理论上完善了货币性与非货币性项目法，具有较强的理论依据。

其优点有以下几点。

(1) 理论上的科学性。众所周知，会计的核心问题是确认和计量；对会计计量属性的不同判断和选择，意味着会计模式将随之变更。时态法以会计计量属性作为折算汇率的选择依据，对以历史成本计量的项目按历史汇率折算，对以现行成本计量的项目按现行汇率折算，因而能够应用于任何一种会计模式，具有较大的适应性，并且能保证会计模式折算前后的一致性，符合实务中多种计量属性并存的需要。

(2) 这种方法以母公司的报告货币作为统一计量单位，对国外子公司的外币报表按其原来的计量属性进行等额表述，反映了母公司所控制的国外子公司资源在母公司国内效用的大小，与母公司理论下合并报表的编制目的相吻合。

其缺点有以下几点。

(1) 改变了子公司原有的财务比率。由于对资产负债表各项目使用的折算汇率不同，因而折算后资产负债表各个项目之间不能保持原外币报表的比例关系，据此计算出来的财务比率，也不符合国外子公司的实际经营情况。

(2) 将企业管理人员不能控制和合理预计的外币折算损益直接计入当期损益。从实务的角度看，在浮动汇率体制下，采用时态法会使跨国公司的报告损益比单纯国内经营的公司显得更加多变，从而影响跨国公司上市股票的价格。

5. 外币报表折算方法的比较

各国所采用外币报表折算方法基本上可以划分为单一汇率法和多种汇率法。现行汇率法采用采用单一的货币进行折算，称为单一汇率法；流动与非流动项目法、货币性与非货币性项目法及时态法针对报表各项目采用不同的汇率折算，属于多种汇率法。

4 种折算方法在汇率选择上的区别主要在资产负债的项目上，而在利润表上项目的折算汇率选择基本上是相同的。表 4-3 列示了资产负债表项目在不同的折算方法下所选用的汇率。

表 4-3 外币资产负债表折算汇率的比较

项目	现行汇率法	流动与非流动项目法	货币性与非货币性项目法	时态法
现金	现行汇率	现行汇率	现行汇率	现行汇率
应收账款	现行汇率	现行汇率	现行汇率	现行汇率
存货				
按成本计价	现行汇率	现行汇率	历史汇率	历史汇率
按市价计价	现行汇率	现行汇率	历史汇率	现行汇率
投资				
按成本计价	现行汇率	历史汇率	历史汇率	历史汇率
按市价计价	现行汇率	历史汇率	历史汇率	现行汇率
固定资产	现行汇率	历史汇率	历史汇率	历史汇率
无形资产	现行汇率	历史汇率	历史汇率	历史汇率
应付账款	现行汇率	现行汇率	现行汇率	现行汇率
长期负债	现行汇率	历史汇率	现行汇率	现行汇率
实收资本	历史汇率	历史汇率	历史汇率	历史汇率
留存收益	平衡数	平衡数	平衡数	平衡数

1) 4 种方法的相同点

第一，对于资产负债表中实收资本项目的折算，各种方法均按照收到资本时的历史汇率折算。

第二，对于货币性资产项目和货币性流动负债项目，各方法都是按照资产负债表日的现行汇率折算。

2) 4 种折算方法的不同点

(1) 现行汇率法以全面(除了实收资本)采用现行汇率折算而区别于其他方法。

(2) 流动与非流动项目法以存货采用现行汇率和长期负债采用历史汇率折算而区别于货币性与非货币性项目法和时态法。

(3) 存货及投资在按市价计价的情况下，货币性与非货币性项目法采用历史汇率折算而区别于时态法。因此，当存货及投资项目按历史成本计价并采用现行汇率折算时，这两种方法就不存在差异了。

(4) 现行汇率法是先折算利润表，后折算资产负债表，并用平衡轧算法算出当年年末的外币折算损益。其他 3 种折算方法均是先折算资产负债表，后折算利润表。

4.3.3 外币报表折算实例

【例 4-15】 设中国跨国公司 A 在美国设立一全资子公司 B。子公司 B 使用美元作为记账本位币，该公司 20×0 年年末的资产负债表、当年利润表及有关汇率分别见表 4-4、表 4-5、表 4-6。

表 4-4 资产负债表

编制单位：B 公司　　20×0 年 12 月 31 日　　单位：万美元

资　产	金　额	负债及所有者权益	金　额
货币资金	260	应付账款	240
应收账款	170	短期借款	160
存　货	200	长期负债	300
长期股权投资	120	实收资本	250
固定资产	250	留存收益	50
合　计	1 000	合　计	1 000

表 4-5 利润表

编制单位：B 公司　　20×0 年度　　单位：万美元

项　目	金　额
一、产品销售收入	1 200
减：产品销售成本	750
产品销售费用	250
二、产品销售利润	200
加：其他业务利润	80
减：管理费用	70
折旧费	40
财务费用	60

续表

项　　目	金　　额
三、营业利润	110
加：投资收益	15
四、利润总额	125
减：所得税费用	40
五、净利润	85
加：期初留存收益	15
六、可供分配利润	100
减：股利分配	50
七、期末留存收益	50

说明：期初留存收益(已知数)在上期折算后人民币数额为 120 万元。

表 4-6　与折算有关的汇率

条　　件	汇　　率
20×0 年 12 月 31 日现行汇率	1 美元=6.83 元人民币
20×0 年平均汇率	1 美元=6.94 元人民币
子公司收到投入资本时的汇率	1 美元=7.17 元人民币
子公司对外投资时的汇率	1 美元=7.12 元人民币
存货购入时的汇率	1 美元=6.90 元人民币
固定资产购入时的汇率	1 美元=7.10 元人民币
长期负债发生时的汇率	1 美元=7.12 元人民币

1. 现行汇率法

由于现行汇率法将折算损益计入所有者权益，这意味着经营性损益和折算损益之间，人们更重视经营损益，希望当期经营损益不因外币报表折算而歪曲其本来面目，因此，在折算程序上，应先折算利润表，后折算资产负债表，并用平衡轧算法算出当年年末的外币折算损益，见表 4-7、表 4-8。

利润表中均采用平均汇率 1 美元=6.94 元人民币折算，股利分配则按支付日汇率 1 美元=6.90 元人民币折算。

表 4-7　利润表

编制单位：B 公司　　　　20×0 年度　　　　单位：万元

项　　目	金额(美元)	折算汇率	金额(人民币)
一、产品销售收入	1 200	6.94	8 328
减：产品销售成本	750	6.94	5 205
产品销售费用	250	6.94	1 735
二、产品销售利润	200		1 388
加：其他业务利润	80	6.94	555.2
减：管理费用	70	6.94	485.8
折旧费	40	6.94	277.6
财务费用	60	6.94	416.4

续表

项　　目	金额(美元)	折算汇率	金额(人民币)
三、营业利润	110		763.4
加：投资收益	15	6.94	104.1
四、利润总额	125		867.5
减：所得税	40	6.94	277.6
五、净利润	85		589.9
加：期初留存收益	15		120
六、可供分配利润	100		709.9
减：股利分配	50	6.90	345
七、期末留存收益	50		364.9

在现行汇率法下，子公司 B 的资产负债表中所有的资产和负债项目都要按年末现行汇率 1 美元=6.83 元人民币折算，而实收资本按其收到投入资本时的汇率 1 美元=7.17 元人民币折算。

表 4-8　资产负债表

编制单位：B 公司　　　　20×0 年 12 月 31 日　　　　单位：万元

资　　产	美元	汇率	人民币	负债及所有者权益	美元	汇率	人民币
货币资金	260	6.83	1 775.8	应付账款	240	6.83	1 639.2
应收账款	170	6.83	1 161.1	短期借款	160	6.83	1 092.8
存　　货	200	6.83	1 366	长期负债	300	6.83	2 049
长期股权投资	120	6.83	819.6	实收资本	250	7.17	1 792.5
固定资产	250	6.83	1 707.5	留存收益	50		364.9
				外币折算损益			(108.4)
合　　计	1 000		6 830	合　　计	1 000		6 830

说明：1. 留存收益根据利润表中期末留存收益项目填列；
2. 外币折算损益=6 830−1 639.2−1 092.8 2 049−1 792.5−364.9=−108.4。

2. 流动与非流动项目法

流动与非流动项目法下，报表折算损益直接列入当期利润表，所以下面先折算资产负债表，然后折算利润表，见表 4-9、表 4-10。

表 4-9　资产负债表

编制单位：B 公司　　　　20×0 年 12 月 31 日　　　　单位：万元

资　　产	美元	汇率	人民币	负债及所有者权益	美元	汇率	人民币
货币资金	260	6.83	1 775.8	应付账款	240	6.83	1 639.2
应收账款	170	6.83	1 161.1	短期借款	160	6.83	1 092.8
存　　货	200	6.83	1 366	长期负债	300	7.12	2 136
长期股权投资	120	7.12	854.4	实收资本	250	7.17	1 792.5
固定资产	250	7.10	177.5	留存收益	50		271.8
合　　计	1 000		6 932.3	合　　计	1 000		6 932.3

说明：留存收益=6 932.3−1 639.2−1 092.8−2 136−1 792.5=271.8。

表 4-10 利润表

编制单位：B 公司　　　　20×0 年度　　　　单位：万元

项　　目	金额(美元)	折算汇率	金额(人民币)
一、产品销售收入	1 200	6.94	8 328
减：产品销售成本	750	6.94	5 205
产品销售费用	250	6.94	1 735
二、产品销售利润	200		1 388
加：其他业务利润	80	6.94	555.2
减：管理费用	70	6.94	485.8
折旧费	40	7.10	284
财务费用	60	6.94	416.4
外币折算损益			86.7
三、营业利润	110		670.3
加：投资收益	15	6.94	104.1
四、利润总额	125		774.4
减：所得税	40	6.94	277.6
五、净利润	85		496.8
加：期初留存收益	15		120
六、可供分配利润	100		616.8
减：股利分配	50	6.90	345
七、期末留存收益	50		271.8

说明：1. 可供分配利润=期末留存收益+股利分配=271.8+345=616.8；
2. 净利润=可供分配利润-期初留存收益=616.8-120=496.8；
3. 利润总额=净利润+所得税=496.8+277.6=774.4；
4. 营业利润=利润总额-投资收益=774.4-104.1=670.3；
5. 外币折算损益=产品销售收入-产品销售成本-销售费用+其他业务利润-折旧费用-财务费用-管理费用-营业利润=8 328-5 205-1 735+555.2-485.8-284-416.4-670.3=86.7。

3. 货币性与非货币性项目法

当子公司 B 采用货币性与非货币性项目法对外币报表进行折算时，由于该方法通常是将折算损益直接列入当期利润表，所以要先折算资产负债表，再折算利润表，见表 4-11、表 4-12。

表 4-11 资产负债表

编制单位：B 公司　　　　20×0 年 12 月 31 日　　　　单位：万元

资　　产	美元	汇率	人民币	负债及所有者权益	美元	汇率	人民币
货币资金	260	6.83	1 775.8	应付账款	240	6.83	1 639.2
应收账款	170	6.83	1 161.1	短期借款	160	6.83	1 092.8
存　　货	200	6.90	1 380	长期负债	300	6.83	2 049
长期股权投资	120	7.12	854.4	实收资本	250	7.17	1 792.5
固定资产	250	7.10	1 775	留存收益	50		372.8
合　　计	1 000		6 946.3	合　　计	1 000		6 946.3

说明：留存收益=6 946.3-1 639.2-1 092.8-1 049-1 792.5=372.8。

表 4-12 利润表

编制单位：B 公司　　20×0 年度　　单位：万元

项　　目	金额(美元)	折算汇率	金额(人民币)
一、产品销售收入	1 200	6.94	8 328
减：产品销售成本	750	6.94	5 205
产品销售费用	250	6.94	1 735
二、产品销售利润	200		1 388
加：其他业务利润	80	6.94	555.2
减：管理费用	70	6.94	485.8
折旧费	40	7.10	284
财务费用	60	6.94	416.4
外币折算损益			(14.3)
三、营业利润	110		771.3
加：投资收益	15	6.94	104.1
四、利润总额	125		875.4
减：所得税	40	6.94	277.6
五、净利润	85		597.8
加：期初留存收益	15		120
六、可供分配利润	100		717.8
减：股利分配	50	6.90	345
七、期末留存收益	50		372.8

说明：1. 可供分配利润=期末留存收益+股利分配=372.8+345=717.8；

2. 净利润=可供分配利润-期初留存收益=717.8-120=597.8；

3. 利润总额=净利润+所得税=597.8+277.6=875.4；

4. 营业利润=利润总额-投资收益=875.4-104.1=771.3；

5. 外币折算损益=产品销售收入-产品销售成本-销售费用+其他业务利润-折旧费用-财务费用-管理费用-营业利润=8 328-5 205-1 735+555.2-485.8-284-416.4-771.3=-14.3。

4. 时态法

时态法将折算损益计作当期损益的作法，意味着时态法对于经营性损益和折算损益并无偏好，它们对股东权益的影响是同等重要的，均构成本期净利润。在这种情况下，应当先折算资产负债表以确定可靠的留存收益，然后再折算利润表，见表 4-13。

假设子公司 200 万美元存货中，100 万美元按市价计价，另外 100 万美元按成本计价。

表 4-13 资产负债表

编制单位：B 公司　　20×0 年 12 月 31 日　　单位：万元

资　　产	美元	汇率	人民币	负债及所有者权益	美元	汇率	人民币
货币资金	260	6.83	1 775.8	应付账款	240	6.83	1 639.2
应收账款	170	6.83	1 161.1	短期借款	160	6.83	1 092.8
存　　货	200		1 373	长期负债	300	6.83	2 049

续表

资　　产	美元	汇率	人民币	负债及所有者权益	美元	汇率	人民币
按成本计价	100	6.83	683	实收资本	250	7.17	1 792.5
按市价计价	100	6.90	690	留存收益	50		365.8
长期股权投资	120	7.12	854.4				
固定资产	250	7.10	1 775				
合　　计	1 000		6 939.3	合　　计	1 000		6 939.3

说明：留存收益=6 939.3−1 639.2−1 092.8−2 049−1 792.5=365.8。

在对利润表折算时，表内销售收入、管理费用和所得税等项目按年平均汇率1美元=6.94元人民币折算，折旧费以历史汇率1美元=7.10元人民币折算，现金股利按支付日汇率1美元=6.90元人民币折算，见表4-14。

表4-14　利润表

编制单位：B公司　　　　20×0年度　　　　单位：万元

项　　目	金额(美元)	折算汇率	金额(人民币)
一、产品销售收入	1 200	6.94	8 328
减：产品销售成本	750	6.94	5 205
产品销售费用	250	6.94	1 735
二、产品销售利润	200		1 388
加：其他业务利润	80	6.94	555.2
减：管理费用	70	6.94	485.8
折旧费	40	7.10	284
财务费用	60	6.94	416.4
外币折算损益			(7.3)
三、营业利润	110		764.3
加：投资收益	15	6.94	104.1
四、利润总额	125		868.4
减：所得税	40	6.94	277.6
五、净利润	85		590.8
加：期初留存收益	15		120
六、可供分配利润	100		710.8
减：股利分配	50	6.90	345
七、期末留存收益	50		365.8

说明：1. 期末留存收益根据资产负债表中留存收益项目填列；

2. 可供分配利润=期末留存收益+股利分配=365.8+345=710.8；

3. 净利润=可供分配利润−期初留存收益=710.8−120=590.8；

4. 利润总额=净利润+所得税=590.8+277.6=868.4；

5. 营业利润=利润总额−投资收益=868.4−104.1=764.3；

6. 外币折算损益=产品销售收入−产品销售成本−销售费用+其他业务利润−折旧费用−财务费用−管理费用−营业利润=8 328−5 205−1 735+555.2−485.8−284−416.4−764.3=−7.3。

5. 不同折算方法的差异及其成因分析

4种折算方法的结果见表4-15。

表4-15 4种方法折算结果比较

单位：万元

报表折算方法	资　产	净 利 润	外币折算损益
现行汇率法	6 830	589.9	(108.4)
流动与非流动项目法	6 932.3	496.8	86.7
货币性与非货币性项目法	6 946.3	597.8	(14.3)
时态法	6 939.3	590.8	(7.3)

流动与非流动项目法按历史汇率(1美元=7.12元人民币)折算长期债务，与汇率波动脱离，掩盖了其受汇率波动的风险。这很可能将巨额的损益都压到结汇的那一年。与其他3种折算方法采用现行汇率(1美元=6.83元人民币)折算相比，流动与非流动项目法不仅对当期损益产生了影响，更为重要的是给报表使用者提供了错误的信息。

货币性与非货币性项目法和时态法相比，存货项目选择的折算汇率不同。货币性与非货币性项目法下，存货按其购入时的历史汇率折算；而时态法下，存货根据其发生的时间选择现行汇率或历史汇率折算。

综上所述，采用不同的折算方法，折算后的结果各不相同，不仅产生了不同的折算损益，而且导致折算后的资产总额和净利润出现差异。由此说明，母公司在对外国子公司的外币报表进行折算时，对折算方法的选择必须合理分析，慎重采用。

4.3.4 我国外币报表折算的现实选择

1. 境外经营财务报表的折算

企业将境外经营通过合并财务报表或权益法核算等纳入本企业财务报表中时，如果境外经营的记账本位币不同于本企业的记账本位币，且境外经营处于非恶性通货膨胀的经济情况下时，需要将境外经营的财务报表折算为以企业记账本位币反映的财务报表。

在对企业境外经营财务报表进行折算前，应当调整境外经营的会计期间和会计政策，使之与企业会计期间和会计政策相一致，根据调整后的会计政策及会计期间编制相应货币(记账本位币以外的货币)的财务报表，然后再按照外币折算准则的规定进行折算。

(1) 资产负债表中的资产和负债项目，采用资产负债表日的即期汇率折算，所有者权益项目除“未分配利润”项目外，其他项目采用发生时的即期汇率折算。

(2) 利润表中的收入和费用项目，采用交易发生日的即期汇率折算，也可以采用按照系统合理的方法确定的、与交易发生日即期汇率近似的汇率折算。

(3) 产生的外币报表折算差额，在资产负债表中所有者权益项目下单独列示。

企业选定的记账本位币不是人民币的，应当按照上述境外经营财务报表折算原则将其财务报表折算为人民币财务报表。

【例4-16】 国内A公司的记账本位币为人民币，该公司在境外有一子公司B公司，B公司确定的记账本位币为美元。根据合同约定，A公司拥有B公司80%的股权，并能够对B公司的财务和经营政策施加重大影响。A公司采用当期平均汇率折算B公司的利润报表项目和所有者权益变动表。B 公司的有关资料如下。

20×0 年 12 月 31 日的汇率为 1 美元=7.30 元人民币，20×0 年的平均汇率为 1 美元=7.00 元人民币。20×0 年 12 月 31 日的股本为 600 万美元，股本发生日的即期汇率为 1 美元=7.20 元人民币，累计盈余公积为 60 万美元，折算人民币为 450 万元，累计未分配利润为 150 万美元，折算人民币为 1050 万元，本年计提盈余公积 70 万美元，分配现金股利 200 万美元。将 B 公司外币报表折算成人民币报表，见表 4-16、表 4-17、表 4-18。

表 4-16 利润表

编制单位：B 公司　　　　20×0 年度　　　　单位：万元

项　目	期末数(美元)	折算汇率	折算为人民币金额
一、营业收入	2 010	7.00	14 070
减：营业成本	1 510	7.00	10 570
营业税金及附加	50	7.00	350
管理费用	110	7.00	770
财务费用	20	7.00	140
加：投资收益	40	7.00	280
二、营业利润	360		2 520
加：营业外收入	50	7.00	350
减：营业外支出	30	7.00	210
三、利润总额	380		2 660
减：所得税费用	140	7.00	980
四、净利润	240		1 680

表 4-17 所有者权益变动表

编制单位：B 公司　　　　20×0 年度　　　　单位：万元

项　目	实收资本			盈余公积			未分配利润		外币报表折算差额	股东权益合计
	美元	折算汇率	人民币	美元	折算汇率	人民币	美元	人民币		人民币
一、本年初余额	600	7.20	4 320	60		450	150	1 050		5 820
二、本年增减变动金额										
(一)净利润							240	1 680		1 680
(二)直接计入所有者权益的利得和损失										105
其中：外币报表折算差额									105	105
(三)利润分配										-1 400
1.提取盈余公积				70	7.00	490	-70	-490		0
2.对股东的分配							-200	-1 400		-1 400
三、本年年末余额	600	7.20	4 320	130		940	120	840	105	6 205

表 4-18　资产负债表

编制单位：B 公司　　　　20×0 年 12 月 31 日　　　　单位：万元

资　　产	期末数(美元)	折算汇率	折算为人民币金额	负债和股东权益	期末数(美元)	折算汇率	折算为人民币金额
流动资产：				流动负债：			
货币资金	90	7.30	657	短期借款	45	7.30	328.50
应收账款	190	7.30	1 387	应付账款	195	7.30	1 423.50
存货	240	7.30	1 752	其他流动负债	110	7.30	803
其他流动资产	150	7.30	1 095	流动负债合计	350		2 555
流动资产合计	670	7.30	4 891	非流动负债：			
非流动资产：				长期借款	130	7.30	949
长期应收款	120	7.30	876	应付债券	80	7.30	584
固定资产	550	7.30	4 015	其他非流动负债	90	7.30	657
在建工程	80	7.30	584	非流动负债合计	300		2 190
无形资产	50	7.30	365	负债合计	650		4 745
其他非流动资产	30	7.30	219	股东权益：			
非流动资产合计	830		6 059	股本	600	7.20	4 320
				盈余公积	130		949
				未分配利润	120		840
				外币报表折算差额			105
				股东权益合计	850		6 205
资产总计	1 500		10 950	负债和股东权益总计	1 500		10 950

2. 境外经营财务报表折算的其他方面

企业对处于恶性通货膨胀经济中的境外经营的财务报表，应当对资产负债表项目运用一般物价指数予以重述，对利润表项目运用一般物价指数变动予以重述，再按照最近资产负债表日的即期汇率进行折算。当境外经营不再处于恶性通货膨胀经济中时，应当停止重述，对按照停止之日的价格水平重述的财务报表进行折算。

企业在处置境外经营时，应当将资产负债表中所有者权益项目下列示的、与该境外经营相关的外币财务报表折算差额，自所有者权益项目转入处置当期损益；部分处置境外经营的，应当按处置的比例计算处置部分的外币财务报表折算差额，转入处置当期损益。

本 章 小 结

本章阐述了记账本位币的定义、记账本位币的选择、外币交易发生日折算汇率的选择、资产负债表日及结算日折算汇率的选择、外币报表折算的定义、外币报表折算的 4 种方法，以及外币交易初始确认、汇兑差额、我国外币报表折算的基本理论和基本方法。

会计核算以人民币为记账本位币。业务收支以人民币以外的货币为主的单位，可以选定其中一种货币作为记账本位币，但是编报的财务会计报告应当折算为人民币。记账本位币的选择应当考虑相关的因素，一经确定，不得随意变更。

外币交易初始确认时，采用交易发生日的即期汇率将外币金额折算为记账本位币金额，也可以采用按照系统合理的方法确定的、与交易发生日即期汇率近似的汇率折算；会计期末及结算日，要确认因汇率变动产生的汇兑差额。

外币报表折算流行的方法主要有 4 种，我国外币报表折算准则规定了非恶性通货膨胀条件下外币财务报表的折算方法。

重要术语

记账本位币、外币、外币交易、汇总损益、货币性项目、非货币性项目、外币报表折算、现行汇率法、货币性与非货币性项目法、流动与非流动项目法、时态法、外币报表折算损益

参考阅读文献

[1]《企业会计准则第 19 号——外币折算》(2006 年 2 月 15 日财政部发布，自 2007 年 1 月 1 日起施行)

[2]《企业会计准则第 19 号——外币折算》应用指南(2006 年 10 月 30 日财政部发布，自 2007 年 1 月 1 日起施行)

[3] 常勋. 财务会计四大难题[M]. 4 版. 上海：立信会计出版社，2008.

习　　题

一、单项选择题

1. M 公司为境内上市公司，其记账本位币为人民币。20×0 年下列有关境外经营经济业务处理不正确的有(　　)。

A. 通过收购，持有美国甲上市公司发行在外有表决权股份的 80%，甲公司的记账本位币为美元，因此，甲公司是 M 公司的境外经营

B. 与日本某公司合资在北京设立乙公司，M 公司对乙公司具有重大影响，采用权益法核算。乙公司的记账本位币为日元，因此，乙公司是 M 公司的境外经营

C. M 公司在中国香港设立一分支机构丙公司，丙公司记账本位币为人民币。因此，丙公司不是 M 公司的境外经营

D. 与德国的丁公司所在地德国合建一工程项目，M 公司提供技术资料，丁公司提供场地、设备及材料，该项目竣工后予以出售，M、丁公司按 6∶4 分配税后利润，双方合作结束，丁公司的记账本位币为欧元。除上述项目外，M、丁公司无任何关系。因此，丁公司是 M 公司的境外经营

2. 某企业对外币业务采用发生日的即期汇率进行折算，按月计算汇兑损益。6 月 10 日销售价款为 30 万美元产品一批，货款尚未收到，当日的即期汇率为 1 美元=7.25 元人民币。6 月 30 日的即期汇率为 1 美元=7.28 元人民币。7 月 20 日销售价款为 20 万美元产品一批，货款尚未收到，当日的即期汇率为 1 美元=7.24 元人民币。7 月 31 日即期汇率为 1 美元=7.23 元人民币，货款于 8 月 22 日收回。该外币应收账款 7 月份发生的汇兑收益为(　　)万元。

A. −1.7　　B. 0.60　　C. 1.7　　D. −0.60

3．N外商投资企业采用交易发生日的即期汇率折算外币业务，期初即期汇率为1美元=7.23元人民币。本期收到外商作为投资而投入的设备一台，投资各方确认的价值为45万美元，交易发生日的即期汇率为1美元=7.25元人民币，另发生运费4.5万元人民币，进口关税11.25万元人民币，安装调试费6.75万元人民币，该设备的入账价值为(　　)万元人民币。

A．347.85　　B．348.75　　C．346　　D．347.5

4．现行汇率法下，外币报表的折算差额应列示于(　　)。

A．利润表　　B．利润分配表

C．合并报表　　D．资产负债表的所有者权益项目下

5．在现行汇率法下，按历史汇率折算的财务报表项目是(　　)。

A．固定资产　　B．存货　　C．未分配利润　　D．实收资本

6．在流动与非流动项目法下，按照现行汇率折算的财务报表项目是(　　)。

A．固定资产　　B．应收账款　　C．实收资本　　D．长期投资

7．在货币性与非货币性项目法下，按历史汇率折算的财务报表项目是(　　)。

A．存货　　B．应收账款　　C．长期借款　　D．货币资金

8．在时态法下，按照现行汇率折算的财务报表项目是(　　)。

A．按成本计价的存货　　B．按市价计价的存货

C．按成本计价的长期投资　　D．固定资产

9．在时态法下，按照历史汇率折算的财务报表项目是(　　)。

A．按市价计价的存货　　B．按成本计价的长期投资

C．应收账款　　D．按市价计价的长期投资

10．企业进行外币业务的会计处理，在期末进行账项调整时采用的汇率是(　　)。

A．现行汇率　　B．历史汇率　　C．账面汇率　　D．期初汇率

11．国内甲公司的记账本位币为人民币。12月5日以每股4美元的价格购入A公司10 000股作为交易性金融资产，当日汇率为1美元=7.6元人民币，款项已经支付，12月31日，当月购入的A公司股票市价变为每股4.2美元，当日汇率为1美元=7.4元人民币，假定不考虑相关税费的影响，则甲公司期末应计入当期损益的金额为(　　)元人民币。

A．800　　B．10 000　　C．10 600　　D．6 800

12．H公司本期期末汇率为1美元=7.40元人民币，平均汇率为1美元=7.30元人民币，II公司的境外子公司编报报表的货币为美元。该境外子公司利润表和所有者权益变动表采用平均汇率折算，资产负债表中“盈余公积”期初数为150万美元，折合1 215万元人民币，本期所有者权益变动表“提取盈余公积”为155万美元，则本期该境外子公司资产负债表“盈余公积”的期末数额应该是(　　)万元人民币。

A．346.50　　B．147.90　　C．1 276.50　　D．2 346.50

13．乙公司外币业务采用业务发生时的即期汇率进行折算，按月计算汇兑损益。5月20日对外销售产品发生应收账款500万欧元，当日的市场汇率为1欧元=10.30元人民币。5月31日的市场汇率为1欧元=10.28元人民币；6月1日的市场汇率为1欧元=10.32元人民币；6月30日的市场汇率为1欧元=10.35元人民币。7月10日收到该应收账款，当日市场汇率为1欧元=10.34元人民币。该应收账款6月份应当确认的汇兑收益为(　　)万元。

A．−10　　B．15　　C．25　　D．35

14．丙公司以人民币为记账本位币。20×0年11月20日以每台2 000美元的价格从美国某供货商手中购入国际最新型号II商品10台，并于当日支付了相应货款(假定内公司有美元存款)。20×0年12月31日，已售出H商品2台，国内市场仍无H商品供应，但H商品在国际市场价格已降至每台1 950美元。11月20日的即期汇率是1美元=7.8元人民币，12月31日的汇率是1美元=7.9元人民币。假定不考虑增值税等相关税费，丙公司20×0年12月31日应计提的存货跌价准备为(　　)元人民币。

A．3 120　　B．1 560　　C．0　　D．3 160

15．国内甲公司的记账本位币为人民币。20×0 年 12 月 5 日以每股 7 港元的价格购入乙公司的 H 股 10 000 股作为交易性金融资产，当日汇率为 1 港元=1 元人民币，款项已支付。20×0 年 12 月 31 日，当月购入的乙公司 H 股的市价变为每股 8 港元，当日汇率为 1 港元=0.9 元人民币。假定不考虑相关税费的影响。甲公司 20×0 年 12 月 31 日应确认的公允价值变动损益为(　　)元人民币。

A．2 000　　B．0　　C．−1 000　　D．1 000

二、多项选择题

1．企业选定记账本位币，应当考虑的因素有(　　)。

A．该货币主要影响商品和劳务的销售价格，通常以该货币进行商品和劳务的计价和结算

B．该货币主要影响商品和劳务所需人工、材料和其他费用，通常以该货币进行上述费用的计价和结算

C．融资活动获得的货币以及保存从经营活动中收取款项所使用的货币

D．影响当期汇兑差额数额的大小

E．影响当期净资产数额的大小

2．按照《企业会计准则第 19 号——外币折算》，下列表述正确的有(　　)。

A．对于需要计提减值准备的外币应收项目，应先计提减值准备，然后按照资产负债表日的即期汇率折算，因汇率波动而产生的汇兑差额作为财务费用，计入当期损益，同时调增或调减外币货币性项目的记账本位币金额

B．资产负债表中的资产和负债项目，采用资产负债表日的即期汇率折算，所有者权益项目除“未分配利润”项目外，其他项目也采用资产负债表日的即期汇率折算

C．企业在处置境外经营时，应当将资产负债表中所有者权益项目下列示的、与该境外经营相关的外币财务报表折算差额，自所有者权益项目转入处置当期损益

D．有关记账本位币变更的处理，《企业会计准则第 19 号——外币折算》规定，应当采用变更当日的即期汇率将所有项目折算为变更后的记账本位币

E．境外经营，是指企业在境外的子公司、合营企业、联营企业、分支机构。在境内的子公司、合营企业、联营企业、分支机构，虽然采用不同于企业记账本位币的，也不属于境外经营

3．在货币性与非货币性项目法下，采用现行汇率折算的报表项目有(　　)。

A．按成本计价的存货　　B．按市价计价的存货

C．应收账款　　D．长期负债

E．应付票据

4．在现行汇率法下，按现行汇率折算的报表项目有(　　)。

A．按成本计价的长期投资　　B．按市价计价的长期投资

C．未分配利润　　D．固定资产

E．实收资本

5．外币财务报表折算差额的大小取决于(　　)。

A．受汇率变动影响的资产负债的结构　　B．所选用的外币财务报表的折算方法

C．外币报表折算差额的会计处理方法　　D．外汇汇率变动的方向

E．所采用记账本位币的币种

6．按照《企业会计准则第 19 号——外币折算》，下列外币财务报表项目中可以采用资产负债表日的即期汇率折算的有(　　)。

A．按成本与可变现净值孰低计价的存货　　B．交易性金融资产

C．应付职工薪酬　　D．盈余公积

E．财务费用

7．企业发生各类外币业务形成的折算差额，根据不同业务可能计入的科目有(　　)。

A．公允价值变动损益　　B．财务费用　　C．在建工程

D．管理费用　　E．制造费用

8．下列情况中，企业应确定人民币作为记账本位币的有(　　)。

A．甲公司系国内外贸自营出口企业，超过 80%的营业收入来自向美国的出口，其商品销售价格主要受美元的影响，以美元计价

B．乙企业除厂房设施、30%的人工成本在国内以人民币采购，生产所需原材料、机器设备及 70%以上的人工成本以美元在美国采购

C．丙企业的人工成本、原材料以及相应的厂房设施、机器设备等 95%以上在国内采购并以人民币计价，丙企业取得美元营业收入在汇回国内时直接换成了人民币存款，且丙企业对美元波动产生的外币风险进行了套期保值

D．丁企业对外融资的 90%以人民币计价并存入银行，企业超过 80%的营业收入以人民币计价，其商品销售价格主要受人民币的影响，以人民币计价

E．戊企业 80%的经营收入都以人民币计价并结算

9．关于对企业处于恶性通货膨胀经济中的境外经营的财务报表折算的叙述正确的有(　　)。

A．对资产负债表项目运用一般物价指数变动予以重述，再按照最近资产负债表日的即期汇率进行折算

B．对利润表项目运用一般物价指数予以重述，再按照最近资产负债表日的即期汇率进行折算

C．在境外经营不再处于恶性通货膨胀经济中时，应当停止重述，按照停止之日的价格水平重述的财务报表进行折算

D．对资产负债表项目运用一般物价指数予以重述，再按照最近资产负债表日的即期汇率进行折算

E．对利润表项目运用一般物价指数变动予以重述，再按照最近资产负债表日的即期汇率进行折算

10．根据《企业会计准则第 19 号——外币折算》，外币财务报表项目中允许采用按照系统合理的方法确定的、与交易发生日即期汇率近似的汇率折算的有(　　)。

A．营业收入　　B．长期待摊费用　　C．资本公积

D．所得税费用　　E．可供出售金融资产

三、计算及会计处理题

1．资料：某企业以人民币为记账本位币，采用交易日的即期汇率作为记账汇率，各有关外币账户 12 月初余额见表 4-19。

表 4-19　即期汇率

项　　目	外币	汇率	人民币
银行存款——美元户	12 000 美元	8.30	99 600 元
银行存款——港币户	5 000 港币	1.10	5 500 元
银行存款——美元偿债基金户	1 000 美元	8.30	8 300 元
应收账款——美元户(甲企业)	3 000 美元	8.30	24 900 元
应付账款——美元户(乙企业)	4 000 美元	8.30	33 200 元

12 月份发生的与外币有关的经济业务有以下几项。

(1) 12 月 1 日，向甲企业出口产品一批，售价 10 000 美元，货款尚未收到，当日美元的市场汇率为 8.31 元。

(2) 12 月 5 日，向乙企业进口一批材料，价款 8 000 美元，货款尚未支付，当日美元的市场汇率为 8.35 元。

(3) 12 月 10 日，收到甲企业上月所欠货款 3 000 美元，列作企业的偿债基金，当日美元的市场汇率为 8.34 元。

(4) 12 月 12 日，以 2 500 美元支付外方人员工资，当日美元的市场汇率为 8.33 元。

(5) 12 月 17 日，支付上月所欠乙企业货款 4 000 美元，当日美元的市场汇率为 8.35 元。

(6) 12 月 22 日，从美元存款户支出 5 000 美元兑换人民币，当日美元的市场汇率为 8.34 元，外汇指定银行的美元买入汇率为 8.33 元。

(7) 12 月 25 日，借入短期借款 50 000 港币存入银行，当日港币的市场汇率为 1.09 元。

(8) 12 月 26 日，收到某外商投入全新设备一套，价值 5 000 美元，当日美元的市场汇率为 8.34 元，投资合同约定汇率为 8.40 元。

(9) 12 月 28 日，用 20 000 港币兑换成美元，当日港币的市场汇率为 1.12 元，当日美元的市场汇率为 8.32 元，外汇指定银行的港币的买入汇率为 1.10 元，美元的卖出汇率为 8.30 元。

(10) 12 月 31 日，美元的市场汇率为 8.33 元，港币的市场汇率为 1.10 元。

要求：

(1) 根据上述资料，编制会计分录。

(2) 登记各外币账户，并按月末汇率调整账面人民币余额，确认汇兑损益。

2．假设甲公司在美国有一子公司 A 公司。A 公司采用美元记账并编制财务报表，该公司 20×0 年 12 月 31 日的资产负债表、20×0 年利润表详见表 4-20 和表 4-21。

表 4-20　A 公司资产负债表

20×0 年 12 月 31 日　　　　单位：美元

项　　目	金　　额
现金	1 000
应收账款	3 000
存货(按市价)	5 000
固定资产	16 000
累计折旧	(4 000)
资产总额	21 000
应付账款	2 500
短期借款	2 000
应付债券	5 200
普通股本	9 000
未分配利润	2 300
负债及所有者权益总额	21 000

表 4-21　A 公司利润表

20×0 年度　　　　单位：美元

项　　目	金　　额
销售收入	28 000
销售成本	17 500
折旧费用	1 800
管理费用	2 000
税前利润	6 700
所得税	2 400
税后利润	4 300
年初未分配利润	0
可供分配利润合计	4 300
股利分配	2 000
年末未分配利润	2 300

假设：

20×0年12月31日现行汇率　　1美元=8.50元人民币
20×0年平均汇率　　1美元=8.40元人民币
20×0年第四季度平均汇率　　1美元=8.45元人民币
股票发行日汇率　　1美元=7.50元人民币
股利支付日汇率　　1美元=8.48元人民币
固定资产购置日汇率　　1美元=7.50元人民币
债券发行日汇率　　1美元=8.10元人民币

要求：

(1) 按现行汇率法折算利润表和资产负债表。

(2) 按流动与非流动项目法折算利润表和资产负债表。

(3) 按货币性与非货币性项目法折算利润表和资产负债表。

(4) 按时态法折算利润表和资产负债表。

3．A公司的记账本位币为人民币，该公司在英国有一子公司B公司，B公司确定的记账本位币为英镑。A公司拥有B公司70%的股权，并能够对B公司的财务和经营政策实施控制。A公司采用当期平均汇率折算B公司利润表项目。B公司有关资料如下。

20×0年12月31日的汇率为1英镑=9.88元人民币，20×0年的平均汇率为1英镑=12.87元人民币，实收资本、资本公积发生日的即期汇率为1英镑=14.27元人民币。20×0年12月31日的股本为6 000 000英镑，折算为人民币85 620 000元；盈余公积为600 000英镑，折算为人民币9 000 000元；未分配利润为1 400 000英镑，折算为人民币21 000 000元，A、B两公司均在年末提取盈余公积，B公司20×0年提取的盈余公积为700 000英镑。该公司20×0年度利润表、所有者权益变动表、资产负债表分别见表4-22、表4-23、表4-24。

要求：根据上述资料，结合报表中已知数据，将B公司报表折算成人民币报表。

表4-22　利润表(简表)

编制单位：B公司　　20×0年度　　单位：万元

项　目	本年金额(英镑)	折算汇率	折算为人民币金额
一、营业收入	2 400		
减：营业成本	1 800		
营业税金及附加	50		
管理费用	120		
财务费用	10		
加：投资收益	30		
二、营业利润	450		
加：营业外收入	50		
减：营业外支出	20		
三、利润总额	480		
减：所得税费用	130		
四、净利润	350		

表 4-23 所有者权益变动表(简表)

编制单位：B 公司　　　　20×0 年度　　　　单位：万元

项目	实收资本			盈余公积			未分配利润		外币报表折算差额	所有者权益合计
	英镑	折算汇率	人民币	英镑	折算汇率	人民币	英镑	人民币		人民币
一、本年年初余额	600			60			140			
二、本年增减变动金额										
(一) 净利润										
(二) 直接计入所有者权益的利得和损失										
其中：外币报表折算差额										
(三) 利润分配										
提取盈余公积										
三、本年年末余额										

表 4-24 资产负债表(简表)

编制单位：B 公司　　　　20×0 年 12 月 31 日　　　　单位：万元

资产	期末数(英镑)	折算汇率	折算为人民币金额	负债和所有者权益	期末数(英镑)	折算汇率	折算为人民币金额
流动资产：				流动负债：			
货币资金	230			短期借款	50		
应收账款	230			应付账款	340		
存货	280			其他流动负债	130		
其他流动资产	240			流动负债合计	520		
流动资产合计	980			非流动负债：			
非流动资产：				长期借款	170		
长期应收款	140			应付债券	100		
固定资产	660			其他非流动负债	90		
在建工程	90			非流动负债合计	360		
无形资产	120			负债合计	880		
其他非流动资产	40			所有者权益：			
非流动资产合计	1 050			实收资本	600		
				盈余公积	130		
				未分配利润	420		
				外币报表折算差额			
				所有者权益合计	1 150		
资产合计	2 030			负债和所有者权益合计	2 030		

第5章 租赁会计

教学目标

通过本章的学习，要理解经营租赁、融资租赁、资产余值、担保余值、未担保余值、未确认融资费用、未实现融资收益等基本概念；掌握融资租赁的判断标准、未确认融资费用的分摊方法；掌握最低租赁付款额及其现值和最低租赁收款额及其现值的概念和计算方法；掌握承租人和出租人的经营租赁业务、融资租赁业务、售后租回交易的会计处理。

教学要求

知识要点	能力要求	相关知识
租赁概述	理解租赁的基本定义 学会租赁的分类	与租赁相关的定义 融资租赁的判断标准
经营租赁	学会出租人对经营租赁的账务处理 学会承租人对经营租赁的账务处理	租金的会计处理 初始直接费用的会计处理
融资租赁	学会出租人对融资租赁的账务处理 学会承租人对融资租赁的账务处理	未确认融资费用分摊 未实现融资收益分配
售后租回	学会售后租回交易形成融资租赁的账务处理 学会售后租回交易形成经营租赁的账务处理	未实现售后租回损益分摊 售后租回交易的披露

导入案例

融资租赁：谁的新奶酪？

如果问什么东西将让制造企业趋之若鹜的话，那么融资租赁必定是其中之一。

这绝不是猜想！在目前国内很多制造企业对融资租赁一知半解甚至是浑然不知的时候，卡特彼勒已在全球40个国家的超过1400多个地点建有卡特彼勒租赁店，构成了世界上最大的工程机械专业租赁网络，卡特彼勒全球销售额的60%以上是以融资租赁方式实现的，发达地区达80%。卡特彼勒（中国）融资租赁有限公司运营总监斯图劳伦特认为，“过去评判企业优劣的标准是从产品、制造、技术、价格、利润这些方面来评的，但在今天或以后的评价中，仅仅有好的产品等已经不够，最主要的是要有好的业务模式，关键是为客户提供增加值服务。”无疑，融资租赁是斯图劳伦特看好的业务模式，他认为通过融资租赁能保证客户的现金流，使用户使用到好的设备及最新的技术，他预测未来几年，中国融资租赁将进入转折点，进而进入腾飞的阶段。

其实，近几年来，一些国内制造企业已经看到了融资租赁的潜在市场。上海电气集团认为，设备融资租赁业务是推动装备制造业与金融服务业紧密结合的纽带，能有效地促进企业的产品销售，实现集团内部的产融结合。因此，上海电气于2005年组建了上海电气租赁有限公司，目前已经在印刷设备、工程机械、机床、纺织机械等行业开展了服务。

另外，陕重卡、玉柴、上海龙工等都在进行融资租赁业务，在2007年12月4～5日举行的中国融资租赁发展论坛上，中国机械工业联合会副会长周凯指出，“装备制造业只有与银行业、租赁业紧紧地捆在一起，才能做强做大。”

不仅是制造行业，银行等相关人士都把目光盯在了融资租赁这块新鲜奶酪上。银监会在2007年新颁布的《金融租赁公司管理办法》中，重启了银行和金融机构介入融资租赁业务的大门。之后，建设银行、工商银行、交通银行、民生银行以及招商银行等国务院确定的首批五家试点商业银行正式开始筹建金融租赁公司。有位银行人士在演讲中亢奋地说，“在座的融资租赁专家，有不少是头发花白的，而一般40多岁就没有人愿意搞投行了，可想而知，租赁比投行更有激情。”

而对于一些身临激烈竞争的IT企业来说，融资租赁行业也能成为另一块新领地。IDS中国公司就敏锐地嗅到了这一点，这家公司开发了LeaseOne租赁信息决策系统软件。IDS公司认为，“租赁不仅仅是租赁，租赁是融资、融物、融人，这些特点需要有一套系统软件来处理。”

据了解，2006年也曾办过融资租赁发展论坛，但只有几十个人参加，很多人都没意识到融资租赁的意义，会议开了半天多便早早结束，然而本次却来了好几百人，与融资租赁相关的各行各业多位老总亲临现场，会议内容比较丰富，邀请了全国人大等相关部门领导阐述融资租赁的意义，邀请了律师讲解融资租赁会遇到的法律问题、还邀请了卡特彼勒（中国）融资租赁有限公司、上海电气租赁有限公司等介绍经验，会议开到第二天仍座无虚席。

作为本次中国融资租赁发展论坛主办方——中国外商投资企业协会租赁业委员会的常务副会长，屈延凯感慨万分，回想1998年他首次提出了发展装备企业融资租赁时，并没有什么人响应。“那时候的观念还没转变，大家都在忙于销售，忙于打价格战。当时的企业家们还没有去接受融资租赁这一新鲜事物，众多企业没有建立租赁营销体制的理念，对此认知程度低。”

据介绍，自2005年商务部颁布正式的《外商投资租赁业管理办法》以来，合资及独资的外商投资租赁公司已经接近100家，以上海为例，目前各类融资租赁公司共有24家，其中三分之二的融资租赁公司是近两年才成立的，基本都有外资背景。

但是，相比国际融资租赁市场来说，中国融资租赁市场才刚刚起步。据了解，一些发达市场经济国家融资租赁的市场渗透率（设备投资中采用租赁形式的比重）最高的已超过30%，而我国只有2%左右。曾赴美考察融资租赁业务的国家发改委财政金融处处长冯中圣认为，“我国推动租赁投资大有可为。目前，我国融资租赁业是一个亟待发展的小行业，各类投资主体运用租赁方式进行投资的比重较低，我国厂商租赁尚处于初始起步阶段，商业银行的租赁业务刚刚起步，对租赁的认识还十分不足。”

另一方面，据有关媒体报道，装备制造企业有可能已经患上了“资本饥渴症”，当前中国装备制造企业普遍缺乏资本金投入，处在高速发展中的中国装备制造企业，正是处于急需用钱的时期。随着人民币升值、原材料不断涨价，摆在众多企业家面前的重要问题是“钱从哪里来？该怎么支配钱？”

一位知名制造企业老总向《中国机电工业》坦言，现在的企业家要从“产业家”转向“资本家”。当然，“资本家”的含义是很广泛的，现在很多企业都流行上市，对上市的期待值很高，但除此之外，是否可以考虑其它的产融结合之道？融资租赁专家屈延凯的话不无道理，“制造企业想成为500强，如果靠销售利润是几乎不可能的，要将企业的产品当作债权，将企业拥有的各种资源充分发挥到极致。制造企业通过控股租赁公司，可以实现资金回流、实现利润、增加有效资产、提高融资能力、增加扣税资源、扩大配件供应。同时，制造企业也可以介入二手市场。有足够应税资源的制造企业，采取委托杠杆经营租赁投资机制，通过租金收回投资的同时，可以获取租赁资产的折旧资源，利用税收激励政策实现应税资源的转移投资。对于需要购置设备的制造企业来说，租赁服务有利于其改善现金流的管理，减少其购置设备的一次性负债投入的压力。同时，租赁服务也有利于企业选择适用的新设备或及时更新设备，这特别适合设备先进性是核心竞争力的企业。”

或许，就像之前很多企业特别关注产品、技术或销售一样，融资租赁将会成为“刮起潮流风”的一项业务。

资料来源：李转少. 融资租赁：谁的新奶酪？[J]. 中国机电工业, 2008(01).

购买抑或租赁

金色童年玩具有限公司准备增加一台生产儿童玩具的新机器。该机器的公允价值为800 000元，使用年限估计为4年。

方案一：以现金800 000元购买。机器按直线法折旧，无残值。

方案二：租赁这台机器，每年年末支付260 000元的租金。租约不可撤销，租期3年，租期届满机器归金色童年玩具有限公司所有。

方案三：租赁这台机器，每年年末支付租金200 000元。租约可随时撤销，租期3年，租期届满机器退还给出租人。

参考资料：王盖君. 融资租赁业务案例分析[J]. 财会月刊，2009(04).

问题：

(1) 上述3种不同的方案，对金色童年玩具有限公司的财务状况、经营成果有何影响？

(2) 金色童年玩具有限公司应如何决策？

5.1 租赁概述

5.1.1 与租赁相关的定义

1. 租赁

租赁是指在约定的期间内，出租人将资产使用权让与承租人，以获取租金的协议。租赁的主要特征是转移资产的使用权，而不是转移资产的所有权，并且这种转移是有偿的，取得使用权以支付租金为代价，从而使租赁有别于资产购置和不把资产的使用权从合同的一方转移给另一方的服务性合同(如劳务合同、运输合同、保管合同、仓储合同等以及无偿提供使用权的借用合同)。

2. 租赁期

租赁期是指租赁协议规定的不可撤销的租赁期间。如果承租人有权选择续租该资产，并且在租赁开始日就可以合理确定承租人将会行使这种选择权，不论是否再支付租金，续租期都应包括在租赁期之内。

3. 租赁开始日与租赁期开始日

1) 租赁开始日

租赁开始日是指租赁协议日与租赁各方就主要条款作出承诺日中的较早者。在租赁开始日，承租人和出租人应当将租赁认定为融资租赁或经营租赁，并确定在租赁期开始日应确认的金额。

2) 租赁期开始日

租赁期开始日是指承租人有权行使其使用租赁资产权利的日期，表明租赁行为的开始。在租赁期开始日，承租人应当对租入资产、最低租赁付款额和未确认融资费用进行初始确认；出租人应当对应收融资租赁款、未担保余值和未实现融资收益进行初始确认。

4. 资产余值与担保余值、未担保余值

为了促使承租人谨慎地使用租赁资产，尽量减少出租人自身的风险和损失，租赁协议有时要求承租人或与其有关的第三方对租赁资产的余值进行担保，此时的担保余值是针对承租人而言的。除此以外，担保人还可能是与承租人和出租人均无关、但在财务上有能力担保的第三方，如担保公司，此时的担保余值是针对出租人而言的。

1) 资产余值

资产余值是指在租赁开始日估计的租赁期届满时租赁资产的公允价值。

2) 担保余值

担保余值，就承租人而言，是指由承租人或与其有关的第三方担保的资产余值。就出租人而言，是指就承租人而言的担保余值加上与承租人和出租人均无关，但在财务上有能力担保的第三方担保的资产余值。

3) 未担保余值

未担保余值指租赁资产余值中扣除就出租人而言的担保余值以后的资产余值。

对出租人而言，如果租赁资产余值中包含未担保余值，表明这部分余值的风险和报酬并没有转移，其风险应由出租人承担，因此，未担保余值不能作为应收融资租赁款的一部分。

5. 最低租赁付款额与最低租赁收款额

1) 最低租赁付款额

最低租赁付款额是指在租赁期内，承租人应支付或可能被要求支付的款项(不包括或有租金和履约成本)加上由承租人或与其有关的第三方担保的资产余值，但是出租人支付但可退还的税金不包含在内。若承租人有购买租赁资产的选择权，且所订立的购买价款预计将远低于行使选择权时租赁资产的公允价值，因而在租赁开始日就可以合理确定承租人将会行使这种选择权的，购买价款应当计入最低租赁付款额。

2) 最低租赁收款额

最低租赁收款额是指最低租赁付款额加上独立于承租人和出租人的第三方对出租人担保的资产余值。

5.1.2 租赁的分类

1. 租赁分类的原则

以与租赁资产所有权有关的风险和报酬是否转移给承租人为依据，可将租赁分为融资租赁和经营租赁两类。

融资租赁是指实质上转移了与租赁资产所有权有关的风险和报酬的租赁。租赁资产的所有权最终可能转移，也可能不转移。

经营租赁是指除融资租赁以外的其他租赁，即承租人为了生产经营过程中的临时需要或季节性需要而向出租人短期租用某种资产的行为。在经营租赁下与租赁资产所有权有关的风险和报酬并不发生转移，仍由出租人承担。

在租赁业务中，风险与报酬的转移与资产所有权的转移并非一定是同时的，因此在判断租赁类型时，应遵循“实质重于形式”的原则，以与租赁资产所有权有关的风险和报酬是否转移为标准。

2. 融资租赁的判断标准

承租人和出租人应当在租赁开始日将租赁分为融资租赁和经营租赁。

满足下列标准之一的租赁，应认定为融资租赁，融资租赁之外的其他租赁为经营租赁。

(1) 在租赁期届满时，资产的所有权转移给承租人。

(2) 承租人有购买租赁资产的选择权，所订立的购价预计远低于行使选择权时租赁资产的公允价值，因而在租赁开始日就可合理地确定承租人将会行使这种选择权。

(3) 租赁期占租赁资产使用寿命的大部分。这里的“大部分”指租赁期占租赁开始日租赁资产使用寿命的 75%以上(含 75%，下同)。

需要注意的是，这条标准强调的是租赁期占租赁资产使用寿命的比例，而非租赁期占该项资产全部可使用年限的比例。如果租赁资产是旧资产，在租赁前已使用年限超过资产自全新时起算可使用年限的 75%以上时，则这条判断标准不适用，不能使用这条标准确定租赁的分类。

【例 5-1】 某项租赁设备全新时可使用年限为 10 年，已经使用了 3 年，从第 4 年开始租出，租赁期为 6 年，由于租赁开始时该设备使用寿命为 7 年，租赁期占使用寿命的 85.7%(6÷7)，符合第 3 条标准，因此，该项租赁应当归类为融资租赁；如果从第 4 年开始，租赁期为 3 年，租赁期占使用寿命的 42.9%，就不符合第 3 条标准，因此该项租赁不应认定为融资租赁(假定也不符合其他判断标准)。假如该项设备已经使用了 8 年，从第 9 年开始租赁，租赁期为 2 年，此时，该设备使用寿命为 2 年，虽然租赁期为使用寿命的 100%(2÷2)，但由于在租赁前该设备的已使用年限已经超过了可使用年限(10 年)的 75%(8÷10=80%>75%)，因此，也不能采用这条标准来判断租赁的分类。

(4) 承租人在租赁开始日最低租赁付款额的现值几乎相当于(≥90%)租赁开始日租赁资产公允价值；出租人在租赁开始日最低租赁收款额的现值几乎相当于(≥90%)租赁开始日租赁资产公允价值。

(5) 租赁资产性质特殊，如果不作较大修整，只有承租人才能使用。

5.2 经营租赁的会计处理

5.2.1 承租人对经营租赁的会计处理

1. 租金的会计处理

在经营租赁下，与租赁资产所有权有关的风险和报酬并实质上并没有转移给承租人，承租人不承担租赁资产的主要风险，承租人对经营租赁的会计处理比较简单，不需将所取得的租入资产的使用权资本化，相应地也不必将所承担的付款义务列作负债。其主要任务是解决应支付的租金与计入当期费用的关系。承租人在经营租赁下发生的租金应当在租赁期内的各个期间按直线法确认为费用，如果其他方法更合理，也可以采用其他方法。

某些情况下，出租人可能对经营租赁提供激励措施，如免租期、承担承租人某些费用等。在出租人提供了免租期的情况下，应将租金总额在整个租赁期内，而不是在租赁期扣除免租期后的期间内按直线法或其他合理的方法进行分摊，免租期内应确认租金费用；在出租人承担了承租人的某些费用的情况下，应将该费用从租金总额中扣除，并将租金余额在租赁期内进行分摊。

支付的租金按照租入资产的用途来列示，比如是管理部门使用的则计入“管理费用”科目，如果需要摊销的，则先计入“长期待摊费用”科目，以后摊销时借记“管理费用”科目，贷记“长期待摊费用”科目。

此外，为了保证租赁资产的安全和有效使用，承租人应设置“经营租赁资产”备查簿作备查登记，以反映和监督租赁资产的使用、归还和结存情况。

【例 5-2】 20×0 年 1 月 1 日，甲公司向乙公司租入办公设备一台，租期为 3 年。设备价值为 1 300 000 元，预计使用年限为 10 年。租赁合同规定，租赁开始日(20×0 年 1 月 1 日)甲公司向乙公司一次性预付租金 250 000 元，第一年年末支付租金 250 000 元，第二年年末支付租金 220 000 元，第三年年末支付租金 180 000 元。租赁期届满后 B 公司收回设备，3 年的租金总额为 900 000 元。(假定甲公司和乙公司均在年末确认租金费用和租金收入，并且不存在租金逾期支付的情况。)

分析：此项租赁没有满足融资租赁的任何一条标准，应作为经营租赁处理。确认租金费用时，不能依据各期实际支付的租金的金额确定，而应采用直线法分摊确认各期的租金费用。此项租赁租金费用总额为 900 000 元，按直线法计算，每年应分摊的租金费用为 300 000 元。账务处理如下：

(1) 20×0 年 1 月 1 日。

借：长期待摊费用　　250 000

　　贷：银行存款　　250 000

(2) 20×0 年 12 月 31 日。

借：管理费用　　300 000

　　贷：长期待摊费用　　50 000

　　　　银行存款　　250 000

(3) 20×1 年 12 月 31 日。

借：管理费用　　300 000

　　贷：长期待摊费用　　80 000

　　　　银行存款　　220 000

(4) 20×2 年 12 月 31 日。

借：管理费用　　300 000

　　贷：长期待摊费用　　120 000

　　　　银行存款　　180 000

2. 初始直接费用的会计处理

对于承租人在经营租赁中发生的初始直接费用，应当计入当期损益。其账务处理为：借记“管理费用”等科目，贷记“银行存款”等科目。

3. 或有租金的会计处理

在经营租赁下，承租人对或有租金的处理与融资租赁下相同，即在实际发生时计入当期损益。其账务处理为：借记“财务费用”、“销售费用”等科目，贷记“银行存款”等科目。

4. 相关信息的披露

对于重大的经营租赁，承租人应当在附注中披露下列信息。

(1) 资产负债表日后连续 3 个会计年度每年将支付的不可撤销经营租赁的最低租赁付款额。

(2) 以后年度将支付的不可撤销经营租赁的最低租赁付款额总额。

5.2.2 出租人对经营租赁的会计处理

在经营租赁下，与租赁资产所有权有关的风险和报酬实质上并没有转移给承租人，租赁资产的所有权始终归出租人所有，因此出租人仍应按自有资产的处理方法，将租赁资产反映在资产负债表上。如果经营租赁资产属于固定资产，应当采用出租人对类似应折旧资产通常所采用的折旧政策计提折旧。

出租人对经营租赁的会计处理也比较简单，主要任务是解决应收的租金与确认为当期收入之间的关系、经营租赁资产折旧的计提。

出租人在经营租赁下收取的租金应当在租赁期内的各个期间按直线法确认为收入，如果其他方法更合理，也可以采用其他方法。

某些情况下，出租人可能对经营租赁提供激励措施，如免租期、承担承租人某些费用等。在出租人提供了免租期的情况下，应将租金总额在整个租赁期内，而不是在租赁期扣除免租期后的期间内按直线法或其他合理的方法进行分配，免租期内应确认租赁收入；在出租人承担了承租人的某些费用的情况下，应将该费用从租金总额中扣除，并将租金余额在租赁期内进行分配。

其会计处理为：确认各期租金收入时，借记“应收账款”或“其他应收款”等科目，贷记“租赁收入”科目。实际收到租金时，借记“银行存款”等科目，贷记“应收账款”或“其他应收款”等科目。

此外，出租人还应在财务报告中披露每类租出资产在资产负债表日的账面价值。

【例 5-3】 沿用例 5-2。

分析：此项租赁没有满足融资租赁的任何一条标准，出租人应作为经营租赁处理。确认租金收入时，不能依据各期实际收到的租金的金额确定，而应采用直线法分配确认各期的租赁收入。此项租赁租金收入总额为 900 000 元，按直线法计算，每年应分配的租金收入为 300 000 元。相应的账务处理如下。

(1) 20×0 年 1 月 1 日。

	借方	贷方
借：银行存款	250 000	
贷：应收账款		250 000

(2) 20×0 年 12 月 31 日。

	借方	贷方
借：银行存款	250 000	
应收账款	50 000	
贷：租赁收入		300 000

(3) 20×1 年 12 月 31 日。

	借方	贷方
借：银行存款	220 000	
应收账款	80 000	
贷：租赁收入		300 000

(4) 20×2 年 12 月 31 日。

	借方	贷方
借：银行存款	180 000	
应收账款	120 000	
贷：租赁收入		300 000

5.3 融资租赁的会计处理

5.3.1 承租人对融资租赁的会计处理

1. 租赁期开始日的会计处理

在租赁期开始日，承租人应当将租赁开始日租赁资产公允价值与最低租赁付款额现值两者中较低者作为租入资产的入账价值，将最低租赁付款额作为长期应付款的入账价值，并将两者差额记录为未确认融资费用。

承租人在计算最低租赁付款额的现值时，必须合理地选择折现率。如果知悉出租人的租赁内含利率，承租人应当首选出租人的租赁内含利率作为折现率；否则，应当采用租赁协议规定的利率作为折现率。如果出租人的租赁内含利率和租赁协议规定的利率均无法知悉，应当采用同期银行贷款利率作为折现率。其中，租赁内含利率是指在租赁开始日，使最低租赁收款额的现值与未担保余值的现值之和等于租赁资产公允价值与出租人的初始直接费用之和的折现率。初始直接费用是指在租赁谈判和签订合同的过程中承租人发生的，可直接归属于租赁项目的费用，通常有印花税、佣金、律师费、差旅费等。承租人发生的初始直接费用应当计入租入资产的价值。

2. 未确认融资费用的分摊

在融资租赁下，承租人向出租人支付的租金中，包含了本金和利息两部分。承租人支付租金时，一方面应减少长期应付款，另一方面应同时将未确认的融资费用按一定的方法确认为当期融资费用。在先付租金(每期期初等额支付租金)的情况下，租赁期第一期支付的租金不含利息，只需减少长期应付款，不必确认当期融资费用。

在分摊未确认的融资费用时，按照租赁准则的规定，承租人应当采用实际利率法。在采用实际利率法的情况下，根据租赁开始日租赁资产和负债的入账价值基础不同，融资费用分摊率的选择也不同。未确认融资费用的分摊率的确定具体分为下列几种情况。

(1) 以出租人的租赁内含利率为折现率将最低租赁付款额折现、且以该现值作为租赁资产入账价值的，应当将租赁内含利率作为未确认融资费用的分摊率。

(2) 以合同规定利率为折现率将最低租赁付款额折现，且以该现值作为租赁资产入账价值的，应当将合同规定利率作为未确认融资费用的分摊率。

(3) 以银行同期贷款利率为折现率将最低租赁付款额折现，且以该现值作为租赁资产入账价值的，应当将银行同期贷款利率作为未确认融资费用的分摊率。

(4) 以租赁资产公允价值为入账价值，应当重新计算分摊率。该分摊率是使最低租赁付款额的现值等于租赁资产公允价值的折现率。

在租赁期届满时，未确认融资费用应全部摊销完毕，且租赁负债也应减为零。存在优惠购买选择权时，在租赁期届满时，未确认融资费用应全部摊销完毕，并且租赁负债也应当减少为优惠购买金额。在承租人或与其有关的第三方对租赁资产提供了担保或由于在租赁期届满时没有续租而支付违约金的情况下，在租赁期届满时，未确认融资费用应当全部摊销完毕，并且租赁负债应减少至担保余值或该日应支付的违约金。

3. 租赁资产折旧的计提

承租人应对融资租入的固定资产计提折旧，主要涉及两个问题：一是折旧政策；二是折旧期间。

1) 折旧政策

对于融资租入资产，计提租赁资产折旧时，承租人应采用与自有应折旧资产相一致的折旧政策。折旧方法一般有年限平均法、工作量法、双倍余额递减法、年数总和法等。如果承租人或与其有关的第三方对租赁资产余值提供了担保，则应计折旧总额为租赁开始日固定资产的入账价值扣除担保余值后的余额；如果承租人或与其有关的第三方未对租赁资产余值提供担保，则应计折旧总额为租赁开始日固定资产的入账价值。

2) 折旧期间

如果能够合理确定租赁期届满时承租人将会取得租赁资产所有权，即可认为承租人拥有该项资产的全部使用寿命，因此应以租赁开始日租赁资产的寿命作为折旧期间；如果无法合理确定租赁期届满后承租人是否能够取得租赁资产的所有权，则应以租赁期与租赁资产寿命两者中较短者作为折旧期间。

4. 履约成本的会计处理

履约成本是指租赁期内为租赁资产支付的各种使用费用，如技术咨询和服务费、人员培训费、维修费、保险费等。承租人发生的履约成本通常应计入当期损益。

5. 或有租金的会计处理

或有租金是指金额不固定，以时间长短以外的其他因素(如销售量、使用量、物价指数等)为依据计算的租金。或有租金在实际发生时，计入当期损益。

6. 出租人提供激励措施的处理

出租人提供免租期的，承租人应将租金总额在不扣除免租期的整个租赁期内，按直线法或其他合理的方法进行分摊，免租期内应当确认租金费用及相应的负债；出租人承担了承租人某些费用的，承租人应将该费用从租金费用总额中扣除，按扣除后的租金费用余额在租赁期内进行分摊。

7. 租赁期届满时的会计处理

租赁期届满时，承租人通常对租赁资产的处理有 3 种情况：返还、优惠续租和留购。

1) 返还租赁资产

租赁期届满，承租人向出租人返还租赁资产时，借记“长期应付款——应付融资租赁款”、“累计折旧”科目，贷记“固定资产——融资租入固定资产”科目。

2) 优惠续租租赁资产

如果承租人行使优惠续租选择权，则应视同该项租赁一直存在而作出相应的账务处理。如果租赁期届满时没有续租，根据租赁协议规定须向出租人支付违约金时，借记“营业外支出”科目，贷记“银行存款”等科目。

3) 留购租赁资产

在承租人享有优惠购买选择权的情况下，支付购买价款时，借记“长期应付款——应付融资租赁款”科目，贷记“银行存款”等科目，同时，将固定资产从“融资租入固定资产”明细科目转入有关明细科目。

8. 相关会计信息的列报与披露

承租人应当在资产负债表中，将与融资租赁相关的长期应付款减去未确认融资费用的差额，分别以长期负债和一年内到期的长期负债列示。

承租人应当在附注中披露与融资租赁有关的下列信息。

(1) 各类租入固定资产的期初和期末原价、累计折旧额。

(2) 资产负债表日后连续 3 个会计年度每年将支付的最低租赁付款额，以及以后年度将支付的最低租赁付款额总额。

(3) 未确认融资费用的余额，以及分摊未确认融资费用所采用的方法。

5.3.2 出租人对融资租赁的会计处理

1. 租赁期开始日的会计处理

出租人应在租赁期开始日，将租赁开始日最低租赁收款额与初始直接费用之和作为应收融资租赁款的入账价值，并同时记录未担保余值，将应收融资租赁额、未担保余值之和与其现值的差额确认为未实现融资收益。

其会计处理为：在租赁期开始日，出租人应按最低租赁收款额与初始直接费用之和，借记“长期应收款——应收融资租赁款”科目，按未担保余值，借记“未担保余值”科目，按租赁资产的公允价值，贷记“融资租赁资产”科目，按租赁资产公允价值与其账面价值的差额，借记“营业外支出”科目或贷记“营业外收入”科目，按支付的初始直接费用，贷记“银行存款”科目，按借方与贷方的差额，贷记“未实现融资收益”科目。

2. 未实现融资收益分配的会计处理

在分配未实现融资收益时，出租人应当采用实际利率法计算当期应确认的融资收入。

每期采用合理的方法分配未实现融资收益时，按当期应确认的融资收入金额，借记“未实现融资收益”科目，贷记“租赁收入”科目。出租人每期收到租金时，按收到的租金，借记“银行存款”科目，贷记“长期应收款——应收融资租赁款”科目。

3. 应收融资租赁款坏账准备的计提

为了更加真实、客观地反映出租人在融资租赁中的债权，出租人应当定期根据承租人的财务及经营管理情况以及租金的逾期期限等因素，分析应收融资租赁款的风险程度和回收的可能性，对应收融资租赁款合理计提坏账准备。出租人应对应收融资租赁款减去未实现融资收益的差额部分(在金额上等于本金的部分)合理计提坏账准备，而不是对应收融资租赁款全额计提坏账准备。计提坏账准备的方法由出租人根据有关规定自行确定。坏账准备的计提方法一经确定，不得随意变更。其会计处理如下。

(1) 根据有关规定合理计提坏账准备时，借记“资产减值损失”科目，贷记“坏账准备”科目。

(2) 对于确实无法收回的应收融资租赁款，经批准作为坏账损失，冲销计提的坏账准备，借记“坏账准备”科目，贷记“长期应收款——应收融资租赁款”科目。

(3) 已确认并转销的坏账损失，如果以后又收回，按实际收回的金额，借记“长期应收款——应收融资租赁款”科目，贷记“坏账准备”科目，同时，借记“银行存款”科目，贷记“长期应收款——应收融资租赁款”科目。

4. 未担保余值发生变动的会计处理

出租人应定期对未担保余值进行检查，至少于每年年末检查一次。如果有证据表明未担保余值已经减少，应重新计算租赁内含利率，并将由此引起的租赁投资净额[①]的减少确认为当期损失，以后各期根据修正后的租赁投资净额和重新计算的租赁内含利率确定应确认的租赁收入。如已确认损失的未担保余值得以恢复，应在原先已确认的损失金额内转回，并重新计算租赁内含利率，以后各期根据修正后的租赁投资净额和重新计算的租赁内含利率确定应确认的融资收入。未担保余值增加时，则不作任何调整。

在未担保余值减少时，对前期已确认的融资收入不作追溯调整，只对未担保余值减少

① 租赁投资净额是指最低租赁收款额及未担保余值之和与未实现融资收益之间的差额。

的当期和以后各期，根据修正后的租赁投资净额和重新计算的租赁内含利率计算应确认的融资收入。其会计处理如下。

期末，出租人的未担保余值的预计可收回金额低于其账面价值的差额，借记“资产减值损失”科目，贷记“未担保余值减值准备”科目。同时，将上述减值金额与由此所产生的租赁投资净额的减少额之间的差额，借记“未实现融资收益”科目，贷记“资产减值损失”科目。

如果已确认损失的未担保余值得以恢复，应按未担保余值恢复的金额，借记“未担保余值减值准备”科目，贷记“资产减值损失”科目。同时，按原减值额与由此所产生的租赁投资净额的增加额之间的差额，借记“资产减值损失”科目，贷记“未实现融资收益”科目。

5. 或有租金的会计处理

出租人在融资租赁下发生的或有租金，应在实际发生时确认为当期收入。其会计处理为：借记“应收账款”、“银行存款”等科目，贷记“租赁收入”科目。

6. 租赁期届满时的会计处理

租赁期届满时，出租人应区别以下情况进行会计处理。

1) 收回租赁资产

出租人收回租赁资产可能出现以下 4 种情况。

(1) 存在担保余值，不存在未担保余值。出租人收到承租人返还的租赁资产时，借记“融资租赁资产”科目，贷记“长期应收款——应收融资租赁款”科目。

如果收回租赁资产的价值低于担保余值，则应向承租人收取价值损失补偿金，借记“其他应收款”科目，贷记“营业外收入”科目。

(2) 存在担保余值，同时存在未担保余值。出租人收到承租人返还的租赁资产时，借记“融资租赁资产”科目，贷记“长期应收款——应收融资租赁款”、“未担保余值”等科目。

如果收回租赁资产的价值扣除未担保余值后的余额低于担保余，值则应向承租人收取价值损失补偿金，借记“其他应收款”科目，贷记“营业外收入”科目。

(3) 存在未担保余值，不存在担保余值。出租人收到承租人返还的租赁资产时，借记“融资租赁资产”科目，贷记“未担保余值”科目。

(4) 担保余值和未担保余值均不存在。此时，出租人无需作会计处理，只需作相应的备查登记。

2) 优惠续租租赁资产

(1) 如果承租人行使优惠续租选择权，则出租人应视同该项租赁一直存在而作出相应的会计处理。

(2) 如果租赁期届满时承租人没有续租，承租人向出租人返还租赁资产时，其会计处理同上述收回租赁资产的会计处理。按合同规定出租人应向承租人收取违约金，借记“其他应收款”，贷记“营业外收入”科目。

3) 留购租赁资产

租赁期届满时，承租人行使了优惠购买选择权。出租人按收到的承租人支付的购买资产的价款，借记“银行存款”等科目，贷记“长期应收款——应收融资租赁款”科目。如果还存在未担保余值，还应借记“营业外支出——处置非流动资产损失”科目，贷记“未担保余值”科目。

7. 相关会计信息的披露

出租人应在财务报告中披露与融资租赁有关的下列事项。

(1) 资产负债表日后连续 3 个会计年度每年将收到的最低租赁收款额及以后年度将收到的最低租赁收款额总额。

(2) 未实现融资收益的余额。

(3) 分配未实现融资收益所采用的方法。

5.3.3 融资租赁的会计处理实例

【例 5-4】 20×0 年 12 月 21 日，A 公司与 B 公司签订了一份租赁合同，合同主要条款如下所示。

(1) 租赁标的物：程控生产线。

(2) 租赁期开始日：租赁物运抵 A 公司生产车间之日(20×1 年 1 月 1 日)。

(3) 租赁期：从租赁期开始日算起的 36 个月(20×1 年 1 月 1 日～20×3 年 12 月 31 日)。

(4) 租金支付方式：自租赁期开始日起每年年末支付租金 1 000 000 元。

(5) 该生产线在 20×1 年 1 月 1 日的公允价值为 2 600 000 元。

(6) 租赁合同规定的利率为 8%(年利率)。

(7) 该生产线为全新设备，估计使用年限为 5 年。

(8) 20×2 年和 20×3 年两年，A 公司每年按该生产线所生产的产品——微波炉的年销售收入的 1%向 B 公司支付经营分享收入。

A 公司的有关资料如下。

(1) 采用实际利率法确认本期应分摊的未确认融资费用。

(2) 采用年限平均法计提固定资产折旧。

(3) 20×2 年、20×3 年 A 公司分别实现微波炉销售收入 10 000 000 元和 15 000 000 元。

(4) 20×3 年 12 月 31 日，将该生产线退还 B 公司。

(5) A 公司在租赁谈判和签订租赁合同的过程中发生可归属于租赁项目的手续费、差旅费 10 000 元。

B 公司的有关资料如下。

(1) 该程控生产线账面价值为 2 600 000 元。

(2) 发生初始直接费用 100 000 元。

(3) 采用实际利率法确认本期应分配的未实现融资收益。

(4) 20×2 年、20×3 年 A 公司分别实现微波炉销售收入 10 000 000 元和 15 000 000 元，根据合同规定，这两年应从该公司取得的经营分享收入分别为 100 000 元和 150 000 元。

(5) 20×3 年 12 月 31 日，从 A 公司收回该生产线。

1. 承租人的会计处理

1) 租赁期开始日

(1) 判断租赁类型。

最低租赁付款额的现值为 2 577 100 元(计算过程见后)，大于租赁开始日租赁资产公允价值的 90%(2 600 000×90%)，满足融资租赁的第 4 条标准，所以该租赁为融资租赁。

(2) 最低租赁付款额=各期租金之和+承租人担保的资产余值

=1 000 000×3+0=3 000 000(元)

最低租赁付款额现值=1 000 000×(P/A，3，8%)

=2 577 100(元)

因 2 577 100 小于租赁资产公允价值 2 600 000 元，根据孰低原则，则租赁资产的入账价值应为最低租赁付款额现值 2 577 100 元。

(3) 计算未确认融资费用。

未确认融资费用=最低租赁付款额-最低租赁付款额现值

=3 000 000-2 577 100=422 900(元)

(4) 将初始直接费用计入资产价值。

初始直接费用是指在租赁谈判和签订租赁协议的过程中发生的可直接归属于租赁项目的费用。承租人发生的初始直接费用，通常有印花税、佣金、律师费、差旅费、谈判费等；承租人发生的初始直接费用，应当计入租入资产价值。会计分录如下。

20×1 年 1 月 1 日，租入程控生产线。

借：固定资产——融资租入固定资产　　2 587 100
　　未确认融资费用　　422 900
　　贷：长期应付款——应付融资租赁款　　3 000 000
　　　　银行存款　　10 000

2) 未确认融资费用的分摊

(1) 确定融资费用分摊率。

由于租赁资产的入账价值为其最低租赁付款额的折现值，因此该折现率就是其融资费用分摊率，即 8%。

(2) 在租赁期内采用实际利率法分摊未确认融资费用，见表 5-1。

表 5-1　未确认融资费用分摊表(实际利率法)

20×1 年 1 月 1 日　　单位：元

日　期	租　金	确认的融资费用	应付本金减少额	应付本金余额
①	②	③=期初⑤×8%	④=②-③	期末⑤=期初⑤-④
(1)20×1.01.01				2 577 100.00
(2)20×1.12.31	1 000 000	206 168.00	793 832.00	1 783 268.00
(3)20×2.12.31	1 000 000	142 661.44	857 338.56	925 929.44
(4)20×3.12.31	1 000 000	74 070.56*	925 929.44*	0.00
合　计	3 000 000	422 900.00	2 577 100.00	

*做尾数调整：74 070.56=1 000 000-925 929.44；925 929.44=925 929.44-0。

(3) 会计分录如下。

① 20×1 年 12 月 31 日，支付第一期租金。

借：长期应付款——应付融资租赁款　　1 000 000

　　贷：银行存款　　1 000 000

② 20×1 年 1～12 月，每月分摊未确认融资费用时，每月财务费用为：206 168÷12=17 180.67(元)。

借：财务费用　　17 180.67

　　贷：未确认融资费用　　17 180.67

③ 20×2 年 12 月 31 日，支付第二期租金。

借：长期应付款——应付融资租赁款　　1 000 000

　　贷：银行存款　　1 000 000

④ 20×2 年 1～12 月，每月分摊未确认融资费用时，每月财务费用为：142 661.44÷12=11 888.45(元)。

借：财务费用　　11 888.45

　　贷：未确认融资费用　　11 888.45

⑤ 20×3 年 12 月 31 日，支付第三期租金。

借：长期应付款——应付融资租赁款　　1 000 000

　　贷：银行存款　　1 000 000

⑥ 20×3 年 1～12 月，每月分摊未确认融资费用时，每月财务费用为：74 070.56÷12=6 172.55(元)。

借：财务费用　　6 172.55

　　贷：未确认融资费用　　6 172.55

3) 租赁资产折旧的计提

(1) 融资租入固定资产折旧的计算见表 5-2。

表 5-2　融资租入固定资产折旧计算表(年限平均法)

20×1 年 1 月 1 日　　　　单位：元

日　期	固定资产原价	估计余值	折旧率*	当年折旧费	累计折旧	固定资产净值
(1)20×1.01.01	2 587 100.00	0				2 587 100.00
(2)20×1.12.31			31.42%	812 866.82	812 866.82	1 774 233.18
(3)20×2.12.31			34.29%	887 116.59	1 699 983.41	887 116.59
(4)20×3.12.31			34.29%	887 116.59	2 587 100.00	0.00
合　计	2 587 100.00	0	100.00%	2 587 100.00		

* 根据合同规定，由于 A 公司无法合理确定在租赁期届满时能够取得租赁资产的所有权，因此，应当在租赁期与租赁资产尚可使用年限两者中的较短的期间内计提折旧。本例中租赁期为 3 年，短于租赁资产尚可使用年限 5 年，因此应按 3 年计提折旧。同时，根据“当月增加的固定资产，当月不提折旧，从下月起计提折旧”这一规定，本租赁合同应按 35 个月计提折旧，即 20×1 年应按 11 个月计提折旧，其他 2 年分别按 12 个月计提折旧。

(2) 会计分录如下。

① 20×1 年 2 月 28 日，计提本月折旧=812 866.82÷11=73 896.98(元)。

借：制造费用——折旧费　　73 896.98

　　贷：累计折旧　　73 896.98

② 20×1 年 3 月～20×3 年 12 月的会计分录，同上。

4) 或有租金的会计处理

(1) 20×2 年 12 月 31 日，根据合同规定应向出租人 B 公司支付经营分享收入 100 000 元。

借：销售费用　　100 000

　　贷：其他应付款—— B 公司　　100 000

(2) 20×3 年 12 月 31 日，根据合同规定应向 B 公司支付经营分享收入 150 000 元。

借：销售费用　　150 000

　　贷：其他应付款——B 公司　　150 000

5) 租赁期届满时的会计处理

20×3 年 12 月 31 日，将该生产线退还 B 公司。

借：累计折旧　　2 587 100

　　贷：固定资产——融资租入固定资产　　2 587 100

2. 出租人的会计处理

1) 租赁期开始日

(1) 计算租赁内含利率。

租赁内含利率是指在租赁开始日，使最低租赁收款额的现值与未担保余值的现值之和等于租赁资产公允价值与出租人的初始直接费用之和的折现率。

由于本例中不存在与承租人和出租人均无关、但在财务上有能力担保的第三方对出租人担保的资产余值，因此最低租赁收款额等于最低租赁付款额，即

租金×期数+承租人担保余值=1 000 000×3+0=3 000 000(元)

因此有 1 000 000×(P/A，R，3)=2 600 000+100 000=2 700 000(租赁资产的公允价值+初始直接费用)

如果 R =5%，1 000 000×(P/A，5%，3)=2 723 200

如果 R =6%，1 000 000×(P/A，6%，3)=2 673 000

因此，5%< R <6%，用插值法计算如表 5-3 所示。

表 5-3　利用插值法计算结果表

利　　率	年金现值
5%	2 723 200
R	2 700 000
6%	2 673 000

(R−5%)÷(6%−5%)＝(2 700 000−2 723 200)÷(2 673 000−2 723 200)

R=5.46%，即租赁内含利率为 5.46%。

(2) 计算租赁开始日最低租赁收款额及其现值和未实现融资收益。

最低租赁收款额+未担保余值=(最低租赁付款额+第三方担保的余值)+未担保余值

=[(各期租金之和+承租人担保余值)+第三方担保余值]+未担保余值

=[(1 000 000×3+0)+0]+0=3 000 000(元)

最低租赁收款额=1 000 000×3=3 000 000(元)

最低租赁收款额的现值=1 000 000×(P/A，5.46%，3)=2 700 000(元)

未实现融资收益=[最低租赁收款额+未担保余值]−[最低租赁收款额的现值+未担保余值的现值]=3 000 000−2 700 000=300 000(元)

(3) 判断租赁类型。

本例中最低租赁收款额的现值为 2 700 000 元，大于租赁开始日租赁资产公允价值的90%(2 600 000×90%)，满足融资租赁的第 4 条标准，因此，出租人应当将该项租赁认定为融资租赁。

(4) 会计分录如下。

20×1 年 1 月 1 日，租出程控生产线，发生初始直接费用。

借：长期应收款——应收融资租赁款　　3 000 000

　　贷：融资租赁资产　　2 600 000

　　　　银行存款　　100 000

　　　　未实现融资收益　　300 000

2) 未实现融资收益分配的账务处理

(1) 计算租赁期内各租金收取期应分配的未实现融资收益(表 5-4)。

表 5-4 未实现融资收益分配表

20×1 年 1 月 1 日　　单位：元

日　期	租　金	确认的融资收入	租赁投资净额减少额	租赁投资净额余额
①	②	③=期初⑤×5.46%	④=②−③	期末⑤=期初⑤−④
(1)20×1.01 01				2 700 000.00
(2)20×1.12 31	1 000 000	147 420.00	852 580.00	1 847 420.00
(3)20×2.12.31	1 000 000	100 869.13	899 130.87	948 289.13
(4)20×3.12 31	1 000 000	51 710.87*	948 289.13	0.00
合　计	3 000 000	300 000.00	2 700 000.00	

* 做尾数调整：51 710.87=1 000 000−948 289.13；948 289.13=948 289.13−0。

(2) 会计分录如下。

① 20×1 年 12 月 31 日，收到第一期租金。

借：银行存款　　1 000 000

　　贷：长期应收款——应收融资租赁款　　1 000 000

② 20×1 年 1～12 月，每月确认融资收入。

借：未实现融资收益　　(147 420÷12)12 285

　　贷：租赁收入　　12 285

③ 20×2 年 12 月 31 日，收到第二期租金。

借：银行存款　　1 000 000

　　贷：长期应收款——应收融资租赁款　　1 000 000

④ 20×2 年 1～12 月，每月确认融资收入。

借：未实现融资收益 (100 869.13÷12)8 405.76

　　贷：租赁收入 8 405.76

⑤ 20×3 年 12 月 31 日，收到第三期租金。

借：银行存款 1 000 000

　　贷：长期应收款——应收融资租赁款 1 000 000

⑥ 20×3 年 1～12 月，每月确认融资收入。

借：未实现融资收益 (51 710.87÷12)4 309.24

　　贷：租赁收入 4 309.24

3) 或有租金的会计处理

(1) 20×2 年 12 月 31 日，根据合同规定应向 A 公司收取经营分享收入 100 000 元。

借：应收账款——A 公司 100 000

　　贷：租赁收入 100 000

(2) 20×3 年 12 月 31 日，根据合同规定应向 A 公司收取经营分享收入 150 000 元。

借：应收账款——A 公司 150 000

　　贷：租赁收入 150 000

4) 租赁期届满时的会计处理

20×3 年 12 月 31 日，将该生产线从 A 公司收回，作备查登记。

5.4 售后租回交易的会计处理

5.4.1 售后租回交易的定义

售后租回交易是一种特殊形式的租赁业务，是指卖主(承租人)将一项自制或外购的资产出售后，又将该项资产从买主(出租人)手中租回的业务，习惯上称之为“回租”。通过售后租回交易，资产的原所有者(承租人)在保留对资产的占有权、使用权和控制权的前提下，将固定资本转化为货币资本，在出售时可取得全部价款的现金，而租金则是分期支付的，从而获得了所需的资金；而资产的新所有者(出租人)通过售后租回交易，找到了一个风险小和回报有保障的投资机会。20 世纪 90 年代以来，售后租回交易在我国得到了充分的发展，大部分租赁公司尤其是中外合资租赁公司最近几年的租赁业务以售后租回交易为主。

由于在售后租回交易中资产的售价和租金是相互关联的，是以一揽子方式谈判的，是一并计算的，因此，资产的出售和租回实质上是同一项交易。

5.4.2 售后租回交易的会计处理规则

对于售后租回交易，无论是承租人还是出租人，均应按照租赁的分类标准，将售后租回交易认定为融资租赁或经营租赁。对于出租人来讲，售后租回交易(无论是融资租赁还是经营租赁的售后租回交易)同其他租赁业务的会计处理没有什么区别。而对于承租人来讲，由于其既是资产的承租人同时又是资产的出售者，因此，售后租回交易同其他租赁业务的会计处理有所不同。

1. 售后租回交易形成融资租赁

如果售后租回交易被认定为融资租赁，那么，这种交易实质上转移了买主(出租人)所保留的与该项租赁资产的所有权有关的全部风险和报酬，是出租人提供资金给承租人并以该项资产作为担保，因此，售价与资产账面价值之间的差额(无论是售价高于资产账面价值还是低于资产账面价值)在会计上均未实现。售价高于资产账面价值的，实质上是在出售时高估了资产的价值；而售价低于资产账面价值的，实质上是在出售时低估了资产的价值，卖主(承租人)应将售价与资产账面价值的差额予以递延，并按该项租赁资产的折旧进度进行分摊，作为折旧费用的调整。按折旧进度进行分摊是指在对该项租赁资产计提折旧时，按与该项资产计提折旧所采用的折旧率相同的比例对未实现售后租回损益进行分摊。

2. 售后租回交易形成经营租赁

售后租回交易认定为经营租赁的，应当分情况处理：在有确凿证据表明售后租回交易是按照公允价值达成的，售价和资产账面价值的差额应当记入当期损益。如果售后租回交易不是按照公允价值达成的，有关损益应于当期确认；但若该损失将由低于市价的未来租赁付款额补偿的，应将其递延，并按与确认租金费用相一致的方法分摊于预计的资产使用期限内；售价高于公允价值的，其高于公允价值的部分应予递延，并在预计的使用期限内摊销。

3. 售后租回交易的会计处理

(1) 出售资产时，按固定资产账面净值，借记“固定资产清理”科目，按固定资产已提折旧，借记“累计折旧”科目，按固定资产的账面原价，贷记“固定资产”科目。如果出售资产已计提减值准备，还应结转已计提的减值准备。

(2) 收到出售资产的价款时，借记“银行存款”科目，贷记“固定资产清理”科目，借记或贷记“递延收益——未实现售后租回损益(融资租赁或经营租赁)”科目或“营业外收入”、“营业外支出”科目。

(3) 租回资产时，如果形成一项融资租赁，按租赁资产的公允价值与最低租赁付款额的现值两者中较低者，借记“融资租赁资产”科目(假设不需安装)，按最低租赁付款额，贷记“长期应付款——应付融资租赁款”科目，按其差额，借记“未确认融资费用”科目。如果形成一项经营租赁，则作备查登记。

(4) 各期根据该项租赁资产的折旧进度或租金支付比例分摊未实现售后租回损益时，借记或贷记“递延收益——未实现售后租回损益(融资租赁或经营租赁)”科目，贷记或借记“制造费用”、“销售费用”、“管理费用”等科目。

4. 售后租回交易的披露

承租人和出租人除应当按照有关规定披露售后租回交易外，还应对售后租回合同中的特殊条款作出披露。这里的“特殊条款”是指售后租回合同中规定的区别于一般租赁交易的条款，比如租赁标的物的售价等。

5.4.3 售后租回交易的会计处理实例

1. 售后租回交易形成融资租赁，售价高于资产账面价值

【例 5-5】 沿用例 5-4，假定 20×1 年 1 月 1 日，A 公司将一条程控生产线按 2 600 000 元

的价格销售给 B 公司。该生产线在 20×1 年 1 月 1 日的账面原值为 2 400 000 元，全新设备未计提折旧。同时又签订了一份租赁合同将该生产线租回，该合同主要条款与例 5-4 的合同条款内容相同，假定不考虑相关税费。

1) 卖主(承租人：A 公司)的会计处理

(1) 判断租赁类型。

该项租赁属于融资租赁。租赁开始日最低租赁付款额的现值及融资费用分摊率的计算过程和结果同例 5-4。

(2) 计算未实现售后租回损益。

未实现售后租回损益=售价-资产的账面价值

=售价-(资产的账面原价-累计折旧)

=2 600 000-(2 400 000-0)=200 000(元)

(3) 租赁期内采用实际利率法分摊未确认融资费用同例 5-4，见表 5-1。

(4) 在折旧期内按折旧进度分摊未实现售后租回损益(表 5-5)。

表 5-5 未实现售后租回收益分摊表

20×1 年 1 月 1 日 单位：元

日期	售价	固定资产账面价值	摊销期	分摊率*	摊销额	未实现售后租回损益
(1)20×1.01.01	2 600 000	2 400 000	35 个月			200 000
(2)20×1.12.31				31.42%	62 840	137 160
(3)20×2.12.31				34.29%	68 580	68 580
(4)20×3.12.31				34.29%	68 580	0
合计	2 600 000	2 400 000		100%	200 000	

* 参见表 5-2 中的折旧率。

本例中，由于租赁资产的折旧期为 35 个月，因此，未实现售后租回损益的分摊期也为 35 个月。

(5) 会计分录如下。

① 20×1 年 1 月 1 日，结转出售固定资产的成本。

借：固定资产清理 2 400 000

贷：固定资产 2 400 000

② 20×1 年 1 月 1 日，向 B 公司出售程控生产线。

借：银行存款 2 600 000

贷：固定资产清理 2 400 000

递延收益——未实现售后租回损益(融资租赁) 200 000

③ 20×1 年 2 月 28 日，确认本月应分摊的未实现售后租回损益。

借：递延收益——未实现售后租回损益(融资租赁) (62 840÷11)5 712.73

贷：制造费用——折旧费 5 712.73

其他有关会计处理。(略)

2) 买主(出租人：B 公司)的会计处理

20×1 年 1 月 1 日，向 A 公司购买程控产线。

借：融资租赁资产　　　　　　　　　　　　　　　　2 600 000

　　贷：银行存款　　　　　　　　　　　　　　　　　　2 600 000

其他相关会计处理与一般融资租赁业务的会计处理相同，此处略。

2. 售后租回交易形成融资租赁，售价低于资产账面价值

【例 5-6】 沿用例 5-4，假定 20×1 年 1 月 1 日，A 公司将一条程控生产线按 2 600 000 元的价格销售给 B 公司。该生产线 20×1 年 1 月 1 日的账面原值为 2 800 000 元，全新设备未计提折旧。同时又签订了一份租赁合同将该生产线租回，该合同主要条款与例 5-4 的合同条款内容相同，假定不考虑相关税费。

1) 卖主(承租人：A 公司)的会计处理

(1) 判断租赁类型。

该项租赁属于融资租赁。租赁开始日最低租赁付款额的现值及融资费用分摊率的计算过程与结果同例 5-4。

(2) 计算未实现售后租回损益。

未实现售后租回损益=售价-资产的账面价值

=售价-(资产的账面原价-累计折旧)

=2 600 000- (2 800 000-0)

=-200 000(元)

(3) 租赁期内采用实际利率法分摊未确认融资费用同例 5-4，见表 5-1。

(4) 在折旧期内按折旧进度分摊未实现售后租回损益(表 5-6)。

本例中，由于租赁资产的折旧期为 35 个月，因此，未实现售后租回损益的分摊期也为 35 个月。

表 5-6　未实现售后租回损益分摊表

20×1 年 1 月 1 日　　　　　　单位：元

日　期	售　价	固定资产账面价值	摊 销 期	分 摊 率*	摊 销 额	未实现售后租回损益
(1)20×1.01.01	2 600 000	2 800 000	35 个月			200 000
(2)20×1.12.31				31.42%	62 840	137 160
(3)20×2.12.31				34.29%	68 580	68 580
(4)20×3.12.31				34.29%	68 580	0
合　计	2 600 000	2 800 000		100%	200 000	

* 参见表 5-2 中的折旧率。

(5) 会计分录如下。

① 20×1 年 1 月 1 日，结转出售固定资产的成本。

借：固定资产清理　　　　　　　　　　　　　　　　2 800 000

　　贷：固定资产　　　　　　　　　　　　　　　　　　2 800 000

② 20×1 年 1 月 1 日，向 B 公司出售程控生产线。

借：银行存款　　2 600 000

　递延收益——未实现售后租回损益(融资租赁)　　200 000

　贷：固定资产清理　　2 800 000

③ 20×1 年 2 月 28 日，确认本月应分摊的未实现售后租回损益。

借：制造费用——折旧费　　(62 840÷11)5 712.73

　贷：递延收益——未实现售后租回损益(融资租赁)　　5 712.73

其他有关会计处理。(略)

2) 买主(出租人：B 公司)的会计处理

20×1 年 1 月 1 日，向 A 公司购买程控生产线。

借：融资租赁资产　　2 600 000

　贷：银行存款　　2 600 000

其他相关会计处理与一般融资租赁业务的会计处理相同，此处略。

3. 售后租回交易形成经营租赁，售价高于资产公允价值

【例 5-7】 假定 20×0 年 1 月 1 日，A 公司将全新市价为 900 000 元的办公设备一台，按照 1 000 000 元的价格售给 B 公司，该设备 20×0 年 1 月 1 日的账面价值为 900 000 元，同日签订了一份租赁合同，将该设备租回，租期为 4 年，每年年末支付租金 200 000 元。

1) 卖主(承租人：A 公司)的会计处理

(1) 判断租赁类型。

该项租赁属于经营租赁。

(2) 计算未实现售后租回损益。

未实现售后租回损益=售价-资产的账面价值

=1 000 000-900 000=100 000(元)

(3) 租赁期内按租金支付比例分摊未实现售后租回损益见表 5-7。

表 5-7　未实现售后租回损益分摊表

20×0 年 1 月 1 日　　单位：元

日　期	售　价	固定资产账面价值	支付的租金	租金支付比例	摊 销 额	未实现售后租回损益
(1)20×0.01.01	1 000 000	900 000				100 000
(2)20×0.12.31			200 000	25%	25 000	75 000
(3)20×1.12.31			200 000	25%	25 000	50 000
(4)20×2.12.31			200 000	25%	25 000	25 000
(5)20×3.12.31			200 000	25%	25 000	0
合　计	1 000 000	900 000	800 000	100.0%	100 000	

(4) 会计分录如下。

① 20×0 年 1 月 1 日，结转出售设备的成本。

借：固定资产清理　　900 000

　贷：固定资产　　900 000

② 20×0 年 1 月 1 日，向 B 公司出售设备。

借：银行存款　　1 000 000

　贷：固定资产清理　　900 000

　　递延收益——未实现售后租回损益(经营租赁)　　100 000

③ 20×0 年 12 月 31 日，确认本年应分摊的未实现售后租回损益(在本例中，按年分摊未实现售后租回损益只是为了简化核算。在实际工作中，承租人一般应在按月确认租金费用的同时合理分摊未实现售后租回损益)。

借：递延收益——未实现售后租回损益(经营租赁)　　25 000

　贷：管理费用　　25 000

其他有关会计处理。(略)

但是，如果有确凿证据表明，售后租回交易是按照公允价值达成的，售价与资产账面价值之间的差额应当计入当期损益。

在这种情况下，会计处理如下。

① 20×0 年 1 月 1 日，结转出售设备的成本。

借：固定资产清理　　900 000

　贷：固定资产　　900 000

② 20×0 年 1 月 1 日，向 B 公司出售设备。

借：银行存款　　1 000 000

　贷：固定资产清理　　900 000

　　营业外收入　　100 000

2) 买主(出租人：B 公司)的会计处理

20×0 年 1 月 1 日，向 A 公司购买设备。

借：固定资产　　1 000 000

　贷：银行存款　　1 000 000

其他相关会计处理与一般经营租赁业务的会计处理相同，此处略。

4. 售后租回交易形成经营租赁，售价低于资产公允价值

【例 5-8】 假定 20×0 年 1 月 1 日，A 公司将全新市价为 1 100 000 元的办公设备一台，按照 1 000 000 元的价格售给 B 公司，该设备 20×0 年 1 月 1 日的账面价值为 1 100 000 元，同日签订了一份租赁合同，将该设备租回，租期为 4 年，每年年末支付租金 200 000 元。假设未来租赁付款总额低于市价 1 000 000 元。

1) 卖主(承租人：A 公司)的会计处理

(1) 判断租赁类型。

该项租赁属于经营租赁。

(2) 计算未实现售后租回损益。

未实现售后租回损益=售价-资产的账面价值

=1 000 000-1 100 000=-100 000(元)

(3) 租赁期内按租金支付比例分摊未实现售后租回损益见表 5-8。

表 5-8 未实现售后租回损益分摊表

20×0 年 1 月 1 日　　　　单位：元

日　期	售　价	固定资产账面价值	支付的租金	租金支付比例	摊销额	未实现售后租回损益
(1)20×0.01.01	1 000 000	1 100 000				-100 000
(2)20×0.12.31			200 000	25%	25 000	-75 000
(3)20×1.12.31			200 000	25%	25 000	-50 000
(4)20×2.12.31			200 000	25%	25 000	-25 000
(5)20×3.12.31			200 000	25%	25 000	0
合　计	1 000 000	1 100 000	800 000	100.0%	100 000	

(4) 会计处理如下。

① 20×0 年 1 月 1 日，结转出售设备的成本。

借：固定资产清理　　1 100 000

　　贷：固定资产　　1 100 000

② 20×0 年 1 月 1 日，向 B 公司出售设备。

借：银行存款　　1 000 000

　　递延收益——未实现售后租回损益(经营租赁)　　100 000

　　贷：固定资产清理　　1 100 000

③ 20×0 年 12 月 31 日，确认本年应分摊的未实现售后租回损益(在本例中，按年分摊未实现售后租回损益只是为了简化核算。在实际工作中，承租人一般应在按月确认租金费用的同时合理分摊未实现售后租回损益)。

借：管理费用　　25 000

　　贷：递延收益——未实现售后租回损益(经营租赁)　　25 000

其他有关会计处理。(略)

但是，如果有确凿证据表明，售后租回交易是按照公允价值达成的或售价低于公允价值且未来租赁付款额不低于市价的，售价与资产账面价值之间的差额应当计入当期损益。

在这种情况下，会计处理如下。

借：固定资产清理　　1 100 000

　　贷：固定资产　　1 100 000

20×0 年 1 月 1 日，向 B 公司出售设备。

借：银行存款　　1 000 000

　　营业外支出　　100 000

　　贷：固定资产清理　　1 100 000

2) 买主(出租人：B 公司)的会计处理

20×0 年 1 月 1 日，向 A 公司购买设备。

借：固定资产　　1 000 000

　　贷：银行存款　　1 000 000

其他相关会计处理与一般经营租赁业务的会计处理相同，在此不再赘述。

本 章 小 结

本章着重阐述了租赁的定义、分类、经营租赁的会计处理、融资租赁的会计处理和售后租回的会计处理。

以与租赁资产所有权有关的风险和报酬是否转移给承租人为标准，租赁分为融资租赁和经营租赁。

在经营租赁下发生的租金，承租人(出租人)应当在租赁期内的各个期间按直线法或其他更合理的方法确认为费用(收入)。

在融资租赁下，最低租赁付款额在数量上等于承租人应支付或可能被要求支付的款项，加上由承租人或与其有关的第三方担保的资产余值；最低租赁收款额在数量上等于最低租赁付款额加上独立于承租人和出租人的第三方对出租人担保的资产余值；资产余值在数量上等于就出租人而言的担保余值加上未担保余值。

在融资租赁下，承租人在计算最低租赁付款额的现值时，必须合理地选择折现率。承租人应当采用实际利率法分摊未确认融资费用，注意未确认融资费用分摊率的不同选择；出租人也应当采用实际利率法计算分配未实现融资收益，还应定期对未担保余值进行减值测试。

售后租回交易形成融资租赁的，卖主(承租人)应将售价与资产账面价值的差额予以递延，并按该项租赁资产的折旧进度进行分摊，作为折旧费用的调整。注意售后租回交易形成经营租赁的未实现售后租回损益的不同会计处理方法。

重要术语

租赁、融资租赁、经营租赁、售后租回、租赁开始日、租赁期开始日、资产余值、担保余值、未担保余值、未确认融资费用、未实现融资收益、租赁内含利率、合同规定利率、银行同期贷款利率、未确认融资费用分摊率、履约成本、或有租金、初始直接费用、未实现售后租回损益

参考阅读文献

[1]《企业会计准则第 21 号——租赁》(2006 年 2 月 15 日财政部发布，自 2007 年 1 月 1 日起施行)

[2]《企业会计准则第 21 号——租赁》应用指南(2006 年 10 月 30 日财政部发布，自 2007 年 1 月 1 日起施行)

[3] 史燕平. 融资租赁原理与实务[M]. 北京：对外经济贸易大学出版社，2005.

[4] 罗素清. 租赁会计研究[M]. 上海：上海三联书店，2005.

习　　题

一、单项选择题

1. A 公司向 B 公司融资租赁设备，设备的成本为 50 万元，租期为 5 年，经计算年租金为 123 709 元，租赁合同期满时，租赁资产退回出租人，承租人担保余值为 5 万元。则最低租赁付款额为(　　)元。

A. 668 545　　B. 618 545　　C. 623 709　　D. 500 000

2．下列各项中，不属于初始直接费用的有(　　)。

A．佣金　　B．履约成本　　C．差旅费　　D．租赁合同的印花税

3．甲公司于20×0年1月1日采用经营租赁方式从乙公司租入机器设备一台，租期为4年，设备价值为200万元，预计使用年限为12年，租赁合同规定：第1年免租金，第2～4年的租金分别为36万元，34万元，26万元；第2～4年的租金于每年年初支付。20×0年甲公司应就此项租赁确认的租金费用为(　　)万元。

A．0　　B．24　　C．32　　D．50

4．华融租赁公司将一台大型专用设备以融资租赁方式租赁给B企业。租赁开始日估计的租赁期届满时租赁资产的公允价值，即资产余值为2 250万元，双方合同中规定，B企业担保的资产余值为450万元，B企业的子公司担保的资产余值为675万元，另外担保公司担保金额为675万元，则租赁期开始日该租赁公司记录的未担保余值为(　　)万元。

A．1 125　　B．1 575　　C．1 800　　D．450

5．关于售后租回交易描述正确的是(　　)。

A．售后租回交易认定为融资租赁的，售价与资产账面价值之间的差额应当予以递延，并按照租赁期内租金支付比例进行分摊，作为折旧额的调整

B．售后租回交易认定为经营租赁的，售价与资产账面价值之间的差额应当予以递延，然后在租赁期内按照与确认租金费用相一致的方法进行分摊，作为租金费用的调整

C．对出租人来讲，售后租回交易同其他租赁业务的会计处理相同；对于承租人，售后租回交易同其他租赁业务的会计处理也相同

D．对出租人来讲，售后租回交易同其他租赁业务的会计处理相同；对于承租人，售后租回交易同其他租赁业务的会计处理不同

6．就承租人而言，担保余值是指(　　)。

A．由承租人或与其有关的第三方担保的资产余值

B．在租赁开始日估计的租赁期届满时租赁资产的公允价值

C．就出租人而言的担保余值加上独立于承租人和出租人、但在财务上有能力担保的第三方担保的资产余值

D．承租人担保的资产余值加上独立于承租人和出租人、但在财务上有能力担保的第三方担保的资产余值

7．甲企业采用融资租赁方式租入设备1台。租赁合同主要内容：①该设备租赁期为5年，每年支付租金5万元；②或有租金4万元；③履约成本3万元；④与承租人有关的第三方担保的资产余值2万元。甲企业该设备的最低租赁付款额为(　　)。

A．25万元　　B．27万元　　C．32万元　　D．34万元

8．20×0年7月31日，丙企业融资租入一台设备，租赁开始日租赁资产公允价值为300万元，最低租赁付款额为420万元，按出租人的内含利率计算的现值为320万元，则在租赁开始日，租赁资产的入账价值、未确认融资费用分别是(　　)万元。

A．320，20　　B．300，120　　C．300，20　　D．320，20

9．甲公司租入一台设备，租金总额为90万元，租赁公司要求于每年年初支付租金一次，分5年付清，出租方的租赁内含利率为8%。承租人在租赁开始日无法确定租赁期届满时能否取得租赁资产的所有权。该公司同类固定资产的折旧年限为8年，担保余值为10万元，则该固定资产应计提的年折旧为(　　)万元。

A．10　　B．11.25　　C．16　　D．18

10．乙企业融资租入一台设备，租赁开始日租赁资产公允价值为60万元，于每年年底支付租金一次，20万元，分4年付清。假使年金现值系数为3.312，则该固定资产的入账价值为(　　)万元。

A．600 000　　B．730 000　　C．700 000　　D．662 000

二、多项选择题

1．在融资租赁情况下，采用实际利率法分摊未确认融资费用时，下列表述中正确的有(　　)。

A．以出租人的租赁内含利率为折现率将最低租赁付款额折现、且以该现值作为租入资产入账价值的，应当将租赁内含利率作为未确认融资费用的分摊率

B．以合同规定利率为折现率将最低租赁付款额折现、且以该现值作为租入资产入账价值的，应当将合同规定利率作为未确认融资费用的分摊率

C．以银行同期贷款利率为折现率将最低租赁付款额折现、且以该现值作为租入资产入账价值的，应当将银行同期贷款利率作为未确认融资费用的分摊率

D．以租赁资产公允价值作为入账价值的，应当重新计算分摊率。该分摊率是使最低租赁付款额的现值与租赁资产公允价值相等的折现率

E．未确认融资费用分摊率是指在租赁开始日，使最低租赁付款额现值等于租赁资产原账面价值的折现率

2．下列确定融资租入固定资产的入账价值的做法错误的是(　　)。

A．在租赁期开始日，承租人应当将租赁开始日租赁资产的原账面价值与最低租赁付款额的现值的两者中的较低者，作为融资租入固定资产的入账价值

B．在租赁期开始日，承租人应当将租赁开始日租赁资产的原账面价值与最低租赁付款额的两者中的较低者，作为融资租入固定资产的入账价值

C．在租赁期开始日，承租人应当将租赁开始日租赁资产的原账面价值与最低租赁付款额的现值的两者中的较高者，作为融资租入固定资产的入账价值

D．在租赁期开始日，承租人应当将租赁开始日租赁资产的公允价值与最低租赁付款额的两者中的较高者，作为融资租入固定资产的入账价值

E．在租赁期开始日，承租人应当将租赁开始日租赁资产公允价值与最低租赁付款额现值的两者中较低者，作为融资租入固定资产的入账价值

3．在租赁合同中没有规定优惠购买选择权的情况下，下列项目中，构成出租人的最低租赁收款额的有(　　)。

A．租赁期内，承租人支付的租金之和

B．租赁期届满时，由承租人担保的资产余值

C．租赁期届满时，与承租人有关的第三方担保的资产余值

D．租赁期届满时，由与承租人和出租人均无关的第三方担保的资产余值

E．承租人行使优惠购买选择权而支付的任何款项

4．下列关于出租人对经营租赁资产处理中正确的有(　　)。

A．在经营租赁下，与资产所有权有关的主要风险和报酬仍然留在出租人一方

B．出租人应当将出租资产作为自身拥有的资产在资产负债表中列示

C．如果出租资产属于固定资产，则列在资产负债表固定资产项目下

D．如果出租资产属于流动资产，则列在资产负债表有关流动资产项目下

E．出租人应采用直线法将收到的租金在租赁期内确认为收入，如果其他方法更合理，也可以采用其他方法

5．关于初始直接费用，下列说法中正确的有(　　)。

A．承租人融资租赁业务发生的初始直接费用，应计入租入资产的价值

B．承租人融资租赁业务发生的初始直接费用，应计入管理费用

C．承租人经营租赁业务发生的初始直接费用，应当计入当期损益

D．出租人经营租赁业务发生的初始直接费用，应当计入当期损益

E．出租人融资租赁业务发生的初始直接费用，应计入管理费用

6. 20×0 年 1 月 1 日，甲公司与租赁公司签订一项经营租赁合同，向租赁公司租入一台设备。租赁合同约定：租赁期为 3 年，租赁期开始日为合同签订当日，月租金为 6 万元，每年末支付当年度租金，前 3 个月免交租金，如果市场平均月租金水平较上月上涨的幅度超过 10%，自次月起每月增加租金 0.5 万元。甲公司为签订上述经营租赁合同于 20×0 年 1 月 5 日支付律师费 3 万元。已知租赁开始日租赁设备的公允价值为 980 万元。下列各项关于甲公司经营租赁会计处理的表述中正确的有(　　)。

A. 或有租金在实际发生时计入当期损益

B. 为签订租赁合同发生的律师费用计入当期损益

C. 经营租赁设备按照租赁开始日的公允价值确认为固定资产

D. 免租期内按照租金总额在整个租赁期内采用合理方法分摊的金额确认租金费用

E. 按照租赁开始日设备的公允价值作为折旧基数计提折旧

7. 下列关于融资租赁未担保余值的说法中正确的有(　　)。

A. 是指资产余值扣除就出租人而言的担保余值之后的部分

B. 未担保余值得以恢复时，应在已确认的损失金额内转回

C. 未担保余值发生减值时，应重新计算租赁内含利率

D. 未担保余值增加时，应计入当期损益

E. 未担保余值是应收融资租赁款的一部分

8. 企业判断是否为融资租赁的标准中，下列表述正确的有(　　)。

A. 在租赁期届满时，租赁资产的所有权转移给承租人，判断为融资租赁

B. 承租人有购买租赁资产的选择权，所订立的购价预计远低于行使选择权时租赁资产的公允价值，判断为融资租赁

C. 当在开始此次租赁前其已使用年限÷该资产全新时可使用年限≥75%时，则租赁期÷租赁开始日租赁资产尚可使用年限≥75%，判断为融资租赁

D. 当在开始此次租赁前其已使用年限÷该资产全新时可使用年限<75%时，则租赁期÷租赁开始日租赁资产尚可使用年限≥75%，判断为融资租赁

E. 当在开始此次租赁前其已使用年限没有超过资产全新时可使用年限的 75%，最低租赁付款额现值或最低租赁收款额现值占租赁资产公允价值的 90%以上(含 90%)时，则从出租人角度或从承租人角度来说，该项租赁应被认定为融资租赁

9. 以下关于融资租赁业务正确的表述有(　　)。

A. 在融资租入符合资本化条件的需要安装(安装期超过一年)的固定资产达到预定可使用状态之前摊销的未确认融资费用一般应计入在建工程

B. 在融资租入固定资产达到预定可使用状态之前摊销的未确认融资费用应计入财务费用

C. 在编制资产负债表时，“未确认融资费用”应作为“长期应付款”的抵减项目列示

D. 在编制资产负债表时，“未实现融资收益”应作为“长期应收款”的抵减项目列示

E. 履约成本、或有租金不构成“最低租赁付款额”的内容

10. 下列关于出租人对融资租赁会计处理的表述中，正确的有(　　)。

A. 企业可以在分析应收租赁款的风险程度和回收的可能性后，以应收融资租赁款全额为基础对应收融资租赁款计提坏账准备

B. 实际收到的或有租金，应计入当期营业外收入

C. 采用实际利率法按期计算确定的租赁收入，借记“未实现融资收益”科目，贷记“租赁收入”科目

D. 资产负债表日，确定未担保余值发生减值的，按应减记的金额，借记“资产减值损失”科目，贷记“未担保余值减值准备”科目。未担保余值价值以后又得以恢复的，应在原已计提的未担保余值减值准备金额内，按恢复增加的金额，借记“未担保余值减值准备”科目，贷记“资产减值损失”科目

E. 当有确凿证据表明未担保余值已经减少，应重新计算租赁内含利率，并将由此而引起的租赁投资净额的减少确认为当期损失

三、计算及会计处理题

1．20×0 年 1 月 1 日，甲公司向乙公司租入的通用生产设备一台，租期为 4 年。设备价值为 5 600 万元，预计使用年限为 12 年。租赁合同规定，租金总额为 2 200 万元。租赁期开始日(20×0 年 1 月 1 日)甲公司向乙公司一次性预付租金 1 000 万元，第一年免租金；第二年年末支付租金 500 万元，第三年年末支付租金 400 万元，第四年年末支付租金 300 万元。租赁期届满后乙公司收回设备。(假定甲公司和乙公司均在年末确认租金费用和租金收入，并且不存在租金逾期支付的情况)

要求：编制甲公司、乙公司有关会计分录。

2．A 公司于 20×0 年 12 月 10 日与 B 租赁公司签订了一份设备租赁合同。合同主要条款如下。

(1) 租赁标的物：甲生产设备。

(2) 租赁期开始日：20×0 年 12 月 31 日。

(3) 租赁期：20×0 年 12 月 31 日至 20×2 年 12 月 31 日。

(4) 租金支付方式：20×1 年和 20×2 年每年年末支付租金 1 000 万元。

(5) 租赁期满时，甲生产设备的估计余值为 100 万元，其中 A 公司担保的余值为 100 万元。

(6) 甲生产设备为全新设备，20×0 年 12 月 31 日的公允价值为 1922.40 万元，预计使用年限为 3 年。

(7) 租赁内含利率为 6%。

(8) 20×2 年 12 月 31 日，A 公司将甲生产设备归还给 B 租赁公司。

甲生产设备于 20×0 年 12 月 31 日运抵 A 公司，当日投入使用。A 公司对该设备采用平均年限法计提折旧，与租赁有关的未确认融资费用采用实际利率法摊销，并假定未确认融资费用在相关资产的折旧期限内摊销。

要求：

(1) 判断该租赁的类型，并说明理由。

(2) 编制 A 公司租赁期开始日的有关会计分录。

(3) 编制 A 公司在 20×1 年年末和 20×2 年年末与租金支付以及其他与租赁事项有关的会计分录(假定相关事项均在年末进行账务处理)。(金额单位用万元表示)

3．假设 20×1 年 1 月 1 日，甲公司将一套公允价值为 3 100 万元的全新办公设备，按照 3 000 万元的价格售给乙公司，并立即签订了一份租赁合同，从乙公司租回该办公设备，租期为 4 年。办公设备原账面价值为 3 100 万元，预计使用年限为 25 年。租赁合同规定，在租期的每年年末支付租金 60 万元，假定在市场上租用同等的办公设备需每年年末支付租金 85 万元。租赁期满后乙公司收回办公设备使用权。(假设甲公司和乙公司均在年末确认租金费用和经营租赁收入并且不存在租金逾期支付的情况)

要求：作出上述甲公司售后租回交易的会计处理。

第 6 章　投资性房地产会计

教学目标

通过本章的学习，要理解投资性房地产的定义、特征及范围，理解投资性房地产的确认条件；掌握投资性房地产初始计量、资本化的后续支出的核算；掌握投资性房地产用公允价值模式进行后续计量的核算，掌握投资性房地产由成本模式转为公允价值模式的核算；掌握投资性房地产转换、处置的核算。

教学要求

知识要点	能力要求	相关知识
投资性房地产的特征与范围	理解投资性房地产的定义 学会识别投资性房地产的范围	投资性房地产的定义 投资性房地产的范围
投资性房地产确认和初始计量	学会不同计量模式下初始确认的账务处理 学会投资性房地产后续支出的账务处理	投资性房地产的确认 投资性房地产初始计量 投资性房地产的后续支出
投资性房地产的后续计量	学会投资性房地产后续计量的账务处理 学会投资性房地产后续计量模式变更的账务处理	投资性房地产后续计量
投资性房地产的转换和处置	学会房地产用途发生改变的账务处理 学会投资性房地产终止确认的账务处理	投资性房地产的转换 投资性房地产的处置

导入案例

上市公司投资性房地产为什么不愿采用公允价值后续计量模式

《企业会计准则第 3 号——投资性房地产》明确提出成本模式与公允价值模式是投资性房地产在后续计量时可供选择的两种模式。在新准则刚刚出台时，各界普遍预测很多公司会倾向于用公允价值模式，但是在 2007 年上市公司的中期报告却显示出，众多握有物业的房地产公司及商业地产资源的热点公司采用公允价值模式进行后续计量的寥寥无几，大多数公司仍决定采用成本模式。

从 2008 年 1 月 22 日沪深两市上市公司公布首份 2007 年年报开始，截止到 2008 年 4 月 30 日，除*ST 威达(000603)和九发股份(600180)两家公司外，沪深两市合计 1 570 家上市公司(沪市 861 家，深市 709 家)公布了 2007 年年报，其中非金融类上市公司 1 543 家，金融类上市公司 27 家，A+H 股上市公司 53 家。在 1 570 家上市公司中，存在投资性房地产的有 630 家上市公司，占 1570 家的 40.13%。这些公司绝大多数对投资性房地产采用了成本计量模式，仅 18 家上市公司(占有此类业务公司数的 2.86%)采用的是公允价值对投资性房地产进行后续计量。投资性房地产公允价值计量产生的公允价值变动净收益为 22.79 亿元，占有此类业务 18 家公司净利润的 2.61%，占 1 570 家上市公司净利润的 0.23%。

资料来源：谈江辉. 上市公司投资性房地产计量模式选择的动因分析[J]. 当代经济, 2009(19).

问题：

(1) 上市公司为什么不愿采用公允价值后续计量模式核算投资性房地产？

(2) 两种计量模式对企业利润分别有什么影响？

6.1 投资性房地产概述

6.1.1 投资性房地产的定义及特征

1. 投资性房地产的定义

房地产是土地和房屋及其权属的总称。在我国，土地归国家或集体所有，企业只能取得土地使用权。因此，房地产中的土地是指土地使用权。房屋是指土地上的房屋等建筑物及构筑物。投资性房地产是指为赚取租金或资本增值，或者两者兼有而持有的房地产。投资性房地产的确认、计量和披露适用《企业会计准则第 3 号——投资性房地产》(以下简称投资性房地产准则)的规定；房地产租金收入的确认、计量和披露适用《企业会计准则第 21 号——租赁》的规定。

2. 投资性房地产特征

1) 投资性房地产是一种经营性活动

投资性房地产的主要形式是出租建筑物、出租土地使用权，这实质上是一种让渡资产使用权的行为。房地产租金就是让渡资产使用权取得的收入，是企业为完成其经营目标所从事的经营性活动以及与之相关的其他活动形成的经济利益总流入。

投资性房地产的另一种形式是持有并准备增值后转让的土地使用权，尽管其增值收益通常与市场供求、经济发展等因素相关，但目的是为了增值后转让以赚取增值收益，也是企业为完成其经营目标所从事的经营性活动以及与之相关的其他活动形成的经济利益总流入。

2) 投资性房地产目的特殊

企业持有的房地产除了用作自身管理、生产经营活动场所和对外销售之外，也出现了将房地产用于赚取租金或增值收益的活动，甚至是个别企业的主营业务。这就需要将投资性房地产单独作为一项资产核算和反映，与自用的厂房、办公楼等房地产和作为存货(已建完工商品房)的房地产加以区别，从而更加清晰地反映企业所持有房地产的构成情况和盈利能力。

3) 投资性房地产有两种后续计量模式

企业通常应当采用成本模式对投资性房地产进行后续计量，只有在满足特定条件的情况下，即有确凿证据表明其所有投资性房地产的公允价值能够持续可靠取得时，也可以采用公允价值模式进行后续计量。但是，同一企业只能采用一种模式对所有投资性房地产进行后续计量，不得同时采用两种计量模式进行后续计量。

6.1.2 投资性房地产的范围

投资性房地产的范围包括已出租的建筑物、已出租的土地使用权、持有并准备增值后转让的土地使用权。

1. 已出租的建筑物

已出租的建筑物是指企业拥有产权并以经营租赁方式出租的建筑物，包括自行建造或开发活动完成后用于出租的建筑物。

在判断和确认已出租的建筑物时，应当把握以下要点。

(1) 用于出租的建筑物是指企业拥有产权的建筑物。企业以经营租赁方式租入再转租的建筑物不属于投资性房地产。例如，甲企业与乙企业签订了一项经营租赁合同，乙企业将其持有产权的一栋办公楼出租给甲企业，为期 8 年。甲企业一开始将该办公楼改装后用于自行经营餐馆。2 年后，由于连续亏损，甲企业将餐馆转租给丙公司，以赚取租金差价。这种情况下，对于甲企业而言，该栋楼不属于其投资性房地产；对于乙企业而言，则属于其投资性房地产。

(2) 已出租的建筑物是企业已经与其他方签订了租赁协议，约定以经营租赁方式出租的建筑物。一般应自租赁协议规定的租赁期开始日起，经营租出的建筑物才属于已出租的建筑物。

(3) 通常情况下，对企业持有以备经营出租的空置建筑物，如董事会或类似机构作出书面决议，明确表明将其用于经营出租且持有意图短期内不再发生变化的，即使尚未签订租赁协议，也应视为投资性房地产。这里的“空置建筑物”是指企业新购入、自行建造或开发完工但尚未使用的建筑物，以及不再用于日常生产经营活动且经整理后达到可经营出租状态的建筑物。

(4) 企业将建筑物出租，按租赁协议向承租人提供的相关辅助服务在整个协议中不重大的，应当将该建筑物确认为投资性房地产。例如，甲企业将其办公楼出租，同时向承租人提供维护、保安等日常辅助服务，甲企业应当将其确认为投资性房地产。

2. 已出租的土地使用权

已出租的土地使用权是指企业通过出让或转让方式取得的以经营租赁方式出租的土地使用权。企业取得的土地使用权通常包括在一级市场上以交纳土地出让金的方式取得的土地使用权，也包括在二级市场上接受其他单位转让的土地使用权。例如，甲公司与乙公司签署了土地使用权租赁协议，甲公司以年租金 500 万元租赁使用乙公司拥有的 30 万平方米土地的使用权。那么，自租赁协议约定的租赁期开始日起，这项土地使用权属于乙公司的投资性房地产。

对于以经营租赁方式租入土地使用权再转租给其他单位的，不能确认为投资性房地产。

3. 持有并准备增值后转让的土地使用权

持有并准备增值后转让的土地使用权是指企业取得的准备增值后转让的土地使用权。这类土地使用权很可能给企业带来资本增值收益，符合投资性房地产的定义。例如，企业发生转产或厂址搬迁，部分土地使用权停止自用，管理层决定继续持有这部分土地使用权，待其增值后转让以赚取增值收益。

但是，下列项目不属于投资性房地产。

1) 自用房地产

自用房地产是指为生产商品、提供劳务或者经营管理而持有的房地产。如企业生产经营用的厂房和办公楼属于固定资产；企业生产经营用的土地使用权属于无形资产。自用房地产的特征在于服务于企业自身的生产经营活动，其价值将随着房地产的使用而逐渐转移到企业的产品或服务中去，通过销售商品或提供服务为企业带来经济利益，在产生现金流量的过程中与企业持有的其他资产密切相关。例如，企业出租给本企业职工居住的宿舍，虽然也收取租金，但间接为企业自身的生产经营服务，因此具有自用房地产的性质。

2) 作为存货的房地产

作为存货的房地产通常是指房地产开发企业在正常经营过程中销售的或为销售而正在开发的商品房和土地。这部分房地产属于房地产开发企业的存货，其生产、销售构成企业的主营业务活动，产生的现金流量也与企业的其他资产密切相关。因此，具有存货性质的房地产不属于投资性房地产。

从事房地产经营开发的企业依法取得的、用于开发后出售的土地使用权，属于房地产开发企业的存货，即使房地产开发企业决定待增值后再转让其开发的土地，也不得将其确认为投资性房地产。

3) 闲置土地

按照国家有关规定认定的闲置土地，不属于持有并准备增值后转让的土地使用权，也就不属于投资性房地产。

在实务中，存在某项房地产部分自用或作为存货出售、部分用于赚取租金或资本增值的情形。如某项投资性房地产不同用途的部分能够单独计量和出售的，应当分别确认为固定资产、无形资产、存货和投资性房地产。例如，甲房地产开发商建造了一栋商住两用楼盘，一层出租给一家大型超市，已签订经营租赁合同；其余楼层均为普通住宅，正在公开销售。这种情况下，如果一层商铺能够单独计量和出售，应当确认为甲企业的投资性房地产，其余楼层为甲企业的存货，即开发产品。

6.2 投资性房地产的确认和初始计量

6.2.1 投资性房地产的确认和初始计量原则

投资性房地产只有在符合定义的前提下，同时满足下列条件的，才能予以确认：一是与该投资性房地产有关的经济利益很可能流入企业；二是该投资性房地产的成本能够可靠地计量。

对已出租的土地使用权、已出租的建筑物，其作为投资性房地产的确认时点一般为租赁期开始日，即土地使用权、建筑物进入出租状态、开始赚取租金的日期；对企业持有以备经营出租的空置建筑物，其作为投资性房地产的确认时点一般为董事会或类似机构作出书面决议的日期；对持有并准备增值后转让的土地使用权，其作为投资性房地产的确认时点为企业将自用土地使用权停止自用、准备增值后转让的日期。投资性房地产应当按照成本模式进行初始计量。

1. 外购投资性房地产的确认和初始计量

在采用成本模式计量时，外购的土地使用权和建筑物应按照取得时的实际成本进行初始计量，借记“投资性房地产”科目，贷记“银行存款”等科目。取得时的实际成本包括购买价款、相关税费和可直接归属于该资产的其他支出。企业购入的房地产，部分用于出租(或资本增值)、部分自用，用于出租(或资本增值)的部分应当予以单独确认的，应按照不同部分的公允价值占公允价值总额的比例，将成本在不同部分之间进行分配。

在采用公允价值模式计量时，企业应当在“投资性房地产”科目下设置“成本”和“公允价值变动”两个明细科目，按照外购的土地使用权和建筑物发生的实际成本，计入“投资性房地产——成本”科目。

采用公允价值模式计量的条件，将在第 6 章 6.3 节“投资性房地产的后续计量”中予以阐述。

【例 6-1】 20×0 年 3 月，甲企业计划购入一栋写字楼用于对外出租。3 月 11 日，甲企业与乙企业签订了经营租赁合同，约定自写字楼购买日起将这栋写字楼出租给乙企业，为期 5 年。4 月 8 日，甲企业实际购入写字楼，支付价款共计 1 500 万元。假设不考虑其他因素，甲企业采用成本模式进行后续计量。

甲企业的账务处理如下。

借：投资性房地产——写字楼　　15 000 000

　　贷：银行存款　　15 000 000

【例 6-2】 沿用例 6-1，假设甲企业拥有的投资性房地产符合采用公允价值计量模式的条件，采用公允价值模式进行后续计量。

甲企业的账务处理如下。

借：投资性房地产——成本(写字楼)　　15 000 000

　　贷：银行存款　　15 000 000

2. 自行建造投资性房地产的确认和初始计量

自行建造投资性房地产，其成本由建造该项资产达到预定可使用状态前发生的必要支出构成，包括土地开发费、建筑成本、安装成本、应予以资本化的借款费用、支付的其他费用和分摊的间接费用等。建造过程中发生的非正常性损失，直接计入当期损益，不计入建造成本。

采用成本模式计量的，应按照确定的成本，借记“投资性房地产”科目，贷记“在建工程”或“开发产品”科目；采用公允价值模式计量的，应按照确定的成本，借记“投资性房地产——成本”科目，贷记“在建工程”或“开发产品”科目。

【例 6-3】 20×0 年 1 月，甲企业从其他单位购入一块土地的使用权，并在这块土地上开始自行建造三栋厂房。20×0 年 10 月，甲企业预计厂房即将完工，与乙公司签订了经营租赁合同，将其中的一栋厂房租赁给乙公司使用。租赁合同约定：该厂房于完工(达到预定可使用状态)时开始起租。20×0 年 11 月 1 日，三栋厂房同时完工(达到预定可使用状态)。该块土地使用权的成本为 900 万元，三栋厂房的实际造价均为 2 000 万元，能够单独出售。假设甲企业采用成本模式计量。

20×0 年 11 月 1 日，甲企业确认投资性房地产造价部分。

借：投资性房地产——厂房　　20 000 000

　　贷：在建工程——厂房　　20 000 000

土地使用权中的对应部分同时转换为投资性房地产。

借：投资性房地产——已出租土地使用权

　　(9 000 000×(20 000 000÷60 000 000))3 000 000

　　贷：无形资产——土地使用权　　3 000 000

3. 非投资性房地产转换为投资性房地产的确认和初始计量

非投资性房地产转换为投资性房地产，实质上是因房地产的用途发生改变而对房地产进行的重新分类。转换日通常为租赁期开始日。房地产转换的计量将在第 6 章 6.4 节“投资性房地产的转换和处置”中进行介绍。

6.2.2 与投资性房地产有关的后续支出

1. 资本化的后续支出

与投资性房地产有关的后续支出，满足投资性房地产确认条件的，应当计入投资性房地产成本。例如，企业为了提高投资性房地产的使用效能，往往需要对投资性房地产进行改建、扩建而使其更加坚固耐用，或者通过装修而改善其室内装潢，改扩建或装修支出满足确认条件的，应当将其资本化。企业对某项投资性房地产进行改扩建等再开发，且将来仍作为投资性房地产的，在再开发期间应继续将其作为投资性房地产，但不计提折旧或摊销。

【例 6-4】 20×0 年 4 月，甲企业与乙企业的一项厂房经营租赁合同即将到期。该厂房按照成本模式进行后续计量，原价为 3 100 万元，已计提折旧 700 万元。为了提高厂房的租金收入，甲企业决定在租赁期满后对厂房进行改扩建，并与丙企业签订了经营租赁合同，约定自改扩建完工时将厂房出租给丙企业。4 月 1 日，与乙企业的租赁合同到期，厂房随即进入改扩建工程。12 月 10 日，厂房改扩建工程完工，共发生支出 170 万元，即日按照租赁合同出租给丙企业。

本例中，改扩建支出属于资本化的后续支出，应当记入投资性房地产的成本。

甲企业的账务处理如下。

(1) 20×0 年 4 月 1 日，投资性房地产转入改扩建工程。

借：投资性房地产——厂房(在建)　　24 000 000
　　投资性房地产累计折旧　　7 000 000
　　贷：投资性房地产——厂房　　31 000 000

(2) 20×0 年 4 月 1 日～12 月 10 日。

借：投资性房地产——厂房(在建)　　1 700 000
　　贷：银行存款等　　1 700 000

(3) 20×0 年 12 月 10 日，改扩建工程完工。

借：投资性房地产——厂房　　25 700 000
　　贷：投资性房地产——厂房(在建)　　25 700 000

【例 6-5】 沿用例 6-4，假设甲企业采用公允价值计量模式。20×0 年 4 月 1 日，厂房账面余额为 1 700 万元，其中成本 1 200 万元，累计公允价值变动 500 万元。

甲企业的账务处理如下。

(1) 20×0 年 4 月 1 日，投资性房地产转入改扩建工程。

借：投资性房地——厂房(在建)　　17 000 000
　　贷：投资性房地产——成本　　12 000 000
　　　　　　　　　　——公允价值变动　　5 000 000

(2) 20×0 年 4 月 1 日～12 月 10 日。

借：投资性房地产——厂房(在建)　　1 700 000
　　贷：银行存款　　1 700 000

(3) 20×0 年 12 月 10 日，改扩建工程完工。

借：投资性房地产——成本　　18 700 000
　　贷：投资性房地产——厂房(在建)　　18 700 000

2. 费用化的后续支出

与投资性房地产有关的后续支出，不满足投资性房地产确认条件的，应当在发生时计入当期损益。例如，企业对投资性房地产进行日常维护所发生的支出。企业在发生投资性房地产费用化的后续支出时，借记“其他业务成本”等科目，贷记“银行存款”等科目。

6.3 投资性房地产的后续计量

6.3.1 采用成本模式进行后续计量的投资性房地产

采用成本模式进行后续计量的投资性房地产，应当按照《企业会计准则第 4 号——固定资产》或《企业会计准则第 6 号——无形资产》的有关规定，按期(月)计提折旧或摊销，借记“其他业务成本”等科目，贷记“投资性房地产累计折旧(摊销)”；取得的租金收入，借记“银行存款”等科目，贷记“其他业务收入”等科目。

投资性房地产存在减值迹象的，还应当按照资产减值的有关规定，经减值测试后确定发生减值的，应当计提减值准备，借记“资产减值损失”科目，贷记“投资性房地产减值准备”科目。已经计提减值准备的投资性房地产，其减值损失在以后的会计期间不得转回。

【例 6-6】 20×0 年 12 月 1 日甲企业的一栋办公楼出租给乙企业使用，已确认为投资性房地产，采用成本模式进行后续计量。假设这栋办公楼的成本为 2 400 万元，按照直线法计提折旧，使用寿命为 20 年，预计净残值为零。按照经营租赁合同，乙企业每月支付甲企业租金 5 万元。20×1 年 12 月 31 日，这栋办公楼发生减值迹象，经减值测试，其可收回金额为 2 300 万元，此时办公楼的账面价值为 2 280 万元，以前未计提减值准备。

甲企业的账务处理如下。

(1) 计提折旧。

每月计提的折旧：2 400÷20÷12=10(万元)

借：其他业务成本　　　　　　　　　　100 000
　　贷：投资性房地产累计折旧(摊销)　　　　100 000

(2) 每月确认租金。

借：银行存款(或其他应收款)　　　　　　50 000
　　贷：其他业务收入　　　　　　　　　　　50 000

(3) 20×1 年 12 月 31 日计提减值准备。

借：资产减值损失　　　　　　　　　　200 000
　　贷：投资性房地产减值准备　　　　　　　200 000

6.3.2 采用公允价值模式进行后续计量的投资性房地产

企业有确凿证据表明其投资性房地产的公允价值能够持续可靠取得的，可以对投资性房地产采用公允价值模式进行后续计量。企业选择公允价值模式，就应当对其全部投资性房地产采用公允价值模式进行后续计量，不得对一部分投资性房地产采用成本模式进行后续计量，对另一部分投资性房地产采用公允价值模式进行后续计量。在极少数情况下，采用公允价值对投资性房地产进行后续计量的企业，有证据表明，当企业首次取得某项投资性房地产(或某项现有房地产在完成建造或开发活动或改变用途后首次成为投资性房地产)时，该投资性房地产公允价值不能持续可靠取得的，应当对该投资性房地产采用成本模式计量直至处置，并假设无残值。但是，采用成本模式对投资性房地产进行后续计量的企业，即使有证据表明，企业首次取得某项投资性房地产时，该投资性房地产公允价值能够持续可靠取得，该企业仍应对该项投资性房地产采用成本模式进行后续计量。

采用公允价值模式计量的投资性房地产，应当同时满足下列条件：一是投资性房地产所在地有活跃的房地产交易市场。所在地通常指投资性房地产所在的城市。对于大中型城市，应当为投资性房地产所在的城区。二是企业能够从活跃的房地产交易市场上取得的同类或类似房地产的市场价格及其他相关信息，从而对投资性房地产的公允价值作出合理的估计。

投资性房地产的公允价值是指在公平交易中，熟悉情况的当事人之间自愿进行房地产交换的价格。确定投资性房地产的公允价值时，可以参照活跃市场上同类或类似房地产的现行市场价格(市场公开报价)；无法取得同类或类似房地产现行市场价格的，可以参照活跃市场上同类或类似房地产的最近交易价格，并考虑交易情况、交易日期、所在区域等因素，从而对投资性房地产的公允价值做出合理的估计；也可以基于预计未来获得的租金收益和相关现金流量予以计量。对建筑物而言，同类或类似的房地产是指所处地理位置和地理环境相同或相近的建筑物；对土地使用权而言，是指同一位置区域、所处地理环境相同或近似、可使用状况相同或相近的土地。

投资性房地产采用公允价值模式进行后续计量的，不计提折旧或摊销，应当以资产负债表日的公允价值计量。资产负债表日，如果投资性房地产的公允价值高于其账面余额的差额，借记“投资性房地产——公允价值变动”科目，贷记“公允价值变动损益”科目；公允价值低于其账面余额的差额作相反的账务处理。

【例 6-7】 甲公司为从事房地产经营开发的企业。20×0 年 6 月，甲公司与乙公司签订租赁协议，约定将甲公司开发的一栋精装修的写字楼于开发完成的同时开始租赁给乙公司使用，租赁期为 10 年。当年 9 月 1 日，该写字楼开发完成并开始起租，写字楼的造价为 8 000 万元。20×0 年 12 月 31 日，该写字楼的公允价值为 8 400 万元。假设甲企业采用公允价值计量模式。

甲企业的账务处理如下。

(1) 20×0 年 9 月 1 日，甲公司开发完成写字楼并出租。

借：投资性房地产——成本　　80 000 000

　　贷：开发成本　　80 000 000

(2) 20×0 年 12 月 31 日，按照公允价值为基础调整其账面价值，公允价值与原账面价值之间的差额计入当期损益。

借：投资性房地产——公允价值变动　　4 000 000

　　贷：公允价值变动损益　　4 000 000

6.3.3 投资性房地产后续计量模式的变更

为保证会计信息的可比性，企业对投资性房地产的计量模式一经确定，不得随意变更。只有在房地产市场比较成熟、能够满足采用公允价值模式条件的情况下，才允许企业对投资性房地产从成本模式计量变更为公允价值模式计量。

成本模式转为公允价值模式的，应当作为会计政策变更处理，并按计量模式变更时公允价值与账面价值的差额，调整期初留存收益。已采用公允价值模式计量的投资性房地产，不得从公允价值模式转为成本模式。

【例 6-8】 20×0 年，甲企业将一栋写字楼对外出租，采用成本模式进行后续计量。20×2 年 2 月 1 日，假设甲企业持有的投资性房地产满足采用公允价值模式条件，甲企业决定采用公允价值模式计量对该写字楼进行后续计量。20×2 年 2 月 1 日，该写字楼的原价为 7 000 万元，已计提折旧 250 万元，账面价值为 6 750 万元，公允价值为 8 300 万元。甲企业按净利润的 10%计提盈余公积。

甲企业的账务处理如下。

借：投资性房地产——成本　　83 000 000
　　投资性房地产累计折旧　　2 500 000
　　贷：投资性房地产　　70 000 000
　　　　利润分配——未分配利润　　13 950 000
　　　　盈余公积　　1 550 000

6.4 投资性房地产的转换和处置

6.4.1 投资性房地产的转换

1. 投资性房地产的转换形式和转换日

1) 房地产转换形式

房地产的转换是因房地产用途发生改变而对房地产进行的重新分类。这里所说的房地产转换是针对房地产用途发生改变而言，而不是后续计量模式的转变。企业必须有确凿证据表明房地产的用途发生改变时，才能将投资性房地产转换为非投资性房地产或者将非投资性房地产转换为投资性房地产。这里的确凿证据包括两个方面：一是企业董事会或类似机构应当就改变房地产用途形成正式的书面决议；二是房地产因用途改变而发生实际状态上的改变，如从自用状态改为出租状态。房地产的转换形式主要包括以下 5 种。

(1) 投资性房地产开始自用，相应地由投资性房地产转换为固定资产或无形资产。投资性房地产开始自用是指企业将原来用于赚取租金或资本增值的房地产改为用于生产商品、提供劳务或者经营管理，例如，企业将出租的厂房收回，并用于生产本企业的产品。

(2) 作为存货的房地产，改为出租，通常指房地产开发企业将其持有的开发产品以经营租赁的方式出租，相应地由存货转换为投资性房地产。

(3) 自用建筑物停止自用，改为出租，相应地由固定资产转换为投资性房地产。

(4) 自用土地使用权停止自用，用于赚取租金或资本增值，相应地由无形资产转换为投资性房地产。

(5) 房地产企业将用于经营出租的房地产重新开发用于对外销售，从投资性房地产转为存货。

2) 投资性房地产转换日的确定

转换日的确定关系到资产的确认时点和入账价值，因此非常重要。转换日是指房地产的用途发生改变、状态相应发生改变的日期。转换日的确定标准主要包括以下 4 点。

(1) 投资性房地产开始自用，转换日是指房地产达到自用状态，企业开始将房地产用于生产商品、提供劳务或者经营管理的日期。

(2) 作为存货的房地产改为出租，或者自用建筑物或土地使用权停止自用改为出租，转换日应当为租赁期开始日。租赁期开始日是指承租人有权行使其使用租赁资产权利的日期。

(3) 自用土地使用权停止自用，改为用于资本增值，转换日是指企业停止将该项土地使用权用于生产商品、提供劳务或经营管理且管理当局作出房地产转换决议的日期。

(4) 投资性房地产转换为存货，转换日为租赁期届满、企业董事会或权力机构作出书面决议明确表明将其重新开发用于对外销售的日期。

2. 投资性房地产转换为非投资性房地产

1) 采用成本模式进行后续计量的投资性房地产转换为自用房地产

企业将投资性房地产转换为自用房地产，应当按该项投资性房地产在转换日的账面余额、累计折旧或摊销、减值准备等，分别转入“固定资产”、“累计折旧”、“固定资产减值准备”等科目；按投资性房地产的账面余额，借记“固定资产”或“无形资产”科目，贷记“投资性房地产”科目；按已计提的折旧或摊销，借记“投资性房地产累计折旧(摊销)”科目，贷记“累计折旧”或“累计摊销”科目；原已计提减值准备的，借记“投资性房地产减值准备”科目，贷记“固定资产减值准备”或“无形资产减值准备”科目。

【例 6-9】 20×0 年 4 月 1 日，甲企业将出租在外的厂房收回，开始用于本企业商品生产。该项房地产账面价值为 4 300 万元，其中，原价 6 500 万元。累计已计提折旧 2 200 万元。假设甲企业采用成本计量模式。

转换日 20×0 年 4 月 1 日，甲企业的账务处理如下。

	借方	贷方
借：固定资产	65 000 000	
投资性房地产累计折旧(摊销)	22 000 000	
贷：投资性房地产		65 000 000
累计折旧		22 000 000

2) 采用公允价值模式进行后续计量的投资性房地产转为自用房地产

企业将采用公允价值模式计量的投资性房地产转换为自用房地产时，应当以其转换当日的公允价值作为自用房地产的账面价值，公允价值与原账面价值的差额计入当期损益。

转换日，按该项投资性房地产的公允价值，借记“固定资产”或“无形资产”科目，按该项投资性房地产的成本，贷记“投资性房地产——成本”科目；按该项投资性房地产的累计公允价值变动，贷记或借记“投资性房地产——公允价值变动”科目；按其差额，贷记或借记“公允价值变动损益”科目。

【例 6-10】 20×0 年 10 月 11 日，甲企业因租赁期满，将出租的写字楼收回，开始作为办公楼用于本企业的行政管理。20×0 年 10 月 11 日，该写字楼的公允价值为 5 500 万元。该项房地产在转换前采用公允价值模式计量，原账面价值为 4 750 万元，其中，成本为 4 500 万元，公允价值变动为增值 250 万元。

转换日 20×0 年 10 月 11 日，甲企业的账务处理如下。

	借方	贷方
借：固定资产	55 000 000	
贷：投资性房地产——成本		45 000 000
投资性房地产——公允价值变动		2 500 000
公允价值变动损益		7 500 000

3) 采用成本模式进行后续计量的投资性房地产转换为存货

企业将投资性房地产转换为存货时，应当按照该项房地产在转换日的账面价值，借记“开发产品”科目，按照已计提的折旧或摊销，借记“投资性房地产累计折旧(摊销)”科目，原已计提减值准备的，借记“投资性房地产减值准备”科目，按其账面余额，贷记“投资性房地产”科目。

4) 采用公允价值模式进行后续计量的投资性房地产转换为存货

企业将采用公允价值模式计量的投资性房地产转换为存货时，应当以其转换当日的公允价值作为存货的账面价值，公允价值与原账面价值的差额计入当期损益。

转换日，按该项投资性房地产的公允价值，借记“开发产品”等科目，按该项投资性房地产的成本，贷记“投资性房地产——成本”科目；按该项投资性房地产的累计公允价值变动，贷记或借记“投资性房地产——公允价值变动”科目；按其差额，贷记或借记“公允价值变动损益”科目。

【例 6-11】 甲房地产开发企业将其开发的部分写字楼用于对外经营租赁。20×0 年 3 月 10 日，因租赁期满，甲企业将出租的写字楼收回，并作出书面决议，将该写字楼重新开发用于对外销售，即由投资性房地产转换为存货，当日的公允价值为 4 700 万元。该项房地产在转换前采用公允价值模式计量，原账面价值为 4 300 万元，其中，成本为 4 000 万元，公允价值增值为 300 万元。

转换日 20×0 年 3 月 10 日，甲企业的账务处理如下。

借：开发产品	47 000 000	
贷：投资性房地产——成本		40 000 000
——公允价值变动		3 000 000
公允价值变动损益		4 000 000

3. 非投资性房地产转换为投资性房地产

1) 采用成本模式对非投资性房地产转换为投资性房地产的后续计量

(1) 作为存货的房地产转换为投资性房地产。

作为存货的房地产转换为投资性房地产通常指房地产开发企业将其持有的开发产品以经营租赁的方式出租，存货相应地转换为投资性房地产。这种情况下，转换日为房地产的租赁期开始日。一般而言，如果企业自行建造或开发完成但尚未使用的建筑物，且企业董事会或类似机构正式作出书面决议，明确表明其自行建造或开发产品用于经营出租、持有意图短期内不再发生变化的，应视为存货转为投资性房地产，转换日为企业董事会或类似机构作出书面决议的日期。

企业将作为存货的房地产转换为采用成本模式计量的投资性房地产，应当按该项存货在转换日的账面价值，借记“投资性房地产”科目，原已计提跌价准备的，借记“存货跌价准备”科目，按其账面余额，贷记“开发产品”等科目。

【例 6-12】 甲企业是从事房地产开发业务的企业，20×0 年 3 月 15 日，甲企业与乙企业签订了租赁协议，将其开发的一栋写字楼出租给乙企业使用，租赁期开始日为 20×0 年 4 月 1 日。20×0 年 4 月 1 日，该写字楼的账面余额 15 000 万元，未计提存货跌价准备。假设甲企业采用成本模式对其投资性房地产进行后续计量。

转换日 20×0 年 4 月 1 日，甲企业的账务处理如下。

借：投资性房地产——写字楼	150 000 000	
贷：开发产品		150 000 000

(2) 自用房地产转换为投资性房地产。

企业将原本用于生产商品、提供劳务或者经营管理的房地产改用于出租，通常应于租赁期开始日，按照固定资产或无形资产的账面价值，将固定资产或无形资产相应地转换为投资性房地产。对不再用于日常生产经营活动且经整理后达到可经营出租状况的房地产，如果企业董事会或类似机构正式作出书面决议，明确表明其自用房地产用于经营出租且持有意图短期内不再发生变化的，应视为自用房地产转换为投资性房地产，转换日为企业董事会或类似机构正式作出书面决议的日期。

企业将自用土地使用权或建筑物转换为以成本模式计量的投资性房地产时，应当按该项建筑物或土地使用权在转换日的原价、累计折旧、减值准备等，分别转入“投资性房地产”、“投资性房地产累计折旧(摊销)”、“投资性房地产减值准备”科目，按其账面余额，借记“投资性房地产”科目，贷记“固定资产”或“无形资产”科目；按已计提的折旧或摊销，借记“累计摊销”或“累计折旧”科目，贷记“投资性房地产累计折旧(摊销)”科目；原已计提减值准备的，借记“固定资产减值准备”或“无形资产减值准备”科目，贷记“投资性房地产减值准备”科目。

【例 6-13】甲企业拥有 1 栋办公楼，用于本企业总部办公。20×0 年 2 月 10 日，甲企业与乙企业签订了经营租赁协议，将这栋办公楼整体出租给乙企业使用，租赁期开始日为 20×0 年 3 月 1 日，为期 4 年。20×0 年 3 月 1 日，这栋办公楼的账面余额 19 000 万元，已计提折旧 700 万元。假设甲企业采用成本计量模式。

转换日 20×0 年 3 月 1 日，甲企业的账务处理如下。

借：投资性房地产——写字楼	190 000 000	
累计折旧	7 000 000	
贷：固定资产		190 000 000
投资性房地产累计折旧(摊销)		7 000 000

2) 采用公允价值模式对非投资性房地产转换为投资性房地产的后续计量

(1) 作为存货的房地产转换为投资性房地产。

企业将作为存货的房地产转换为采用公允价值模式计量的投资性房地产，应当按该项房地产在转换日的公允价值入账，借记“投资性房地产——成本”科目，原已计提跌价准备的，借记“存货跌价准备”科目；按其账面余额，贷记“开发产品”等科目。同时，转换日的公允价值小于账面价值的，按其差额，借记“公允价值变动损益”科目；转换日的公允价值大于账面价值的，按其差额，贷记“资本公积——其他资本公积”科目。当该项投资性房地产处置时，因转换计入资本公积的部分应转入当期损益。

【例 6-14】 20×0 年 4 月 10 日，甲房地产开发公司与乙企业签订了租赁协议，将其开发的一栋写字楼出租给乙企业。租赁期开始日为 20×0 年 5 月 1 日。20×0 年 5 月 1 日，该写字楼的账面余额 31 000 万元，公允价值为 33 000 万元。20×0 年 12 月 31 日，该项投资性房地产的公允价值为 35 000 万元。

甲企业的账务处理如下。

① 20×0 年 5 月 1 日。

借：投资性房地产——成本	330 000 000	
贷：开发产品		310 000 000
资本公积——其他资本公积		20 000 000

② 20×0年12月31日。

借：投资性房地产——公允价值变动　　20 000 000

　　贷：公允价值变动损益　　20 000 000

(2) 自用房地产转换为投资性房地产。

企业将自用房地产转换为采用公允价值模式计量的投资性房地产，应当按该项土地使用权或建筑物在转换日的公允价值，借记“投资性房地产——成本”科目，按已计提的累计摊销或累计折旧，借记“累计摊销”或“累计折旧”科目；原已计提减值准备的，借记“无形资产减值准备”、“固定资产减值准备”科目；按其账面余额，贷记“固定资产”或“无形资产”科目。同时，转换日的公允价值小于账面价值的，按其差额，借记“公允价值变动损益”科目；转换日的公允价值大于账面价值的，按其差额，贷记“资本公积——其他资本公积”科目。当该项投资性房地产处置时，因转换计入资本公积的部分应转入当期损益。

【例6-15】 20×0年6月，甲企业打算搬迁至新建办公楼，由于原办公楼处于商业繁华地段，甲企业准备将其出租，以赚取租金收入。20×0年10月，甲企业完成了搬迁工作，原办公楼停止自用并与乙企业签订了租赁协议，将其原办公楼租赁给乙企业使用，租赁其开始日为20×0年11月1日，租赁期限为3年。20×0年11月1日，该办公楼原价为39 000万元，已提折旧22 250万元，公允价值为11 000万元。甲企业采用公允价值模式计量。

转换日20×0年11月1日，甲企业的账务处理如下。

借：投资性房地产——成本　　110 000 000

　　公允价值变动损益　　57 500 000

　　累计折旧　　222 500 000

　　贷：固定资产　　390 000 000

6.4.2 投资性房地产的处置

当投资性房地产被处置，或者永久退出使用且预计不能从其处置中取得经济利益时，应当终止确认该项投资性房地产。

企业可以通过对外出售或转让的方式处置投资性房地产以取得收益。对于那些由于使用而不断磨损直到最终报废，或者由于遭受自然灾害等非正常损失而发生毁损的投资性房地产应当及时进行清理。此外，企业因其他原因，如非货币性交易等而减少投资性房地产的，也属于投资性房地产的处置。企业出售、转让、报废投资性房地产或者发生投资性房地产毁损时，应当将处置收入扣除其账面价值和相关税费后的金额计入当期损益。

1. 采用成本模式计量的投资性房地产的处置

处置采用成本模式进行后续计量的投资性房地产时，应当按实际收到的金额，借记“银行存款”等科目，贷记“其他业务收入”科目；按该项投资性房地产的账面价值，借记“其他业务成本”科目，按其账面余额，贷记“投资性房地产”科目；按照已计提的折旧或摊销，借记“投资性房地产累计折旧(摊销)”科目；原已计提减值准备的，借记“投资性房地产减值准备”科目。

【例6-16】 甲企业为了满足市场需求、扩大再生产，将生产车间从市中心搬迁到郊区。20×0

年 1 月 8 日，管理层决定，将原厂区陈旧厂房拆除平整后，持有以备增值后转让，土地使用权的账面余额为 4 000 万元，已计提摊销 400 万元，剩余使用年限 40 年，按照直线法摊销，不考虑残值。20×3 年 1 月 6 日，甲企业将原厂区出售，取得转让收入 4 800 万元。假设不考虑相关税费。

甲企业的账务处理如下。

(1) 转换日 20×0 年 1 月 8 日。

借：投资性房地产——土地使用权　　40 000 000
　　累计摊销　　4 000 000
　　贷：无形资产——土地使用权　　40 000 000
　　　　投资性房地产累计折旧(摊销)　　4 000 000

(2) 计提摊销(假设按年)。

借：其他业务成本　　((40 000 000−4 000 000)÷40)900 000
　　贷：投资性房地产累计折旧(摊销)　　900 000

(3) 20×3 年 1 月 6 日出售时。

借：银行存款　　48 000 000
　　贷：其他业务收入　　48 000 000
借：其他业务成本　　33 300 000
　　投资性房地产累计折旧(摊销)　　(4 000 000+900 000×3)6 700 000
　　贷：投资性房地产——土地使用权　　40 000 000

2. 采用公允价值模式计量的投资性房地产的处置

处置采用公允价值模式计量的投资性房地产时，应当按实际收到的金额，借记“银行存款”等科目，贷记“其他业务收入”科目；按该项投资性房地产的账面余额，借记“其他业务成本”科目，按其成本，贷记“投资性房地产——成本”科目；按其累计公允价值变动，贷记或借记“投资性房地产——公允价值变动”科目。同时结转投资性房地产累计公允价值变动。若存在原转换日计入资本公积的金额，也一并结转。

【例 6-17】 甲为一家房地产开发企业，20×0 年 3 月 10 日，甲企业与乙企业签订了租赁协议，将其开发的一栋写字楼出租给乙企业使用，租赁期开始日为 20×0 年 4 月 1 日。20×0 年 4 月 1 日，该写字楼的账面余额 43 000 万元，公允价值为 51 000 万元。20×0 年 12 月 31 日，该项投资性房地产的公允价值为 54 000 万元。20×1 年 6 月租赁期届满，企业收回该项投资性房地产，并以 58 000 万元出售，出售款项已收讫。甲企业采用公允价值模式计量。

甲企业的账务处理如下。

(1) 20×0 年 4 月 1 日，存货转换为投资性房地产。

借：投资性房地产——成本　　510 000 000
　　贷：开发产品　　430 000 000
　　　　资本公积——其他资本公积　　80 000 000

(2) 20×0 年 12 月 31 日，公允价值变动。

借：投资性房地产——公允价值变动　　30 000 000
　　贷：公允价值变动损益　　30 000 000

(3) 20×1 年 6 月，出售投资性房地产。

	借方	贷方
借：银行存款	580 000 000	
贷：其他业务收入		580 000 000
借：其他业务成本	540 000 000	
贷：投资性房地产——成本		510 000 000
——公允价值变动		30 000 000
借：公允价值变动损益	30 000 000	
贷：其他业务成本		30 000 000
借：资本公积——其他资本公积	80 000 000	
贷：其他业务成本		80 000 000

本 章 小 结

本章着重讲述了投资性房地产的定义、范围、投资性房地产的确认和初始计量、与投资性房地产有关的后续支出的会计处理、采用成本模式或公允价值模式进行后续计量投资性房地产的会计处理、投资性房地产的转换和处置的会计处理。

投资性房地产的主要形式是出租建筑物、出租土地使用权和持有并准备增值后转让的土地使用权。投资性房地产应当按照成本进行初始计量。

与投资性房地产有关的后续支出，满足投资性房地产确认条件的，应当计入投资性房地产成本；不满足投资性房地产确认条件的，应当在发生时计入当期损益。

投资性房地产的后续计量有成本模式和公允价值模式两种。对投资性房地产的计量模式一经确定，不得随意变更。采用成本模式进行后续计量的投资性房地产，应按期计提折旧或摊销，还应当进行减值测试，已经计提减值准备的投资性房地产，其减值损失在以后的会计期间不得转回。采用公允价值模式进行后续计量的投资性房地产，不计提折旧或摊销，应当以资产负债表日的公允价值计量。

投资性房地产转换为非投资性房地产或者非投资性房地产转换为投资性房地产时，应注意不同计量模式的会计处理的差别。不同计量模式的投资性房地产处置的会计处理也不同。

重要术语

土地使用权、房屋、投资性房地产、公允价值、成本模式、公允价值模式、空置建筑物、自用房地产、闲置土地、公允价值变动、资本化的后续支出、费用化的后续支出、房地产转换形式、投资性房地产转换日、投资性房地产处置

参考阅读文献

[1]《企业会计准则第 3 号——投资性房地产》(2006 年 2 月 15 日财政部发布，自 2007 年 1 月 1 日起施行)

[2]《企业会计准则第 3 号——投资性房地产》应用指南(2006 年 10 月 30 日财政部发布，自 2007 年 1 月 1 日起施行)

[3]《企业会计准则第 21 号——租赁》(2006 年 2 月 15 日财政部发布，自 2007 年 1 月 1 日起施行)

[4]《企业会计准则第 21 号——租赁》应用指南(2006 年 10 月 30 日财政部发布，自 2007 年 1 月 1 日起施行)

习　　题

一、单项选择题

1．下列项目中，属于投资性房地产的是(　　)。

A．已出租的投资性房地产租赁期届满，因暂时空置但继续用于出租的房地产

B．房地产开发公司开发的商品房

C．企业拥有并自行经营的旅馆、饭店

D．出租给本企业职工居住的宿舍

2．下列各项说法，不正确的是(　　)。

A．租赁期开始日是指承租人有权行使其使用租赁资产权利的日期

B．非投资性房地产转换为投资性房地产的转换日通常为租赁期开始日

C．自用建筑物或土地使用权停止自用，已达到可经营出租状态，且企业管理当局正式作出书面决议将用于经营出租且持有意图短期内不再发生改变的，可视为非投资性房地产转换为投资性房地产，转换日为企业管理当局正式作出书面决议的日期

D．自用建筑物或土地使用权停止自用，已达到可经营出租状态，且企业管理当局正式作出书面决议将用于经营出租且持有意图短期内不再发生改变的，可视为非投资性房地产转换为投资性房地产，转换日为租赁期开始日

3．甲企业对其拥有一项投资性房地产，一直采用成本模式进行后续计量。20×1 年 1 月 1 日，甲企业具备了采用公允价值模式计量的条件，将该项投资性房地产从成本模式转换为公允价值模式计量。20×1 年 1 月 1 日，该写字楼的原价为 2 500 万元，已计提折旧 300 万元，账面价值为 2 200 万元，公允价值为 2 800 万元。不考虑所得税影响，则甲企业的下列处理正确的是(　　)。

A．确认资本公积 600 万元　　B．确认资本公积 300 万元

C．调整留存收益 600 万元　　D．确认公允价值变动损益 600 万元

4．A 公司将原采用公允价值模式计价的一幢出租用办公楼收回，作为企业的自用房地产处理。在出租收回前，该投资性房地产的成本和公允价值变动明细科目分别为 1 000 万元和 200 万元(贷方)。转换当日该厂房的公允价值为 900 万元。则该资产在转换日影响损益的金额为(　　)万元。

A．0　　B．100　　C．-100　　D．300

5．A 公司对投资性房地产采用公允价值模式计量。20×0 年 1 月，A 公司自行建造一幢写字楼，20×0 年 10 月 10 日，该写字楼开发完工，尚未对外招租，当日，A 公司管理当局作出书面决议，明确表明将其用于经营出租且持有意图短期内不会发生变化。20×0 年 12 月 10 日，A 公司与 B 公司签订协议，A 公司将其以经营方式整体出租给 B 企业，租赁期为 3 年，租赁期开始日为 20×1 年 1 月 1 日，则下列说法正确的是(　　)。

A．A 公司应自 20×1 年 1 月 1 日起对该写字楼按投资性房地产进行核算

B．A 公司应自 20×0 年 12 月 1 日起对该写字楼按投资性房地产进行核算

C．A 公司应自 20×0 年 10 月 10 日起对该写字楼按投资性房地产进行核算

D．在写字楼完工时，A 公司应先按固定资产进行核算，在租赁期开始日再转换为投资性房地产

6．下列有关投资性房地产计量模式的说法中正确的是(　　)。

A．企业只能采用成本模式对投资性房地产进行后续计量

B．企业对所有投资性房地产进行后续计量时，可以同时采用成本模式和公允价值模式两种计量模式

C．企业有确凿证据表明投资性房地产的公允价值能够持续可靠取得且满足采用公允价值模式条件的，可将成本模式变更公允价值模式，并作为会计政策变更处理

D．企业对投资性房地产采用公允价值模式的也可转为成本模式，并作为会计政策变更处理

7．甲房地产开发股份公司(以下简称甲公司)于 20×1 年 1 月 1 日将作为存货的商品房转换为采用公允价值模式计量的投资性房地产，转换日的商品房账面余额为 1 000 万元，已计提存货跌价准备 100 万元，该项房产在转换日的公允价值为 1 250 万元，下列有关该项投资性房地产的会计处理的说法中正确的是(　　)。

A．甲公司应按 900 万元确认为投资性房地产

B．甲公司应将公允价值大于账面余额的差额 250 万元确认为资本公积

C．甲公司应将公允价值大于账面价值的差额 350 万元确认为公允价值变动损益

D．甲公司应将公允价值大于账面价值的差额 350 万元确认为资本公积

8．下列各项中，能够影响企业当期损益的是(　　)。

A．采用成本计量模式，期末投资性房地产的可收回金额高于账面价值

B．采用成本计量模式，期末投资性房地产的可收回金额高于账面余额

C．采用公允价值计量模式，期末投资性房地产的公允价值高于账面余额

D．自用的房地产转换为采用公允价值模式计量的投资性房地产时，转换日房地产的公允价值大于账面价值

9．甲企业于 20×0 年 6 月 30 日将一写字楼对外出租并采用公允价值模式计量，租期为 5 年，每年 12 月 31 日收取租金 200 万元，出租时，该幢商品房的成本为 4 000 万元，公允价值为 3 800 万元，20×0 年 12 月 31 日，该幢商品房的公允价值为 4 100 万元。甲企业 20×0 年应确认的公允价值变动损益为(　　)万元。

A．损失 50　　B．收益 50　　C．收益 100　　D．损失 100

10．乙企业于 20×0 年 1 月 1 日外购一建筑物，含税售价 500 万元，该建筑用于出租，年租金 20 万，每年年初收取。该企业采用公允价值模式对其进行后续计量。20×0 年 12 月 31 日该建筑物的公允价值为 520 万元，20×1 年 12 月 31 日该建筑物的公允价值为 510 万，20×2 年 1 月 1 日甲企业出售该建筑物，售价 510 万元，处置时影响损益的金额合计是(　　)万元。

A．0　　B．10　　C．20　　D．30

二、多项选择题

1．下列表述正确的有(　　)。

A．按照国家有关规定认定的闲置土地不属于持有并准备增值后转让的土地使用权

B．企业将某项房地产部分用于出租，部分用于自用，不能够区分出租部分和自用部分并进行分别核算的，企业应将该房地产整体确认为投资性房地产

C．企业将某项房地产部分用于出租，部分用于自用，能够区分出租部分和自用部分并对两者分别进行核算的，则企业可以将出租部分确认为投资性房地产

D．企业将某项房地产整体对外经营出租，并负责提供日常维护、保安服务，企业应将其确认为投资性房地产

E．企业通过经营租赁方式租入再转租的建筑物也属于投资性房地产

2．下列关于投资性房地产的说法，正确的有(　　)。

A．企业持有以备经营出租的空置建筑物，应作为投资性房地产

B．投资性房地产再开发期间不计提折旧或摊销

C．投资性房地产的公允价值是指在公平交易中，熟悉情况的当事人之间自愿进行房地产交换的价格

D．房地产开发企业将用于经营出租的房地产收回且重新用于对外销售的，投资性房地产转换为存货。转换日为租赁期届满，企业董事会或类似机构作出书面决议明确表明将其重新用于对外销售的日期

E．采用成本模式计量的投资性房地产可根据经营管理需要从成本模式计量变更为公允价值模式计量

3．根据《企业会计准则第 3 号——投资性房地产》，企业拥有的下列房地产中，属于该企业投资性房地产的有(　　)。

A．已签订租赁协议约定自下一年 1 月 1 日起开始出租的土地使用权

B．企业管理当局已作出书面决议明确将继续持有，待其增值后转让的土地使用权

C．企业持有以备经营出租的空置建筑物

D．已经营出租但仍由本企业提供日常维护的建筑物

E．经营出租给本企业职工居住的建筑物

4．关于投资性房地产的计量模式，下列说法中正确的有(　　)。

A．一般情况下，已经采用公允价值模式计量的同一项投资性房地产，不得从公允价值模式转为成本模式

B．已经采用成本模式计量的投资性房地产，不得从成本模式转为公允价值模式

C．采用公允价值模式计量的，不对投资性房地产计提折旧或进行摊销

D．企业对投资性房地产计量模式一经确定不得随意变更

E．采用成本模式计量的投资性房地产，在一定条件下可以转为按照公允价值模式来计量

5．关于投资性房地产的后续计量，下列说法正确的有(　　)。

A．采用公允价值模式计量的，应确认公允价值变动损益

B．一般情况下，已采用公允价值模式计量的投资性房地产，可以从公允价值模式转为成本模式

C．已经采用成本模式计量的，可以转为采用公允价值模式计量

D．采用公允价值模式计量的，应对投资性房地产计提折旧或进行摊销

E．采用公允价值模式计量的，不需对投资性房地产进行减值测试

6．下列有关投资性房地产的说法中，正确的有(　　)。

A．成本模式转为公允价值模式的，应当作为会计政策变更处理

B．将自用建筑物或土地使用权停止自用改为出租，其转换日为租赁期开始日

C．将自用建筑物或土地使用权停止自用改为出租，在成本模式下，应当将房地产转换前的账面价值作为转换后的入账价值

D．将自用房地产转换为采用公允价值模式计量的投资性房地产，转换当日的公允价值小于原账面价值的，其差额计入所有者权益

E．将自用房地产转换为采用公允价值模式计量的投资性房地产，转换当日的公允价值大于原账面价值的，其差额计入所有者权益

7．企业有确凿证据表明房地产用途发生改变的，应当将投资性房地产转换为其他资产或者将其他资产转换为投资性房地产的有(　　)。

A．投资性房地产开始自用

B．作为存货的房地产，改为出租

C．自用建筑物停止自用，改为出售

D．自用土地使用权停止自用，用于资本增值

E．自用机器设备停止自用，改为出租

8．下列情况下，企业可将其他资产转换为投资性房地产的有(　　)。

A．房地产企业将开发的原准备对外出售的商品房改为对外经营出租

B．投资性房地产由成本模式改按公允价值模式进行计量

C．原自用土地使用权停止自用，改为对外经营出租

D．自用的厂房停止自用并以融资租赁方式对外出租

E．拟对外经营出租且已经停止自用但尚未达到可出租状态的建筑物

9．下列有关投资性房地产转换日确定的表述中正确的有(　　)。

A．投资性房地产转为自用房地产，其转换日为房地产达到自用状态，企业开始将房地产用于生产商品、提供劳务或者经营管理的日期

B．作为存货的房地产改为出租，其转换日为租赁开始日

C．作为自用的建筑物停止自用，改为出租，其转换日为租赁期开始日

D．自用土地使用权停止自用，改为用于资本增值，其转换日为企业停止自用且管理当局作出房地产转换决议的日期

E．自用土地使用权停止自用，改为用于资本增值，其转换日为土地使用权开始增值的日期

10．投资性房地产采用公允价值模式进行计量需要设置的账户有(　　)。

A．投资性房地产累计折旧　　B．投资性房地产累计摊销

C．投资性房地产减值准备　　D．投资性房地产

E．公允价值变动损益

三、计算及会计处理题

1．长江房地产公司(以下简称长江公司)于20×0年1月1日将一幢商品房对外出租并采用公允价值模式计量，租期为3年，每年12月31日收取租金100万元，出租时，该幢商品房的成本为2 000万元，公允价值为2 200万元，20×0年12月31日，该幢商品房的公允价值为2 150万元，20×1年12月31日，该幢商品房的公允价值为2 120万元，20×2年12月31日，该幢商品房的公允价值为2 050万元，20×3年1月5日将该幢商品房对外出售，收到2 080万元存入银行。

要求：编制长江公司上述经济业务的会计分录。(假定按年确认公允价值变动损益和租金收入)

2．甲股份有限公司(以下简称甲公司)为华东地区的一家上市公司，属于增值税一般纳税企业，适用的增值税税率为17%。甲公司20×0年至20×2年与投资性房地产有关的业务资料如下。

(1) 20×0年1月，甲公司购入一幢建筑物，款项910万元以银行存款转账支付。不考虑其他相关税费。

(2) 甲公司购入的上述用于出租的建筑物预计使用寿命为15年，预计净残值为10万元，采用年限平均法按年计提折旧。

(3) 甲公司将取得的该项建筑物自当月起用于对外经营租赁，甲公司对该房地产采用成本模式进行后续计量。

(4) 甲公司该项房地产20×0年取得租金收入为90万元，已存入银行。假定不考虑其他相关税费。

(5) 20×2年12月，甲公司将原用于出租的建筑物收回，作为企业经营管理用固定资产处理。

要求：

(1) 编制甲公司20×0年1月取得该项建筑物的会计分录。

(2) 计算20×0年度甲公司对该项建筑物计提的折旧额，并编制相应的会计分录。

(3) 编制甲公司20×0年取得该项建筑物租金收入的会计分录。

(4) 计算甲公司该项房地产20×1年年末的账面价值。

(5) 编制甲公司20×2年收回该项建筑物的会计分录。

3．乙股份有限公司(以下简称乙公司)注册地在上海市，为增值税一般纳税企业，适用的增值税税率为17%。不考虑除增值税以外的其他税费。乙公司对投资性房地产采用公允价值模式计量。乙公司有关房地产的相关业务资料如下。

(1) 20×0 年 1 月，乙公司自行建造办公大楼。在建设期间，乙公司购进为工程准备的一批物资，价款为 1 400 万元，增值税为 238 万元。该批物资已验收入库，款项以银行存款支付。该批物资全部用于办公楼工程项目。乙公司为建造工程，领用本企业生产的库存商品一批，成本 160 万元，计税价格 200 万元，另支付在建工程人员薪酬 362 万元。

(2) 20×0 年 8 月，该办公楼的建设达到了预定可使用状态并投入使用。该办公楼预计使用寿命为 20 年，预计净残值为 94 万元，采用直线法计提折旧。

(3) 20×1 年 12 月，乙公司与丙公司签订了租赁协议，将该办公大楼经营租赁给丙公司，租赁期为 10 年，年租金为 240 万元，租金于每年年末结清。租赁期开始日为 20×2 年 1 月 1 日。

(4) 与该办公大楼同类的房地产在 20×2 年年初的公允价值为 2 200 万元，20×2 年年末的公允价值为 2 400 万元。

(5) 20×3 年 1 月，甲公司与丙公司达成协议并办理过户手续，以 2 500 万元的价格将该项办公大楼转让给丙公司，全部款项已收到并存入银行。

要求：

(1) 编制乙公司自行建造办公大楼的有关会计分录。

(2) 计算乙公司该项办公大楼 20×1 年年末累计折旧的金额。

(3) 编制乙公司将该项办公大楼停止自用，改为出租的有关会计分录。

(4) 编制乙公司该项办公大楼有关 20×2 年末后续计量的有关会计分录。

(5) 编制乙公司该项办公大楼有关 20×2 年租金收入的会计分录。

(6) 编制乙公司 20×3 年处置该项办公大楼的有关会计分录。

4. 甲公司采用公允价值模式计量投资性房地产。有关资料如下。

(1) 20×0 年 12 月 1 日甲公司与 A 公司签订协议，将自用的办公楼出租给 A 公司，租期为 3 年，每年租金为 1 000 万元，于年初收取，20×1 年 1 月 1 日为租赁期开始日，20×3 年 12 月 31 日到期。转换日的公允价值为 30 000 万元，该固定资产账面原值为 20 000 万元，已计提的累计折旧为 10 000 万元，未计提减值准备。各年 1 月 1 日均收到租金。

(2) 20×1 年 12 月 31 日该投资性房地产的公允价值为 30 500 万元。

(3) 20×2 年 12 月 31 日该投资性房地产的公允价值为 30 800 万元。

(4) 20×3 年 12 月 31 日租赁协议到期，甲公司收回办公楼作为自有办公楼，该办公楼的公允价值为 30 700 万元。

要求：

(1) 编制 20×1 年 1 月 1 日转换日转换房地产的有关会计分录。

(2) 编制收到租金的相关会计分录。

(3) 编制 20×1 年 12 月 31 日调整投资性房地产的会计分录。

(4) 编制 20×2 年 12 月 31 日调整投资性房地产的会计分录。

(5) 编制 20×3 年 12 月 31 日租赁协议到期的相关会计分录。

(6) 假定 20×3 年 12 月 31 日租赁协议到期时，将其出售，价款为 30 700 万元，编制相关分录。

第 7 章 所得税会计

教学目标

通过本章的学习，要理解资产负债表债务法、应纳税暂时性差异、可抵扣暂时性差异、递延所得税负债与递延所得税资产等重要概念；掌握资产与负债的计税基础的确定方法、应纳税暂时性差异与可抵扣暂时性差异的确定方法；掌握递延所得税负债和递延所得税资产的确认和计量；掌握所得税费用的计算及其账务处理。

教学要求

知识要点	能力要求	相关知识
所得税会计概述	理解资产负债表债务法 熟悉所得税会计的一般程序	资产负债表债务法 所得税会计的一般程序
计税基础 暂时性差异	学会确定资产和负债的账面价值与计税基础 学会确定资产和负债产生的暂时性差异 学会确定特殊项目产生的暂时性差异	资产、负债的计税基础 应纳税暂时性差异 可抵扣暂时性差异
递延所得税负债 递延所得税资产 所得税费用	学会递延所得税负债的账务处理 学会递延所得税资产的账务处理 学会计算所得税费用	递延所得税负债的确认和计量 递延所得税资产的确认和计量 递延所得税费用

导入案例

递延所得税资产的确认

2006年，我国财政部颁布所得税会计准则。这个准则是在借鉴《国际会计准则第12号——所得税》，并结合我国实际情况的基础上起草完成的。会计准则中明确指出：“按照暂时性差异确认递延所得税资产和递延所得税负债。在税率变动时，应当对递延所得税资产或递延所得税负债进行调整”。也就是说，新的会计准则关注的是暂时性差异，而不是以前的时间性差异，新所得税会计准则扩大了差异的范围，依据的是经济利润观来对企业的所得税进行会计处理，即所得税会计处理方法采用的是资产负债表债务法。在资产负债表债务法下，资产负债表中采用了“递延所得税资产”或“递延所得税负债”的概念，使递延税款具有资产负债表上资产和负债的定义，表示企业在未来应收回或清偿的资产或负债。这种处理方法就可以清晰反映企业的财务状况，更有利于企业的正确决策。

1. 2006年末ST平能公司递延所得税资产确认

ST平能公司与平煤集团进行了资产置换，在资产置换前，公司截止到2006年末累计亏损1 363 754 813.04元，在资产置换后，以目前公司盈利能力来计算，公司有能力在5年内弥补以前年度的亏损。据此ST平能公司向内蒙古自治区赤峰市元宝山区地方税务局提出《关于内蒙古平庄能源股份有限公司弥补以前年度亏损的申请》。2007年8月9日，经该局批复同意允许ST平能公司在税法允许的年限内对2002～2006年的亏损额用以后不超过5年的应纳税所得额弥补亏损，累计可弥补亏损额1 318 050 919.89元。因此，根据内蒙古自治区赤峰市元宝山区地方税务局确认的可弥补亏损额，分别追溯调整增加2006年期末的公司递延所得税资产以及调整增加2006年期末未分配利润434 956 803.56元。

2. ST平能公司递延所得税资产确认的分析

从ST平能公司的公告来看，公司对递延所得税资产的确认金额的变动采用了追溯调整法。

根据所得税会计准则第二十条规定：资产负债表日，企业应当对递延所得税资产的账面价值进行复核。如果未来期间很可能无法获得足够的应纳税所得额用以抵扣递延所得税资产的利益，应当减记递延所得税资产的账面价值。在很可能获得足够的应纳税所得额时，减记的金额应当转回。

以前没有确认的递延所得税资产的金额，由于环境发生和估计数发生变化，而这种变化是一种估计的变更，因此对递延所得税资产的确认不应该采用追溯调整法，而应该是未来适用法。ST平能公司的递延所得税资产估计金额的变动应采用未来适用法，而不是追溯调整法。

资料来源：叶建芳. 从上市公司案例看递延所得税资产的确认[J]. 财会学习, 2009(01).

问题：

(1) 递延所得税资产是资产吗？

(2) 是否有明显的迹象表明上市公司运用递延所得税资产的确认、减值以及转回进行盈余管理？

(3) 对于企业发生亏损的，确认递延所得税资产时应注意什么？

7.1 所得税会计概述

《企业会计准则第18号——所得税》(以下简称所得税准则)采用资产负债表债务法核算所得税。资产负债表债务法要求企业从资产负债表出发，通过比较资产负债表上列示的资产、负债的账面价值与按照税法规定确定的计税基础，对于两者之间的差异分别为应纳税暂时性差异与可抵扣暂时性差异，确认相关的递延所得税负债与递延所得税资产，并在此基础上确定每一会计期间利润表中的所得税费用。

7.1.1 资产负债表债务法的理论基础

企业在一定期间所实现的利润或亏损，必然表现为资产和负债的变动，收入有资产增加或负债减少相伴随，而成本费用的发生会减少企业资产或增加负债。资产和负债变动反映利润增加的情况不外乎以下 4 种。

(1) 资产增加，负债不变，表明企业获得了利润。

(2) 资产不变，负债减少，同样表明企业获得了利润。

(3) 资产和负债都增加，但资产增量大于负债增量，表明企业获得了利润。

(4) 资产和负债同减，但资产减量小于负债减量，同样表明企业获得了利润。

如企业在一个期间的资产和负债发生了与上述相反的变化，则企业当期的成果为亏损。因此，可通过计算和比较期初和期末净资产来确定一个会计期间的利润。在确定资产变动时，所有者在此期间的追加投资和派给所有者的款项必须除外。

资产负债表债务法从资产负债观出发，认为每一项交易或事项发生后，应首先关注其对资产负债的影响，然后再根据资产负债的变化来确认利润(或损失)。所以资产负债表债务法认为，所得税会计的首要目的应是确认并计量由于会计和税法差异给企业未来经济利益流入或流出带来的影响，将所得税核算对企业的资产和负债的影响放在首位；而收益表债务法从收入费用观出发，认为首先应考虑与交易或事项相关的收入和费用的直接确认，从收入和费用的直接配比来计量企业的收益。我国过去对企业的评价一般强调利润指标，核算观念更多地侧重收入费用观。但是随着我国经济环境的变化和会计准则与国际趋同，收入费用观逐步被更为科学的资产负债观所取代。所得税准则中明确指出，企业所得税核算采用资产负债表债务法。可以说，这是我国在制定会计准则和会计核算中由收入费用观向资产负债观转变迈出的极大一步。

由于会计和税法的目的不同，因此往往对相同的资产和负债项目采取不同的计量属性、会计政策和会计估计，导致资产、负债项目的账面价值和计税基础产生了暂时性差异，这些差异随时间的推移会逐渐消除。资产、负债的账面价值与其计税基础不同，产生了在未来收回资产或清偿负债的期间内，应纳税所得额增加或减少并导致未来期间应交所得税增加或减少的情况，形成企业的资产和负债。所以在有关暂时性差异发生当期，符合确认条件的情况下，应当确认相关的递延所得税负债或递延所得税资产。因此，资产负债表债务法在所得税的会计核算方面贯彻了资产、负债的定义。

7.1.2 所得税会计的一般程序

采用资产负债表债务法核算所得税的情况下，企业一般应于每一资产负债表日进行所得税的核算。企业合并等特殊交易或事项发生时，在确认因交易或事项取得的资产、负债时即应确认相关的所得税。企业进行所得税核算一般应遵循以下程序。

(1) 按照相关会计准则的规定确定资产负债表中除递延所得税资产和递延所得税负债以外的其他资产和负债项目的账面价值。资产、负债的账面价值是指企业按照相关会计准则的规定进行核算后在资产负债表中列示的金额。对于计提了减值准备的各项资产，是指其账面余额减去已计提减值准备后的金额。例如，企业持有的应收账款账面余额为 1 500 万元，企业对该应收账款计提了 100 万元的坏账准备，其账面价值则为 1 400 万元。

(2) 按照会计准则中对于资产和负债计税基础的确定方法，以适用的税收法规为基础，确定资产负债表中有关资产、负债项目的计税基础。应予说明的是，资产、负债的计税基础是会计上的定义，但其确定应当遵循税法的规定。

(3) 比较资产、负债的账面价值与其计税基础，对于两者之间存在差异的，分析其性质，除准则中规定的特殊情况外，分别为应纳税暂时性差异与可抵扣暂时性差异，确定资产负债表日递延所得税负债和递延所得税资产的应有金额，并与期初递延所得税资产和递延所得税负债的余额相比，确定递延所得税资产和递延所得税负债的当期发生额，作为递延所得税。

(4) 就企业当期发生的交易或事项，按照适用的税法规定计算确定当期应纳税所得额，将应纳税所得额与适用的所得税税率计算的结果确认为当期应交所得税。

(5) 确定利润表中的所得税费用。利润表中的所得税费用包括当期所得税(当期应交所得税)和递延所得税费用(或收益)两部分，企业在计算确定了当期所得税和递延所得税费用(或收益)后，两者之和(或之差)是利润表中的所得税费用。

所得税会计核算的一般程序如图 7.1 所示。

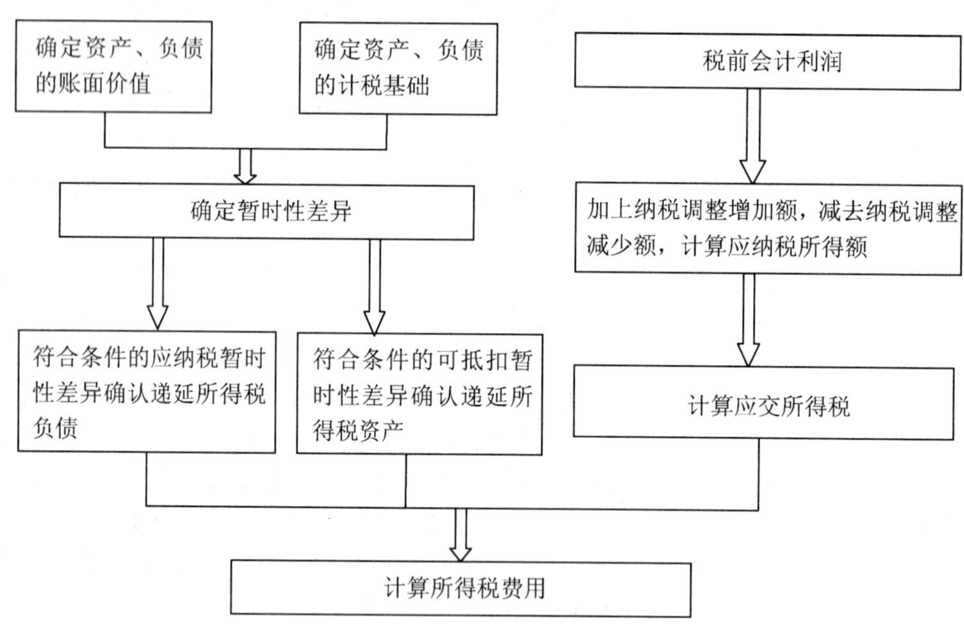

图 7.1 所得税会计核算的一般程序

7.2 计税基础和暂时性差异

7.2.1 资产的计税基础

资产的计税基础是指在企业收回资产账面价值的过程中，计算应纳税所得额时按照税法规定可以自应税经济利益中抵扣的金额，即某一项资产在未来期间计税时按照税法规定可以税前扣除的金额。

资产在初始确认时，其计税基础一般为取得成本，即企业为取得某项资产实际支付的金额；在资产持续持有的过程中，其计税基础是指资产的取得成本减去以前期间按照税法规定已经税前扣除的金额后的余额；固定资产、无形资产等长期资产在某一资产负债表日的计税基础是指其成本扣除按照税法规定已在以前期间税前扣除的累计折旧额或累计摊销额后的金额。

1. 固定资产的账面价值与计税基础

固定资产在投入企业时，账面价值和计税基础一般是一致的，都为历史成本。

固定资产在持有期间进行后续计量时，会计上的基本计量模式是“成本——累计折旧——固定资产减值准备”；税收上的基本计量模式是“成本——按照税法规定计算确定的累计折旧”。会计与税收处理的差异主要来自于折旧以及固定资产减值准备的计提。

1) 折旧

折旧因素包括折旧的会计政策、折旧年限和残值估计等，这些因素可能导致固定资产的账面价值和计税基础之间的差异。特别是在固定资产的折旧方法方面，会计和税法允许的折旧方法是有差异的：会计准则规定：企业应当根据与固定资产有关的经济利益的预期实现方式合理地选择折旧方法，如可以按年限平均法计提折旧，也可以按照双倍余额递减法、年数总和法等计提折旧；税法中除某些按照规定可以加速折旧的情况外，基本上可以税前扣除的是按照年限平均法计提的折旧。

另外税法还就每一类固定资产的折旧年限作出了规定；会计处理时按照准则规定，折旧年限是由企业按照固定资产能够为企业带来经济利益的期限而估计的。折旧年限的不同，也会使固定资产账面价值与计税基础之间产生差异。

2) 资产减值准备

持有固定资产的期间，在对固定资产计提了减值准备以后，因所计提的减值准备在计提当期不允许税前扣除，所以也会造成固定资产的账面价值与计税基础之间的差异。

【例 7-1】 甲企业于 20×0 年 12 月 2 日取得的某项环保用固定资产，原价为 600 万元，使用年限为 10 年，会计上采用年限平均法计提折旧，净残值为零。税法规定该类固定资产采用加速折旧法计提的折旧可于税前扣除，该企业在计税时采用双倍余额递减法计提折旧，净残值为零。20×2 年 12 月 31 日，企业估计该项固定资产的可收回金额为 400 万元。

分析：20×2 年 12 月 31 日，该项固定资产的账面余额=600−60×2=480(万元)，该账面余额大于其可收回金额 400 万元，应计提 80 万元的固定资产减值准备。

20×2 年 12 月 31 日，该项固定资产的账面价值=600−60×2−80=400(万元)

20×2 年 12 月 31 日，该项固定资产的计税基础=600−600×20%−480×20%=384(万元)

该项固定资产账面价值 400 万元与其计税基础 384 万元之间的 16 万元差额，代表将于未来期间计入企业应纳税所得额的金额。

【例 7-2】 乙企业于 20×0 年年末以 600 万元购入一项生产用固定资产，按照该项固定资产的预计使用情况，乙企业在会计核算时估计其使用寿命为 5 年，计税时，按照适用税法规定，其最低折旧年限为 10 年，该企业计税时按照 10 年计算确定可税前扣除的折旧额。假定会计与税收均按年限平均法计列折旧，净残值均为零。20×1 年该项固定资产按照 12

个月计提折旧。本例中固定资产未发生减值。

分析：20×1 年 12 月 31 日，该项固定资产账面价值=600−600÷5=480(万元)

20×1 年 12 月 31 日，该项固定资产计税基础=600−600÷10=540(万元)

2. 无形资产的账面价值与计税基础

除内部研究开发形成的无形资产以外，其他方式取得的无形资产在初始确认时，按照会计准则规定确定的入账价值与按照税法规定确定的计税基础之间一般不存在差异。无形资产的差异主要产生于内部研究开发形成的无形资产以及使用寿命不确定的无形资产。

1) 内部研究开发形成的无形资产

会计准则规定有关研究开发支出分为两个阶段，研究阶段的支出应当费用化计入当期损益，而开发阶段符合资本化条件的支出应当计入所形成无形资产的成本；税法规定，自行开发的无形资产，以开发过程中该资产符合资本化条件后至达到预定用途前发生的支出为计税基础。对于研究开发费用的加计扣除，税法中规定企业为开发新技术、新产品、新工艺而发生的研究开发费用，未形成无形资产计入当期损益的，在按照规定据实扣除的基础上，按照研究开发费用的 50%加计扣除；形成无形资产的，按照无形资产成本的 150%摊销。

对于内部研究开发形成的无形资产，一般情况下初始确认时按照会计准则规定确定的成本与其计税基础应当是相同的。对于享受税收优惠的研究开发支出，在形成无形资产时，按照会计准则规定确定的成本为研究开发过程中符合资本化条件后至达到预定用途前发生的支出，而税法规定按照无形资产成本的 150%摊销，则其计税基础应在会计入账价值的基础上加计 50%，从而产生账面价值与计税基础在初始确认时的差异，但如果该无形资产的确认不是产生于企业合并交易、同时在确认时既不影响会计利润也不影响应纳税所得额，按照所得税会计准则的规定，不确认该暂时性差异的所得税影响。

2) 无形资产后续计量

无形资产在后续计量时，会计与税收的差异主要产生于对无形资产是否需要摊销及无形资产减值准备的计提方面。

会计准则规定，应根据无形资产使用的寿命情况，将其区分为使用寿命有限的无形资产和使用寿命不确定的无形资产。对于使用寿命不确定的无形资产，不要求摊销，但在会计期末应进行减值测试。税法规定，企业取得无形资产的成本，应在一定期限内摊销，有关摊销额允许税前扣除。

在对无形资产计提减值准备的情况下，因所计提的减值准备不允许税前扣除，所以也会造成其账面价值与计税基础的差异。

【例 7-3】 A 企业当期为开发新技术发生研究开发支出 800 万元，其中研究阶段支出 100 万元，开发阶段符合资本化条件前发生的支出为 200 万元，符合资本化条件后至达到预定用途前发生的支出为 500 万元。假定开发形成的无形资产在当期期末已达到预定用途(尚未开始摊销)。

分析：A 企业当年发生的研究开发支出中，按照会计准则规定应予费用化的金额为 300 万元，形成无形资产的成本为 500 万元，即期末所形成无形资产的账面价值为 500 万元。

对于按照会计准则规定形成无形资产的部分，税法规定按照无形资产成本的 150%作为计算未来期间摊销额的基础，即该项无形资产在初始确认时的计税基础为(500×150%)750万元。

【例 7-4】 乙企业于 20×0 年 1 月 1 日取得某项无形资产，取得成本为 2 000 万元，取得该项无形资产后，根据各方面情况判断，乙企业无法合理预计其使用期限，将其作为使用寿命不确定的无形资产。20×0 年 12 月 31 日，对该项无形资产进行减值测试表明其未发生减值。企业在计税时，对该项无形资产按照 10 年的期限进行摊销，摊销金额允许税前扣除。

分析：会计上将该项无形资产作为使用寿命不确定的无形资产，因未发生减值，其在 20×0 年 12 月 31 日的账面价值为取得成本 2 000 万元。

该项无形资产在 20×0 年 12 月 31 日的计税基础为 1 800(成本 2 000-按照税法规定可于税前扣除的摊销额 200)万元。

3. 以公允价值计量且其变动计入当期损益的金融资产的账面价值与计税基础

按照《企业会计准则第 22 号——金融工具确认和计量》的规定，以公允价值计量且其变动计入当期损益的金融资产于某一会计期末的账面价值为公允价值。按照税法规定，以公允价值计量的金融资产在持有期间市价的波动在计税时不予考虑，有关金融资产在某一会计期末的计税基础为其取得成本，从而造成在公允价值变动的情况下，对以公允价值计量的金融资产账面价值与计税基础之间的差异。

【例 7-5】 20×0 年 9 月 20 日，甲公司自公开市场上取得一项权益性投资，支付价款 2 300 万元，作为交易性金融资产核算。20×0 年 12 月 31 日，该投资的市价为 1 800 万元。

分析：该项交易性金融资产的期末市价为 1 800 万元，其按照会计准则规定，在 20×0 年资产负债表日的账面价值为 1 800 万元。

因税法规定交易性金融资产在持有期间的公允价值变动不计入应纳税所得额，其在 20×0 年资产负债表日的计税基础应维持原取得成本不变，为 2 300 万元。

4. 长期股权投资的账面价值与计税基础

企业持有的长期股权投资，按照会计准则规定按对被投资单位的影响程度及是否存在活跃市场、公允价值能否可靠取得等方面的区别分别采用成本法及权益法进行核算。

税法中对于投资资产的处理，要求按规定确定其成本后，在转让或处置投资资产时，其成本准予扣除。因此，税法中对于长期股权投资并没有权益法的概念。长期股权投资取得后，如果按照会计准则规定采用权益法核算，则一般情况下在持有过程中随着应享有被投资单位净资产份额的变化，其账面价值与计税基础会产生差异，该差异主要源于以下 3 种情况。

1) 初始投资成本的调整

采用权益法核算的长期股权投资，取得时应比较其初始投资成本与按比例计算应享有被投资单位可辨认净资产公允价值的份额，在初始投资成本小于按比例计算应享有被投资单位可辨认净资产公允价值份额的情况下，应当调整长期股权投资的账面价值，同时将其确认为当期收益。因该种情况下在确定了长期股权投资的初始投资成本以后，按照税法规定并不要求对其成本进行调整，计税基础维持原取得成本不变，因此其账面价值与计税基础会产生差异。

2) 投资损益的确认

对于采用权益法核算的长期股权投资，持有投资期间在被投资单位实现净利润或发生净损失时，投资企业按照持股比例计算应享有的部分，应调整长期股权投资的账面价值，同时将其确认为当期损益。长期股权投资的账面价值因确认投资损益变化时，其计税基础不会随之发生变化。按照税法规定，居民企业直接投资于其他居民企业取得的投资收益免税，即作为投资企业，其在未来期间自被投资单位分得有关现金股利或利润时，该部分现金股利或利润免税，在持续持有的情况下，该部分差额对未来期间不会产生计税影响。

3) 应享有被投资单位其他权益的变化

采用权益法核算的长期股权投资，除确认应享有被投资单位的净损益外，对于应享有被投资单位的其他权益变化，也应调整长期股权投资的账面价值，但其计税基础不会发生变化。

【例 7-6】甲公司于 20×0 年 1 月 2 日以银行存款 5 000 万元取得乙公司 30%的有表决权股份，拟长期持有并能够对乙公司施加重大影响，该项长期股权投资采用权益法核算。投资时乙公司可辨认净资产公允价值总额为 16 000 万元(假定取得投资时乙公司各项可辨认资产、负债的公允价值与账面价值相同)。乙公司 20×0 年实现净利润 1 700 万元，未发生影响权益变动的其他交易或事项。甲公司及乙公司均为居民企业，适用的所得税税率均为 25%，双方采用的会计政策及会计期间相同。税法规定：居民企业之间的股息红利免税。

20×0 年 1 月 2 日，甲公司会计处理如下。

借：长期股权投资　　50 000 000

　　贷：银行存款　　50 000 000

因该项长期股权投资的初始投资成本(5 000 万元)大于按照持股比例计算应享有乙公司可辨认净资产公允价值的份额(4 800 万元)，其初始投资成本无须调整。

确认投资损益如下所示。

借：长期股权投资——损益调整　　5 100 000

　　贷：投资收益　　5 100 000

20×0 年 12 月 31 日该项长期股权投资的账面价值为 5 510 万元。

该项长期股权投资的计税基础如下。

(1) 取得时成本为 5 000 万元。

(2) 期末因税法中没有权益法的概念，对于应享有被投资单位的净损益不影响长期股权投资的计税基础，其于 20×0 年 12 月 31 日的计税基础仍为 5 000 万元。

5. 其他资产的账面价值与计税基础

因会计准则规定与税收法规规定不同，企业持有的其他资产可能导致其账面价值与计税基础之间存在差异，如采用公允价值模式计量的投资性房地产、计提了资产减值准备的相关资产等。

1) 投资性房地产

企业持有的投资性房地产进行后续计量时，会计准则规定可以采用两种模式，一种是成本模式，采用该种模式计量的投资性房地产，其账面价值与计税基础的确定与固定资产、无形资产相同；另一种是在符合规定条件的情况下，采用公允价值模式对投资性房地产进行后续计量。对于采用公允价值模式进行后续计量的投资性房地产，其计税基础的确定类似于以公允价值计量且其变动计入当期损益的金融资产。

【例 7-7】甲公司于 20×0 年 1 月 1 日将其某自用房屋用于对外出租，该房屋的成本为 800 万元，预计使用年限为 20 年。转为投资性房地产之前，已使用 4 年，企业按照年限平均法计提折旧，预计净残值为零。转为投资性房地产核算后，能够持续可靠地取得该投资性房地产的公允价值，甲公司采用公允价值对该投资性房地产进行后续计量。假定税法规定的折旧方法、折旧年限及净残值与会计规定的相同。同时，税法规定资产在持有期间公允价值的变动不计入应纳税所得额，待处置时一并计算确定应计入应纳税所得额的金额。该项投资性房地产在 20×0 年 12 月 31 日的公允价值为 1 000 万元。

分析：该项投资性房地产在 20×0 年 12 月 31 日的账面价值为其公允价值 1 000 万元，其计税基础为取得成本扣除按照税法规定允许税前扣除的折旧额后的金额，即其计税基础=800−800÷20×5=600 万元。

2) 其他计提资产减值准备的各项资产

有关资产计提了减值准备后，其账面价值会随之下降，而税法规定资产在发生实质性损失之前，不允许税前扣除，即其计税基础不会因减值准备的提取而变化，造成在计提资产减值准备以后，资产的账面价值与计税基础之间存在差异。

【例 7-8】 A 公司 20×0 年购入原材料成本为 5 000 万元，因部分生产线停工，当年未领用任何原材料，20×0 年资产负债表日估计该原材料的可变现净值为 4 000 万元。假定该原材料在 20×0 年的期初余额为零。

分析：该项原材料因期末可变现净值低于成本，应计提的存货跌价准备=5 000−4 000=1 000 万元。计提该存货跌价准备后，该项原材料的账面价值为 4 000 万元。

该项原材料的计税基础不会因存货跌价准备的提取而发生变化，其计税基础仍为 5 000 万元不变。

【例 7-9】 甲公司 20×0 年 12 月 31 日应收账款余额为 5 000 万元，该公司期末对应收账款计提了 500 万元的坏账准备。税法规定，不符合国务院财政、税务主管部门规定的各项资产减值准备不允许税前扣除。假定该公司期初应收账款及坏账准备的余额均为零。

分析：该项应收账款在 20×0 年资产负债表日的账面价值为(5 000−500)4 500 万元，因有关的坏账准备不允许税前扣除，其计税基础为 5 000 万元。

7.2.2 负债的计税基础

负债的计税基础是指负债的账面价值减去未来期间计算应纳税所得额时按照税法规定可予抵扣的金额。

负债的确认与偿还一般不会影响企业的损益，也不会影响其应纳税所得额，因此未来期间计算应纳税所得额时按照税法规定可予抵扣的金额为零，计税基础即为账面价值。但是，某些情况下，负债的确认可能会影响企业的损益，进而影响不同期间的应纳税所得额，使得其计税基础与账面价值之间产生差额。

1. 预计负债的账面价值与计税基础

按照《企业会计准则第 13 号——或有事项》的规定，企业对于预计提供售后服务将发生的支出在满足有关确认条件时，销售当期即应确认为费用，同时确认预计负债。因该类事项产生的预计负债在期末的计税基础为其账面价值与未来期间可税前扣除的金额之间的差额，如有关的支出实际发生时可全部税前扣除，其计税基础为零；如果税法规定对于费用支出按照权责发生制原则确定税前扣除时点，所形成负债的计税基础等于账面价值。

其他交易或事项中确认的预计负债，应按照税法规定的计税原则确定其计税基础。某些情况下，因有些事项确认的预计负债，税法规定其支出无论是否实际发生均不允许税前扣除，即未来期间按照税法规定可予抵扣的金额为零，账面价值等于计税基础。

【例 7-10】 甲企业 20×0 年销售产品时承诺提供 3 年的保修服务，在当年度利润表中确认了 400 万元的销售费用，同时确认为预计负债，当年度未发生任何保修支出。假定按照税法规定，与产品售后服务相关的费用在实际发生时允许税前扣除。

分析：该项预计负债在甲企业 20×0 年 12 月 31 日资产负债表中的账面价值为 400 万元。

该项预计负债的计税基础=账面价值-未来期间计算应纳税所得额时按照税法规定可予抵扣的金额=400 万元-400 万元=0

2. 预收账款的账面价值与计税基础

企业在收到客户预付的款项时，因不符合收入确认条件，会计上将其确认为负债。税法中对于收入的确认原则一般与会计规定相同，即会计上未确认收入时，计税时一般也不计入应纳税所得额，该部分经济利益在未来期间计税时可予税前扣除的金额为零，计税基础等于账面价值。

某些情况下，因不符合会计准则规定的收入确认条件，未确认为收入的预收款项，按照税法规定应计入当期应纳税所得额时，有关预收账款的计税基础为零，即因其产生时已经计算交纳所得税，未来期间可全额税前扣除，计税基础为账面价值减去在未来期间可全额税前扣除的金额，即其计税基础为零。

【例 7-11】 A 公司于 20×0 年 12 月 20 日收到客户的一笔合同预付款，金额为 2 000 万元，作为预收账款核算。按照适用税法规定，该款项应计入取得当期应纳税所得额并计算交纳所得税。

分析：该预收账款在 A 公司 20×0 年 12 月 31 日资产负债表中的账面价值为 2 000 万元。

该预收账款的计税基础=账面价值 2 000 万元-未来期间计算应纳税所得额时按照税法规定可予抵扣的金额 2 000 万元=0

3. 应付职工薪酬的账面价值与计税基础

会计准则规定，企业为获得职工提供的服务而给予的各种形式的报酬以及其他相关支出均应作为企业的成本费用，应在未支付之前确认为负债。税法中对于合理的职工薪酬基本允许税前扣除，但税法中明确规定了税前扣除标准的，按照会计准则规定计入成本费用支出的金额超过规定标准部分，应进行纳税调整。因超过部分在发生当期不允许税前扣除，在以后期间也不允许税前扣除，即该部分差额对未来期间计税不产生影响，所产生应付职工薪酬负债的账面价值等于计税基础。

【例 7-12】 甲企业在 20×0 年 12 月计入成本费用的职工工资总额为 3 000 万元，至 20×0 年 12 月 31 日尚未支付。按照适用税法规定，当期计入成本费用的 3 000 万元工资支出中，可予税前扣除的合理部分为 2 000 万元。

分析：20×0 年 12 月 31 日，该项应付职工薪酬的账面价值为 3 000 万元。

20×0 年 12 月 31 日，该项应付职工薪酬的计税基础=账面价值 3 000 万元-未来期间计算应纳税所得额时按照税法规定可予抵扣的金额 0 万元=3 000 万元。

4. 其他负债的账面价值与计税基础

其他负债如企业应交的罚款和滞纳金等，在尚未支付之前应按照会计规定确认为费用，同时作为负债反映。税法规定，罚款和滞纳金不得税前扣除，即该部分费用无论是在发生当期还是在以后期间均不允许税前扣除，其计税基础为账面价值减去未来期间计税时可予税前扣除的金额之间的差额，即计税基础等于账面价值。

【例 7-13】 A 公司 20×0 年 12 月因违反当地有关环保法规的规定，接到环保部门的处罚通知，要求其支付罚款 400 万元。税法规定，企业因违反国家有关法律法规支付的罚款和滞纳金，计算应纳税所得额时不允许税前扣除。至 20×0 年 12 月 31 日，该项罚款尚未支付。

分析：20×0 年 12 月 31 日，应支付罚款产生的负债账面价值为 400 万元。

20×0 年 12 月 31 日，该项负债的计税基础=账面价值 400 万元-未来期间计算应纳税所得额时按照税法规定可予抵扣的金额 0 万元=400 万元。

7.2.3 特殊交易或事项中产生的资产、负债计税基础的确定

除企业在正常生产经营活动过程中取得的资产和负债以外，某些特殊交易中产生的资产、负债，其计税基础的确定都应遵从税法规定，如企业合并过程中取得的资产、负债计税基础的确定。

企业合并的税务处理按条件不同分别适用一般性税务处理规定和特殊性税务处理规定。按照一般性税务处理规定，合并企业应按公允价值确定接受被合并企业各项资产和负债的计税基础，而符合特殊性税务处理条件的，合并企业接受被合并企业资产和负债的计税基础，可以选择以被合并企业的原有计税基础。

而会计准则对企业合并的划分标准、处理原则与税法不同，所以，某些情况下，会造成企业合并中取得的有关资产、负债的入账价值与计税基础的差异。

7.2.4 暂时性差异

暂时性差异是指资产或负债的账面价值与其计税基础之间的差额。

某些不符合资产、负债的确认条件，未作为财务会计报告中资产、负债列示的项目，如果按照税法规定可以确定其计税基础，该计税基础与其账面价值之间的差额也属于暂时性差异。

暂时性差异是资产负债表债务法下的基本概念，这些差异随时间的推移会逐渐消除，所以称之为暂时性差异。

根据暂时性差异对未来期间应纳税所得额影响的不同，分为应纳税暂时性差异和可抵扣暂时性差异。

1. 应纳税暂时性差异

应纳税暂时性差异是指在确定未来收回资产或清偿负债期间的应纳税所得额时，将导致产生应纳税金额的暂时性差异，该差异会增加未来期间的应纳税所得额，在其产生当期

应当确认相关的递延所得税负债。

应纳税暂时性差异通常产生于两种情况。

1) 资产的账面价值大于其计税基础

资产的账面价值代表的是企业在持续使用或最终出售该项资产时将取得的经济利益的总额，而计税基础代表的是资产在未来期间可予税前扣除的总金额。资产的账面价值大于其计税基础，说明该项资产未来期间产生的经济利益不能全部税前抵扣，两者之间的差额需要缴税，产生应纳税暂时性差异。

2) 负债的账面价值小于其计税基础

负债的账面价值小于其计税基础，则意味着该项负债在未来期间可以税前抵扣的金额为负数，产生应纳税暂时性差异，即应在未来期间应纳税所得额的基础上增加应纳税所得额和应交所得税金额，应确认相关的递延所得税负债。

2. 可抵扣暂时性差异

可抵扣暂时性差异是指在确定未来收回资产或清偿负债期间的应纳税所得额时，将导致产生可抵扣金额的暂时性差异。该差异在未来期间转回时会减少转回期间的应纳税所得额，减少未来期间的应交所得税。在可抵扣暂时性差异产生当期，符合确认条件时，应当确认相关的递延所得税资产。

可抵扣暂时性差异一般产生于两种情况。

1) 资产的账面价值小于其计税基础

资产的账面价值小于其计税基础意味着资产在未来期间产生的经济利益少，按照税法规定允许税前扣除的金额多，两者之间的差额可以减少企业在未来期间的应纳税所得额并减少应交所得税，符合有关条件时，应当确认相关的递延所得税资产。

2) 负债的账面价值大于其计税基础

负债产生的暂时性差异实质上是税法规定就该项负债可以在未来期间税前扣除的金额，即：负债产生的暂时性差异=账面价值-计税基础

=账面价值-(账面价值-未来期间计税时按照税法规定可予税前扣除的金额)

=未来期间计税时按照税法规定可予税前扣除的金额

负债的账面价值大于其计税基础，意味着未来期间按照税法规定与负债相关的全部或部分支出可以自未来应纳税经济利益中扣除，减少未来期间的应纳税所得额和应交所得税。符合有关确认条件时，应确认相关的递延所得税资产。

3. 特殊项目产生的暂时性差异

1) 未作为资产、负债确认的项目产生的暂时性差异

某些交易或事项发生以后，因为不符合资产、负债确认条件而未体现为资产负债表中的资产或负债，但按照税法规定能够确定其计税基础的，其账面价值与计税基础之间的差异也构成暂时性差异。如企业发生的符合条件的广告费和业务宣传费支出，除另有规定外，不超过当年销售收入15%的部分，准予扣除；超过部分准予在以后纳税年度结转扣除。该类费用在发生时按照会计准则规定计入当期损益，不形成资产负债表中的资产，但按照税法规定可以确定其计税基础，两者之间的差异也形成暂时性差异。

【例 7-14】 甲公司在 20×0 年发生了 2 200 万元广告费支出，发生时已作为销售费用计入当期损益。税法规定，该类支出不超过当年销售收入 15%的部分允许当期税前扣除，超过部分允许向以后年度结转税前扣除。甲公司 20×0 年实现销售收入 12 000 万元。

分析：该广告费支出因按照会计准则规定在发生时已计入当期损益，不体现为期末资产负债表中的资产，如果将其视为资产，其账面价值为零。

因按照税法规定，该类支出税前列支有一定的标准限制，根据当期甲公司销售收入的 15%计算，当期可予税前扣除(12 000×15%)1 800 万元，当期未予税前扣除的 400 万元可以向以后年度结转，其计税基础为 400 万元。

该项资产的账面价值 0 与其计税基础 400 万元之间产生了 400 万元的暂时性差异，该暂时性差异在未来期间可减少企业的应纳税所得额，为可抵扣暂时性差异，符合确认条件时，应确认相关的递延所得税资产。

2) 可抵扣亏损及税款抵减产生的暂时性差异

按照税法规定可以结转以后年度的未弥补亏损及税款抵减，虽不是因资产、负债的账面价值与计税基础不同产生的，但与可抵扣暂时性差异具有同样的作用，均能够减少未来期间的应纳税所得额，进而减少未来期间的应交所得税，视同可抵扣暂时性差异，符合条件的情况下，应确认与其相关的递延所得税资产。

【例 7-15】 甲公司于 20×0 年因政策性原因发生经营亏损 1 000 万元，按照税法规定，该亏损可用于抵减以后 5 个年度的应纳税所得额。该公司预计其于未来 5 年期间内能够产生足够的应纳税所得额弥补该亏损。

分析：该经营亏损不是由于资产、负债的账面价值与其计税基础之间的不同产生的，但从性质上看可以减少未来期间的应纳税所得额和应交所得税，视同可抵扣暂时性差异。企业预计未来期间内能够产生足够的应纳税所得额，利用该应纳税所得额可抵扣亏损时，应确认相关的递延所得税资产。

7.3 递延所得税负债和递延所得税资产

7.3.1 递延所得税负债的确认和计量

递延所得税负债产生于应纳税暂时性差异。因应纳税暂时性差异在转回期间将增加企业的应纳税所得额和应交所得税，导致企业经济利益的流出，在其发生当期，构成企业应支付税金的义务，应作为负债确认。

确认应纳税暂时性差异产生的递延所得税负债时，交易或事项发生时影响到会计利润或应纳税所得额的，相关的所得税影响应作为利润表中所得税费用的组成部分。与直接计入所有者权益的交易或事项相关的，其所得税影响应减少所有者权益；与企业合并中取得的资产和负债相关的，递延所得税影响应调整购买日应确认的商誉或计入合并当期的损益。

1. 递延所得税负债的确认

1) 确认的一般原则

除所得税准则中明确规定的可不确认递延所得税负债的情况以外，企业对于所有的应纳税暂时性差异均应确认相关的递延所得税负债。

【例 7-16】 甲公司于 20×0 年 12 月底购入一台机器设备，成本为 420 000 元，预计使用年限为 6 年，预计净残值为零。会计上按直线法计提折旧。因该设备符合税法规定的税收优惠条件，计税时可采用年数总和法计提折旧，假定税法规定的使用年限及净残值均与会计规定相同。本例中假定该公司各会计期间均未对固定资产计提减值准备，除该项固定资产产生的会计与税收之间的差异外，不存在其他会计与税收的差异。

该公司每年因固定资产账面价值与计税基础不同应予确认的递延所得税情况见表 7-1。

表 7-1　甲公司递延所得税负债余额表

单位：元

项　目	20×1 年	20×2 年	20×3 年	20×4 年	20×5 年	20×6 年
实际成本	420 000	420 000	420 000	420 000	420 000	420 000
累计会计折旧	70 000	140 000	210 000	280 000	350 000	420 000
账面价值	350 000	280 000	210 000	140 000	70 000	0
累计计税折旧	120 000	220 000	300 000	360 000	400 000	420 000
计税基础	300 000	200 000	120 000	60 000	20 000	0
暂时性差异	50 000	80 000	90 000	80 000	50 000	0
适用税率	25%	25%	25%	25%	25%	25%
递延所得税负债余额	12 500	20 000	22 500	20 000	12 500	0

分析：该项固定资产各年度账面价值与计税基础确定如下。

(1) 20×1 年资产负债表日。

账面价值=实际成本-会计折旧=420 000-70 000=350 000(元)

计税基础=实际成本-税前扣除的折旧额=420 000-120 000=300 000(元)

因账面价值 350 000 元大于其计税基础 300 000 元，两者之间产生的 50 000 元的差异会增加未来期间的应纳税所得额和应交所得税，属于应纳税暂时性差异，应确认与其相关的递延所得税负债(50 000×25%)12 500 元，账务处理如下。

借：所得税费用　　12 500

　　贷：递延所得税负债　　12 500

(2) 20×2 年资产负债表日。

账面价值=420 000-70 000-70 000=280 000(元)

计税基础=实际成本-累计已税前扣除的折旧额

=420 000-220 000=200 000(元)

因资产的账面价值 280 000 元大于其计税基础 200 000 元，两者之间的差异为应纳税暂时性差异，应确认与其相关的递延所得税负债 20 000 元，但递延所得税负债的期初余额为 12 500 元，当期应进一步确认递延所得税负债 7 500 元，账务处理如下。

借：所得税费用　　7 500

　　贷：递延所得税负债　　7 500

(3) 20×3 年资产负债表日。

账面价值=420 000-210 000=210 000(元)

计税基础=420 000-300 000=120 000(元)

因账面价值 210 000 元大于其计税基础 120 000 元，两者之间为应纳税暂时性差异，应确认与其相关的递延所得税负债 22 500 元，但递延所得税负债的期初余额为 20 000 元，当期应进一步确认递延所得税负债 2 500 元，账务处理如下。

借：所得税费用　　　　2 500

　　贷：递延所得税负债　　　　2 500

(4) 20×4 年资产负债表日。

账面价值=420 000−280 000=140 000(元)

计税基础=420 000−360 000=60 000(元)

因其账面价值 140 000 元大于计税基础 60 000 元，两者之间为应纳税暂时性差异，应确认与其相关的递延所得税负债 20 000 元，但递延所得税负债的期初余额为 22 500 元，当期应转回原已确认的递延所得税负债 2 500 元，账务处理如下。

借：递延所得税负债　　　　2 500

　　贷：所得税费用　　　　2 500

(5) 20×5 年资产负债表日。

账面价值=420 000−350 000=70 000(元)

计税基础=420 000−400 000=20 000(元)

因其账面价值 70 000 元大于计税基础 20 000 元，两者之间的差异为应纳税暂时性差异，应确认与其相关的递延所得税负债 12 500 元，但递延所得税负债的期初余额为 20 000 元，当期应转回递延所得税负债 7 500 元，账务处理如下。

借：递延所得税负债　　　　7 500

　　贷：所得税费用　　　　7 500

(6) 20×6 年资产负债表日。

该项固定资产的账面价值及计税基础均为零，两者之间不存在暂时性差异，原已确认的与该项资产相关的递延所得税负债应予全额转回，账务处理如下。

借：递延所得税负债　　　　12 500

　　贷：所得税费用　　　　12 500

2) 不确认递延所得税负债的特殊情况

有些情况下，虽然资产、负债的账面价值与其计税基础不同，产生了应纳税暂时性差异，但出于各方面考虑，所得税准则中规定不确认相应的递延所得税负债，主要包括以下内容。

(1) 商誉的初始确认。在非同一控制下的企业合并中，企业合并成本大于合并中取得的被购买方可辨认净资产公允价值份额的差额，按照会计准则规定应确认为商誉。因会计与税收的划分标准不同，会计上作为非同一控制下的企业合并，但在税法规定计税时作为免税合并的情况下，商誉的计税基础为零，其账面价值与计税基础形成应纳税暂时性差异，但所得税准则规定不确认与其相关的递延所得税负债。

(2) 除企业合并以外的其他交易或事项中，如果该项交易或事项发生时既不影响会计利润，也不影响应纳税所得额，则所产生的资产、负债的初始确认金额与其计税基础不同，形成应纳税暂时性差异的，交易或事项发生时不确认相应的递延所得税负债。该规定主要是考虑到由于交易发生时既不影响会计利润，也不影响应纳税所得额，确认递延所得税负债的直接结果是增加有关资产的账面价值或是降低所确认负债的账面价值，使得资产、负债在初始确认时，违背历史成本原则，影响会计信息的可靠性。

(3) 与子公司、联营企业、合营企业投资等相关的应纳税暂时性差异，一般应确认相应的递延所得税负债，但同时满足以下两个条件的除外：一是投资企业能够控制暂时性差异转回的时间；二是该暂时性差异在可预见的未来很可能不会转回。满足上述条件时，投资企业可以运用自身的影响力决定暂时性差异的转回，如果不希望其转回，则在可预见的未来该项暂时性差异不会转回，从而对未来期间不会产生所得税影响，无需确认相应的递延所得税负债。

(4) 对于采用权益法核算的长期股权投资，其账面价值与计税基础产生的暂时性差异是否应确认相关的所得税影响，应考虑该项投资的持有意图。

① 如果企业拟长期持有该项投资，则因初始投资成本的调整产生的暂时性差异预计未来期间不会转回，对未来期间没有所得税影响；因确认投资损益产生的暂时性差异，如果在未来期间逐期分回现金股利或利润时免税，也不存在对未来期间的所得税影响；因确认应享有被投资单位其他权益的变动而产生的暂时性差异，在长期持有的情况下，对于采用权益法核算的长期股权投资账面价值与计税基础之间的差异一般不确认相关的所得税影响。

② 对于采用权益法核算的长期股权投资，如果在投资企业改变持有意图拟对外出售的情况下，按照税法规定，企业在转让或者处置投资资产时，投资资产的成本准予扣除。在持有意图由长期持有转变为拟近期出售的情况下，因长期股权投资账面价值与计税基础不同产生的有关暂时性差异，均应确认相关的所得税影响。

【例 7-17】 沿用例 7-6，该例中涉及的长期股权投资在长期持有的情况下，其账面价值 5 510 万元与计税基础 5 000 万元产生的 510 万元暂时性差异，因在未来期间取得时免税，不产生所得税影响，可以理解为适用的所得税税率为 0，因而不需要确认相关的递延所得税负债；或者在长期持有的情况下，因未来期间甲公司自乙公司分得的现金股利或利润免税，其计税基础也可以理解为 5 510 万元，因而不产生暂时性差异，无须确认相关的递延所得税。

2. 递延所得税负债的计量

所得税准则规定，资产负债表日，对于递延所得税负债，应当根据适用税法规定，按照预期清偿该负债期间的适用税率计量，即递延所得税负债应以相关应纳税暂时性差异转回期间按照税法规定适用的所得税税率计量。

在我国，除享受优惠政策的情况以外，企业适用的所得税税率在不同年度之间一般不会发生变化，企业在确认递延所得税负债时，可以现行适用税率为基础计算确定。对于享受优惠政策的企业，如经国家批准的经济技术开发区内的企业，其产生的暂时性差异应以预计其转回期间的适用所得税税率为基础计量。

无论应纳税暂时性差异的转回期间如何，所得税准则规定递延所得税负债不予折现。

7.3.2 递延所得税资产的确认和计量

1. 递延所得税资产的确认

1) 确认的一般原则

(1) 递延所得税资产产生于可抵扣暂时性差异，在估计未来期间能够取得足够的应纳税所得额用以利用该可抵扣暂时性差异的，应当以很可能取得用来抵扣可抵扣暂时性差异的应纳税所得额为限，确认相关的递延所得税资产。

(2) 确认因可抵扣暂时性差异产生的递延所得税资产时，应以未来期间可能取得的应纳税所得额为限。在可抵扣暂时性差异转回的未来期间内，企业无法产生足够的应纳税所得额用以利用可抵扣暂时性差异的影响，使得与可抵扣暂时性差异相关的经济利益无法实现的，不应确认递延所得税资产；企业有明确的证据表明其于可抵扣暂时性差异转回的未来期间能够产生足够的应纳税所得额，进而利用可抵扣暂时性差异的，则应以可能取得的应纳税所得额为限，确认相关的递延所得税资产。在判断企业于可抵扣暂时性差异转回的未来期间是否能够产生足够的应纳税所得额时，应考虑企业在未来期间通过正常的生产经营活动能够实现的应纳税所得额以及以前期间产生的应纳税暂时性差异在未来期间转回时将增加的应纳税所得额。

(3) 同递延所得税负债的确认相同，有关交易或事项发生时，对会计利润或是应纳税所得额产生影响的，所确认的递延所得税资产应作为利润表中所得税费用的调整；有关的可抵扣暂时性差异产生于直接计入所有者权益的交易或事项，则确认的递延所得税资产也应计入所有者权益；企业合并时产生的可抵扣暂时性差异的所得税影响，应相应调整企业合并中确认的商誉或是应计入当期损益的金额。

(4) 对与子公司、联营企业、合营企业的投资相关的可抵扣暂时性差异，同时满足下列条件的，应当确认相关的递延所得税资产：一是暂时性差异在可预见的未来很可能转回；二是未来很可能获得用来抵扣可抵扣暂时性差异的应纳税所得额。联营企业和合营企业的投资产生的可抵扣暂时性差异，主要产生于权益法下确认的投资损失以及计提减值准备的情况下。

(5) 对于按照税法规定可以结转以后年度的未弥补亏损和税款抵减的，应视同可抵扣暂时性差异来处理。在预计可利用可弥补亏损或税款抵减的未来期间内很可能取得足够的应纳税所得额时，应当以很可能取得的应纳税所得额为限，确认相应的递延所得税资产，同时减少确认当期的所得税费用。可抵扣亏损是指企业按照税法规定计算确定准予用以后年度的应纳税所得额弥补的亏损。与可抵扣亏损和税款抵减相关的递延所得税资产，其确认条件与其他可抵扣暂时性差异产生的递延所得税资产相同，即在能够利用可抵扣亏损及税款抵减的期间内，企业是否能够取得足够的应纳税所得额抵扣该部分暂时性差异。

2) 不确认递延所得税资产的情况

某些情况下，企业发生的某项交易或事项不属于企业合并，并且交易发生时既不影响会计利润也不影响应纳税所得额，且该项交易中产生的资产、负债的初始确认金额与其计税基础不同，产生可抵扣暂时性差异的，所得税准则中规定在交易或事项发生时不确认相应的递延所得税资产。其原因同该种情况下不确认递延所得税负债相同，如果确认递延所得税资产，则需调整资产、负债的入账价值，对实际成本进行调整将有违会计核算的历史成本原则，影响会计信息的可靠性。

【例 7-18】 沿用例 7-3，A 企业进行内部开发形成的无形资产的账面价值与其计税基础之间产生的 250 万元可抵扣暂时性差异系资产初始确认产生的。因该差异并非产生于企业合并，同时在初始确认时既不影响会计利润也不影响应纳税所得额，确认其账面价值与计税基础之间产生可抵扣暂时性差异的所得税影响需要调整该项资产的历史成本，所得税准则规定该种情况下不确认相关的递延所得税资产。

2. 递延所得税资产的计量

1) 适用税率的确定

同递延所得税负债的计量原则相一致，确认递延所得税资产时，应当以预期收回该资产期间的适用所得税税率为基础计算确定。另外，无论相关的可抵扣暂时性差异转回期间如何，递延所得税资产均不可以折现。

2) 递延所得税资产的减值

所得税准则规定，资产负债表日，企业应当对递延所得税资产的账面价值进行复核。如果未来期间很可能无法取得足够的应纳税所得额用以利用可抵扣暂时性差异带来的经济利益，应当减记递延所得税资产的账面价值。

同其他资产的确认和计量原则相一致，递延所得税资产的账面价值应当代表其为企业带来未来经济利益的能力。企业在确认了递延所得税资产以后因各方面情况的变化，导致按照新的情况估计，在有关可抵扣暂时性差异转回的期间内，无法产生足够的应纳税所得额用以利用可抵扣暂时性差异，使得与递延所得税资产相关的经济利益无法全部实现的，对于预期无法实现的部分，应当减记递延所得税资产的账面价值。除原确认时记入所有者权益的递延所得税资产，其减记金额亦应记入所有者权益外，其他的情况应增加减记当期的所得税费用。因无法取得足够的应纳税所得额利用可抵扣暂时性差异而减记递延所得税资产账面价值的，继后期间根据新的环境和情况判断，能够产生足够的应纳税所得额利用可抵扣暂时性差异使得递延所得税资产包含的经济利益能够实现的，应相应恢复递延所得税资产的账面价值。

7.3.3 适用税率变化对已确认递延所得税资产和递延所得税负债的影响

因适用税收法规的变化，导致企业在某一会计期间适用的所得税税率发生变化的，企业应对已确认的递延所得税资产和递延所得税负债按照新的税率进行重新计量。递延所得税资产和递延所得税负债的金额代表的是有关可抵扣暂时性差异或应纳税暂时性差异于未来期间转回时导致企业应交所得税金额的减少或增加的情况。适用税率变动的情况下，应对原已确认的递延所得税资产及递延所得税负债的金额进行调整。除直接计入所有者权益的交易或事项产生的递延所得税资产与递延所得税负债以及相关的调整金额应计入所有者权益以外，其他情况下产生的调整金额应确认为税率变化当期的所得税费用(或收益)。

【例 7-19】 乙公司于 20×0 年 12 月 1 日购入设备一台，原值 150 万元，净残值为 0 元。税法规定采用年限平均法计提折旧，折旧年限为 5 年；会计规定采用年数总和法，折旧年限为 5 年。20×1 年、20×2 年所得税税率为 33%，20×2 年末预计 20×3 年以后适用的所得税税率为 25%。

在存在预期税率的情况下，企业当年交纳所得税应该按照当年的实际税率进行计算，但在确认相关的递延所得税资产或递延所得税负债时，要按照未来转回期间的预期税率为基础进行确认。

假设不考虑其他情况，递延所得税资产期初余额为零。乙公司每年因固定资产账面价值与计税基础不同应予确认的递延所得税情况见表 7-2。

表 7-2 乙公司递延所得税资产变动表

单位：万元

年　份	账面价值(年数总和法)	计税基础(年限平均法)	可抵扣暂时性差异	税　率	递延所得税资产期末余额	递延所得税资产发生额
20×1年	(150−150×5/15)100	(150−150/5)120	(120−100)20	33%	(20×33%)6.6	6.6
20×2年	(100−150×4/15)60	(120−150/5)90	(90−60)30	33%	(30×25%)7.5	(7.5−6.6)0.9
20×3年	(60−150×3/15)30	(90−150/5)60	(60−30)30	25%	(30×25%)7.5	0
20×4年	(30−150×2/15)10	(60−150/5)30	(30−10)20	25%	(20×25%)5	(5−7.5)−2.5
20×5年	(10−150×1/15)0	(30−150/5)0	0	25%	0	(0−5)−5

(1) 20×1 年 12 月 31 日。(所得税税率为 33%)

递延所得税资产发生额=20×33%−0=6.6(万元)

借：递延所得税资产　　66 000

　贷：所得税费用　　66 000

(2) 20×2 年 12 月 31 日。(所得税税率为 33%)

递延所得税资产发生额=30×25%−6.6=0.9(万元)

借：递延所得税资产　　9 000

　贷：所得税费用　　9 000

(3) 20×3 年 12 月 31 日。(所得税税率为 25%)

递延所得税资产发生额=30×25%−7.5=0(万元)，不做会计分录。

(4) 20×4 年 12 月 31 日。(所得税税率为 25%)

递延所得税资产发生额=20×25%−7.5=−2.5(万元)

借：所得税费用　　25 000

　贷：递延所得税资产　　25 000

(5) 20×5 年 12 月 31 日。(所得税税率为 25%)

递延所得税资产发生额=0−5=−5(万元)

借：所得税费用　　50 000

　贷：递延所得税资产　　50 000

7.4　所得税费用的确认和计量

所得税会计的主要目的之一是为了确定当期应交所得税以及利润表中的所得税费用。在按照资产负债表债务法核算所得税时，利润表中的所得税费用包括当期所得税和递延所得税费用(或收益)两部分。

7.4.1　当期所得税

当期所得税是指企业按照税法规定计算确定的针对当期发生的交易和事项，应交纳给税务部门的所得税金额，即当期应交所得税。

企业在确定当期应交所得税时，对于当期发生的交易或事项，会计处理与税收处理不同的，应在会计利润的基础上，按照适用税收法规的规定进行调整，计算出当期应纳税所得额，按照应纳税所得额与适用所得税税率计算确定当期应交所得税。一般情况下，应纳税所得额可在会计利润的基础上考虑会计与税收之间的差异，按照以下公式计算确定。

应纳税所得额=会计利润+按照会计准则规定计入利润表但计税时不允许税前扣除的费用+ (或-)计入利润表的费用与按照税法规定可予税前抵扣的金额之间的差额+(或-)计入利润表的收入与按照税法规定应计入应纳税所得的收入之间的差额-税法规定的不征税收入+(或-)其他需要调整的因素

7.4.2 递延所得税费用(或收益)

递延所得税费用(或收益)是指按照会计准则规定应予确认的递延所得税资产和递延所得税负债在会计期末应有的金额相对于原已确认金额之间的差额，即递延所得税资产和递延所得税负债的当期发生额，但不包括计入所有者权益的交易或事项的所得税影响，可用以下公式表示。

递延所得税费用(或收益)=当期递延所得税负债的增加+当期递延所得税资产的减少-当期递延所得税负债的减少-当期递延所得税资产的增加

应予说明的是，企业因确认递延所得税资产和递延所得税负债产生的递延所得税，一般应当记入利润表中的递延所得税费用(或收益)，但以下两种情况除外。

(1) 某项交易或事项按照会计准则规定应计入所有者权益的，由该交易或事项产生的递延所得税资产或递延所得税负债及其变化亦应计入所有者权益，不构成利润表中的递延所得税费用(或收益)。

【例 7-20】 甲公司适用的所得税税率为 25%。有关可供出售金融资产资料如下。

① 20×0 年 3 月 3 日自公开市场以每股 5 元的价格取得乙公司普通股 100 万股，划分为可供出售金融资产，假定不考虑交易费用。20×0 年 12 月 31 日，甲公司对该股票的投资尚未出售，当日市价为每股 6 元。除该事项外，该公司不存在其他会计与税收之间的差异，且递延所得税资产和递延所得税负债不存在期初余额。

20×0 年 12 月 31 日，确认 100 万元的公允价值变动时的账务处理如下。

借：可供出售金融资产——公允价值变动　　1 000 000
　　贷：资本公积——其他资本公积　　1 000 000

20×0 年 12 月 31 日，该可供出售金融资产的账面价值为 600 万元，计税基础为 500 万元，应纳税暂时性差异为 100 万元，递延所得税负债为(100×25%)25 万元，账务处理如下。

借：资本公积——其他资本公积　　250 000
　　贷：递延所得税负债　　250 000

② 假定甲公司于 20×1 年 1 月 3 日以每股 8 元的价格将该股票对外出售，则结转该股票出售损益时的账务处理如下。

借：银行存款　　8 000 000
　　资本公积　　1 000 000
　　贷：可供出售金融资产——成本　　5 000 000
　　　　　　　　　　　　——公允价值变动　　1 000 000
　　　　投资收益　　3 000 000

借：递延所得税负债　　　　　　　　　　　　　　　　250 000

　　贷：资本公积　　　　　　　　　　　　　　　　　　250 000

(2) 非同一控制下的吸收合并中取得的资产、负债，其账面价值与计税基础不同，产生的递延所得税资产或递延所得税负债，其确认结果直接影响购买日确认的商誉或计入利润表的损益金额，不影响购买日的所得税费用。

7.4.3 所得税费用

计算确定了当期所得税及递延所得税费用(或收益)以后，利润表中应予确认的所得税费用为两者之和，即：所得税费用=当期所得税+递延所得税费用(或−递延所得税收益)

【例 7-21】 A 公司 20×0 年度的利润表中利润总额为 3 000 万元，该公司适用的所得税税率为 25%。假设递延所得税资产及递延所得税负债不存在期初余额。20×0 年发生的有关交易和事项中，会计处理与税收处理存在的差别有以下内容。

(1) 20×0 年 1 月开始计提折旧的一项固定资产，成本为 1 200 万元，使用年限为 10 年，净残值为零。会计处理按双倍余额递减法计提折旧，税收处理按直线法计提折旧。假定税法规定的使用年限及净残值与会计规定相同。

(2) 向关联企业捐赠现金 150 万元。按照税法规定，企业向关联方的捐赠不允许税前扣除。

(3) 当年度发生研究开发支出 500 万元，较上年度增长 20%。其中 300 万元予以资本化；截至 20×0 年 12 月 31 日，该研发资产仍在开发过程中。税法规定，企业费用化的研究开发支出按 150%税前扣除，资本化的研究开发支出按资本化金额的 150%确定应予摊销的金额。

(4) 当期取得的作为交易性金融资产核算的股票投资成本为 800 万元，20×0 年 12 月 31 日的公允价值为 1 200 万元。税法规定，以公允价值计量的金融资产持有期间市价变动不计入应纳税所得额。

(5) 违反环保法规定应支付罚款 250 万元。

(6) 期末对持有的存货计提了 50 万元的存货跌价准备。

对以上内容的分析如下。

(1) 20×0 年度当期应交所得税。

应纳税所得额=3 000+120+150−100−400+250+50=3 070(万元)

应交所得税=3 070×25%=767.5(万元)

(2) 20×0 年度递延所得税。

与该公司 20×0 年资产负债表相关的项目金额及其计税基础见表 7-3。

表 7-3　A 公司资产、负债项目暂时性差异表

20×0 年 12 月 31 日　　　　单位：万元

项　目	账面价值	计税基础	差　异	
			应纳税暂时性差异	可抵扣暂时性差异
存货	2 000	2 050		50
固定资产：				
固定资产原价	1 200	1 200		

续表

项　目	账面价值	计税基础	差　异	
			应纳税暂时性差异	可抵扣暂时性差异
减：累计折旧	240	120		
减：固定资产减值准备	0	0		
固定资产账面价值	960	1080		120
无形资产	300	450		150
交易性金融资产	1 200	800	400	
其他应付款	250	250		
总　计			400	320

当期递延所得税费用(收益)：

① 期末递延所得税资产　(170×25%)42.5

期初递延所得税资产　0

递延所得税资产增加　42.5

② 期末递延所得税负债　(400×25%)100

期初递延所得税负债　0

递延所得税负债增加　100

递延所得税费用=100−42.5=57.5(万元)

(3) 20×0 年度利润表中应确认的所得税费用。

所得税费用=767.5+57.5=825(万元)，确认所得税费用的账务处理如下。

借：所得税费用　8 250 000

　　递延所得税资产　425 000

　　贷：应交税费——应交所得税　7 675 000

　　　　递延所得税负债　1 000 000

【例 7-22】沿用例 7-21 中的有关资料，假定 A 公司 20×1 年当期应交所得税为 1 155 万元。资产负债表中有关资产、负债的账面价值与其计税基础相关资料如表 7-4 所示，除所列项目外，其他资产、负债项目不存在会计和税收的差异。

表 7-4　A 公司资产、负债项目暂时性差异表

20×1 年 12 月 31 日　　单位：万元

项　目	账面价值	计税基础	差　异	
			应纳税暂时性差异	可抵扣暂时性差异
存货	4 000	4 200		200
固定资产：				
固定资产原价	1 200	1 200		
减：累计折旧	432	240		
减：固定资产减值准备	50	0		
固定资产账面价值	718	960		242
无形资产	270	405		135
交易性金融资产	1 675	1 000	675	
预计负债	250	0		250
总　计			675	827

对以上内容的分析如下。

(1) 当期所得税=1 155(万元)。

(2) 当期递延所得税费用(收益)如下。

① 期末递延所得税资产	(827×25%)206.75
期初递延所得税资产	42.5
递延所得税资产增加	164.25
② 期末递延所得税负债	(675×25%)168.75
期初递延所得税负债	100
递延所得税负债增加	68.75

递延所得税收益=164.25−68.75=95.5(万元)

(3) 20×1 年度利润表中应确认所得税费用。

所得税费用=1 155−95.5=1059.5(万元)，确认所得税费用的账务处理如下。

借：所得税费用　　10 595 000
　　递延所得税资产　　1 642 500
　　贷：应交税费——应交所得税　　11 550 000
　　　　递延所得税负债　　687 500

7.4.4 合并财务报表中因抵销未实现内部销售损益产生的递延所得税

企业在编制合并财务报表时，因抵销未实现内部销售损益导致合并资产负债表中资产、负债的账面价值与其在纳入合并范围的企业按照适用税法规定确定的计税基础之间产生暂时性差异的，在合并资产负债表中应当确认递延所得税资产或递延所得税负债，同时调整合并利润表中的所得税费用，但与直接计入所有者权益的交易或事项及企业合并相关的递延所得税除外。

本 章 小 结

本章主要讲述了资产负债表债务法下的所得税会计处理的基本理论和基本方法。

资产负债表债务法是从暂时性差异产生的本质出发，分析暂时性差异产生的原因及其对期末资产负债表的影响。其特点是：当税率变动或税基变动时，必须按预期税率对“递延所得税负债”和“递延所得税资产”账户余额进行调整。

递延所得税负债产生于应纳税暂时性差异，除所得税准则中明确规定的可不确认递延所得税负债的情况以外，企业对于所有的应纳税暂时性差异均应确认其相关的递延所得税负债。

递延所得税资产产生于可抵扣暂时性差异，确认因可抵扣暂时性差异产生的递延所得税资产应以未来期间可能取得的应纳税所得额为限。

在采用资产负债表债务法核算所得税的情况下，利润表中的所得税费用包括当期所得税和递延所得税费用(或收益)两部分。

重要术语

资产负债表债务法、账面价值、计税基础、暂时性差异、可抵扣暂时性差异、应纳税暂时性差异、递延所得税资产、递延所得税负债、所得税费用

参考阅读文献

[1]《企业会计准则第 18 号——所得税》(2006 年 2 月 15 日财政部发布，自 2007 年 1 月 1 日起施行)

[2]《企业会计准则第 18 号——所得税》应用指南(2006 年 10 月 30 日财政部发布，自 2007 年 1 月 1 日起施行)

[3] 中华人民共和国企业所得税法(2007 年 3 月 16 日第十届全国人民代表大会第五次会议通过，2007 年 3 月 16 日中华人民共和国主席令第 63 号公布，自 2008 年 1 月 1 日起施行)

[4] 中华人民共和国企业所得税法实施条例(2007 年 11 月 28 日国务院第 197 次常务会议通过，自 2008 年 1 月 1 日起施行)

习　　题

一、单项选择题

1．大海公司当期发生研究开发支出 200 万元，其中研究阶段支出 80 万元，开发阶段不符合资本化条件的支出 20 万元，开发阶段符合资本化条件的支出 100 万元，假定大海公司当期摊销无形资产 10 万元。假定税法规定企业的研究开发支出可全额计入当期损益。大海公司当期期末无形资产的计税基础为(　　)万元。

A．90　　B．145　　C．150　　D．135

2．蓝海公司 20×0 年当期确认应支付的职工工资及其他薪金性质支出 3 000 万元，尚未支付。按照税法规定的计税工资标准可在当期扣除的部分为 2 200 万元。20×0 年 12 月 31 日应付职工薪酬的计税基础为(　　)万元。

A．3 000　　B．2 200　　C．800　　D．0

3．下列项目中，产生可抵扣暂时性差异的是(　　)。

A．期末固定资产账面价值大于其计税基础

B．可供出售金融资产期末公允价值大于取得时的成本

C．国债利息收入

D．期末无形资产账面价值小于其计税基础

4．A 公司于 20×0 年 12 月 31 日购入价值 20 万元的设备，预计使用期为 5 年，无残值。采用年限平均法计提折旧，税法采用双倍余额递减法计提折旧。20×2 年前适用的所得税税率为 33%，从 20×2 年起适用的所得税税率为 25%。20×2 年 12 月 31 日递延所得税负债余额为(　　)万元。

A．1.584　　B．1.2　　C．0.6　　D．1.32

5．甲公司 20×1 年起实现利润总额 500 万元，从 20×0 年起适用的所得税税率为 25%，甲公司当年因发生违法经营被罚款 5 万元，业务招待费超支 10 万元，国债利息收入 30 万元，甲公司年初预计负债——应付产品质量担保费余额为 25 万元，当年提取了产品质量担保费 15 万元，当年支付了 6 万元的产品质量担保费。甲公司 20×1 年净利润为(　　)万元。

A．121.25　　B．125　　C．330　　D．378.75

6．某企业采用年数总和法计提折旧，税法规定按平均年限法计提折旧，20×0 年税前利润为 310 万

元。按平均年限法计提折旧为 90 万元，按年数总和法计提折旧为 180 万元，所得税税率为 25%。20×0 年应交所得税款为(　　)万元。

A．77.5　　B．55　　C．100　　D．400

7．甲公司于 20×0 年 12 月 7 日购入一套生产设备，原价为 2 600 万元，预计使用年限为 10 年，按照直线法计提折旧，税法规定允许按双倍余额递减法计提折旧，该设备的预计净残值为零。20×1 年末甲公司对该项固定资产计提了 148 万元的固定资产减值准备，计提减值后折旧方法、折旧年限及预计净残值不变。20×2 年末该项设备累计产生(　　)。

A．应纳税暂时性差异 284.44 万元　　B．应纳税暂时性差异 148 万元

C．可抵扣暂时性差异 274 万元　　D．可抵扣暂时性差异 603.5 万元

8．下列说法中正确的是(　　)。

A．应纳税暂时性差异产生递延所得税资产

B．商誉的初始确认会产生递延所得税负债

C．企业应当对递延所得税资产和递延所得税负债进行折现

D．可抵扣暂时性差异产生递延所得税资产

9．下列各项投资收益中，按税法规定免交所得税，在计算纳税所得额时应予以调整的项目有(　　)。

A．股票转让净收益　　B．公司债券的利息收入

C．国债利息收入　　D．公司债券转让净收益

10．企业于 20×0 年 8 月研发成功一项专利技术，发生研发支出 1 600 万元，其中符合资本化的金额为 1 200 万元，该无形资产的预计使用年限为 10 年，按照直线法进行摊销。税法规定企业发生的研究开发支出中费用化部分可加计 50%税前扣除，资本化部分允许按 150%在以后期间分期摊销，则 20×0 年末该无形资产产生的暂时性差异为(　　)。

A．应纳税暂时性差异 575 万元　　B．可抵扣暂时性差异 575 万元

C．应纳税暂时性差异 600 万元　　D．可抵扣暂时性差异 600 万元

11．甲企业为 20×0 年 1 月 1 日新成立的公司，采用资产负债表债务法核算所得税，20×1 年以前适用的所得税税率为 33%，从 20×1 年 1 月 1 日起适用的所得税税率改为 25%(此税率为非预期税率)。20×0 年年末库存商品的账面余额为 40 万元，计提存货跌价准备 5 万元，假设 20×0 年初，存货跌价准备无余额。20×1 年年末库存商品的账面余额为 50 万元，本期计提存货跌价准备后，存货跌价准备为贷方余额 10 万元。假定无其他纳税调整事项，20×1 年递延所得税资产发生额为(　　)万元。

A．1.65　　B．3.3　　C．2.5　　D．0.85

12．乙公司于 20×0 年 1 月取得一项投资性房地产，取得成本为 300 万元，采用公允价值模式计量。20×0 年 12 月 31 日，该项投资性房地产的公允价值为 350 万元。假定税法规定，房屋采用双倍余额递减法按 20 年计提折旧，残值率为 3%。则该项投资性房地产在 20×0 年年末的计税基础为(　　)万元。

A．300　　B．350　　C．272.5　　D．273.325

13．甲公司采用资产负债表债务法进行所得税费用的核算，该公司 20×0 年年度利润总额为 4 000 万元，适用的所得税率为 33%，已知自 20×1 年 1 月 1 日起，适用的所得税率变更为 25%。20×0 年发生的交易和事项中会计处理和税收处理存在差异的有：①本期计提国债利息收入 500 万元；②年末持有的交易性金融资产公允价值上升 1 500 万元；③年末持有的可供出售金融资产公允价值上升 100 万元。假定 20×0 年 1 月 1 日不存在暂时性差异，则甲公司 20×0 年确认的所得税费用为(　　)万元。

A．660　　B．1 060　　C．1 035　　D．627

14．某企业采用资产负债表债务法核算所得税，以前期间适用的所得税税率为 33%，“递延所得税资产”科目的借方余额为 1 188 万元，本期适用的所得税税率为 25%(假设前期无法预期此次税率变动)，本期计提无形资产减值准备 5 720 万元，上期已经计提的存货跌价准备于本期转回 1 200 万元，本期“递延所得税资产”科目的发生额为(　　)万元(不考虑除减值准备外的其他暂时性差异)。

A．贷方 842　　B．借方 842　　C．借方 978　　D．贷方 978

15．甲企业于20×0年10月20日从A客户处收到一笔合同预付款，金额为1 000万元，作为预收账款核算，但按照税法规定，该款项属于当期的应纳税所得额，应计入取得当期应纳税所得额；12月20日，甲企业从B客户处收到一笔合同预付款，金额为2 000万元，作为预收账款核算，按照税法规定，具有预收性质，不计入当期应税所得，甲企业当期及以后各期适用的所得税税率均为25%，则甲企业就其预收账款项目，下列处理正确的是(　　)。

A．确认递延所得税资产250万元　　B．确认递延所得税资产500万元

C．确认递延所得税负债250万元　　D．确认递延所得税资产750万元

二、多项选择题

1．以下对资产负债表债务法的表述正确的有(　　)。

A．税率变动时“递延所得税资产”的账面余额不需要进行相应的调整

B．根据新的会计准则规定，商誉产生的应纳税暂时性差异不确认相应的递延所得税负债

C．与联营企业、合营企业投资等相关的应纳税暂时性差异不确认相应的递延所得税负债

D．递延所得税费用(或收益)=当期递延所得税负债的增加+当期递延所得税资产的减少-当期递延所得税负债的减少-当期递延所得税资产的增加

E．所得税费用=当期所得税+递延所得税费用(或收益)

2．下列说法中，正确的有(　　)。

A．资产负债表债务法注重资产负债表，要求确认的递延所得税负债和递延所得税资产更符合负债和资产的定义

B．在资产负债表债务法下，期末“递延所得税资产”的账面余额等于期末可抵扣暂时性差异与现行所得税率的乘积

C．在资产负债表债务法下，只有预计能在未来转回的时间内产生足够的应税所得，本期可抵扣暂时性差异才能确认为一项递延所得税资产

D．计提坏账准备会产生可抵扣暂时性差异

E．某一资产负债表日资产的计税基础=资产的成本－以前期间已税前列支的金额

3．下列有关资产计税基础的判定中，正确的有(　　)。

A．某交易性金融资产，取得成本为100万元，该时点的计税基础为100万元，会计期末公允价值变为90万元，会计确认账面价值为90万元，税法规定的计税基础保持不变，仍为100万元

B．一项按照成本法核算的长期股权投资，企业最初以1 000万元购入，购入时其初始投资成本及计税基础均为1 000万元，假设未宣告分配股利，则当期期末长期股权投资的账面价值与计税基础仍为1 000万元

C．一项用于出租的房屋，取得成本为500万元，会计处理按照双倍余额递减法计提折旧，税法规定按直线法计提折旧，使用年限为10年，净残值为零。一年后，该投资性房地产的账面价值为400万元，其计税基础为450万元

D．企业因债务担保确认了预计负债600万元，但担保发生在关联方之间，担保方并未就该项担保收取与相应责任相关的费用。税法规定与该预计负债有关的费用不允许税前扣除。那么该项预计负债的计税基础为600万元

E．国债利息收入的账面价值等于计税基础

4．以下表述正确的有(　　)。

A．资产或负债的账面价值与其计税基础之间的差额为暂时性差异

B．按照税法规定可以确定计税基础的未作为资产和负债确认的项目，其计税基础与账面价值之间的差额也属于暂时性差异

C．暂时性差异的特点是在以后年度资产收回或负债清偿的过程中逐渐消除

D．暂时性差异的“应纳税”和“可抵扣”是指增加或减少未来期间的应税金额

E．应纳税暂时性差异会增加未来期间的应税所得额，可抵扣暂时性差异会减少未来期间的应税所得额

5．不考虑其他因素，下列各项目产生可抵扣暂时性差异的有(　　)。

A．因产品质量保证确认预计负债

B．对持有至到期投资计提减值准备

C．本期发生净亏损时，按税法规定可于未来 5 年内税前补亏

D．本期购入的可供出售金融资产在期末公允价值下降

E．本期计提的应付职工薪酬超过税法允许税前扣除的部分

6．以下说法中正确的有(　　)。

A．递延所得税资产的确认应以未来期间可能取得的应纳税所得额为限

B．按照税法规定可以结转以后年度的未弥补亏损和税款抵减，应视同可抵扣暂时性差异处理

C．企业合并中，按照会计规定确定的合并中取得各项可辨认资产、负债的入账价值与计税基础之间形成可抵扣暂时性差异的，应确认相应的递延所得税资产，并调整合并中应予确认的商誉等

D．与直接计入所有者权益的交易或事项相关的可抵扣暂时性差异，相应的递延所得税资产应计入所有者权益

E．因可供出售金融资产公允价值下降应确认递延所得税负债

7．企业所得税采用资产负债表债务法核算，下列选项中产生递延所得税资产发生额的有(　　)。

A．递延所得税负债期初余额在贷方，因本期所得税税率上升调整的递延所得税负债金额

B．本期发生可抵扣暂时性差异

C．本期转回应纳税暂时性差异

D．本期转回存货跌价准备

E．递延所得税资产期初余额在借方，因本期所得税税率上升调整的递延所得税资产金额

8．下列说法中正确的有(　　)。

A．企业对与子公司、联营企业及合营企业投资相关的应纳税暂时性差异，当同时满足“投资企业能够控制暂时性差异转回的时间”和“该暂时性差异在可预见的未来很可能不会转回”两个条件时，不应该确认为递延所得税负债

B．企业对与子公司、联营企业及合营企业投资相关的应纳税暂时性差异，一律应当确认相应的递延所得税资产

C．企业对与子公司、联营企业及合营企业投资相关的应纳税暂时性差异，当同时满足“投资企业能够控制暂时性差异转回的时间”和“该暂时性差异在可预见的未来很可能不会转回”两个条件时，应当确认为递延所得税负债

D．企业对与子公司、联营企业及合营企业投资相关的应纳税暂时性差异，应当确认相应的递延所得税负债，但特殊情况除外

E．按照税法规定可以结转以后年度的未弥补亏损及税款抵减，因为不是因资产、负债的账面价值与计税基础不同而产生的，所以不属于可抵扣暂时性差异，也不能确认相关的递延所得税资产

9．按现行会计准则规定，“递延所得税负债”科目贷方登记的内容有(　　)。

A．资产的账面价值大于计税基础产生的暂时性差异影响所得税费用的金额

B．资产的账面价值小于计税基础产生的暂时性差异影响所得税费用的金额

C．负债的账面价值大于计税基础产生的暂时性差异影响所得税费用的金额

D．负债的账面价值小于计税基础产生的暂时性差异影响所得税费用的金额

E．递延所得税负债期初余额在贷方，因本期所得税税率上升调整的递延所得税负债金额

10．按照会计准则规定，在确认递延所得税资产时，可能计入的项目有(　　)。

A．所得税费用　　B．预计负债　　C．资本公积

D．商誉　　E．应收账款

11．A 公司于 20×0 年 12 月 31 日取得一栋写字楼并对外经营出租，取得时的入账金额为 2 000 万元，采用成本模式计量，采用直线法按 20 年计提折旧，预计无残值，税法折旧与会计规定一致；20×2 年 1 月 1 日，A 公司持有的投资性房地产满足采用公允价值模式条件，20×2 年 1 月 1 日的公允价值为 2 100 万元，20×2 年年末公允价值为 1 980 万元，假设适用的所得税税率为 25%，则下列说法正确的有(　　)。

A．20×2 年初应确认递延所得税资产 50 万元

B．20×2 年初应确认递延所得税负债 50 万元

C．20×2 年末应确认递延所得税负债 45 万元

D．20×2 年末应转回递延所得税负债 5 万元

E．20×2 年末应转回递延所得税负债 50 万元，同时确认递延所得税资产 30 万元

12．下列各项目中，在计算应纳税所得额时，应做纳税调减的有(　　)。

A．期末可供出售金融资产公允价值上升

B．期末可供出售金融资产公允价值下降

C．期末交易性金融资产公允价值上升

D．期末计提存货跌价准备

E．期末确认国债利息收入

13．企业因下列事项所确认的递延所得税，应计入利润表所得税费用的有(　　)。

A．期末按公允价值调增可供出售金融资产的金额，产生的应纳税暂时性差异

B．期末按公允价值调减交易性金融资产的金额，产生的可抵扣暂时性差异

C．期末按公允价值调增交易性金融资产的金额，产生的应纳税暂时性差异

D．期末按公允价值调增投资性房地产的金额，产生的应纳税暂时性差异

E．企业进行吸收合并时对取得的资产、负债的账面价值和计税基础之间的差异的调整

14．采用资产负债表债务法核算所得税的情况下，影响当期所得税费用的因素有(　　)。

A．本期应交的所得税

B．本期发生的暂时性差异所产生的递延所得税负债

C．本期转回的暂时性差异所产生的递延所得税资产

D．本期发生的暂时性差异所产生的递延所得税资产

E．本期转回的暂时性差异所产生的递延所得税负债

15．A 公司 20×0 年发生了 4 000 万元的广告费用，在发生时已作为销售费用计入当期损益，税法规定广告费支出不超过当年销售收入 15%的部分，准予扣除；超过部分允许向以后年度结转税前扣除。20×0 年实现销售收入 20 000 万元，会计利润为 10 000 万元。A 公司所得税税率为 25%，不考虑其他纳税调整。A 公司 20×0 年年末应确认(　　)。

A．递延所得税负债 250 万元　　B．应交所得税 2 750 万元

C．所得税费用 2 500 万元　　D．递延所得税资产 250 万元

E．递延所得税资产 500 万元

三、计算及会计处理题

1．某公司于 20×0 年 12 月 1 日购入设备一台，原值 200 万元，净残值为零。税法规定采用年限平均法折旧，折旧年限为 5 年；会计规定采用年数总和法折旧，折旧年限 3 年。税前会计利润各年均为 1 000 万元，企业在 20×0 年及以前年度没有产生过暂时性差异及进行相关的核算，20×1 年、20×2 年所得税率为 33%，20×3 年以后所得税率为 25%(非预期税率)。

要求：编制 20×1、20×2、20×3 这 3 年所得税的相关分录(包括所得税的计提及暂时性差异的相关

处理，不需要做支付所得税的分录)。

2. 甲股份有限公司(本题下称“甲公司”)为上市公司，20×0 年 1 月 1 日递延所得税资产为 396 万元，递延所得税负债为 990 万元，适用的所得税税率为 33%。自 20×1 年 1 月 1 日起，该公司适用的所得税税率变更为 25%。

该公司 20×0 年利润总额为 6 000 万元，涉及所得税会计的交易或事项如下。

(1) 20×0 年 1 月 1 日，以 2 044.70 万元自证券市场购入当日发行的一项 3 年到期还本付息的国债。该国债票面金额为 2 000 万元，票面年利率为 5%，年实际利率为 4%，到期日为 20×2 年 12 月 31 日。甲公司将该国债作为持有至到期投资核算。

税法规定，国债利息收入免交所得税。

(2) 上年 12 月 15 日，甲公司购入一项管理用设备，支付购买价款、运输费、安装费等共计 2 400 万元。12 月 26 日，该设备经安装达到预定可使用状态。甲公司预计该设备使用年限为 10 年，预计净残值为零，采用年限平均法计提折旧。

税法规定，该类固定资产的折旧年限为 20 年。假定甲公司该设备预计净残值和采用的折旧方法符合税法规定。

(3) 20×0 年 6 月 20 日，甲公司因废水超标排放被环保部门处以 300 万元罚款，罚款已以银行存款支付。

税法规定，企业违反国家法规所支付的罚款不允许在税前扣除。

(4) 20×0 年 9 月 12 日，甲公司自证券市场购入某股票，支付价款 500 万元(假定不考虑交易费用)。甲公司将该股票作为交易性金融资产核算。12 月 31 日，该股票的公允价值为 1 000 万元。

假定税法规定，交易性金融资产持有期间公允价值变动金额不计入应纳税所得额，待出售时一并计入应纳税所得额。

(5) 20×0 年 10 月 10 日，甲公司由于为乙公司银行借款提供担保，乙公司未如期偿还借款，而被银行提起诉讼，要求其履行担保责任。12 月 31 日，该诉讼尚未审结。甲公司预计履行该担保责任很可能支出的金额为 2 200 万元。

税法规定，企业为其他单位债务提供担保发生的损失不允许在税前扣除。

(6) 其他有关资料如下。

① 甲公司预计 20×0 年 1 月 1 日存在的暂时性差异将在 20×1 年 1 月 1 日以后转回。

② 甲公司上述交易或事项均按照企业会计准则的规定进行了处理。

③ 甲公司预计在未来期间有足够的应纳税所得额用于抵扣可抵扣暂时性差异。

要求：

(1) 根据上述交易或事项，填列表 7-5。

表 7-5　甲公司资产负债项目暂时性差异表

20×0 年 12 月 31 日　　　　单位：万元

项　目	账面价值	计税基础	暂时性差异	
			应纳税暂时性差异	可抵扣暂时性差异
持有至到期投资				
固定资产				
交易性金融资产				
预计负债				
总　计				

(2) 计算甲公司 20×0 年应纳税所得额和应交所得税。

(3) 计算甲公司 20×0 年应确认的递延所得税和所得税费用。

(4) 编制甲公司 20×0 年确认所得税费用的相关会计分录。

3．乙公司 20×1 年度利润表中利润总额为 12 000 000 元，该公司适用的所得税税率为 25%。递延所得税资产及递延所得税负债不存在期初余额。

该公司 20×1 年发生的有关交易和事项中，会计处理与税收处理存在差别的有以下几点。

(1) 20×0 年 12 月 31 日取得的一项固定资产，成本为 6 000 000 元，使用年限为 10 年，预计净残值为零，会计处理按双倍余额递减法计提折旧，税收处理按直线法计提折旧。假定税法规定的使用年限及预计净残值与会计规定相同。

(2) 向关联企业捐赠现金 2 000 000 元。

(3) 当年度发生研究开发支出 5 000 000 元，较上年度增长 20%。其中 3 000 000 元予以资本化；截至 20×1 年 12 月 31 日，该研发资产仍在开发过程中。税法规定，企业费用化的研究开发支出按 50%加计扣除，资本化的研究开发支出按资本化金额的150%确定应予摊销的金额。

(4) 应付违反环保法规定罚款 1 000 000 元。

(5) 期末对持有的存货计提了 300 000 元的存货跌价准备。

(6) 乙公司 20×1 年 12 月 31 日资产负债表中相关项目的账面价值及其计税基础见表 7-6。

表 7-6　乙公司资产负债项目暂时性差异表

20×1 年 12 月 31 日　　　　单位：元

项　　目	账面价值	计税基础	暂时性差异	
			应纳税暂时性差异	可抵扣暂时性差异
存货	8 000 000	8 300 000		
固定资产：				
固定资产原价	30 000 000	30 000 000		
减：累计折旧	4 600 000	4 000 000		
固定资产账面价值	25 400 000	26 000 000		
无形资产	3 000 000	4 500 000		
其他应付款	1 000 000	1 000 000		
总　　计				

要求：

(1) 填列乙公司 20×1 年 12 月 31 日暂时性差异。

(2) 计算乙公司 20×1 年应纳税所得额和应交所得税。

(3) 计算乙公司 20×1 年应确认的递延所得税和所得税费用。

(4) 编制乙公司 20×1 年确认所得税费用的相关会计分录。

第3篇　企业合并会计

第8章　企业合并

教学目标

通过本章的学习，要理解企业合并的定义和范围；理解并掌握企业合并的类型；掌握同一控制下的控股合并、吸收合并的会计处理方法，掌握非同一控制下企业合并成本的确定方法、非同一控制下企业合并差额的会计处理方法；掌握非同一控制下的控股合并、吸收合并的会计处理方法；掌握通过多次交易分步实现的非同一控制下企业合并的会计处理方法。

教学要求

知识要点	能力要求	相关知识
企业合并概述	理解企业合并的定义和企业合并的类型 学会判断企业合并的类型	企业合并的定义 企业合并的类型
同一控制下企业合并的会计处理	学会同一控制下的合并差额的处理方法 学会同一控制下的控股合并在合并日的账务处理 学会同一控制下的吸收合并在合并日的账务处理	合并差额 同一控制下的控股合并 同一控制下的吸收合并
非同一控制下企业合并的会计处理	学会非同一控制下的合并差额的处理方法 学会非同一控制下的控股合并在购买日的账务处理 学会分步实现的非同一控制下企业合并的账务处理 学会非同一控制下的吸收合并在购买日的账务处理	合并成本、合并差额 非同一控制下的控股合并 多次交易分步实现的非同一控制下企业合并 非同一控制下的吸收合并

导入案例

企业合并会计处理方法的选择

本文以全流通时代我国第一例换股并购——上港集团换股并购G上港(600018)为例，对上港集团的合并进行分析，并进一步探讨企业合并会计处理方法的合理性。

2006年6月6日，G上港(600018)及其大股东上港集团同时发出公告，上港集团将以换股吸收合并的方式合并G上港，以上港集团为合并完成后的存续公司，并申请上市，达到整体上市的目的。

1. 合并方案的主要条款

上港集团将以3.67元/股的价格发行股票作为换股吸收合并对价，向G上港除上港集团、上海起帆科技、上海外轮理货外的全体股东发行人民币普通股，用以交换他们所持有的全部或部分G上港流通股。

本次换股吸收合并，G上港股票的换股价格为每股16.50元，计算的换股比例为16.50/3.67，即每一股G上港股票可换取4.5股上港集团股票。

本次吸收合并设定了现金选择权方案，G上港股东可以每股16.50元的价格全部或部分选择现金对价支付。该部分对价由第三方支付，该第三方将承诺按前述换股比例将其全部转换为上港集团的股票。

2. 合并要点

一是此次合并是控股公司吸收合并控股子公司。在这次合并以前，上港集团是G上港的控股股东，直接持有G上港70.18%的股份，关联公司上海外轮理货和上海起帆科技分别间接持有G上港0.36%和0.35%的股份。二是G上港的吸收合并与上港集团的股票发行同时进行，互为前提。上港集团本次发行的股票全部用于换股吸收合并G上港，不另向社会公开发行股票募集资金。吸收合并完成后，上港集团申请上市，G上港在合并后即终止上市并注销。三是由于采用了市场交易价格来确定换股比例，而不是按每股净资产加成的方法来确定，因此换股比例也更为市场化。四是为充分保护中小股东的利益，本次吸收合并设定了现金选择权方案，G上港股东(上港集团除外)可以以其所持有的G上港股份按照16.50元/股的价格全部或部分选择现金对价支付。

3. 合并实质

一是合并时，合并双方的所有或大部分股票必须以交换形式进行，合并双方并没有实际的资源流出；二是合并双方的原有股东将会成为合并后企业之股东，共同承受合并后企业的所有风险；三是根据本次合并的折股比例，合并双方的原有股东在合并前后所拥有的有形资产权益没有重大变动；四是此次合并只是企业形式的变化而并不产生经济实质的改变，原有的经营活动仍然继续，以前的会计基础也保持不变。

4. 合并会计处理方法

上港集团若采用同一控制下企业合并方法(权益结合法)处理，上港集团合并后的合并财务报表与合并前的合并财务报表之间并不会存在明显的差异；若采用非同一控制下企业合并方法(购买法)处理，需要确认的商誉为6 799 156 914.46元(成本2 421 710 550×3.67=8 887 677 718.50，购买G上港29.82%对应的可辨认净资产的账面价值7 003 758 564.86×29.82%=2 088 520 804.04)，约67.99亿元。假设商誉的摊销期限为10年，那么上港集团未来每年将减少利润6.8亿元，这将严重地影响其未来的报告收益。

上港集团若采用同一控制下企业合并方法(权益结合法)处理，在合并前后对每股收益(EPS)和净资产收益率(ROE)的影响都很小，在每股收益指标上，由于净利润的显著增加，合并后存续公司的每股收益水平较合并前有所上升，但净增幅度在0.01元以内；在净资产收益率上，企业的净增幅度也很小。上港集团合并前和合并后模拟的 ROE 及 EPS 数据见表(8-1)。

表 8-1　模拟表

项　　目	合 并 前	合 并 后	
		权益结合法	购 买 法
ROE(2006 年 3 月 31 日)	2.93%	3.3%	2.02%
EPS(2006 年 1～3 月)	0.0310	0.0342	0.0274

上港集团若采用非同一控制下企业合并方法(购买法)处理，一季度的 ROE 为 2.02%，那么全年就是 8.08%，(假设全年业绩均匀发生)小于国家监管部门规定的融资线(10%)。

资料来源：

[1] 吕倩,张瑜. 企业合并方法合理性分析——基于上港集团换股吸收合并 G 上港的案例[J]. 财会通讯 · 综合, 2010(02).

[2] 黄俊峰. 上港集团合并 G 上港方案确定[N]. 中国证券报, 2006-7-7.

问题：

(1) 上港集团在本次换股吸收合并中的会计处理方法应如何选择？是采用同一控制下企业合并方法(权益结合法)，还是采用非同一控制下企业合并方法(购买法)？

(2) 不同的企业合并处理方法是否会对每股收益(EPS)和净资产收益率(ROE)造成影响？

8.1　企业合并概述

8.1.1　企业合并的定义

根据《企业会计准则第 20 号——企业合并》(以下简称企业合并准则)的规定，企业合并是指将两个或两个以上单独的企业合并形成一个报告主体的交易或事项。构成企业合并至少包括两层含义：一是取得对另一个或多个企业(或业务)的控制权；二是所合并的企业必须构成业务。业务是指企业内部某些生产经营活动或资产负债的组合，该组合具有投入、加工处理和产出的能力，并能够独立计算其成本费用或所产生的收入。实务中出现的如一个企业对另一个企业某条具有独立生产能力的生产线的合并、一家保险公司对另一家保险公司寿险业务的合并等，一般构成业务合并。如果一个企业取得了对另一个或多个企业的控制权，而被购买方(或被合并方)并不构成业务，则该交易或事项不形成企业合并。企业取得了不形成业务的一组资产或是净资产时，应将购买成本按购买日所取得的各项可辨认资产、负债的相对公允价值基础进行分配，不按照企业合并准则进行处理。

8.1.2　企业合并的范围

1. 企业合并准则中所界定的企业合并

从企业合并的定义看，是否形成企业合并，除要看所合并的企业是否构成业务之外，关键要看在有关交易或事项发生前后，是否引起报告主体的变化。报告主体的变化产生于控制权的变化。在交易或事项发生以后，一方能够对另一方的生产经营决策实施控制，形成母子公司关系，就涉及控制权的转移，从合并财务报告角度形成报告主体的变化；交易或事项发生以后，一方能够控制另一方的全部净资产，被合并的企业在合并后失去其法人资格，也涉及控制权及报告主体的变化，形成企业合并。实务中，对于交易或事项发生前后是否形成控制权的转移，应当遵循实质重于形式的原则，综合可获得的各方面情况进行判断。

报告主体可以是个别报表和合并报表。比如，甲公司合并乙公司，如果乙公司被注销法人资格，则应将乙公司的资产、负债并入甲公司，形成一个报告主体，甲公司编制个别报表即可；如果乙公司未被注销法人资格，则甲公司形成长期股权投资，应通过编制合并报表，形成一个报告主体。

2. 不属于企业合并准则规范范围内的交易或事项

实务中，某些交易或事项因不符合企业合并的定义，不属于企业合并准则的规范范围，或者虽然从定义上属于企业合并，但因交易条件等各方面的限制，不包括在企业合并准则的规范范围之内。

1) 购买子公司的少数股权

购买子公司的少数股权是指在一个企业已经能够对另一个企业实施控制，双方存在母子公司关系的基础上，为增加持股比例，母公司从子公司的少数股东处购买其持有的对该子公司全部或部分股权。根据企业合并的定义，考虑到该交易或事项发生前后，不涉及控制权的转移，不形成报告主体的变化，因此不属于企业合并准则中所界定的企业合并。

2) 其他不按照企业合并准则核算的情况

(1) 两方或多方形成合营企业的情况，主要是指合营方将其拥有的资产、负债等投入所成立的合营企业，按照合营企业章程或合营合同、协议的规定，在合营企业成立以后，由合营各方对其生产经营活动实施共同控制。在这种情况下，因合营企业的各合营方中并不存在占主导作用的控制方，因此不属于企业合并准则中所界定的企业合并。

(2) 仅通过合同而不是所有权份额将两个或者两个以上的企业合并形成一个报告主体的情况。在这种情况下，一个企业能够对另一个企业实施控制，但该控制并非产生于持有另一个企业的股权，而是通过一些非股权因素产生的，例如通过签订委托受托经营合同，受托方虽不拥有受托经营企业的所有权，但按照合同协议的约定能够对受托经营企业的生产经营活动实施控制。这样的交易由于无法明确计量企业合并成本，有时甚至不发生任何成本，因此即使涉及控制权的转移，也不属于企业合并。

8.1.3 企业合并的类型

1. 按照合并各方是否存在相同的最终控制方进行分类

企业合并准则根据企业合并中参与合并的各方在合并前后是否受同一方或相同的多方最终控制，将企业合并分为同一控制下的企业合并和非同一控制下的企业合并。

1) 同一控制下的企业合并

同一控制下的企业合并是指参与合并的企业在合并前后均受同一方或相同的多方最终控制且该控制并非暂时性的。同一控制下的企业合并，在合并日取得对其他参与合并企业控制权的一方为合并方，参与合并的其他企业为被合并方。

判断某一企业合并是否属于同一控制下的企业合并，应当把握以下要点。

(1) 同一方是指对参与合并的企业在合并前后均实施最终控制的投资者。能够对参与合并各方在合并前后均实施最终控制的一方通常指企业集团的母公司。同一控制下的企业合并一般发生于企业集团内部，如集团内母子公司之间、子公司与子公司之间等。因此该类合并从本质上是集团内部企业之间的资产或权益的转移，能够对参与合并的企业在合并前后均实施最终控制的一方为集团的母公司。

(2) 能够对参与合并的企业在合并前后均实施最终控制的相同多方是指根据合同或协议的约定，拥有最终决定参与合并企业的财务和经营政策，并从中获取利益的投资者群体。

(3) 实施控制的时间性要求是指参与合并各方在合并前后较长的时间内为最终控制方所控制。具体是指在企业合并之前(即合并日之前)，参与合并各方在最终控制方的控制时间一般在一年以上(含一年)，企业合并后所形成的报告主体在最终控制方的控制时间也应达到一年以上(含一年)。

(4) 企业之间的合并是否属于同一控制下的企业合并，应综合构成企业合并交易的各方面的情况，按照实质重于形式的原则进行判断。通常情况下，同一控制下的企业合并是指发生在同一企业集团内部企业之间的合并。同受国家控制的企业之间发生的合并，不能仅因为参与合并各方在合并前后均受国家控制而将其作为同一控制下的企业合并。

2) 非同一控制下的企业合并

非同一控制下的企业合并是指参与合并各方在合并前后不受同一方或相同的多方最终控制的合并交易，即同一控制下企业合并以外的其他企业合并。与同一控制下的企业合并相反，非同一控制下的企业合并一般发生于两个或两个以上独立的企业集团之间。非同一控制下的企业合并，在购买日取得对其他参与合并企业控制权的一方为购买方，参与合并的其他企业为被购买方。

2. 按照合并后主体的法律形式不同进行分类

按照合并后主体的法律形式划分，企业合并包括控股合并、吸收合并和新设合并。

1) 控股合并

控股合并是指合并方(或购买方，下同)通过企业合并交易或事项取得对被合并方(或被购买方，下同)的控制权，合并后合并方能够通过所取得的股权等主导被合并方的生产经营决策并从被合并方的生产经营活动中获益，被合并方在企业合并后仍维持其独立的法人资格并继续经营。控股合并用公式表示为：A 企业+B 企业=A 企业+B 企业。

控股合并中，因合并方通过企业合并交易或事项取得了对被合并方的控制权，被合并方成为其子公司。在企业合并发生后，被合并方应当纳入合并方合并财务报表的编制范围，从合并财务报表角度，形成报告主体的变化。

2) 吸收合并

吸收合并又称兼并，是指企业合并后注销被合并方的法人资格，合并方在企业合并中取得被合并方的全部净资产，并将有关资产、负债并入合并方自身的账簿和报表中进行核算，在新的基础上继续经营。吸收合并用公式表示为：A 企业+B 企业=A 企业。

吸收合并中因被合并方(或被购买方)在合并发生以后被注销，从合并方(或购买方)的角度需要解决的会计问题是，其在合并日(或购买日)取得的被合并方有关资产、负债入账价值的确定，以及为了进行企业合并支付的对价与所取得被合并方资产、负债的入账价值之间差额的会计处理。

3) 新设合并

新设合并是指参与合并的各方在企业合并后法人资格均被注销，重新注册成立一家新的企业，由新注册成立的企业持有参与合并企业的资产、负债，在新的基础上经营。新设合并用公式表示为：A 企业+B 企业=C 企业。

8.2 同一控制下企业合并

同一控制下企业合并的会计处理是从合并方出发，确定合并方在合并日对于企业合并事项应进行的会计处理。合并日是指合并方实际取得对被合并方控制权的日期。

8.2.1 同一控制下企业合并的会计处理原则

将企业合并看作是两个或多个参与合并企业权益的重新整合，由于最终控制方的存在，从最终控制方的角度看，该类企业合并在一定程度上并不会造成构成企业集团整体的经济利益的流入和流出，最终控制方在合并前后实际控制的经济资源并没有发生变化，因此有关合并事项不作为出售或购买。

1. 合并方在合并中取得被合并方的资产、负债的确认

合并方在合并中确认取得的被合并方的资产、负债仅限于被合并方账面上原已确认的资产和负债，合并中不产生新的资产和负债。

同一控制下的企业合并，从最终控制方的角度看，其在企业合并发生前后能够控制的净资产价值量并没有发生变化，因此即便是在合并过程中，取得的净资产入账价值与支付的合并对价账面价值之间存在差额，同一控制下的企业合并中一般也不产生新的商誉因素，即不确认新的资产，但被合并方在企业合并前账面上原已确认的商誉应作为合并中取得的资产进行确认。

2. 合并方在合并中取得被合并方的资产、负债的计量

合并方在合并中取得的被合并方各项资产、负债应维持其在被合并方的原账面价值不变。

被合并方在企业合并前采用的会计政策与合并方不一致的，应基于重要性原则，首先统一会计政策，即合并方应当按照本企业会计政策对被合并方资产、负债的账面价值进行调整，并以调整后的账面价值作为有关资产、负债的入账价值。进行上述调整的一个原因是将该项合并中涉及的合并方及被合并方作为一个整体对待，对于一个完整的会计主体，其对相关交易、事项应当采用相对统一的会计政策，在此基础上反映其财务状况和经营成果。在同一控制下的企业合并中，被合并方同时进行改制并对资产负债进行评估调账的，应以评估调账后的账面价值并入合并方。

3. 合并差额的处理

合并方在合并中取得的净资产的入账价值与为进行企业合并支付的对价账面价值之间的差额，应当调整所有者权益的相关项目，而不计入企业合并当期损益。

在同一控制下的企业合并，本质上不是购买，而是两个或多个会计主体权益的整合。

合并方在企业合并中取得的价值量相对于所放弃的价值量之间存在差额的，应当调整所有者权益。在根据合并差额调整合并方的所有者权益时，应首先调整资本公积(资本溢价或股本溢价)，资本公积(资本溢价或股本溢价)的余额不足冲减的，应冲减留存收益。

4. 合并方为进行企业合并发生的有关费用的处理

合并方为进行企业合并发生的有关费用指合并方为进行企业合并发生的各项直接相关费用，如为进行企业合并支付的审计费用、资产评估费用以及有关的法律咨询费用等增量费用。同一控制下企业合并进行过程中发生的各项直接相关费用，应于发生时费用化计入当期损益，借记“管理费用”等科目，贷记“银行存款”等科目，但以下两种情况除外。

(1) 以发行债券方式进行的企业合并，与发行债券相关的佣金、手续费等应按照《企业会计准则第 22 号——金融工具确认和计量》的规定进行会计处理。该部分费用，虽然与筹集用于企业合并的对价直接相关，但其会计处理应遵照金融工具准则的原则，有关的费用应计入负债的初始计量金额。

(2) 发行权益性证券作为合并对价的，与所发行权益性证券相关的佣金、手续费等应按照《企业会计准则第 37 号——金融工具列报》的规定处理。即与发行权益性证券相关的费用，不管其是否与企业合并直接相关，均应自所发行权益性证券的发行收入中扣减，在权益性工具发行有溢价的情况下，自溢价收入中扣除；在权益性证券发行无溢价或溢价金额不足以扣减的情况下，应当冲减盈余公积和未分配利润。

企业专设的购并部门发生的日常管理费用，如果该部门的设置并不是与某项企业合并直接相关，而是企业的一个常设部门，其设置目的是为了寻找相关的购并机会等，维持该部门日常运转的有关费用，不属于与企业合并直接相关的费用，应当于发生时费用化计入当期损益。

8.2.2 同一控制下企业合并的会计处理

同一控制下的企业合并，视合并方式的不同，应当分别进行会计处理。

1. 同一控制下的控股合并

同一控制下的控股合并中，合并方在合并日涉及两个方面的会计问题：一是对于因该项企业合并形成的对被合并方的长期股权投资的确认和计量；二是合并日合并财务报表的编制。本章主要介绍合并方对被合并方的长期股权投资的确认和计量，有关合并日合并财务报表的编制详见第 9 章。

按照《企业会计准则第 2 号——长期股权投资》的规定，同一控制下企业合并形成的长期股权投资，合并方以支付现金、转让非现金资产或承担债务方式作为合并对价的，应当在合并日按照取得被合并方所有者权益账面价值的份额作为长期股权投资的初始投资成本，长期股权投资的初始投资成本与支付的现金、转让的非现金资产及所承担债务账面价值之间的差额，应当调整资本公积(资本溢价或股本溢价)，资本公积(资本溢价或股本溢价)的余额不足冲减的，调整留存收益；合并方以发行权益性证券作为合并对价的，应按发行股份的面值总额作为股本，长期股权投资的初始投资成本与所发行股份面值总额之间的差额，应当调整资本公积(资本溢价或股本溢价)，资本公积(资本溢价或股本溢价)不足冲减的，调整留存收益。

上述在按照合并日应享有被合并方账面所有者权益的份额确定长期股权投资的初始投资成本时，前提是合并前合并方与被合并方采用的会计政策一致。如企业合并前合并方与被合并方采用的会计政策不同，应基于重要性原则，统一合并方与被合并方的会计政策。在按照合并方的会计政策对被合并方资产、负债的账面价值进行调整的基础上，计算确定形成长期股权投资的初始投资成本。

【例 8-1】 A 公司于 20×0 年 9 月 1 日按面值发行 5 000 万元的债券以取得 B 公司 60%的股份，20×0 年 9 月 1 日 B 公司所有者权益的账面价值为 10 000 万元，A 公司另支付手续费 15 万元。A 公司和 B 公司为同一集团的两家子公司。A 公司会计处理如下。

借：长期股权投资——B 公司　　(100 000 000×60%)60 000 000
　　贷：应付债券——面值　　50 000 000
　　　　资本公积　　10 000 000
借：应付债券——利息调整　　150 000
　　贷：银行存款　　150 000

【例 8-2】 20×0 年 8 月 30 日，甲公司向同一集团内乙公司的原股东定向增发 1 000 万股普通股(每股面值为 1 元，市价为 8.68 元)，取得乙公司 100%的股权，并于当日起能够对乙公司实施控制，合并后乙公司仍维持其独立法人资格继续经营。为增发该部分股份，甲公司向证券承销机构等支付了 400 万元的佣金和手续费。两公司在企业合并前采用的会计政策相同。合并日，乙公司所有者权益的账面价值为 3 408 万元。

合并日 20×0 年 8 月 30 日，甲公司应确认对乙公司的长期股权投资，其成本为合并日享有乙公司所有者权益账面价值的份额，账务处理如下。

借：长期股权投资　　34 080 000
　　贷：股本　　10 000 000
　　　　资本公积——股本溢价　　24 080 000

发行权益性证券过程中支付的佣金和手续费，应冲减权益性证券的溢价发行收入。

借：资本公积——股本溢价　　4 000 000
　　贷：银行存款　　4 000 000

【例 8-3】 20×0 年 8 月 30 日，A 公司以一项账面价值为 280 万元的固定资产(原价 400 万元，累计折旧 120 万元)和一项账面价值为 320 万元的无形资产(原价 500 万元，累计摊销 180 万元)为对价取得同一集团内另一家全资企业 B 公司 100%的股权，合并后 B 公司仍维持其独立法人资格继续经营。合并日 B 公司的所有者权益的账面价值为 1 000 万元。

在合并日 20×0 年 8 月 30 日，A 公司应确认对 B 公司的长期股权投资，进行以下账务处理。

借：固定资产清理　　2 800 000
　　累计折旧　　1 200 000
　　贷：固定资产　　4 000 000
借：长期股权投资　　10 000 000
　　累计摊销　　1 800 000
　　贷：固定资产清理　　2 800 000
　　　　无形资产　　5 000 000
　　　　资本公积　　4 000 000

2. 同一控制下的吸收合并

同一控制下的吸收合并中，合并方主要涉及合并日取得被合并方资产、负债入账价值的确定，以及对合并中取得有关净资产的入账价值与支付的合并对价账面价值之间差额的处理。

合并方对同一控制下吸收合并中取得的资产、负债应当按照相关资产、负债在被合并方的原账面价值入账。

合并方在确认了合并中取得的被合并方的资产和负债后，以发行权益性证券的方式进行的该类合并，所确认的净资产入账价值与发行股份面值总额的差额，应记入资本公积(资本溢价或股本溢价)，资本公积(资本溢价或股本溢价)的余额不足冲减的，相应冲减盈余公积和未分配利润；以支付现金、非现金资产方式进行的该类合并，所确认的净资产入账价值与支付的现金、非现金资产账面价值的差额，应相应调整资本公积(资本溢价或股本溢价)，资本公积(资本溢价或股本溢价)的余额不足冲减的，应冲减盈余公积和未分配利润。

【例8-4】 20×0年9月30日，甲公司向乙公司的股东定向增发1 000万股普通股(每股面值为1元，市价为4.34元)对乙公司进行吸收合并，并于当日取得乙公司净资产。

参与合并企业在20×0年9月30日企业合并前，有关资产、负债的账面价值情况见表8-2。

表8-2 资产负债表(简表)

20×0年9月30日　　　　单位：元

项目	甲公司	乙公司	
	账面价值	账面价值	公允价值
资产：			
货币资金	17 250 000	1 800 000	1 800 000
应收账款	12 000 000	8 000 000	8 000 000
存货	24 800 000	1 020 000	1 800 000
长期股权投资	20 000 000	8 600 000	15 200 000
固定资产	28 000 000	12 000 000	22 000 000
无形资产	18 000 000	2 000 000	10 000 000
资产总额	120 050 000	33 420 000	58 800 000
负债和所有者权益：			
短期借款	10 000 000	9 000 000	9 000 000
应付账款	15 000 000	1 200 000	1 200 000
其他负债	1 500 000	1 200 000	1 200 000
负债合计	26 500 000	11 400 000	11 400 000
实收资本	30 000 000	10 000 000	
资本公积	20 000 000	6 000 000	
盈余公积	20 000 000	2 000 000	
未分配利润	23 550 000	4 020 000	
所有者权益合计	93 550 000	22 020 000	47 400 000
负债和所有者权益合计	120 050 000	33 420 000	58 800 000

本例中假定甲公司和乙公司为同一集团内两家全资子公司，合并前其共同的母公司为M公司。该项合并中参与合并的企业在合并前及合并后均为M公司最终控制，为同一控制下的企业合并。自20×0年9月30日开始，甲公司能够对乙公司的净资产实施控制，该日即为合并日。

因合并后乙公司失去其法人资格，甲公司应按乙公司的原账面价值确认合并中取得的乙公司的各项资产和负债，乙公司的各项资产和负债的账面价值与计税基础相同。假定甲公司与乙公司在合并前采用的会计政策相同，甲公司对该项合并应进行的会计处理如下。

	借方	贷方
借：货币资金	1 800 000	
库存商品(存货)	1 020 000	
应收账款	8 000 000	
长期股权投资	8 600 000	
固定资产	12 000 000	
无形资产	2 000 000	
贷：短期借款		9 000 000
应付账款		1 200 000
其他应付款(其他负债)		1 200 000
股本		10 000 000
资本公积		12 020 000

8.3 非同一控制下企业合并

8.3.1 非同一控制下企业合并的会计处理原则

1. 确定购买方

1) 购买方定义

购买方是指在非同一控制下的企业合并中取得对另一方或多方控制权的一方。

非同一控制下的企业合并中，一般应考虑企业合并合同、协议以及其他相关因素来确定购买方。

在判断企业合并中的购买方时，应考虑所有相关的事实和情况，特别是企业合并后参与合并各方的相对投票权、合并后主体管理机构及高层管理人员的构成、权益互换的条款等。

2) 购买方的判断

合并中一方取得了另一方半数以上有表决权股份的，除非有明确的证据表明不能形成控制，否则一般认为取得另一方半数以上表决权股份的一方为购买方。

某些情况下，即使一方没有取得另一方半数以上有表决权股份，但存在以下情况时，一般也可认为其获得了对另一方的控制权，成为购买方。

(1) 通过与其他投资者签订协议，实质上拥有被购买企业半数以上的表决权。例如，A公司拥有B公司40%的表决权资本，C公司拥有B公司30%的表决权资本，D公司拥有B公司30%的表决权资本。A公司与C公司达成协议，C公司在B公司的权益由A公司代表。

在这种情况下，A 公司实质上拥有 B 公司 70%表决权资本的控制权，在 B 公司的章程等没有特别规定的情况下，表明 A 公司实质上控制 B 公司。

(2) 按照章程或协议等的规定，具有主导被购买企业财务和经营决策的权力。例如，A 公司拥有 B 公司 45%的表决权资本，同时，根据法律或协议的规定，A 公司可以决定 B 公司的生产经营等政策，对 B 公司的财务和经营政策实施控制。

(3) 有权任免被购买企业董事会或类似权力机构的多数成员。这种情况是指，虽然投资企业拥有被投资单位 50%或以下表决权资本，但根据章程、协议等有权任免被投资单位董事会或类似机构的绝大多数成员，以达到实质上控制的目的。

(4) 在被购买企业董事会或类似权力机构中具有多数投票权。这种情况是指，虽然投资企业拥有被投资单位 50%或以下表决权资本，但能够控制被投资单位董事会等类似权力机构的会议，从而能够控制其财务和经营政策，达到对被投资单位的控制。

某些情况下可能难以确定企业合并中的购买方，如参与合并的两家或多家企业规模相当，在这种情况下，往往可以结合一些迹象表明购买方的存在。在具体判断时，可以考虑下列相关因素。

(1) 以支付现金、转让非现金资产或承担负债的方式进行的企业合并，一般支付现金、转让非现金资产或是承担负债的一方为购买方。

(2) 考虑参与合并各方的股东在合并后主体的相对投票权，一般其中股东在合并后主体具有相对较高投票比例的一方为购买方。

(3) 参与合并各方的管理层对合并后主体生产经营决策的主导能力，如果合并导致参与合并一方的管理层能够主导合并后主体生产经营政策的制定，一般其管理层能够实施主导作用的一方为购买方。

(4) 参与合并一方的公允价值远远大于另一方的，公允价值较大的一方很可能为购买方。

(5) 企业合并是通过以有表决权的股份换取另一方的现金及其他资产的，则付出现金或其他资产的一方很可能为购买方。

(6) 通过权益互换实现的企业合并，发行权益性证券的一方通常为购买方。但如果有证据表明发行权益性证券的一方，其生产经营决策在合并后被参与合并的另一方控制，则其应为被购买方，参与合并的另一方为购买方。该类合并通常称为反向购买。

2. 确定购买日

1) 购买日的定义

购买日是购买方获得对被购买方控制权的日期，即企业合并交易进行过程中，发生控制权转移的日期。根据企业合并方式的不同，在控股合并的情况下，购买方应在购买日确认因企业合并形成的对被购买方的长期股权投资；在吸收合并的情况下，购买方应在购买日确认合并中取得的被购买方的各项可辨认资产、负债等。

确定购买日的基本原则是控制权转移的时点。企业在实务操作中，应当结合合并合同或协议的约定及其他有关的影响因素，按照实质重于形式的原则进行判断。

2) 控制权转移的条件

同时满足以下条件时，一般可认为实现了控制权的转移，形成购买日。

(1) 企业合并合同或协议已获股东大会等内部权力机构通过。企业合并一般涉及的交易规模较大，无论是合并当期还是合并以后期间，均会对企业的生产经营产生重大影响，在能够对企业合并进行确认、形成实质性的交易前，该交易或事项应经过企业的内部权力机构批准，如对于股份有限公司，其内部权力机构一般指股东大会。

(2) 按照规定，合并事项需要经过国家有关主管部门审批的，已获得相关部门的批准。按照国家有关规定，企业并购需要经过国家有关部门批准的，取得相关批准文件是对企业合并交易或事项进行会计处理的前提之一。

(3) 参与合并各方已办理了必要的财产权交接手续。作为购买方，无论其通过企业合并是取得对被购买方的股权还是取得被购买方的全部净资产，能够形成与取得股权或净资产相关的风险和报酬的转移，一般需办理相关的财产权交接手续，从而从法律上保障有关风险和报酬的转移。

(4) 购买方已支付了购买价款的大部分(一般应超过 50%)，并且有能力、有计划支付剩余款项。购买方要取得与被购买方净资产相关的风险和报酬，其前提是必须支付一定的对价，一般在形成购买日之前，购买方已经支付了购买价款的大部分，并且从其目前财务状况判断，有能力支付剩余款项。

(5) 购买方实际上已经控制了被购买方的财务和经营政策，享有相应的收益并承担相应的风险。

3) 分步实现企业合并的购买日的确定

企业合并涉及一次以上交易的，如通过分阶段取得股份最终实现合并，企业应于每一交易日确认对被投资企业的各单项投资。交易日是指合并方或购买方在自身的账簿和报表中确认对被投资单位投资的日期。分步实现的企业合并中，购买日是指按照有关标准判断购买方最终取得对被购买企业控制权的日期。

例如，甲公司于 20×0 年 9 月 28 日取得乙公司 30%的股权(假定能够对乙公司施加重大影响)，在与取得股权相关的风险和报酬发生转移的情况下，甲公司应确认对乙公司的长期股权投资。在已经拥有乙公司 30%股权的基础上，甲公司又于 20×1 年 1 月 13 日取得乙公司 30%的股权，在其持股比例达到 60%的情况下，假定于当日开始能够对乙公司实施控制，则 20×1 年 1 月 13 日为第二次购买股权的交易日，同时因在当日能够对乙公司实施控制，形成企业合并的购买日。

3. 确定企业合并成本

1) 企业合并成本的涵义

企业合并成本包括购买方为进行企业合并支付的现金或非现金资产、发行或承担的债务、发行的权益性证券等在购买日的公允价值以及企业合并中发生的各项直接相关费用之和。通过多次交换交易分步实现的企业合并，其企业合并成本为每一单项交换交易的成本之和。

2) 企业合并成本的构成

企业合并成本包括购买方在购买日支付的下列项目的合计金额。

(1) 作为合并对价的现金及非现金资产的公允价值。以非货币性资产作为合并对价的，其合并成本为所支付对价的公允价值。该公允价值与作为合并对价的非货币性资产账面价值的差额，作为资产的处置损益，计入合并当期的利润表。

(2) 发行的权益性证券的公允价值。

(3) 因企业合并发生或承担的债务的公允价值。因企业合并而承担的各项负债，应采用按照适用利率计算的未来现金流量的现值为其公允价值。预期因企业合并可能发生的未来损失或其他成本不是购买方为取得对被购买方的控制权而承担的负债，不构成企业合并成本。

(4) 在合并合同或协议中对可能影响合并成本的未来事项作出约定的，购买日如果估计未来事项很可能发生并且对合并成本的影响金额能够可靠计量的，购买方应当将其计入合并成本。

(5) 合并中发生的各项直接相关费用。非同一控制下企业合并中发生的与企业合并直接相关的费用，包括为进行合并而发生的会计审计费用、法律服务费用、咨询费用等，应当计入企业合并成本。这里所称合并中发生的各项直接相关费用，不包括与为进行企业合并发行的权益性证券或发行的债务相关的手续费、佣金等，该部分费用应参照本章中关于同一控制下企业合并中类似费用的处理原则进行处理。

4. 确认合并中取得的各项可辨认资产和负债

非同一控制下的企业合并中，购买方取得了对被购买方净资产的控制权，视合并方式的不同，应分别在合并财务报表或个别财务报表中确认合并中取得的各项可辨认资产和负债。

购买方在企业合并中取得的被购买方各项可辨认资产和负债，要作为本企业的资产、负债(或合并财务报表中的资产、负债)进行确认，在购买日，应当满足资产、负债的确认条件。有关的确认条件包括以下内容。

(1) 合并中取得的被购买方的各项资产(无形资产除外)，其所带来的未来经济利益预期能够流入企业且其公允价值能够可靠计量的，应单独作为资产进行确认。

(2) 合并中取得的被购买方的各项负债(或有负债除外)，履行有关的义务预期会导致经济利益流出企业且其公允价值能够可靠计量的，应单独作为负债进行确认。

(3) 合并中取得的无形资产，其公允价值能够可靠计量的，应当单独确认为无形资产并按照其公允价值计量。

(4) 合并中取得的被购买方的或有负债，其公允价值能够可靠计量的，应当单独确认为负债并按照其公允价值计量。

(5) 对于被购买方在企业合并之前已经确认的商誉和递延所得税项目，购买方在对企业合并成本进行分配、确认合并中取得可辨认资产和负债时不应予以考虑。

(6) 在非同一控制下的企业合并中，购买方确认在合并中取得的被购买方各项可辨认资产和负债不应局限于被购买方在合并前已经确认的资产和负债，还可能包括企业合并前被购买方在其资产负债表中未予确认的资产和负债，该类资产和负债在企业合并前可能由于不符合确认条件而未被确认为被购买方的资产和负债，但在企业合并发生后，因符合了有关的确认条件则需要作为合并中取得的可辨认资产和负债进行确认。例如，被购买方在企业合并前存在的未弥补亏损，在企业合并前因无法取得足够的应纳税所得额用于抵扣该亏损而未确认相关的递延所得税资产，如按照税法规定在能够抵扣购买方未来期间实现的应纳税所得额而且购买方在未来期间预计很可能取得足够的应纳税所得额的情况下，有关的递延所得税资产应作为合并中取得的可辨认资产予以确认。

5. 合并差额的处理

购买方对于企业合并成本与确认的被购买方可辨认净资产公允价值份额的差额，应视情况分别作以下处理。

(1) 企业合并成本大于合并中取得的被购买方可辨认净资产公允价值份额的差额，应确认为商誉。被购买方可辨认净资产公允价值是指合并中取得的被购买方可辨认资产的公允价值减去负债及或有负债公允价值后的余额。视企业合并方式的不同，控股合并情况下，该差额是指合并财务报表中应列示的商誉；吸收合并情况下，该差额是购买方在其账簿及个别财务报表中应确认的商誉。

商誉在确认以后，持有期间不要求摊销，企业应当按照《企业会计准则第 8 号——资产减值》的规定对其进行减值测试，对于可收回金额低于账面价值的部分，计提减值准备。

(2) 企业合并成本小于合并中取得的被购买方可辨认净资产公允价值份额的差额，应计入合并当期损益。

这种情况下，企业合并准则要求要对合并中取得的资产、负债的公允价值、作为合并对价的非现金资产或发行的权益性证券等的公允价值进行复核，复核结果表明所确定的各项可辨认资产和负债的公允价值是恰当的，应将企业合并成本低于取得的被购买方可辨认净资产公允价值份额之间的差额，计入合并当期的营业外收入，并在会计报表附注中予以说明。

在控股合并的情况下，上述差额应体现在合并当期的合并利润表中；在吸收合并的情况下，上述差额应计入合并当期购买方的个别利润表中。

企业合并成本与合并中取得的被购买方可辨认净资产公允价值份额之间差额的处理，汇总见表 8-3。

表 8-3 合并差额的处理汇总

情　形	确认	合并类型	列　示
合并成本＞取得的被购买方可辨认净资产公允价值份额	商誉	控股合并	该差额列示于购买方合并财务报表中，账簿及个别财务报表中不进行确认
		吸收(新设)合并	购买方在其账簿及个别财务报表中进行确认
合并成本＜取得的被购买方可辨认净资产公允价值份额	当期损益	控股合并	体现在合并当期的合并利润表中，不影响购买方的个别利润表
		吸收(新设)合并	计入购买方合并当期的个别利润表

6. 企业合并成本的调整

非同一控制下企业合并的会计处理的基本原则是确定公允价值，无论是作为合并对价付出的各项资产的公允价值，还是合并中取得被购买方各项可辨认资产、负债的公允价值，如果在购买日或合并当期期末，因各种因素影响无法合理确定的，购买方应以暂时确定的价值为基础进行核算。

1) 购买日后 12 个月内对有关价值量的调整

合并当期期末，对合并成本或合并中取得的可辨认资产、负债以暂时确定的价值对企业合并进行处理的情况下，自购买日起 12 个月内取得进一步的信息表明需对原暂时确定的企业合并成本或所取得的可辨认资产、负债的暂时性价值进行调整的，应视同在购买日发生，进行追溯调整，同时也应对以暂时性价值为基础提供的比较报表信息进行相关的调整。

例如，A 公司于 20×0 年 9 月 20 日对 B 公司进行吸收合并，合并中取得的一项固定资产不存在活跃市场，为确定其公允价值，A 公司聘请了有关的资产评估机构对其进行评估。至 A 公司 20×0 年财务报告对外报出时，尚未取得评估报告。A 公司在其 20×0 年的财务报告中对该项固定资产暂估的价值为 300 000 元，预计使用年限为 5 年，净残值为零，按照直线法计提折旧。该项合并中 A 公司确认商誉为 1 200 000 元。本例中假定 A 公司不编制中期财务报告。

20×1 年 4 月，A 公司取得了资产评估报告，确认该项固定资产的价值为 450 000 元。则 A 公司应视同在购买日确定的该项固定资产的公允价值为 450 000 元，相应调整 20×0 年财务报告中确认的商誉价值(调减 150 000 元)及利润表中的折旧费用(调增 7 500 元)。进行有关调整后，A 公司在其 20×1 年的会计报表附注中应对有关情况作出说明。

2) 超过规定期限后的价值量调整

自购买日起 12 个月以后对企业合并成本或合并中取得的可辨认资产、负债价值进行的调整，应当按照《企业会计准则第 28 号——会计政策、会计估计变更和会计差错更正》的原则进行处理，即对于企业合并成本、合并中取得可辨认资产、负债公允价值等进行的调整，应作为前期差错处理。

3) 递延所得税资产的调整

购买日取得的被购买方在以前期间发生的经营亏损等可抵扣暂时性差异，按照税法规定可以用于抵减以后年度应纳税所得额的，如在购买日因不符合递延所得税资产的确认条件而未确认所产生的递延所得税资产，以后期间有关的可抵扣暂时性差异带来的经济利益预计能够实现的，企业应确认相关的递延所得税资产，减少利润表中的所得税费用，同时将商誉降低至假定在购买日即确认了该递延所得税资产的情况下应有的金额，减记的商誉金额作为利润表中的资产减值损失。按照上述过程确认递延所得税资产，原则上不应增加因企业合并成本小于合并中取得的被购买方可辨认净资产公允价值的份额而计入合并当期利润表的金额。

8.3.2 非同一控制下企业合并的会计处理

1. 非同一控制下的控股合并

在非同一控制下的控股合并中，购买方在购买日涉及两个方面的会计问题：一是对于因该项企业合并形成的对被购买方的长期股权投资的确认和计量；二是合并日合并财务报表的编制。本章主要介绍购买方对被购买方的长期股权投资的确认和计量，有关购买日合并财务报表的编制详见第 9 章。

在非同一控制下的控股合并中，购买方在购买日应将按照确定的企业合并成本(不包括应自被投资单位收取的现金股利或利润)作为形成的对被购买方长期股权投资的初始投资成本。以支付非货币性资产为对价的，非货币性资产在购买日的公允价值与其账面价值的差额，应作为资产的处置损益，计入合并当期的利润表。

【例 8-5】 A 公司于 20×0 年 7 月 31 日取得 B 公司 70%的股权，取得该部分股权后能够控制 B 公司的生产经营决策。购买日 B 公司可辨认净资产公允价值为 11 200 万元，A 公司聘请资产评估机构对 B 公司的资产进行评估，支付评估费用 200 万元。合并中，A 公司支付的有关资产在购买日的账面价值与公允价值见表 8-4。本例中假定合并前 A 公司与 B 公司不存在任何关联方关系。

表 8-4　A 公司支付的对价

20×0 年 7 月 31 日　　　　单位：元

项　目	账面价值	公允价值
土地使用权(自用)	40 000 000	66 000 000
专利技术	16 000 000	20 000 000
银行存款	16 000 000	16 000 000
合　计	72 000 000	102 000 000

说明： A 公司用作合并对价的土地使用权和专利技术原价为 6 400 万元，至企业合并发生时已累计摊销 800 万元。

例 8-5 中因 A 公司与 B 公司在合并前不存在任何关联方关系，因此应作为非同一控制下的企业合并处理。购买日，A 公司应进行的会计处理如下。

借：长期股权投资[①]　　104 000 000
　　累计摊销　　8 000 000
　　贷：无形资产　　64 000 000
　　　　银行存款　　18 000 000
　　　　营业外收入——处置非流动资产利得　　30 000 000

购买日应确认的商誉=104 000 000−112 000 000×70%=25 600 000(万元)

2. 通过多次交易分步实现的非同一控制下的企业合并

通过多次交换交易分步实现的非同一控制下的企业合并，应按以下顺序进行处理。

(1) 对长期股权投资的账面余额进行调整。达到企业合并前长期股权投资采用成本法核算的，其账面余额一般无需调整；达到企业合并前长期股权投资采用权益法核算的，应进行调整，将其账面价值调整至取得投资时的初始投资成本，相应调整留存收益等。

(2) 比较达到企业合并时每一单项交易的成本与交易时应享有被投资单位可辨认净资产公允价值的份额，确定每一单项交易应予确认的商誉或是应计入发生当期损益的金额。购买方在购买日确认的商誉(或计入损益的金额)应为每一单项交易产生的商誉(或应予确认损益的金额)之和。

(3) 对于被购买方在购买日与交易日之间可辨认净资产公允价值的变动相对于原持股比例的部分，在合并财务报表(吸收合并是指购买方个别财务报表)中应调整所有者权益相

---

① 根据《关于企业重组业务企业所得税处理若干问题的通知》(财税[2009]59 号)，按照一般性税务处理规定，企业股权收购时，收购企业取得的股权或资产的计税基础应以公允价值为基础确定。因此，长期股权投资的计税基础与账面价值相同，不存在暂时性差异。

关项目，其中属于原取得投资后被投资单位实现净损益增加的资产价值量，应调整留存收益，差额调整资本公积。

【例 8-6】 甲公司于 20×0 年 3 月用银行存款 10 000 万元取得 B 公司 20%的股份，当日 B 公司可辨认净资产公允价值为 40 000 万元。因能够参与 B 公司的生产经营决策，甲公司对持有的该投资采用权益法核算。B 公司自 20×0 年 3 月甲公司投资后至 20×0 年年末实现的净利润为 4 000 万元，20×0 年甲公司确认来自于 B 公司的投资收益为 800 万元，在此期间，B 公司未宣告发放现金股利或利润，不考虑相关税费的影响。

20×1 年 2 月，甲公司以银行存款 30 000 万元进一步购入 B 公司 40%的股份，购买日 B 公司可辨认净资产的公允价值为 70 000 万元。

此时，持股比例为 60%，实现企业合并，采用成本法核算。甲公司有关账务处理如下。

① 20×0 年 3 月投资时的账务处理。

借：长期股权投资——B 公司(成本)　　100 000 000

　　贷：银行存款　　100 000 000

② 20×0 年末确认投资收益。

借：长期股权投资——B 公司(损益调整)　　8 000 000

　　贷：投资收益　　8 000 000

③ 20×1 年 2 月，对原按照权益法核算的长期股权投资进行追溯调整(假定甲公司按净利润的 10%提取盈余公积)，冲回权益法下确认的投资收益。

借：盈余公积　　800 000

　　利润分配——未分配利润　　7 200 000

　　贷：长期股权投资　　8 000 000

④ 确认购买日进一步取得的股份。

借：长期股权投资　　300 000 000

　　贷：银行存款　　300 000 000

此时，长期股权投资的账面余额为 4 亿元。

⑤ 计算达到企业合并时应确认的商誉。

原持有 20%股份应确认的商誉=10 000−40 000×20%=2 000(万元)

进一步取得 40%股份应确认的商誉=30 000−70 000×40%=2 000(万元)

合并财务报表中应确认的商誉=2 000+2 000=4 000(万元)

⑥ 资产增值的处理。

原持有 20%股份在购买日对应的可辨认净资产公允价值

=70 000×20%=14 000(万元)

原取得投资时应享有被投资单位净资产公允价值的份额

=40 000×20%=8 000(万元)

两者之间的差额为(14 000−8 000)6 000 万元，在合并财务报表中属于被投资企业在投资以后实现净利润的部分为(4 000×20%)800 元，调整合并财务报表中的盈余公积和未分配利润，剩余部分为(6 000−800)5 200 万元调整资本公积。

在合并财务报表工作底稿中编制的调整分录如下。

借：长期股权投资 60 000 000

　　贷：盈余公积 800 000

　　　　未分配利润 7 200 000

　　　　资本公积 52 000 000

3. 非同一控制下的吸收合并

在非同一控制下的吸收合并中，购买方在购买日应当将合并中取得的符合确认条件的各项可辨认资产、负债，按其公允价值确认为本企业的资产和负债；作为合并对价的有关非货币性资产，在购买日的公允价值与其账面价值的差额，应作为资产处置损益计入合并当期的利润表；确定的企业合并成本与所取得的被购买方可辨认净资产公允价值之间的差额，视情况确认为商誉或是计入企业合并当期的损益(营业外收入)。

【例 8-7】 20×0 年 10 月 2 日 A 企业以增发的本企业普通股 1 000 万股为对价，购入 B 企业 100%的净资产，对 B 企业进行吸收合并。A 企业增发的股票面值为每股 1 元，公允价值为每股 12.5 元。合并前 A 企业与 B 企业不存在任何关联方关系，所得税税率为 25%，假定该项合并符合税法规定的免税合并条件，购买日 B 企业各项可辨认资产、负债的账面价值及其公允价值见表 8-5。

表 8-5　B 企业资产负债表(简表)

20×0 年 10 月 2 日　　单位：万元

项　　目	B 企业	
	账面价值	公允价值
资产：		
银行存款	8 000	8 000
应收账款	1 200	1 200
存货	200	300
长期股权投资	1 000	1 000
固定资产	5 000	7 000
无形资产	5 000	4 000
商誉	0	0
资产总计	20 400	21 500
负债和所有者权益：		
短期借款	100	100
应付账款	5 000	5 000
其他应付款	4 000	4 000
预计负债	0	300
负债合计	9 100	9 400
实收资本(股本)	10 000	
资本公积	300	
盈余公积	100	
未分配利润	900	
所有者权益合计	11 300	
负债和所有者权益合计	20 400	

1) 计算递延所得税及所得税费用

A 企业取得的 B 企业各项可辨认资产、负债的账面价值与计税基础见表 8-6。

表 8-6　B 企业可辨认资产、负债账面价值与计税基础

20×0 年 10 月 2 日　　单位：万元

项　　目	公允价值	计税基础	暂时性差异	
			可抵扣差异	应纳税差异
银行存款	8 000	8 000		
应收账款	1 200	1 200		
存货	300	200		100
长期股权投资	1 000	1 000		
固定资产	7 000	5 000		2 000
无形资产	4 000	5 000	1 000	
短期借款	100	100		
应付账款	5 000	5 000		
其他应付款	4 000	4 000		
预计负债	300	0	300	
不包括递延所得税的可辨认资产、负债的公允价值	12 100	11 300	1 300	2 100

递延所得税资产=1 300×25%=325(万元)

递延所得税负债=2 100×25%=525(万元)

2) 计算购买日商誉

可辨认净资产公允价值=12 100(万元)

考虑递延所得税后可辨认资产、负债的公允价值

=12 100+325−525=11 900(万元)

企业合并成本=12 500(万元)

购买日商誉=12 500−11 900=600(万元)

3) 编制购买日有关的会计分录

借：银行存款　　80 000 000
　　应收账款　　12 000 000
　　库存商品、原材料等　　3 000 000
　　长期股权投资　　10 000 000
　　固定资产　　70 000 000
　　无形资产　　40 000 000
　　递延所得税资产　　3 250 000
　　商誉　　6 000 000
　　贷：短期借款　　1 000 000
　　　　应付账款　　50 000 000
　　　　其他应付款　　40 000 000
　　　　预计负债　　3 000 000

递延所得税负债	5 250 000
股本	10 000 000
资本公积——股本溢价	115 000 000

本 章 小 结

本章重点讲述了企业合并的定义、范围、类型和同一控制下企业合并和非同一控制下企业合并在合并日(购买日)的会计处理。

根据企业合并中参与合并的各方在合并前后是否受同一方或相同的多方最终控制，企业合并可分为同一控制下的企业合并和非同一控制下的企业合并。按照合并后主体的法律形式划分，企业合并又可分为控股合并、吸收合并和新设合并。

同一控制下的企业合并，合并方在企业合并中取得的资产和负债，应当按照合并日在被合并方的账面价值计量。合并方取得的净资产账面价值与支付的合并对价账面价值(或发行股份面值总额)的差额，应当调整资本公积(资本溢价或股本溢价)，资本公积(资本溢价或股本溢价)不足冲减的，调整留存收益。合并方为进行企业合并发生的各项直接相关费用，包括为进行企业合并而支付的审计费用、资产评估费用、法律咨询费用等，应当于发生时计入当期损益。

非同一控制下的企业合并，合并成本大于合并中取得的被购买方可辨认净资产公允价值份额的，其差额应当确认为商誉；合并成本小于合并中取得的被购买方可辨认净资产公允价值份额的，其差额应当按照规定处理；购买方为进行企业合并发生的各项直接相关费用应当计入企业合并成本。通过多次交换交易分步实现的企业合并，合并成本为每一单项交易成本之和。

本章重要术语

企业合并、同一控制下的企业合并、非同一控制下的企业合并、控股合并、吸收合并、新设合并、账面价值、公允价值、合并(购买)方、合并(购买)日、企业合并成本、合并差额、商誉

参考阅读文献

[1]《企业会计准则第 20 号——企业合并》(2006 年 2 月 15 日财政部发布，自 2007 年 1 月 1 日起施行)

[2]《企业会计准则第 20 号——企业合并》应用指南(2006 年 10 月 30 日财政部发布，自 2007 年 1 月 1 日起施行)

[3]《企业会计准则第 2 号——长期股权投资》(2006 年 2 月 15 日财政部发布，自 2007 年 1 月 1 日起施行)

[4]《企业会计准则第 2 号——长期股权投资》应用指南(2006 年 10 月 30 日财政部发布，自 2007 年 1 月 1 日起施行)

习　　题

一、单项选择题

1．下列业务不属于企业合并的是(　　)。

A．甲企业通过增发自身的普通股自乙企业原股东处取得乙企业的全部股权，该交易事项发生后，乙企业仍持续经营

B．企业 M 支付对价取得企业 N 的净资产，该交易事项发生后，撤销企业 N 的法人资格

C．企业 M 以自身持有的资产作为出资投入企业 N，取得对企业 N 的控制权，该交易事项发生后，企业 N 仍维持其独立法人资格继续经营

D．M 公司购买 N 公司 20%的股权

2．下列关于企业合并方式的表述中，正确的是(　　)。

A．控股合并下，合并方取得的是被合并方的控股权，被合并方在合并后仍具有法人地位

B．控股合并下，合并方取得的是被合并方的部分净资产，被合并方在合并后不具有法人地位

C．吸收合并下，合并方取得的是被合并方的部分净资产，被合并方在合并后不具有法人地位

D．吸收合并下，合并方取得的是被合并方的仅是控制权，没有达到全部净资产，被合并方在合并后具有法人地位

3．同一控制下企业合并过程中发生的各项直接相关费用，应于发生时费用化计入当期损益。借记“(　　)”等科目，贷记“银行存款”等科目。

A．计入合并成本　　B．管理费用　　C．财务费用　　D．资本公积

4．在非同一控制下控股企业合并中，应在购买日按企业合并成本，借记“长期股权投资”科目，按支付合并对价的交易性金融资产账面价值，贷记“交易性金融资产”科目，按发生的直接相关费用，贷记“银行存款”等科目，其差额处理方法是(　　)。

A．贷记“营业外收入”或借记“营业外支出”

B．贷记或借记“投资收益”

C．借记或贷记“商誉”

D．贷记或借记“资本公积——资本溢价或股本溢价”

5．企业合并过程中发生的各项直接相关费用，其不正确的会计处理方法是(　　)。

A．同一控制下企业合并进行过程中发生的各项直接相关费用，应于发生时借记“管理费用”等科目，贷记“银行存款”等科目

B．非同一控制下企业合并进行过程中发生的各项直接相关费用，应于发生时借记“管理费用”等科目，贷记“银行存款”等科目

C．以发行债券方式进行的企业合并，与发行债券相关的佣金、手续费等应按照《企业会计准则第 22 号——金融工具确认和计量》的规定进行核算。该部分费用，虽然与筹集用于企业合并的对价直接相关，但其核算应遵照金融工具准则的规定，有关的费用应计入负债的初始计量金额中

D．发行权益性证券作为合并对价的，与所发行权益性证券相关的佣金、手续费等应按照《企业会计准则第 37 号——金融工具列报》的规定处理。即与发行权益性证券相关的费用，不管其是否与企业合并直接相关，均应自所发行权益性证券的发行收入中扣减，在权益性工具发行有溢价的情况下，自溢价收入中扣除，在权益性证券发行无溢价或溢价金额不足以扣减的情况下，应当冲减盈余公积和未分配利润

6．在非同一控制下的企业合并中，购买方对于企业合并成本小于合并中取得的被购买方可辨认净资产公允价值份额的部分，下列会计处理方法中不正确的表述有(　　)。

A．首先要对合并中取得的资产、负债的公允价值、作为合并对价的非现金资产或发行的权益性

证券等的公允价值进行复核，复核结果表明所确定的各项可辨认资产和负债的公允价值确定是恰当的，应将企业合并成本低于取得的被购买方可辨认净资产公允价值份额之间的差额，计入合并当期的营业外收入，并在会计报表附注中予以说明

B. 在吸收合并的情况下，应计入合并当期购买方的个别利润表

C. 在控股合并的情况下，应体现在合并当期的合并利润表中

D. 在控股合并的情况下，应体现在合并当期的个别利润表中

7. 甲公司以定向增发股票的方式购买同一集团内另一企业持有的A公司80%股权。为取得该股权，甲公司增发2 000万股普通股，每股面值为1元，每股公允价值为5元，支付承销商佣金50万元。取得该股权时，A公司净资产账面价值为9 000万元，公允价值为12 000万元。假定甲公司和A公司采用的会计政策相同，甲公司取得该股权时应确认的资本公积为(　　)万元。

A. 5 150　　B. 5 200　　C. 7 550　　D. 7 600

8. 甲公司于20×0年6月1日与乙公司原投资者A签订协议，甲公司以新型专利技术换取A公司持有的乙公司股权，20×0年7月1日(购买日)乙公司可辨认净资产公允价值为10 000万元，甲公司取得乙公司80%的表决权资本。甲公司投出无形资产账面成本为8 000万元，累计摊销为1 000万元，公允价值为10 000万元，营业税税率为5%。企业合并合同或协议中规定，如果被购买方连续两年净利润超过400万元，购买方需支付额外的对价300万元，在购买日预计被购买方的盈利水平很可能会达到合同规定的标准。假定甲公司、乙公司和A公司无关联方关系。则甲公司合并成本为(　　)万元。

A. 8 000　　B. 10 300　　C. 11 200　　D. 10 800

9. 非同一控制下企业合并，购买方对于企业合并成本大于合并中取得的被购买方可辨认净资产公允价值份额的差额，下列会计处理方法中不正确的表述是(　　)。

A. 应确认为商誉，控股合并情况下，该差额是指合并财务报表中应列示的商誉

B. 应确认为商誉，吸收合并情况下，该差额是购买方在其账簿及个别财务报表中应确认的商誉

C. 商誉在确认以后，持有期间不要求摊销，每一会计年度末，企业应当按照《企业会计准则第8号——资产减值》的规定对其进行减值测试，按照账面价值与可收回金额孰低的原则计量，对于可收回金额低于账面价值的部分，计提减值准备，有关减值准备在提取以后，不能够转回

D. 商誉在确认以后，应在规定的10年内摊销，同时在每一会计年度末，企业应当按照《企业会计准则第8号——资产减值》的规定对其进行减值测试，按照账面价值与可收回金额孰低的原则计量，对于可收回金额低于账面价值的部分，计提减值准备，有关减值准备在提取以后，可以转回

10. A公司于20×0年9月1日以账面价值7 000万元、公允价值9 000万元的资产交换甲公司对B公司100%的股权，使B成为A的全资子公司，另发生直接相关税费60万元，合并日B公司所有者权益账面价值为8 000万元。假如合并各方同属一个集团公司，A公司合并成本和“长期股权投资”的初始确认为(　　)万元。

A. 9 000，8 000　　B. 7 000，8 060　　C. 9 060，8 000　　D. 7 000，8 000

11. A公司于20×0年9月1日以账面价值7 000万元、公允价值9 000万元的资产交换甲公司对B公司100%的股权，使B成为A的全资子公司，另发生直接相关税费60万元，为控股合并，购买日B公司可辨认净资产公允价值为8 000万元。假如合并各方没有关联方关系，A公司合并成本和“长期股权投资”的初始确认为(　　)万元。

A. 7 000，8 000　　B. 9 060，9 060　　C. 7 000，8 060　　D. 9 000，8 000

12. 甲公司发行1 000万股普通股(每股面值1元，市价5元)作为合并对价取得乙企业100%的股权，涉及合并方均无关联方关系，合并日乙企业的可辨认资产公允价值总额为5 000万元，可辨认负债公允价值总额为2 000万元，如果是控股合并，即合并后乙企业仍维持其独立法人资格继续经营，合并成本与享有被合并方所有者权益公允价值份额的差额应(　　)万元。

A. 计入商誉3 000

B. 计入资本公积3 000

C．不作账务处理，编制合并报表时确认商誉2 000

D．不作账务处理，编制合并报表时确认资本公积2 000

二、多项选择题

1．下列有关同一控制下的企业合并表述正确的有(　　)。

A．合并方在合并中确认取得的被合并方的资产、负债仅限于被合并方账面上原已确认的资产和负债，合并中不产生新的资产和负债

B．合并方在合并中确认取得的被合并方的资产时，不包括被合并方在企业合并前账面上原已确认的商誉

C．合并方在合并中确认取得的被合并方的资产、负债时，不确认商誉

D．合并方在合并中确认取得的被合并方的资产时，不包括被合并方在企业合并前账面上原已确认的递延所得税资产和递延所得税负债

E．合并方在合并中取得的被合并方各项资产、负债应维持其在被合并方的原账面价值不变

2．下列有关同一控制下的企业合并表述正确的有(　　)。

A．合并方在合并中取得的净资产的入账价值相对于为进行企业合并支付的对价账面价值之间的差额，不作为资产的处置损益，不影响合并当期利润表，有关差额应调整所有者权益相关项目

B．合并方在企业合并中取得的价值量相对于所放弃价值量之间存在差额的，调整合并方的所有者权益时，应首先调整资本公积(资本溢价或股本溢价)，资本公积(资本溢价或股本溢价)的余额不足冲减的，应冲减留存收益

C．合并方在企业合并中取得的价值量相对于所放弃价值量之间存在差额的，调整合并方的商誉或计入营业外收入

D．对于同一控制下的控股合并，合并方在编制合并财务报表时，参与合并各方在合并以前期间实现的留存收益应体现为合并财务报表中的留存收益

E．合并方在编制合并财务报表时，应以合并方的资本公积贷方余额为限，在所有者权益内部进行调整，将被合并方在合并日以前实现的留存收益中按照持股比例计算归属于合并方的部分自资本公积转入留存收益

3．确定非同一控制下企业合并的购买日，必须同时满足的条件是(　　)。

A．合并合同或协议已获股东大会等内部权力机构通过

B．已获得国家有关主管部门审批

C．已办理了必要的财产权交接手续

D．购买方已支付了购买价款的大部分并且有能力支付剩余款项

E．购买方实际上已经控制了被购买方的财务和经营政策，并享有相应的收益和风险

4．下列关于非同一控制下企业合并确定的合并成本，表述正确的有(　　)。

A．企业合并成本包括购买方为进行企业合并支付的现金或非现金资产、发行或承担的债务、发行的权益性证券等在购买日的公允价值以及企业合并中发生的各项直接相关费用

B．参与合并各方在企业合并合同或协议中规定，如果被购买方连续两年净利润超过一定水平，购买方需支付额外对价的，如果合并方在购买日预计被购买方的盈利水平很可能会达到合同规定的标准，则应将按照合同或协议约定需支付的金额并入企业合并成本一并考虑

C．对于购买方在企业合并时可能需要代被购买方承担的或有负债，在其公允价值能够可靠计量的情况下，应作为合并中取得的负债单独确认

D．非同一控制下企业合并中发生的与企业合并直接相关的费用，应当计入企业合并成本

E．为进行企业合并发行的权益性证券或发行的债务相关的手续费、佣金等，应当计入企业合并成本

5．下列有关同一控制下企业合并的处理原则的论断中，正确的是(　　)。

A．合并方在合并中确认取得的被合并方的资产、负债仅限于被合并方账面上原已确认的资产和负债，合并中不产生新的资产和负债

B．合并方在合并中取得的被合并方各项资产、负债应维持其在被合并方的原账面价值不变

C．合并方在合并中取得的净资产的入账价值相对于为进行企业合并支付的对价账面价值之间的差额，不作为资产的处置损益，不影响合并当期利润表，有关差额应调整所有者权益相关项目

D．对于同一控制下的控股合并，合并方在编制合并财务报表时，应视同合并后形成的报告主体自最终控制方开始实施控制时一直是一体化存续下来的，参与合并各方在合并以前期间实现的留存收益应体现为合并财务报表中的留存收益

E．同一控制下企业合并中发生的与企业合并直接相关的费用，一般应于发生时费用化，计入当期损益

6．下列关于同一控制下的企业合并的说法中，正确的有(　　)。

A．参与合并的企业在合并前后均受同一方或相同的多方最终控制且该控制并非暂时性的

B．能够对参与合并各方在合并前后均实施最终控制的一方通常指企业集团的母公司

C．能够对参与合并的企业在合并前后均实施最终控制的相同多方，主要是指根据投资者之间的协议约定，在对被投资单位的生产经营决策行使表决权时发表一致意见的两个或两个以上的投资者

D．实施控制的时间性要求，是指参与合并各方在合并前后较长时间内为最终控制方所控制

E．巩固某一投资者对被投资单位的控制地位，在对被投资单位的生产经营决策行使表决权时采用相同意思表示的两个或两个以上的法人或其他组织等，也属于能够对参与合并的企业在合并前后均实施最终控制的相同多方

7．下列对同一控制下的控股合并形成的长期股权投资的确认和计量的说法中，正确的有(　　)。

A．合并方应以享有的被合并方账面所有者权益的份额作为形成长期股权投资的初始投资成本

B．会计处理时，应借记“长期股权投资”科目，按享有的被投资单位已宣告但尚未发放的现金股利或利润，借记“应收股利”科目

C．按支付合并对价的账面价值，贷记有关资产或借记有关负债科目

D．以支付现金、非现金资产方式进行的，该初始投资成本与支付的现金、非现金资产的差额相应调整资本公积(资本溢价或股本溢价)，不足冲减的，则调整盈余公积和未分配利润

E．以发行权益性证券方式进行的，长期股权投资的初始成本与所发行的股份面值总额之间的差额应调整资本公积(资本溢价或股本溢价)，不足冲减的，则调整盈余公积和未分配利润

8．在非同一控制下的企业合并中，能够确定一方对另一方拥有控制权的有(　　)。

A．一方以其资产作为出资投入另一方，取得对方半数以上的股份

B．按照法律或协议等的规定，具有主导被购买企业财务和经营决策的权力

C．有权任免被购买企业董事会或类似权力机构绝大多数成员

D．在被购买企业董事会或类似权力机构中具有绝大多数投票权

E．通过与其他投资者签订协议，实质上拥有被购买企业半数以上表决权

9．同一控制下吸收合并在合并日的会计处理正确的是(　　)。

A．合并方取得的资产和负债应当按照合并日被合并方的账面价值计量

B．合并方取得的资产和负债应当按照合并日被合并方的公允价值计量

C．以支付现金、非现金资产作为合并对价的，发生的各项直接相关费用计入管理费用

D．合并方取得净资产账面价值与支付的合并对价账面价值的差额调整资本公积

E．合并方取得净资产账面价值与支付的合并对价账面价值的差额调整未分配利润

10．下列有关非同一控制下企业合并成本的论断中，正确的是(　　)。

A．企业合并成本包括购买方为进行企业合并支付的现金或非现金资产、发行或承担的债务、发行的权益性证券等在购买日的公允价值以及企业合并中发生的各项直接相关费用

B．当企业合并合同或协议中提供了视未来或有事项的发生而对合并成本进行调整时，符合《企业会计准则——或有事项》规定的确认条件的，应确认的支出也应作为企业合并成本的一部分

C．非同一控制下企业合并中发生的与企业合并直接相关的费用，包括为进行合并而发生的会计审计费用、法律服务费用、咨询费用等，这些费用应当计入企业合并成本

D．对于通过多次交换交易分步实现的企业合并，其企业合并成本为每一单项交换交易的成本之和

E．企业合并进行过程中发生的各项直接相关费用，一般应于发生时计入当期管理费用

三、计算及会计处理题

1．A公司于20×0年1月1日采用控股合并的方式取得同一集团内另一家全资子公司B公司100%的股权。

(1) A公司合并对价资料如下。

① 固定资产原价600万元，累计折旧180万元。

② 无形资产原价1 200万元，累计摊销20万元。

③ 支付相关咨询费用等50万元。

(2) 合并日，A公司和B公司所有者权益账面价值见表8-7。

表8-7　所有者权益表

单位：万元

A公司		B公司	
项　　目	金　　额	项　　目	金　　额
股本	5 400	股本	300
资本公积—股本溢价	150	资本公积	300
盈余公积	1 200	盈余公积	90
未分配利润	3 000	未分配利润	810
合　　计	9 750	合　　计	1 500

要求：编制A公司在合并日确认对B公司的长期股权投资的会计分录。

2．甲股份有限公司(本题下称“甲公司”)为上市公司，20×1年企业合并、长期股权投资的有关资料如下。

(1) 20×1年1月20日，甲公司与乙公司签订购买乙公司持有的丙公司(非上市公司) 60%股权的合同。合同规定：以丙公司20×1年5月30日评估的可辨认净资产价值为基础，协商确定对丙公司60%股权的购买价格；合同经双方股东大会批准后生效。

购买丙公司60%股权时，甲公司与乙公司不存在关联方关系。

(2) 购买丙公司60%股权的合同执行情况如下。

① 20×1年3月15日，甲公司和乙公司分别召开股东大会，批准通过了该购买股权的合同。

② 以丙公司20×1年5月30日净资产评估值为基础，经调整后丙公司20×1年6月30日的资产负债表各项目的数据见表8-8。

表8-8　丙公司资产负债表

20×1年6月30日　　　　单位：万元

项　　目	账面价值	公允价值
资产：		
货币资金	1 400	1 400

续表

项　目	账面价值	公允价值
存货	2 000	2 000
应收账款	3 800	3 800
固定资产	2 400	4 800
无形资产	1 600	2 400
资产合计	11 200	14 400
负债和股东权益：		
短期借款	800	800
应付账款	1 600	1 600
长期借款	2 000	2 000
负债合计	4 400	4 400
股本	2 000	
资本公积	3 000	
盈余公积	400	
未分配利润	1 400	
股东权益合计	6 800	10 000

上表中固定资产为一栋办公楼，预计该办公楼自20×1年6月30日起剩余使用年限为20年、净残值为零，采用年限平均法计提折旧；上表中无形资产为一项土地使用权，预计该土地使用权自20×1年6月30日起剩余使用年限为10年、净残值为零，采用直线法摊销。假定该办公楼和土地使用权均为管理使用。

③ 经协商，双方确定丙公司60%股权的价格为7 000万元，甲公司以一项固定资产和一项土地使用权作为对价。甲公司作为对价的固定资产20×1年6月30日的账面原价为2 800万元，累计折旧为600万元，计提的固定资产减值准备为200万元，公允价值为4 000万元；作为对价的土地使用权20×1年6月30日的账面原价为2 600万元，累计摊销为400万元，计提的无形资产减值准备为200万元，公允价值为3 000万元。

20×1年6月30日，甲公司以银行存款支付购买股权过程中发生的评估费用120万元、咨询费用80万元。

④ 甲公司和乙公司均于20×1年6月30日办理完毕上述相关资产的产权转让手续。

⑤ 甲公司于20×1年6月30日对丙公司董事会进行改组，并取得控制权。

(3) 其他有关资料如下。

① 不考虑所得税及其他税费因素的影响。

② 甲公司按照净利润的10%提取盈余公积。

要求：

(1) 根据资料(1)和(2)，判断甲公司购买丙公司60%股权导致的企业合并的类型，并说明理由。

(2) 根据资料(1)和(2)，计算甲公司该企业合并的成本、甲公司转让作为对价的固定资产和无形资产对20×1年度损益的影响金额。

(3) 根据资料(1)和(2)，计算甲公司对丙公司长期股权投资的入账价值并编制相关会计分录。

3．表8-9、表8-10分别是甲公司、乙公司20×0年12月31日的资产负债表(简表)。

20×1年1月初，甲公司对乙公司进行吸收合并。合并日经评估乙公司固定资产的公允价值为2 050万元，其他各项可辨认资产和负债公允价值等于账面价值。甲公司支付的合并对价资料见表8-11。

表 8-9　资产负债表

编制单位：甲公司　　20×0 年 12 月 31 日　　单位：万元

资　　产	年 末 数	负债及股东权益	年 末 数
流动资产：		流动负债：	
货币资金	1 000	短期借款	280
应收账款	50	应付账款	180
其他应收款	140	其他应付款	140
固定资产：		长期负债：	
固定资产原价	4 000	长期借款	2 000
减：累计折旧	600	股东权益：	
固定资产净值	3 400	股本	1 600
无形资产：		资本公积	430
无形资产	290	(其中资本溢价)	100
		留存收益	250
资产总计	4 880	负债及所有者权益	4 880

表 8-10　资产负债表

编制单位：乙公司　　20×0 年 12 月 31 日　　单位：万元

资　　产	年 末 数	负债及股东权益	年 末 数
流动资产：		流动负债：	
货币资金	600	短期借款	80
应收账款	150	应付账款	300
其他应收款	250	其他应付款	120
固定资产：		长期负债：	
固定资产原价	2 600	长期借款	1 500
减：累计折旧	600	股东权益：	
固定资产净值	2 000	股本	600
无形资产：		资本公积	100
无形资产	0	(其中资本溢价)	100
		留存收益	300
资产总计	3 000	负债及所有者权益	3 000

表 8-11　甲公司支付的合并对价资料

单位：万元

项　　目	货 币 额	账面价值	面　　值	公允价值
1.银行存款	700			
2.发行股票			200	260
3.发行股票手续费等	1			
4.无形资产		300		400

要求：

(1) 假定此项合并为同一控制下的企业合并，进行甲公司吸收合并乙公司的账务处理。

(2) 假定此项合并为非同一控制下的企业合并，进行甲公司吸收合并乙公司的账务处理。

4．同第3题，合并方式改为控股合并，控股比例为90%。

要求：

(1) 假定此项合并为同一控制下的企业合并，进行甲公司控股合并乙公司的账务处理。

(2) 假定此项合并为非同一控制下的企业合并，进行甲公司控股合并乙公司的账务处理。

5．A公司于20×0年3月以货币资金5 000万元取得B公司20%的股份，当日B公司可辨认净资产公允价值为20 000万元。取得投资后A公司派人参与B公司的生产经营决策（采用权益法核算)。20×0年确认投资收益为400万元。在此期间，B公司未宣告发放现金股利或利润，不考虑相关税费影响。

20×1年2月，A公司以15 000万元的货币资金进一步购入B公司40%的股份，购买日B公司可辨认净资产的公允价值为 35 000 万元。此时，持股比例为 60%，实现企业合并，采用成本法核算。20×1年度1月份B公司的净利润为-550万元。假定盈余公积计提比例为10%。

要求：

(1) 编制A公司20×0年度的相关处理。

(2) 编制A公司20×1年度购买日的账务处理。

(3) 确定购买日长期股权投资的成本。

(4) 计算达到合并时点应确认的商誉。

(5) 对合并日的资产增值部分进行处理。

6．甲公司和乙公司为不同集团的两家公司。有关企业合并资料如下。

(1) 20×0年2月16日，甲公司和乙公司达成合并协议，由甲公司采用控股合并方式将乙公司进行合并，合并后甲公司取得乙公司80%的股份。

(2) 20×0年6月30日，甲公司以一项固定资产和一项无形资产作为对价合并了乙公司。该固定资产原值为2 000万元，已提折旧200万元，公允价值为2 100万元；无形资产原值为1 000万元，已摊销100万元，公允价值为800万元。

(3) 发生的直接相关费用为80万元。

(4) 购买日乙公司可辨认净资产公允价值为3 500万元。

要求：

(1) 确定购买方。

(2) 确定购买日。

(3) 计算确定合并成本。

(4) 计算固定资产、无形资产的处置损益。

(5) 编制甲公司在购买日的会计分录。

(6) 计算购买日合并财务报表中应确认的商誉金额。

第 9 章 合并财务报表(一)

教学目标

通过本章的学习，要理解合并财务报表与个别财务报表的概念；理解合并财务报表的合并范围；了解合并财务报表的编制程序；掌握同一控制下的控股合并在合并日的合并资产负债表、合并利润表的编制方法；掌握非同一控制下的控股合并在购买日的合并资产负债表的编制方法。

教学要求

知识要点	能力要求	相关知识
合并财务报表概述	理解合并财务报表的定义及其特点 学会合并范围的判断	合并财务报表的特点 合并范围 合并财务报表的编制程序
同一控制下合并日的合并财务报表	学会同一控制下合并日的合并资产负债表、合并利润表的编制	被合并方在企业合并前实现的留存收益的处理 被合并方自合并当期期初至合并日实现的净利润的处理
非同一控制下购买日的合并财务报表的编制	学会非同一控制下购买日的合并资产负债表的编制	合并差额的处理 编制调整分录 编制抵销分录

导入案例

合并报表包藏玄机

2003 年上半年上市公司的业绩同比增长 37%。应该说，大部分上市公司业绩的增长是由行业景气度上升而带动的，但在已公布半年报告的 300 多家上市公司中，特别是一些发布预增公告的公司，其比较明显的变化就是合并报表范围有所扩大。据笔者的不完全统计，在已公布半年报告的公司中有 100 多家合并报表范围发生了变化。那么上市公司合并报表范围的变化是由什么引起的？该变化又会对上市公司的利润产生怎样的影响呢？

1. 合并报表范围变化事出有因

1) 利用募集资金收购大股东拥有的相关行业公司，进行规模扩张

由于国内上市公司在最初上市时，大部分是大股东把拥有的一部分资产剥离改制上市，而这就使上市公司与大股东之间存在同业竞争与关联交易的现象。上市公司规范运作之后，为了扩张经营规模，就有必要把大股东的相关行业公司收购过来。

如通宝能源(600780)2002 年增发新股，募集资金近 5 亿元，公司在 2003 年 1 月用募集资金收购了大股东——山西国际电力集团有限公司所持有 90%股权的阳光发电公司，使得公司的可控发电装机容量由去年的 20 万千瓦增至 140 万千瓦，因合并报表，公司业绩也增长 200%以上。

2) 跨行业、跨地区收购公司股权，使其成为上市公司的控股子公司

对于一些从事成熟行业的上市公司来讲，由于市场竞争激烈，要想生存就只能进行跨行业或跨地区的收购，以拓展新的利润增长点。而与设立新项目时间周期长、见效慢的特点相比，收购有盈利能力的控股子公司可以达到立竿见影的效果。

如新希望(000876)原从事饲料行业，2002 年公司开始陆续收购一些乳业公司。在 2003 年上半年，公司除了把 2002 年收购的各地乳业公司合并入报表外，新设立的河北新天香乳业有限公司、青岛琴牌乳业有限公司、江苏天成保健品有限公司以及刚刚办理完股权转让手续的云南邓川蝶泉乳品有限责任公司也被纳入合并报表范围，这使得公司乳业收入大增。

3) 原已成立的子公司由没有合并变更为合并

根据我国的《合并会计报表暂行规定》，凡是能够为母公司所控制的被投资企业都属于合并范围。而在已公布半年度报告的上市公司中，笔者发现：由于一些因素的变化，一些上市公司把原先已有的子公司由不合并变更为合并。

如大连创世(600233)在 2003 年 3 月 31 日出资 200 万元收购大股东——大杨集团有限责任公司持有的大连大杨创世进出口有限公司 20%的股权，收购后加上原持有 40%的股权，持股比例变更为 60%，从而列入合并报表范围。

4) 2003 年上半年投资新设立子公司

上市公司在 2003 年上半年用自有资金投资设立一些子公司，从而合并入报表。这种现象在 80 多家合并范围发生变化的上市公司中居多数，如哈空调、洞庭水殖、内蒙华电、ST 东方、洪都航空等。

5) 转让所持有控股子公司的全部或部分股权，减少合并范围

一些上市公司为了达到产业转型和盈余管理的目的，通常会把一些不符合上市公司产业目标或者盈利能力差的子公司的股权转让出去，从而达不到合并范围的标准。如果有的子公司亏损较大的话，不合并入报表显然就减少了一块亏损源。

如合金投资(000633)与上年同期对比，合并范围减少了陕西宝鸡星宝机电有限责任公司、苏州(黑猫)

集团有限公司。这两家公司的股权分别于 2003 年 2 月、6 月转让，而且这两家公司在 2002 年都是亏损的。

2. 合并范围变化对公司业绩的影响

由于上市公司合并范围发生变化，必然会对整个合并报表的资产规模、销售收入、净利润等产生或多或少的影响，我们根据这种影响的大小将之分为 3 类。

1) 合并入报表的控股子公司贡献净利润占合并净利润的大部分

通过观察，笔者发现贡献利润较大的新合并进来的控股子公司一般是用募集资金收购而来，这种例子在次新股或增发、配股类公司中表现的比较明显。如通宝能源，其收购的阳光发电公司 2003 年上半年实现主营业务收入 75 697 万元，主营业务利润 22 359 万元，净利润 9 407 万元(通宝能源持有 90%的股权，合并报表后该公司贡献净利润 8 466 万元)，分别占合并报表总额的 84.3%、81.7%、72.2%。

2) 亏损子公司转让，不合并入报表以减少亏损源

一些公司进行扭亏的常用手段就是把一些亏损较严重的子公司转让出去，从而在转让基准日后减少了一块亏损源，对 ST 公司而言，这是盈余管理的重要手段。如上文提到的合金投资在 2003 年上半年转让两家亏损子公司股权的行为就属此例。

3) 控股子公司合并入报表增收不增利

有些上市公司持有子公司股权不到 50%，在上年度没有合并入报表。在 2003 年所持股权没有变化的情况下又合并入报表，从而造成增收不增利的现象。不增利的原因是该控股子公司的收益已在上年度的投资收益中体现出来，在合并入报表时只不过把投资收益转为化营业利润并扣除少数股东权益。

如浪潮信息(000977)主营业务收入同比增长 35.72%，主要原因是把浪潮软件(600756)纳入合并报表范围，从而增加主营业务收入 21 681.60 万元，同时主营业务利润同比增长 168.33%，而净利润却只同比增长 6.49%。

资料来源：曾华云，叶信才. 合并报表包藏玄机[J]. 证券市场周刊, 2003(31).

问题：

(1) 上市公司是如何通过改变合并范围来操控公司业绩的？

(2) 如何规范上市公司合并报表的合并范围？

9.1 合并财务报表概述

9.1.1 合并财务报表的定义

《企业会计准则第 33 号——合并财务报表》(以下简称合并财务报表准则)规范了合并财务报表的编制和列报。根据合并财务报表准则的规定，合并财务报表是指反映母公司和其全部子公司形成的企业集团(以下简称企业集团)整体的财务状况、经营成果和现金流量的财务报表。

合并财务报表按编制时间及目的不同，分为股权取得日合并财务报表和股权取得日后合并财务报表两类。股权取得日合并财务报表即控股合并日当天编制的合并财务报表，同控制下的企业合并，母公司在合并日编制的合并财务报表包括合并资产负债表、合并利润表和合并现金流量表；非同一控制下的企业合并，母公司在合并日只编制合并资产负债表。股权取得日后合并财务报表即控股合并后的每一个资产负债表日编制的合并财务报表，至少应当包括下列组成部分：合并资产负债表、合并利润表、合并现金流量表、合并所有者权益(或股东权益，下同)变动表、附注。

9.1.2 合并财务报表的特点

1. 合并财务报表与个别财务报表

1) 反映对象不同

合并财务报表反映的是母公司和子公司所组成的企业集团整体的财务状况、经营成果和现金流量，反映的对象是由若干个法人组成的会计主体，是经济意义上的会计主体，而不是法律意义上的主体。个别财务报表反映的则是单个企业法人的财务状况、经营成果和现金流量，反映的对象是企业法人。对于由母公司和若干个子公司组成的企业集团来说，母公司和子公司编制的个别财务报表分别反映母公司本身或子公司本身各自的财务状况、经营成果和现金流量；而合并财务报表则反映母公司和子公司组成的集团这一会计主体综合的财务状况、经营成果和现金流量。

2) 编制主体不同

合并财务报表是由对企业集团内其他企业有控制权的控股公司或母公司编制的。也就是说，并不是企业集团中所有企业都必须编制合并财务报表，更不是社会上所有企业都需要编制合并财务报表。与此不同，个别财务报表是由独立的法人企业编制的，是所有企业都需要编制个别财务报表。

3) 编制方法不同

企业编制个别企业财务报表时从设置账簿、审核凭证、编制凭证、登记会计账簿到编制财务报表有一套完整的编制方法和程序。合并财务报表则不同，它是以纳入合并范围的企业个别财务报表为基础，根据其他有关资料，抵销内部交易对合并财务报表的影响，需要运用一些特殊的方法，比如编制抵销分录、运用合并工作底稿等。编制合并财务报表并不需要在现行会计核算方法体系之外单独设置一套账簿体系。

2. 合并财务报表与投资

长期股权投资按投资企业对被投资企业的影响程度不同可分为 4 种情况：控制、共同控制、重大影响、非控制或共同控制或重大影响。根据我国《企业会计制度》的规定，当投资企业对被投资企业能够实施控制(无论是直接控制还是间接控制)、投资双方构成一个经济意义上的整体时，才需要编制反映这一经济整体的财务状况、经营成果和现金流量信息的合并财务报表。因此，合并财务报表与投资有关，但投资并不一定要编制合并财务报表，编制合并财务报表的前提是存在长期股权投资。合并财务报表的编制与否最终取决于投资企业之间与被投资企业是否存在控制与被控制关系。

3. 合并财务报表与企业合并类型

合并财务报表的编制与否，与是否属于同一控制下的企业合并无关，而与企业合并的法律结果有关。在吸收合并下，合并前的两个或多个企业被一个企业合并，被合并方均不复存在，在合并后只有一个独立的法律主体和会计主体，这种情况下，显然不需要编制合并财务报表。在新设合并下，合并前的两个或多个企业共同组成一个新的企业，这种情况下也不需要编制合并财务报表。只有在控股合并下，合并方与被合并方仍各为独立的法律主体和会计主体，而作为合并后的企业集团，这一经济意义上的整体来说，为了反映其整体的财务状况、经营成果和现金流量，需要编制合并财务报表。

4. 合并财务报表的主要局限性

1) 不能反映企业集团内各法律主体的财务状况和经营状况

因为合并财务报表拓展了会计主体的观念，从经济实体的角度反映整个企业集团的财务状况和经营状况。合并财务报表强调的是经济实体，并非法律主体，按照实质重于形式的原则，把两个或更多的独立法律主体的资源和业务活动，结合成一个实体的资源和业务活动。企业集团内各子公司的个别财务状况和经营状况，在合并财务报表上得不到揭示。

2) 受外币报表折算方法的影响

在一些跨国公司的合并财务报表上，其金额是按选定的某一汇率对不同国家的货币折算的结果。外币报表的折算方法又有流动与非流动法、货币与非货币法、时态法、现行汇率法等多种方法。不同国家的会计准则和惯例也不同，这样一来，合并财务报表的编制就相当复杂了，即使是集团的各子公司采用相同的折算方法，各国货币购买力水平的不同也制约着合并报表信息的可靠性。

3) 可能会影响报表使用者的决策

(1) 母公司和子公司的债权人对企业的债权清偿权通常是针对独立的法律主体，而不是针对作为经济实体的企业集团，合并报表所反映的资产不能满足母、子公司债权人的清偿要求。

(2) 子公司的少数股东难以从合并财务报表中直接得到他们所需的决策有用信息，如他们所投资的子公司资金运用的信息。

(3) 不能为股东预测和评价母公司和所有子公司将来分派股利提供依据。股利分派取决于每个企业的留存收益政策、资产构成、法律限制以及企业对将来的财务预测，所以，合并资产负债表中即使存在大量的合并留存收益以及较强的现金流转能力，也并不能保证纳入合并报表中的每个公司都能够分派现金股利。

(4) 依据合并财务报表计算出来的各种比率如存货周转率、盈利能力率等，往往既不能反映子公司的绩效，也不能代表母公司的绩效。在跨行业的多元化经营的企业集团中，由于母公司及子公司的经营范围、经营内容相差很大，合并财务报表的数据也不能按行业标准比率来分析。

9.1.3 合并范围的确定

合并财务报表的合并范围应当以控制为基础加以确定。

1. 控制的定义

控制是指一个企业能够决定另一个企业的财务和经营政策，并能据以从另一个企业的经营活动中获取利益的权力。控制通常具有如下特征。

(1) 控制的主体是唯一的，不是两方或多方。即对被投资单位的财务和经营政策的提议不必征得其他方的同意，就可以形成决议并付诸实施。

(2) 控制的内容主要是被控制方的财务和经营政策，这些财务和经营政策的控制一般是通过表决权来决定的。在某些情况下，也可以通过法定程序严格限制董事会、受托人或管理层对特殊目的主体经营活动的决策权，如规定除设立者或发起人外，其他人无权决定特殊目的主体经营活动的政策。

(3) 控制的性质是一种权力或法定权力，也可以是通过公司章程或协议、投资者之间的协议授予的权力。

(4) 控制的目的是为了获取经济利益，包括增加经济利益、维持经济利益、保护经济利益或者降低所分担的损失等。

2. 母公司与子公司的定义

企业集团是由母公司和其全部子公司构成的。假定P公司能够控制S公司，则P公司和S公司构成了企业集团。假定P公司能够同时控制S_1公司、S_2公司、S_3公司和S_4公司，则P公司和S_1公司、S_2公司、S_3公司、S_4公司构成了企业集团。

1) 母公司的定义

母公司是指有一个或一个以上子公司的企业(或主体，下同)。母公司要求同时具备两个条件：一是必须有一个或一个以上的子公司；二是母公司可以是企业，也可以是主体，如非企业形式的、但形成会计主体的其他组织，如基金等。

2) 子公司的定义

子公司是指被母公司控制的企业。子公司也要求同时具备两个条件：一是作为子公司必须被母公司控制，并且只能由一个母公司控制，不可能也不允许被两个或多个母公司同时控制；二是子公司可以是企业，也可以是主体，如非企业形式的、但形成会计主体的其他组织，如基金以及信托项目等特殊目的主体等。

3. 控制标准的具体应用

1) 母公司拥有其半数以上的表决权的被投资单位应当纳入合并财务报表的合并范围

母公司直接或通过子公司间接拥有被投资单位半数以上的表决权，表明母公司能够控制被投资单位，应当将该被投资单位认定为子公司，纳入合并财务报表的合并范围。但是，有证据表明母公司不能控制被投资单位的除外。

表决权是指对被投资单位的经营计划、投资方案、年度财务预算方案和决算方案、利润分配方案和弥补亏损方案、内部管理机构的设置、聘任或解聘公司经理及其报酬方案、公司的基本管理制度等事项持有的表决权，不包括应由股东大会或股东行使的修改公司章程、增加或减少注册资本、发行公司债券、公司合并、分立、解散或变更公司形式等事项持有的表决权。表决权比例通常与其出资比例或持股比例是一致的，但公司章程另有规定的除外。

通常情况下，当母公司拥有被投资单位半数以上的表决权时，母公司就拥有对该被投资单位的控制权，能够主导该被投资单位的股东大会(或股东会，下同)，特别是董事会，并对其生产经营活动和财务政策实施控制。子公司处在母公司的控制下进行生产经营活动，子公司的生产经营活动成为事实上的母公司生产经营活动的一个组成部分，母公司与子公司的生产经营活动一体化。因此，拥有被投资单位半数以上的表决权，是母公司对其拥有控制权的明显标志。

母公司拥有被投资单位半数以上的表决权，通常包括如下3种情况。

(1) 母公司直接拥有被投资单位半数以上的表决权。比如，P公司直接拥有S公司表决权的80%，这种情况下，S公司就成为P公司的子公司，P公司编制合并财务报表时，必须将 S 公司纳入其合并范围。

(2) 母公司间接拥有被投资单位半数以上的表决权。间接拥有半数以上的表决权是指母公司通过子公司而对子公司的子公司拥有半数以上的表决权。假定 P 公司拥有 S_1 公司 80%的表决权，而 S_1 公司又拥有 S_3 公司 70%的表决权。在这种情况下，P 公司作为母公司通过其子公司 S_1 公司，间接拥有 S_3 公司 70%的表决权，从而 S_3 公司也是 P 公司的子公司，P 公司编制合并财务报表时，也应当将 S_3 公司纳入其合并范围。需要注意的是，P 公司间接拥有 S_3 公司的表决权是以 S_1 公司为 P 公司的子公司为前提的。

(3) 母公司直接和间接方式合计拥有被投资单位半数以上的表决权。直接和间接方式合计拥有半数以上表决权是指母公司以直接方式拥有某一被投资单位半数以下的表决权，同时又通过其他方式如通过子公司拥有该被投资单位一部分的表决权，两者合计拥有该被投资单位半数以上的表决权。例如，P 公司拥有 S_2 公司 80%的表决权，拥有 S_4 公司 30%的表决权；S_2 公司拥有 S_4 公司 40%的表决权。在这种情况下，S_2 公司为 P 公司的子公司，P 公司通过子公司 S_2 公司间接拥有 S_4 公司 40%的表决权，与直接拥有 30%的表决权合计，P 公司共拥有 S_4 公司 70%的表决权，从而 S_4 公司属于 P 公司的子公司，P 公司编制合并财务报表时，也应当将 S_4 公司纳入其合并范围。

拥有被投资单位半数以上表决权是母公司对其拥有控制权的最明显的标志，但是如果有证据表明母公司不能控制被投资单位的除外。例如，尽管 P 公司拥有 S 公司 80%的表决权，但是如果 S 公司被政府或有关部门接管，在这种情况下，对 S 公司的控制权已经转移至政府或有关部门，P 公司已经对 S 公司没有控制权了，S 公司就不是 P 公司的子公司，P 公司也不是 S 公司的母公司，P 公司不应当将 S 公司纳入其合并财务报表的合并范围。

2) 母公司拥有其半数以下的表决权的被投资单位纳入合并财务报表的合并范围的条件

实际工作中，在判断母公司对子公司是否形成控制且将其纳入合并财务报表的合并范围时，不能仅仅根据投资比例而定，而应当贯彻实质重于形式的原则。在母公司拥有被投资单位半数以下表决权的情况下，如果母公司通过其他方式对被投资单位的财务和经营政策实施控制的，这些被投资单位也应作为子公司纳入其合并范围。

(1) 通过与被投资单位其他投资者之间的协议，拥有被投资单位半数以上的表决权。

(2) 根据公司章程或协议，有权决定被投资单位的财务和经营政策。

(3) 有权任免被投资单位的董事会或类似机构的多数成员。

(4) 在被投资单位董事会或类似机构占多数表决权。

3) 在确定能否控制被投资单位时对潜在表决权的考虑

在确定能否控制被投资单位时，应当考虑企业和其他企业持有的被投资单位的当期可转换的可转换公司债券、当期可执行的认股权证等潜在表决权因素。所谓潜在表决权，是指当期可转换的可转换公司债券、当期可执行的认股权证等，不包括在将来某一日期或将来发生某一事项时才能转换的可转换公司债券或认股权证等，也不包括诸如行权价格的设定使得在任何情况下都不可能转换为实际表决权的其他债务工具或权益工具。

企业应当考虑影响潜在表决权的所有事项和情况，包括潜在表决权的执行条款、需要单独考虑或综合考虑的其他合约安排等；不仅要考虑本企业在被投资单位的潜在表决权，还要同时考虑其他企业或个人在被投资单位的潜在表决权；不仅要考虑可能会提高本企业在被投资单位持股比例的潜在表决权，还要考虑可能会降低本企业在被投资单位持股比例的潜在表决权。但是，本企业和其他企业或个人执行潜在表决权的意图和财务能力对潜在表决权的影响除外。

潜在表决权仅作为判断是否存在控制的考虑因素，不影响当期母公司股东和少数股东之间的分配比例。

4) 判断母公司能否控制特殊目的主体应当考虑的因素

母公司在判断能否控制特殊目的主体时，应当综合考虑以下 4 个因素，如果母公司控制了特殊目的主体，该特殊目的主体视同子公司，应当将其纳合并入财务报表的合并范围。

(1) 母公司为融资、销售商品或提供劳务等特定经营业务的需要而直接或间接设立的特殊目的主体。

(2) 母公司具有控制或获得控制特殊目的主体或其资产的决策权。

(3) 母公司通过章程、合同、协议等具有获取特殊目的主体大部分利益的权力。

(4) 母公司通过章程、合同、协议等承担了特殊目的主体的大部分风险。

4. 所有子公司都应纳入母公司的合并财务报表的合并范围

只要是由母公司控制的子公司，不论子公司的规模大小、子公司向母公司转移资金能力是否受到严格限制，也不论子公司的业务性质与母公司或企业集团内其他子公司是否有显著的差别，都应当纳入合并财务报表的合并范围。

受所在国外汇管制及其他管制，资金调度受到限制的境外子公司，在这种情况下，如果该被投资单位的财务和经营政策仍然由本公司决定，资金调度的限制并不妨碍本公司对其实施控制，应将其纳入合并财务报表的合并范围。

5. 不纳入母公司的合并财务报表的情形

下列被投资单位不是母公司的子公司，不应当纳入母公司的合并财务报表的合并范围。

1) 已宣告被清理整顿的原子公司

已宣告被清理整顿的原子公司是指在当期宣告被清理整顿的被投资单位，该被投资单位在上期是本公司的子公司。在这种情况下，根据 2005 年修订的《公司法》第一百八十四条的规定，被投资单位实际上在当期已经由股东、董事或股东大会确定的人员组成的清算组或人民法院指定的有关人员组成的清算组进行日常管理，在清算期间，被投资单位不得开展与清算无关的经营活动，因此，本公司不能再控制该被投资单位，不能将该被投资单位继续认定为本公司的子公司。

2) 已宣告破产的原子公司

已宣告破产的原子公司是指在当期宣告破产的被投资单位，该被投资单位在上期是本公司的子公司。在这种情况下，根据《中华人民共和国企业破产法》的规定，宣告破产的被投资单位的日常管理权已转交给由人民法院指定的管理人，本公司不能控制该被投资单位，不能将该被投资单位认定为本公司的子公司。

3) 母公司不能控制的其他被投资单位

母公司不能控制的其他被投资单位是指母公司不能控制的除上述情形以外的其他被投资单位，如联营企业等。

9.1.4 合并财务报表的编制程序

1. 统一会计政策和会计期间

在编制合并财务报表前，母公司应当统一子公司所采用的会计政策，使子公司采用的会计政策与母公司保持一致。子公司所采用的会计政策与母公司不一致的，应当按照母公司的会计政策对子公司的财务报表进行必要的调整，或者要求子公司按照母公司的会计政策另行编报财务报表。同时，母公司应当统一子公司的会计期间，使子公司的会计期间与母公司保持一致。子公司的会计期间与母公司不一致的，应当按照母公司的会计期间对子公司的财务报表进行调整，或者要求子公司按照母公司的会计期间另行编报财务报表。

2. 编制合并工作底稿

合并工作底稿是为合并财务报表的编制提供基础。将母公司、子公司的个别资产负债表、利润表、现金流量表、所有者权益变动表各项目的数据过入合并工作底稿，进行加总并计算得出个别资产负债表、利润表、现金流量表、所有者权益变动表各项目的合计金额。

在合并工作底稿中，对母公司和子公司的个别财务报表各项目的金额进行汇总和抵销处理，最终计算得出合并财务报表各项目的合并金额。

3. 编制调整分录和抵销分录

在合并工作底稿中编制调整分录的情形有以下 3 种。

(1) 对属于非同一控制下企业合并中取得的子公司的个别财务报表进行合并时，应当首先根据母公司为该子公司设置的备查簿的记录，以记录的该子公司各项可辨认资产、负债及或有负债等在购买日的公允价值为基础，通过编制调整分录，对该子公司提供的个别财务报表进行调整，以使子公司的个别财务报表反映为在购买日公允价值基础上确定的可辨认资产、负债及或有负债在本期资产负债表日的金额。

(2) 对于子公司所采用的会计政策与母公司不一致的和子公司的会计期间与母公司不一致的，如果母公司自行对子公司的个别财务报表进行调整，也应当在合并工作底稿中通过编制调整分录予以调整。

(3) 在编制合并财务报表时，将子公司的长期股权投资(原来用成本法核算)调整为权益法时，也需要在合并工作底稿中通过编制调整分录予以调整，而不改变母公司“长期股权投资”的账簿记录。

编制抵销分录、进行抵销处理是合并财务报表编制的关键和主要内容，其目的在于将个别财务报表各项目的加总金额中重复的因素予以抵销。

在合并工作底稿中编制的调整分录和抵销分录，借记或贷记的均为财务报表项目(即资产负债表项目、利润表项目、现金流量表项目和所有者权益变动表项目)，而不是具体的会计科目。比如，在涉及调整或抵销的固定资产折旧、固定资产减值准备等时，均需通过资产负债表中的“固定资产”项目，而不是“累计折旧”、“固定资产减值准备”等科目来进行调整和抵销。

4. 计算合并财务报表各项目的合并金额

在母公司和子公司个别财务报表各项目加总金额的基础上，分别计算出合并财务报表中各资产项目、负债项目、所有者权益项目、收入项目和费用项目等的合并金额。其计算方法如下。

(1) 资产类各项目，其合并金额由该项目加总金额，加上与该项目抵销分录有关的借方发生额，减去与该项目抵销分录有关的贷方发生额来计算确定。

(2) 负债类各项目和所有者权益类项目，其合并金额由该项目加总金额，减去与该项目抵销分录有关的借方发生额，加上与该项目抵销分录有关的贷方发生额来计算确定。

(3) 有关收入类各项目和有关所有者权益变动类项目，其合并金额由该项目加总金额，减去该项目抵销分录的借方发生额，加上该项目抵销分录的贷方发生额来计算确定。

(4) 有关费用类项目，其合并金额由该项目加总金额，加上该项目抵销分录的借方发生额，减去该项目抵销分录的贷方发生额来计算确定。

5. 填列合并财务报表

根据合并工作底稿中计算出的财务报表各项目的合并金额，填列生成正式的合并财务报表。

9.2 同一控制下合并日的合并财务报表编制

9.2.1 合并日合并财务报表的编制要求

在同一控制下的吸收合并、新设合并的情况下，合并日不存在编制合并财务报表的问题；只有在控股合并的情况下，才形成母子公司关系，母公司一般应在合并日编制合并财务报表。编制合并日的合并财务报表时，一般包括合并资产负债表、合并利润表和合并现金流量表。

对于同一控制下的控股合并，应视同合并后形成的报告主体自最终控制方开始实施控制时一直是一体化存续下来的，体现在其合并财务报表上，即由合并后形成的母子公司构成的报告主体，无论是其资产规模还是其经营成果都应持续计算。

编制合并财务报表时，无论该项合并发生在报告期的哪一时点，合并利润表、合并现金流量表均反映的是由母子公司构成的报告主体自合并当期期初至合并日实现的损益及现金流量情况。相应地，合并资产负债表的留存收益项目，应当反映母子公司如果一直作为一个整体运行至合并日应实现的盈余公积和未分配利润的情况。参与合并各方在合并以前期间实现的留存收益应体现为合并资产负债表中的留存收益。

9.2.2 合并日合并财务报表的编制

1. 合并资产负债表

在合并日，被合并方的有关资产、负债应以其账面价值并入合并财务报表。

合并方与被合并方在合并日及以前期间发生的交易，应作为内部交易，按照编制合并财务报表的有关原则进行抵销。

母公司对子公司的长期股权投资与母公司在子公司所有者权益中所享有的份额应当相互抵销，并确认子公司的少数股东权益。少数股东权益是指除母公司以外的其他投资者在子公司中的权益，表示其他投资者在子公司所有者权益中所拥有的份额。与少数股东权益相关的另一个重要概念是少数股东损益，少数股东损益是子公司当年实现净损益中少数股东享有的份额，在金额上相当于子公司当年实现净损益与少数股东持股比例的乘积。少数股东权益在合并资产负债表中“所有者权益”项目下单独列示，少数股东损益在合并利润表中“净利润”项目下单独列示。少数股东权益在合并资产负债表中应以公允价值计价还是以账面价值计价，取决于合并财务报表编制所采用的合并理论①。

在合并资产负债表中，对于被合并方在企业合并前实现的留存收益(盈余公积和未分配利润之和)中归属于合并方的部分，应按以下原则，从合并方的资本公积转入盈余公积和未分配利润。

(1) 若确认企业合并形成的长期股权投资后，合并方账面资本公积(资本溢价或股本溢价)贷方余额大于被合并方在合并前实现的留存收益中归属于合并方的部分，则在合并资产负债表中，应将被合并方在合并前实现的留存收益中归属于合并方的部分自“资本公积”转入“盈余公积”和“未分配利润”。在合并工作底稿中，借记“资本公积”项目，贷记“盈余公积”和“未分配利润”项目。

(2) 若确认企业合并形成的长期股权投资后，合并方账面资本公积(资本溢价或股本溢价)贷方余额小于被合并方在合并前实现的留存收益中归属于合并方的部分，在合并资产负债表中，应以合并方资本公积(资本溢价或股本溢价)的贷方余额为限，将被合并方在企业合并前实现的留存收益中归属于合并方的部分自“资本公积”转入“盈余公积”和“未分配利润”。在合并工作底稿中，借记“资本公积”项目，贷记“盈余公积”和“未分配利润”项目。

(3) 因合并方的资本公积(资本溢价或股本溢价)余额不足，被合并方在合并前实现的留存收益中归属于合并方的部分在合并资产负债表中未予全额恢复的，合并方应当在会计报表附注中对这一情况进行说明。

【例 9-1】 甲、乙公司分别为 P 公司控制下的两家子公司，甲公司于 20×0 年 3 月 10 日自母公司 P 处取得乙公司 100%的股权，合并后乙公司仍维持其独立法人资格继续经营。为进行该项企业合并，甲公司发行了 600 万股本公司普通股(每股面值 1 元)作为对价。假定甲、乙公司采用的会计政策相同。在合并日，甲公司及乙公司的所有者权益构成见表 9-1。

表 9-1　合并日甲公司及乙公司的所有者权益

单位：元

甲　公　司		乙　公　司	
项　　目	金　　额	项　　目	金　　额
股本	36 000 000	股本	6 000 000
资本公积	10 000 000	资本公积	2 000 000
盈余公积	8 000 000	盈余公积	4 000 000
未分配利润	20 000 000	未分配利润	8 000 000
合　　计	74 000 000	合　　计	20 000 000

① 不同的合并理论，对合并财务报表的服务对象有不同的界定，相应的少数股东权益的计量及列报方式也不同。我国合并财务报表准则侧重于实体理论。

甲公司在合并日应进行的账务处理如下。

借：长期股权投资　　20 000 000

　　贷：股本　　6 000 000

　　　　资本公积——股本溢价　　14 000 000

进行上述处理后，甲公司在合并日编制合并资产负债表时，对于企业合并前乙公司实现的留存收益中归属于合并方的部分(1 200 万元)应自资本公积(资本溢价或股本溢价)转入留存收益。本例中甲公司在确认对乙公司的长期股权投资以后，其资本公积的账面余额为(1 000+1 400)2 400 万元，假定其中资本溢价或股本溢价的金额为 1 800 万元。在合并工作底稿中，应编制以下调整分录。

借：资本公积　　12 000 000

　　贷：盈余公积　　4 000 000

　　　　未分配利润　　8 000 000

2. 合并利润表

合并方在编制合并日的合并利润表时，应包含合并方及被合并方自合并当期期初至合并日实现的净利润。例如，同一控制下的企业合并发生于 20×1 年 3 月 31 日，合并方当日编制合并利润表时，应包括合并方及被合并方自 20×1 年 1 月 1 日至 20×1 年 3 月 31 日实现的净利润。被合并方自合并当期期初至合并日实现的净利润，在合并利润表中的“净利润”项下“被合并方在合并前实现的净利润”项目中反映。

合并双方在当期发生的交易，应当按照编制合并财务报表的有关原则进行抵销。

3. 合并现金流量表

合并方在编制合并日的合并现金流量表时，应包含合并方及被合并方自合并当期期初至合并日产生的现金流量。涉及双方当期发生内部交易产生的现金流量时，应按照合并财务报表准则规定的有关原则进行抵销。

【例 9-2】 20×1 年 6 月 30 日，P 公司向 S 公司的股东定向增发 1 000 万股普通股(每股面值为 1 元)对 S 公司进行合并，并于当日取得对 S 公司 100%的股权，合并后 S 公司仍维持其独立法人资格继续经营。参与合并企业在 20×1 年 6 月 30 日企业合并前，有关资产、负债情况见表 9-2。

表 9-2　资产负债表(简表)

20×1 年 6 月 30 日　　　　单位：元

项　　目	P 公司	S 公司
	账面价值	账面价值
资产：		
货币资金	17 250 000	1 800 000
应收账款	12 000 000	8 000 000
存货	24 800 000	1 020 000
长期股权投资	20 000 000	8 600 000
固定资产	28 000 000	12 000 000

续表

项　　目	P公司	S公司
	账面价值	账面价值
无形资产	18 000 000	2 000 000
商誉		
资产总计	120 050 000	33 420 000
负债和所有者权益：		
短期借款	10 000 000	9 000 000
应付账款	15 000 000	1 200 000
其他负债	1 500 000	1 200 000
负债合计	26 500 000	11 400 000
实收资本	30 000 000	10 000 000
资本公积	20 000 000	6 000 000
盈余公积	20 000 000	2 000 000
未分配利润	23 550 000	4 020 000
所有者权益合计	93 550 000	22 020 000
负债和所有者权益总计	120 050 000	33 420 000

P公司及S公司20×1年1月1日至6月30日的利润见表9-3。

表9-3　利润表(简表)

20×1年1月1日至6月30日　　单位：元

项　　目	P公司	S公司
一、营业收入	42 500 000	12 000 000
减：营业成本	33 800 000	9 550 000
营业税金及附加	200 000	50 000
销售费用	600 000	200 000
管理费用	1 500 000	500 000
财务费用	400 000	350 000
加：投资收益	300 000	100 000
二、营业利润	6 300 000	1 450 000
加：营业外收入	500 000	450 000
减：营业外支出	450 000	550 000
三、利润总额	6 350 000	1 350 000
减：所得税费用	2 100 000	400 000
四、净利润	4 250 000	950 000

本例中假定P公司和S公司为同一集团内两个全资子公司，合并前其共同的母公司为A公司。该项合并中参与合并的企业在合并前及合并后均为A公司最终控制，为同一控制下的控股合并。自20×1年6月30日开始，P公司能够对S公司的净资产实施控制，该日即为合并日。

(1) 在合并日20×1年6月30日，P公司对该项合并进行的账务处理如下。

借：长期股权投资　　22 020 000
　　贷：实收资本　　10 000 000
　　　　资本公积　　12 020 000

(2) 假定P公司与S公司在合并前未发生任何交易，则P公司在编制合并日的合并财务报表时抵销分录如下。

借：实收资本　　10 000 000
　　资本公积　　6 000 000
　　盈余公积　　2 000 000
　　未分配利润　　4 020 000
　　贷：长期股权投资　　22 020 000

将上述抵销分录填列于合并资产负债表工作底稿，见表9-4。

(3) 将被合并方在企业合并前实现的留存收益中归属于合并方的部分，自资本公积(假定资本公积——资本溢价或股本溢价的金额为3 000万元)转入留存收益，合并调整分录如下。

借：资本公积　　6 020 000
　　贷：盈余公积　　2 000 000
　　　　未分配利润　　4 020 000

将上述调整分录填列于合并资产负债表工作底稿，见表9-4。

表9-4　合并资产负债表工作底稿

20×1年6月30日　　单位：元

项　目	P公司	S公司	调整与抵销分录		合并金额
			借　方	贷　方	
资产：					
货币资金	17 250 000	1 800 000			19 050 000
应收账款	12 000 000	8 000 000			20 000 000
存货	24 800 000	1 020 000			25 820 000
长期股权投资	42 020 000	8 600 000		22 020 000	28 600 000
固定资产	28 000 000	12 000 000			40 000 000
无形资产	18 000 000	2 000 000			20 000 000
资产总计	142 070 000	33 420 000			153 470 000
负债和所有者权益：					
短期借款	10 000 000	9 000 000			19 000 000
应付账款	15 000 000	1 200 000			16 200 000
其他负债	1 500 000	1 200 000			2 700 000
负债合计	26 500 000	11 400 000			37 900 000
实收资本	40 000 000	10 000 000	10 000 000		40 000 000

续表

项 目	P 公司	S 公司	调整与抵销分录		合并金额
			借 方	贷 方	
资本公积	32 020 000	6 000 000	6 000 000 6 020 000		26 000 000
盈余公积	20 000 000	2 000 000	2 000 000	2 000 000	22 000 000
未分配利润	23 550 000	4 020 000	4 020 000	4 020 000	27 570 000
所有者权益合计	115 570 000	22 020 000			115 570 000
负债和所有者权益总计	142 070 000	33 420 000			153 470 000

(4) 在合并利润表工作底稿中，单独反映被合并方自合并当期期初至合并日实现的净利润，见表 9-5。

表 9-5　合并利润表工作底稿

20×1 年 1 月 1 日至 6 月 30 日　　单位：元

项 目	P 公司	S 公司	抵销分录		合并金额
			借 方	贷 方	
一、营业收入	42 500 000	12 000 000			54 500 000
减：营业成本	33 800 000	9 550 000			43 350 000
营业税金及附加	200 000	50 000			250 000
销售费用	600 000	200 000			800 000
管理费用	1 500 000	500 000			2 000 000
财务费用	400 000	350 000			750 000
加：投资收益	300 000	100 000			400 000
二、营业利润	6 300 000	1 450 000			7 750 000
加：营业外收入	500 000	450 000			950 000
减：营业外支出	450 000	550 000			1 000 000
三、利润总额	6 350 000	1 350 000			7 700 000
减：所得税费用	2 100 000	400 000			2 500 000
四、净利润	4 250 000	950 000			5 200 000
其中：被合并方在合并前实现的净利润					950 000

(5) 合并现金流量表工作底稿略。

9.3　非同一控制下购买日的合并财务报表编制

9.3.1　购买日合并财务报表的编制要求

只有在非同一控制下的控股合并才会涉及合并财务报表的编制问题。因为在非同一控制下的企业合并中，合并前的被购买方的净利润与留存收益是作为合并成本的一部分，而不计入购买方的净利润与留存收益，所以，在非同一控制下控股合并的购买日只需编制合并资产负债表，不需编制合并利润表和合并现金流量表。

企业合并准则规定，非同一控制下的控股合并，母公司在购买日编制合并资产负债表时，对于被购买方可辨认资产、负债应当按照购买日确定的公允价值列示，少数股东权益按照被购买方可辨认净资产公允价值乘以少数股东持股比例列示。企业合并成本大于合并中取得的被购买方可辨认净资产公允价值份额时，其差额确认为合并资产负债表中的商誉；企业合并成本小于合并中取得的被购买方可辨认净资产公允价值份额时，其差额应计入合并当期损益。因购买日不需要编制合并利润表，该差额体现在合并资产负债表上，应调整合并资产负债表的盈余公积和未分配利润。

非同一控制下的企业合并形成母子公司关系的，作为购买方的母公司在进行有关会计处理时，应单独设置备查簿，记录其在购买日取得的被购买方各项可辨认资产、负债的公允价值以及因企业合并成本大于合并中取得的被购买方可辨认净资产公允价值的份额应确认的商誉金额，或因企业合并成本小于合并中取得的被购买方可辨认净资产公允价值的份额计入当期损益的金额，并将其作为企业合并当期以及以后期间编制合并财务报表的基础。企业合并当期期末以及合并以后期间，应当纳入到合并财务报表中的被购买方资产、负债等，是以购买日确定的公允价值为基础持续计算的结果。

9.3.2 购买日合并资产负债表的编制

根据合并财务报表准则的规定，首先应当设计合并工作底稿，将母公司、子公司个别资产负债表的数据过入合并工作底稿，并计算资产负债表各项目的合计金额。

其次，在编制调整分录时，按照母公司备查簿中所记录的子公司各项可辨认资产、负债及或有负债在购买日的公允价值的资料调整子公司的财务报表，将子公司的财务报表调整成以购买日可辨认资产、负债及或有负债的公允价值为基础编制的财务报表。被购买方可辨认净资产的公允价值大于账面价值部分，借记“存货”、“固定资产”、“无形资产”等相关科目，贷记“资本公积”科目；如果被购买方的可辨认净资产的公允价值小于其账面价值，则借记“资本公积”科目，贷记“存货”、“固定资产”、“无形资产”等相关科目。

再次，在编制抵销分录时，将母公司与子公司之间的内部交易对合并资产负债表的影响予以抵销，一是母公司对子公司的长期股权投资与子公司相应的所有者权益进行抵销，母公司长期股权投资的数额中，已经包含了子公司所有者权益的账面价值，如果不将母公司的长期股权投资与子公司的所有者权益进行抵销，则在合并资产负债表中会重复计算子公司的所有者权益的账面价值，如果母公司部分持有子公司的股权，则需在合并资产负债表的所有者权益部分列示“少数股东权益”项目；二是母子公司之间的债权债务，如内部应收账款与应付账款、内部应收票据与应付票据等，应该予以抵销，以体现合并整体的债权和债务情况。

最后，在母子公司个别资产负债表数据各项目加总金额的基础上，加减“调整与抵销”栏的金额，分别计算出工作底稿上资产负债表各项目的合并金额。根据合并工作底稿中资产负债表项目的合并金额，编制正式的合并资产负债表。

【例 9-3】 假设 20×0 年 12 月 31 日，甲公司向乙公司的股东发行面值为 10 元(市价为每股 45 元)的普通股 10 000 股，以购入乙公司发行在外的所有股票，乙公司的普通股面值为每股5元，合并前甲公司与乙公司不存在任何关联方关系，所得税税率均为25%，假定该项合并符合税法规定的免税合并条件。此外甲公司发生的与合并有关的费用如下：企业合并的手续费和法律费用50 000元；普通股发行费用35 000元。甲公司和乙公司在合并之前的资产负债见表9-6。

表9-6 资产负债表(简表)

20×0年12月31日 单位：元

项目	甲公司	乙公司	
资产：	账面价值	账面价值	公允价值
货币资金	100 000	40 000	40 000
应收账款—乙公司	25 000		
存货	150 000	110 000	135 000
其他流动资产	110 000	70 000	70 000
固定资产	450 000	300 000	350 000
无形资产		20 000	25 000
资产总计	835 000	540 000	620 000
负债和所有者权益：			
应付账款—甲公司		25 000	25 000
未交税金	26 000	10 000	10 000
其他负债	325 000	115 000	115 000
负债合计	351 000	150 000	150 000
股本	300 000	200 000	
资本公积	50 000	58 000	
盈余公积	129 000	128 000	
未分配利润	5 000	4 000	
所有者权益合计	484 000	390 000	470 000
负债和所有者权益总计	835 000	540 000	620 000

1. 甲公司在购买日20×0年12月31日的会计处理

记录购入乙公司的全部股份。

借：长期股权投资 450 000

　　贷：股本 100 000

　　　　资本公积 350 000

记录与合并有关的费用。

借：长期股权投资 50 000

　　资本公积 35 000

　　贷：银行存款 85 000

2. 甲公司在合并工作底稿中的调整和抵销分录

(1) 调整乙公司可辨认资产的公允价值高于账面价值的差额。

借：存货① 25 000
　　固定资产 50 000
　　无形资产 5 000
　　贷：资本公积 80 000

(2) 将长期股权投资与子公司所有者权益进行抵销。

借：股本 200 000
　　资本公积 138 000
　　盈余公积 128 000
　　未分配利润 4 000
　　商誉 (500 000−470 000)30 000
　　贷：长期股权投资 500 000

(3) 将甲公司和乙公司内部的债权和债务进行抵销。

借：应付账款——甲公司 25 000
　　贷：应收账款——乙公司 25 000

将上述(1)、(2)和(3)笔调整和抵销分录登记到甲公司的合并工作底稿中，同时将甲、乙公司资产负债表各项目的金额合计与“调整与抵销分录”栏的数据进行相应加减，得出“合并金额”一栏的数据，见表9-7。

表9-7　合并资产负债表工作底稿

20×0年12月31日　　单位：元

项　　目	甲　公　司	乙　公　司	调整与抵销分录		合并金额
			借　　方	贷　　方	
资产：					
货币资金	15 000	40 000			55 000
应收账款—乙公司	25 000			(3)25 000	0
存货	150 000	110 000	(1)25 000		285 000
其他流动资产	110 000	70 000			180 000
长期股权投资	500 000			(2)500 000	0
固定资产	450 000	300 000	(1)50 000		800 000
无形资产		20 000	(1)5 000		25 000
商誉			(2)30 000		30 000
资产总计	1 250 000	540 000			1 375 000
负债和所有者权益：					

① 按照《关于企业重组业务企业所得税处理若干问题的通知》(财税[2009]59号)的规定，企业股权收购时，收购方取得的股权的计税基础应以公允价值为基础确定。在合并财务报表层面，母公司对子公司的长期股权投资实际上代表了子公司的各项资产、负债，合并报表层面子公司的各项资产、负债是按公允价值确定计税基础的，与会计上相同，不存在暂时性差异。因此，母公司在合并报表层面不需要确认递延所得税影响。

续表

项　目	甲公司	乙公司	调整与抵销分录		合并金额
			借　方	贷　方	
应付账款—甲公司		25 000	(3)25 000		0
未交税金	26 000	10 000			36 000
其他负债	325 000	115 000			440 000
负债合计	351 000	150 000			476 000
股本	400 000	200 000	(2)200 000		400 000
资本公积	365 000	58 000	(2)138 000	(1)80 000	365 000
盈余公积	129 000	128 000	(2)128 000		129 000
未分配利润	5 000	4 000	(2)4 000		5 000
所有者权益合计	899 000	390 000			899 000
负债和所有者权益总计	1 250 000	540 000			1 375 000

根据合并工作底稿的“合并金额”栏的相应数据，就可以编制甲公司在合并日的合并资产负债表。

当母公司持有部分子公司的股权时，合并资产负债表的编制与母公司全资拥有子公司时合并资产负债表的编制类似，只是在合并资产负债表的所有者权益项下增加“少数股东权益”项目。

本章小结

本章主要阐述了合并财务报表的定义、特点、合并范围、编制程序、同一控制下合并日的合并财务报表编制和非同一控制下购买日的合并财务报表编制的基本理论和基本方法。

合并财务报表按编制时间及目的不同，分为股权取得日合并财务报表和股权取得日后合并财务报表两类。本章重点讲述了股权取得日合并财务报表的编制。

合并财务报表的编制，与是否属于同一控制下的企业合并无关，而与企业合并的法律结果有关。合并财务报表的合并范围应当以控制为基础加以确定。

对于同一控制下的控股合并，在合并日，被合并方的有关资产、负债应以其账面价值并入合并资产负债表，对于被合并方在企业合并前实现的留存收益中归属于合并方的部分，应按规定的原则，自合并方的资本公积转入盈余公积和未分配利润。被合并方自合并当期期初至合并日实现的净利润，在合并利润表中的“净利润”项下“被合并方在合并前实现的净利润”项目中列示。

在非同一控制下控股合并的购买日只需编制合并资产负债表，在将子公司的财务报表调整成以购买日可辨认资产、负债及或有负债的公允价值为基础编制的财务报表的基础上，抵销母公司与子公司之间的内部交易对合并资产负债表的影响，合并差额体现在合并资产负债表上。

重要术语

合并财务报表、个别财务报表、合并理论、合并范围、控制、母公司、子公司、表决权、潜在表决权、特殊目的主体、合并工作底稿、调整分录、抵销分录

参考阅读文献

[1]《企业会计准则第33号——合并财务报表》(2006年2月15日财政部发布，自2007年1月1日起施行)

[2]《企业会计准则第33号——合并财务报表》应用指南(2006年10月30日财政部发布，自2007年1月1日起施行)

[3] 赵治钢. 最新合并财务报表理论与实务[M]. 2版. 北京：经济科学出版社，2009.

[4] 常勋. 财务会计四大难题[M]. 4版. 上海：立信会计出版社，2008.

习　　题

一、单项选择题

1．甲公司编制合并报表时以下合并范围确认正确的是(　　)。

A．规模小的子公司不纳入合并范围

B．规模小的子公司也要纳入合并范围

C．报告期内购入的子公司不纳入合并范围

D．报告期内新设立的子公司不纳入合并范围

2．关于合并财务报表的合并范围确定的叙述不正确的是(　　)。

A．合并财务报表的合并范围应当以控制为基础予以确定

B．在确定能否控制被投资单位时应当考虑潜在表决权因素

C．小规模的子公司应纳入合并财务报表的合并范围

D．经营业务性质特殊的子公司不纳入合并财务报表的合并范围

3．编制合并报表抵销分录的目的在于(　　)。

A．将母子公司个别会计报表各项目加总

B．将个别报表各项目加总数据中集团内部经济业务的重复因素予以抵销

C．代替设置账簿、登记账簿的核算程序

D．反映全部内部投资、内部交易、内部债权债务等会计事项

4．下列事项中，C公司必须纳入A公司合并范围的是(　　)。

A．A公司拥有B公司50%的权益性资本，B公司拥有C公司60%的权益性资本

B．A公司拥有C公司48%的权益性资本

C．A公司拥有B公司60%的权益性资本，B公司拥有C公司40%的权益性资本

D．A公司拥有B公司60%的权益性资本，B公司拥有C公司40%的权益性资本同时A公司拥有C公司20%的权益性资本

5．甲公司以定向增发股票的方式购买同一集团内另一企业持有的A公司80%股权。为取得该股权，甲公司增发2 000万股普通股，每股面值为1元，每股公允价值为5元，支付承销商佣金50万元。取得该股权时，A公司净资产账面价值为9 000万元，公允价值为12 000万元。假定甲公司和A公司采用的会计政策相同，甲公司取得该股权时应确认的资本公积为(　　)万元。

A．5 150　　B．5 200　　C．7 550　　D．7 600

6. 同一控制下的企业合并形成母子公司关系的，合并方应在合并日编制合并财务报表，如合并方账面资本公积(资本溢价或股本溢价)贷方余额大于被合并方在合并前实现的留存收益中归属于合并方的部分，则在合并资产负债表中，对被合并方在合并前实现的留存收益中归属于合并方的部分(　　)。

A. 不作调整

B. 自“盈余公积”和“未分配利润”转入“资本公积”

C. 自“盈余公积”转入“未分配利润”

D. 自“资本公积”转入“盈余公积”和“未分配利润”

7. 以下关于母公司投资收益和子公司利润分配的抵销分录表述不正确的是(　　)。

A. 抵销母公司投资收益和少数股东损益均按照调整后的净利润份额计算

B. 抵销子公司利润分配有关项目按照子公司实际提取和分配数计算

C. 抵销期末未分配利润按照期初和调整后的本期净利润减去实际分配后的余额计算

D. 抵销母公司投资收益按照调整后的净利润份额计算，计算少数股东损益的净利润不需调整

8. 甲公司于20×0年6月1日与乙公司原投资者A签订协议，甲公司以新型专利技术换取A公司持有的乙公司股权，20×0年7月1日(购买日)乙公司可辨认净资产公允价值为10 000万元，甲公司取得乙公司80%的表决权资本。甲公司投出无形资产的账面成本为8 000万元，累计摊销为1 000万元，公允价值为10 000万元，营业税税率为5%。企业合并合同或协议中规定，如果被购买方连续两年净利润超过400万元，购买方需支付额外的对价300万元，甲公司在购买日预计被购买方的盈利水平很可能会达到合同规定的标准。假定甲公司、乙公司和A公司无关联方关系。则甲公司合并成本为(　　)万元。

A. 8 000　　B. 10 300　　C. 11 200　　D. 10 800

9. 甲公司于20×0年10月29日以银行存款2 000万元取得乙公司80%的股权，能够对乙公司实施控制，形成非同一控制下的企业合并，合并当日乙公司可辨认净资产账面价值为1 500万元，公允价值为1 600万元。不考虑其他因素，则甲公司在合并日编制合并资产负债表时，确认的合并商誉为(　　)万元。

A. 720　　B. 710　　C. 800　　D. 400

10. A公司采用吸收合并的方式合并B公司，为进行该项企业合并，A公司定向发行了10 000万股普通股(每股面值1元，公允价值每股10元)作为对价。购买日，B公司可辨认净资产账面价值为9 000万元，公允价值为10 000万元，可辨认净资产的账面价值与公允价值的差额为应纳税暂时性差异。此外A公司发生评估咨询费用10万元，股票发行费用80万元，均以银行存款支付。A公司适用的所得税税率25%。A公司和B公司不存在关联方关系。A公司购买日确认的合并商誉为(　　)万元。

A. 10 000　　B. 9 750　　C. 100 010　　D. 90 260

二、多项选择题

1. 下列被投资企业中，应当纳入甲公司合并财务报表合并范围的有(　　)。

A. 甲公司在报告年度购入其57%股份的境外被投资企业

B. 甲公司持有其40%股份，且受托代管B公司持有其30%股份的被投资企业

C. 甲公司持有其43%股份，甲公司的子公司A公司持有其8%股份的被投资企业

D. 甲公司持有其40%股份，甲公司的母公司持有其11%股份的被投资企业

E. 甲公司持有其38%股份，且甲公司根据章程有权决定其财务和经营政策的被投资企业

2. 下列关于控股合并日需要编制报表的表述中正确的有(　　)。

A. 同一控制下的合并报表的编制，包括合并资产负债表、合并利润表、合并现金流量表

B. 同一控制下的合并日需要调整合并资产负债表的期初数

C. 非同一控制下的合并报表的编制，包括合并资产负债表、合并利润表、合并现金流量表

D. 非同一控制下的合并日需要调整合并资产负债表的期初数

E. 非同一控制下的合并日只需要编制合并资产负债表，且不需要调整合并资产负债表的期初数

3. 下列关于同一控制下控股合并在合并日合并报表的编制中，正确的有(　　)。

A. 合并资产负债表中被合并方的各项资产、负债按其账面价值计量

B．合并资产负债表中被合并方的各项资产、负债按其公允价值计量

C．合并留存收益为合并方自身和享有被合并方留存收益份额的合计数确定(不考虑合并方的资本公积余额不足的情况)

D．合并留存收益为合并方自身留存收益

E．被合并方合并前留存收益中归属于合并方的部分应自资本公积转入留存收益

4．关于非同一控制下控股合并购买日编制合并报表的说法中，正确的有(　　)。

A．合并资产负债表中取得的被购买方各项资产和负债按照公允价值确认

B．合并前留存收益中归属于合并方的部分应自合并方的资本公积转入留存收益

C．不需要将合并前留存收益中归属于合并方的部分自合并方的资本公积转入留存收益

D．购买方合并成本大于取得被购买方可辨认净资产公允价值份额的差额确认为合并商誉

E．购买方合并成本大于取得被购买方可辨认净资产账面价值的差额确认为合并商誉

5．非同一控制下的企业合并中，购买方取得了对被购买方净资产的控制权，视合并方式的不同，应分别在合并财务报表或个别财务报表中确认合并中取得的各项可辨认资产和负债。其正确的处理方法有(　　)。

A．购买方在企业合并中取得的被购买方各项可辨认资产和负债，在购买日满足资产、负债的确认条件时，应作为本企业的资产、负债(或合并财务报表中的资产、负债)进行确认

B．合并中取得的被购买方的各项资产(无形资产除外)，其所带来的未来经济利益预期能够流入企业且公允价值能够可靠计量的，应单独作为资产确认

C．合并中取得的被购买方的各项负债(或有负债除外)，履行有关的义务预期会导致经济利益流出企业且公允价值能够可靠计量的，应单独作为负债确认

D．企业合并中取得的无形资产在其公允价值能够可靠计量的情况下应单独予以确认

E．对于购买方在企业合并时可能需要代被购买方承担的或有负债，在其公允价值能够可靠计量的情况下，相关的或有事项导致经济利益流出企业的可能性比较小，不能确认预计负债

6．下列公司的股东均按所持股份比例行使表决权，W 公司编制合并会计报表时应纳入合并范围的公司有(　　)。

A．甲公司(W 公司拥有其 60%的股权)

B．乙公司(甲公司拥有其 40%的股权，W 公司拥有其 20%的股权)

C．丙公司(W 公司拥有其 30%的股权，乙公司拥有其 40%的股权)

D．丁公司(甲公司拥有其 10%的股权，乙公司拥有其 20%的股权，丙公司拥有其 30%的股权)

E．戊公司(W 公司拥有其 10%的股权，丙公司拥有其 50%的股权)

7．以下不应纳入合并报表合并范围的有(　　)。

A．已宣告被清理整顿的原子公司

B．母公司和其控制的子公司合计拥有半数以上表决权资本的被投资企业

C．母公司已经拥有和当期可执行的认股权证份额合计达到控制的被投资企业

D．规模较小的子公司

E．已宣告破产的原子公司

三、计算及会计处理题

1．A、B 公司为甲公司控制下的两家子公司。A 公司于 20×0 年 9 月 3 日自母公司处采用控股合并方式，取得 B 公司 70%的股权，合并后 B 公司仍维持其独立法人资格继续经营。为进行该项企业合并，A 公司发行了 900 万股普通股(每股面值 1 元，市价每股 1.5 元)作为对价。另外 A 公司支付股票发行费用 50 万元。假定 A、B 公司采用的会计政策相同。在合并日，A、B 公司的所有者权益构成见表 9-8。

表 9-8　所有者权益表

单位：万元

A 公司		B 公司	
项　　目	金　　额	项　　目	金　　额
股本	5 400	股本	900
资本公积—股本溢价	1 500	资本公积	300
盈余公积	1 200	盈余公积	600
未分配利润	3 000	未分配利润	1200
合　　计	11 100	合　　计	3 000

要求：

(1) 编制 A 公司在合并日的会计分录。

(2) 编制合并日在合并工作底稿中的抵销分录和调整分录。

2. 20×0 年 6 月 30 日，A 公司向 B 公司的股东定向增发 1 500 万股普通股(每股面值为 1 元)对 B 公司进行控股合并。市价每股 3.5 元，取得了 B 公司 70%的股权。假定该项合并为非同一控制下的企业合并，被合并方 B 公司在 20×0 年 6 月 30 日有关资产、负债情况见下表 9-9。

表 9-9　资产负债表(简表)

20×0 年 6 月 30 日　　　　单位：万元

项　　目	B 公司	
	账面价值	公允价值
资产：		
货币资金	270	270
应收账款	1 200	1 200
存货	153	270
长期股权投资	1 290	2 280
固定资产	1 800	3 300
无形资产	300	900
商誉	0	0
资产总计	5 013	8 220
负债和所有者权益：		
短期借款	1 350	1 350
应付账款	180	180
其他应付款	180	180
负债合计	1 710	1 710
实收资本(股本)	1 500	
资本公积	900	
盈余公积	300	
未分配利润	603	
所有者权益合计	3 303	6 510
负债和所有者权益合计	5 013	8 220

要求：

(1) 编制购买日的有关会计分录。

(2) 计算购买日的合并商誉。

(3) 编制购买方在购买日合并资产负债表中的调整分录、抵销分录。

3．假定甲公司和丙公司为不同集团的两家公司。20×0 年 6 月 30 日，甲公司以投资性房地产作为合并对价取得了丙公司持有的乙公司 70%的股权。甲公司投资性房地产的账面价值为 62 000 万元(其中成本为 60 000 万元，公允价值变动为 2 000 万元)，公允价值为 90 000 万元。假定甲公司与乙公司在合并前采用的会计政策和会计期间相同，所得税税率均为 25%，该项合并符合税法规定的免税合并条件，甲公司和乙公司均按净利润的 10%提取法定盈余公积。在购买日，乙公司资产、负债的公允价值与账面价值不同的部分见表 9-10，其余部分资产、负债的公允价值与账面价值相同。

表 9-10　资产负债表(简表)

20×0 年 6 月 30 日　　单位：万元

项　目	乙　公　司	
	账面价值	公允价值
固定资产	3 000	3 500
无形资产	5 000	6 500
预计负债	0	1 000
股本	40 000	
资本公积	70 000	
盈余公积	1 000	
未分配利润	9 000	

要求：

(1) 编制购买日的有关会计分录。

(2) 计算购买日的合并商誉。

(3) 编制购买方在购买日合并资产负债表中的调整分录、抵销分录。

第10章 合并财务报表(二)

教学目标

通过本章的学习，要理解未实现内部销售利润的含义；掌握集团公司内部应收账款计提的坏账准备的抵销方法；掌握集团公司内部债券投资与应付债券的抵销方法；掌握集团公司内部存货交易的抵销方法以及考虑递延所得税影响下的抵销方法；掌握集团公司内部交易形成的存货计提的存货跌价准备的抵销方法以及考虑递延所得税影响下的抵销方法；掌握集团公司内部固定资产交易的抵销方法以及考虑递延所得税影响下的抵销方法。

教学要求

知识要点	能力要求	相关知识
内部债权债务的抵销	学会考虑递延所得税影响下，连续编制合并财务报表时内部应收账款坏账准备的抵销	应收账款与应付账款的抵销 其他债权与债务项目的抵销
内部存货交易的抵销	理解未实现内部销售利润 学会考虑递延所得税影响下，连续编制合并财务报表时内部购买商品的抵销	未实现内部销售利润 内部购买商品的抵销
内部固定资产交易的抵销	学会考虑递延所得税影响下，连续编制合并财务报表时内部固定资产交易的抵销 学会内部交易形成的固定资产在清理期间的抵销	内部固定资产交易的抵销 内部交易形成的固定资产在清理期间的抵销

 导入案例

都是内部交易惹的“祸”

国际会计准则认为采用权益法的母公司报表并不能提供更多的信息，但分析A股上市公司2006年的数据却令人怀疑上述结论在国内市场的正确性。

一、差异足以惊人

在1331家可比公司中，合并净利润大于母公司净利润的有565家；小于母公司净利润的为381家，相同的仅385家；仅占28.93%。其中差异金额最大的中国石化(600028)合并净利润比母公司净利润多了5.13亿元，与之相反，工商银行(601398)合并净利润却比母公司净利润少了6.58亿元。

更有意思的是一些上市公司合并报表盈利，而母公司报表却亏损。即使不出现“符号”的差异，某些上市公司合并报表净利润也远大于母公司净利润。与此同时，有些上市公司合并报表净利润却又远远低于母公司净利润。面对如此惊人的差异，弄清楚到底是哪个数据更能真实地反映公司的经营业绩固然重要，而首先要明白的则是其产生的原因。

二、内部交易是关键

我们以江苏吴中(600200)和宝商集团(000796)为例进行分析，这可以说是差异幅度最大的两家公司。

江苏吴中合并净利润为1 576万元，母公司净利润却为-184万元。从江苏吴中的组成结构来看，交叉持股可能是这种差异的一种原因，但应该不是主要原因。江苏吴中有两家主要子公司，分别是江苏吴中服装有限公司和江苏吴中医药(集团)有限公司(下称“吴中医药”)。2006年度公司将持有的江苏吴中医药销售有限公司(下称“吴中医药销售”)84.58%的股权和江苏吴中海利国际贸易有限公司(下称“海利贸易”)90%的股权转让给吴中医药。然而在报表附注“公司所控制的所有子公司、合营企业情况及其合并范围”部分披露合并范围内对吴中医药销售和海利贸易的持股比例均为100%。我们不知道吴中医药销售和海利贸易的小股东是江苏吴中哪家或哪几家子公司，但可以肯定的是这些小股东在进行会计核算时对这两家公司的股权采用成本法核算，在合并财务报表时则要按权益法进行调整，这会导致合并净利润与母公司净利润产生差异。不过，鉴于吴中医药销售2006年净利润为629万元，海利贸易仅为34万元，因此其影响相当有限。

对此，江苏吴中的答复是差异主要来自母公司对子公司计提的坏账准备。2006年年末江苏吴中(母公司)其他应收款原值为2.84亿元，而年初只有1.56亿元，增幅高达82.42%。年报中这样解释：“增加原因主要为：与各控股子公司之间往来增加”。

既然江苏吴中的内部交易能够对净利润产生如此重大的影响，那么对其高度关注就是情理之中的事情。2006年江苏吴中(母公司)实现的主营业务收入仅为5 381万元，而上一年为2.35亿元，降幅高达86.61%。对此，公司在年报中解释称其原下属实体分部(服装分部、天翔分部、六药厂、长征厂、中凯生物)绝大部分资产都已转让给由公司控股的吴中服装有限公司和吴中医药有限公司，故母公司收入大幅减少。2007年一季度江苏吴中母公司的收入只有233万元，延续了2006年的大幅下降的情况。然而，令人不解的是母公司年初和一季度末的存货分别为3 387万元和3 386万元，相对于其收入水平来说未免过多。再联系到2006年年末江苏吴中合并报表中的存货构成，令人对公司的业绩略感不安——2006年年末公司存货原值为2.16亿元，年初为2.06亿元，变化甚微。然而库存商品高达1.01亿元，几乎占存货的一半，而年初库存商品只有6 679万元。

无论这是不是公司业务整合过程中的暂时现象，都值得投资者予以关注。

当然，对江苏吴中的投资者也有好消息。尽管公司母公司报表净利润为负值，合并净利润也只有1 576

万元，但其 2006 年度利润分配方案却很慷慨，每 10 股派发现金红利 0.2 元，总计派现 1 247 万元。

另一家差异幅度较大的公司宝商集团 2006 年度母公司净利润为 775 万元，而合并净利润只有 89 万元，原因也是内部交易。2006 年年末宝商集团(母公司)其他应收款原值为 2.92 亿元，年初为 3.86 亿元，降幅为 24.32%。公司在年报中的解释是“主要系本公司收回关联公司多年欠款所致”。收回多年欠款当然要将以前计提的坏账准备转回，由此导致了母公司账面利润增加，而这些交易却在合并时被抵销掉了。需要说明的是宝商集团不存在交叉持股现象。

资料来源：孙旭东. 内部交易不容忽视[J]. 证券市场周刊, 2007(22).

问题：

(1) 合并报表与母公司报表之间净利润的差异影响报表使用者的判断和决策吗？

(2) 合并报表与母公司报表之间净利润的差异产生的原因有哪些？

(3) 如何消除内部交易对合并报表的影响？

10.1 集团公司内部债权债务的抵销

母公司与子公司、子公司相互之间的债权和债务项目，是指母公司与子公司、子公司相互之间因销售商品、提供劳务以及发生结算业务等原因产生的应收账款与应付账款、应收票据与应付票据、预付账款与预收账款、持有至到期投资(假定该项债券投资，持有方划分为持有至到期投资，如果划分为其他类别的金融资产，抵销原理相同)与应付债券、应收利息与应付利息、应收股利与应付股利、其他应收款与其他应付款等项目。发生在母公司与子公司、子公司相互之间的这些项目，企业集团内部企业的一方在其个别资产负债表中反映为资产，而另一方则在其个别资产负债表中反映为负债。但从企业集团的整体角度来看，它只是内部资金运动，既不能增加企业集团的资产，也不能增加负债。因此，为了消除个别资产负债表直接加总中的重复计算因素，在编制合并财务报表时应当将内部债权债务项目予以抵销。

10.1.1 应收账款与应付账款的抵销处理

1. 在企业合并发生当期的期末编制合并财务报表

在应收账款计提坏账准备的情况下，合并当期坏账准备的金额是以当期应收账款为基础计提的。在合并当期的期末编制合并财务报表时，随着内部应收账款的抵销，与此相联系也须将内部应收账款计提的坏账准备予以抵销。

内部应收账款抵销时，其抵销分录为：借记“应付账款”项目，贷记“应收账款”项目；内部应收账款计提的坏账准备抵销时，其抵销分录为：借记“应收账款——坏账准备”项目，贷记“资产减值损失”项目。确认抵销的资产减值损失对所得税的影响，借记“所得税费用”项目，贷记“递延所得税资产”项目。

【例 10-1】 P 公司 20×0 年个别资产负债表中应收账款 475 万元为 20×0 年向 S 公司销售商品发生的应收销货款的账面价值，P 公司对该笔应收账款计提的坏账准备为 25 万元。S 公司 20×0 年个别资产负债表中应付账款 500 万元系 20×0 年向 P 购买商品存货发生的应付购货款。

在编制合并财务报表时，应将内部应收账款与应付账款相互抵销；同时还应将内部应收账款计提的坏账准备、递延所得税资产予以抵销，其抵销分录如下。

(1) 借：应付账款　　5 000 000

　　贷：应收账款　　5 000 000

(2) 借：应收账款——坏账准备　　250 000

　　贷：资产减值损失　　250 000

(3) 借：所得税费用　　(250 000×25%)62 500

　　贷：递延所得税资产　　62 500

2. 连续编制合并财务报表时内部应收账款坏账准备的抵销处理

从合并财务报表来讲，内部应收账款计提的坏账准备的抵销是与抵销当期资产减值损失相对应的。上期抵销的坏账准备的金额，即上期资产减值损失抵减的金额，最终将影响到本期合并所有者权益变动表中的期初未分配利润金额。由于利润表和所有者权益变动表是反映企业一定会计期间经济成果及其分配情况的财务报表，其上期期末未分配利润就是本期所有者权益变动表期初未分配利润(假定不存在会计政策变更和前期差错更正)。本期编制合并财务报表是以本期母公司和子公司当期的个别财务报表为基础的。随着上期编制合并财务报表时内部应收账款计提的坏账准备的抵销，以此个别财务报表为基础加总得出的期初未分配利润与上一会计期间合并所有者权益变动表中的未分配利润金额之间将产生差额。为此，编制合并财务报表时，必须将上期因内部应收账款计提的坏账准备抵销而抵销的资产减值损失对本期期初未分配利润的影响予以抵销，调整本期期初未分配利润的金额。

在连续编制合并财务报表进行抵销处理时，首先，将内部应收账款与应付账款予以抵销，即按内部应收账款的金额，借记“应付账款”项目，贷记“应收账款”项目。其次，应将上期资产减值损失中抵销的内部应收账款计提的坏账准备对本期期初未分配利润的影响予以抵销，即按上期资产减值损失项目中抵销的内部应收账款计提的坏账准备的金额，借记“应收账款——坏账准备”项目，贷记“未分配利润——年初”项目；按上期抵销的内部应收账款计提的坏账准备对所得税的影响金额，借记“未分配利润——年初”项目，贷记“递延所得税资产”项目。最后，对于本期个别财务报表中内部应收账款相对应的坏账准备增减变动的金额也应予以抵销，即按照本期个别资产负债表中期末内部应收账款相对应的坏账准备的增加额，借记“应收账款——坏账准备”项目，贷记“资产减值损失”项目；本期抵销的内部应收账款计提的坏账准备对所得税的影响金额，借记“所得税费用”项目，贷记“递延所得税资产”项目；或按照本期个别资产负债表中期末内部应收账款相对应的坏账准备的减少额，借记“资产减值损失”项目，贷记“应收账款——坏账准备”项目，借记“递延所得税资产”项目，贷记“所得税费用”项目。

第一种情况：内部应收账款本期余额与上期余额相等时的抵销处理。

【例 10-2】 假定 P 公司是 S 公司的母公司，P 公司 20×1 年个别资产负债表中对 S 公司内部应收账款余额与 20×0 年相同，仍为 4 750 000 元，坏账准备余额仍为 250 000 元。20×1 年内部应收账款相对应的坏账准备余额未发生增减变化。S 公司个别资产负债表中应付账款 5 000 000 元系 20×0 年向 P 公司购买商品存货发生的应付购货款。

P 公司在合并工作底稿中应进行如下抵销处理。

(1) 将内部应收账款与应付账款相互抵销。其抵销分录如下。

借：应付账款　　5 000 000

　　贷：应收账款　　5 000 000

(2) 将上期(20×0 年)内部应收账款计提的坏账准备抵销。在这种情况下，P 公司个别财务报表附注中坏账准备余额实际上是上期结转而来的余额，因此只需将上期内部应收账款计提的坏账准备予以抵销，同时调整本期期初未分配利润的金额。其抵销分录如下。

借：应收账款——坏账准备　　250 000

　　贷：未分配利润——年初　　250 000

借：未分配利润——年初　　62 500

　　贷：递延所得税资产　　62 500

第二种情况：内部应收账款本期余额大于上期余额时的抵销处理。

【例 10-3】 假定 P 公司是 S 公司的母公司，P 公司 20×1 年个别资产负债表中对 S 公司内部应收账款余额为 6 270 000 元，坏账准备余额为 330 000 元，本期对 S 公司内部应收账款净增加 1 600 000 元，本期内部应收账款相对应的坏账准备增加 80 000 元。S 公司个别资产负债表中应付账款 6 600 000 元系 20×0 年和 20×1 年向 P 公司购买商品存货发生的应付购货款。其他资料同例 10-2。

P 公司在合并工作底稿中应进行如下抵销处理。

(1) 将内部应收账款与应付账款相互抵销。其抵销分录如下。

借：应付账款　　6 600 000

　　贷：应收账款　　6 600 000

(2) 将上期(20×0 年)内部应收账款计提的坏账准备予以抵销，调整期初未分配利润的金额。其抵销分录如下。

借：应收账款——坏账准备　　250 000

　　贷：未分配利润——年初　　250 000

借：未分配利润——年初　　62 500

　　贷：递延所得税资产　　62 500

(3) 将本期(20×1 年)对 S 公司内部应收账款相对应的坏账准备增加的 80 000 元予以抵销，并抵销对所得税的影响。其抵销分录如下。

借：应收账款——坏账准备　　80 000

　　贷：资产减值损失　　80 000

借：所得税费用　　(80 000×25%)20 000

　　贷：递延所得税资产　　20 000

第三种情况：内部应收账款本期余额小于上期余额时的抵销处理。

【例 10-4】 假定 P 公司是 S 公司的母公司，P 公司 20×1 年个别资产负债表中对 S 公司中内部应收账款余额为 3 040 000 元，坏账准备余额为 160 000 元。内部应收账款比上期(20×0 年)净减少 1 800 000 元，本期内部应收账款相对应的坏账准备余额减少 90 000 元。S 公司个别资产负债表中应付账款 3 200 000 元系 20×0 年向 P 公司购买商品存货发生的应付购货款的余额。其他资料同例 10-2。

P 公司在合并工作底稿中应进行如下抵销处理。

(1) 将内部应收账款与应付账款相互抵销。其抵销分录如下。

借：应付账款　　3 200 000

　　贷：应收账款　　3 200 000

(2) 上期(20×0 年)内部应收账款计提的坏账准备予以抵销，调整期初未分配利润的金额。其抵销分录如下。

借：应收账款——坏账准备　　250 000

　　贷：未分配利润——年初　　250 000

借：未分配利润——年初　　62 500

　　贷：递延所得税资产　　62 500

(3) 将本期(20×1 年)因内部应收账款相对应的坏账准备减少的 90 000 元予以抵销，并抵销对所得税的影响。其抵销分录如下。

借：资产减值损失　　90 000

　　贷：应收账款——坏账准备　　90 000

借：递延所得税资产　　(90 000×25%)22 500

　　贷：所得税费用　　22 500

在第三期编制合并财务报表的情况下，必须将第二期内部应收账款期末余额相应的坏账准备予以抵销，以调整期初未分配利润的金额。然后，计算确定本期内部应收账款相对应的坏账准备增减变动的金额，并将其增减变动的金额予以抵销。其抵销分录与第二期编制的抵销分录相同。在第四期及以后编制合并财务报表时依此类推。

10.1.2 其他债权与债务项目的抵销处理

(1) 内部应收票据与内部应付票据抵销时，应编制如下抵销分录。

借：应付票据

　　贷：应收票据

(2) 内部预收账款与内部预付账款抵销时，应编制如下抵销分录。

借：预收款项

　　贷：预付款项

(3) 内部应收股利与应付股利抵销时，应编制如下抵销分录。

借：应付股利

　　贷：应收股利

(4) 内部其他应收款与其他应付款抵销时，应编制如下抵销分录。

借：其他应付款

　　贷：其他应收款

(5) 持有至到期投资中债券投资与应付债券抵销时，应编制如下抵销分录。

借：应付债券

　　贷：持有至到期投资

借：投资收益(期初摊余成本×实际利率)

　　贷：财务费用

借：应付利息(面值×票面利率)

　　贷：应收利息

在某些情况下，债券投资企业持有的企业集团内部成员企业的债券并不是从发行债券的企业直接购买的，而是在证券市场上从第三方手中购买的。在这种情况下，持有至到期投资中的债券投资与发行债券企业的应付债券抵销时，可能会出现差额，如果债券投资的余额大于应付债券的余额，其差额应作为投资损失计入合并利润表的投资收益项目；如果债券投资的余额小于应付债券的余额，其差额应作为利息收入计入合并利润表的财务费用项目，应编制如下抵销分录。

借：应付债券(期末摊余成本)
　　投资收益(借方差额)
　　贷：持有至到期投资(期末摊余成本)
　　　　财务费用(贷方差额)

【例 10-5】 20×0 年 1 月 1 日，甲公司支付价款 2 000 000 元购入乙公司同日发行的 5 年期债券，面值 2 500 000 元，票面利率 4.72%，按年支付利息，本金最后一次支出。实际利率为 10%。

(1) 20×0 年 12 月 31 日，抵销分录如下。

实际利息=2 000 000×10%=200 000(元)
应收利息=2 500 000×4.72%=118 000(元)
利息调整=200 000−118 000=82 000(元)
摊余成本=2 000 000+82 000=2 082 000(元)

借：应付债券　　2 082 000
　　贷：持有至到期投资　　2 082 000
借：应付利息　　118 000
　　贷：应收利息　　118 000
借：投资收益　　200 000
　　贷：财务费用　　200 000

(2) 20×0 年 12 月 31 日，抵销分录如下。

实际利息=(2 000 000+82 000)×10%=208 200(元)
应收利息=2 500 000×4.72%=118 000(元)
利息调整=208 200−118 000=90 200(元)
摊余成本=2 000 000+82 000+90 200=2 172 200(元)

借：应付债券　　2 172 200
　　贷：持有至到期投资　　2 172 200
借：应付利息　　118 000
　　贷：应收利息　　118 000
借：投资收益　　208 200
　　贷：财务费用　　208 200

10.2　集团公司内部存货交易的抵销

存货价值中包含的未实现内部销售利润是由企业集团内部商品购销、劳务提供活动所引起的。在内部购销活动中，销售企业将集团内部销售作为收入确认并计算销售利润。而购买企业则是以支付购货的价款作为其成本入账；在本期内未实现对外销售而形成期末存货时，其存货价值中也相应地包括两部分内容：一部分为真正的存货成本(即销售企业销售该商品的成本)；另一部分为销售企业的销售毛利(即其销售收入减去销售成本的差额)。对于期末存货价值中包括的这部分销售毛利，从企业集团整体来看，并不是真正实现的利润。因为从整个企业集团来看，集团内部企业之间的商品购销活动实际上相当于企业内部物资的调拨活动，既不会实现利润，也不会增加商品的价值。正是从这一意义上来说，将期末存货价值中包括的销售企业作为利润确认的部分，称之为未实现内部销售利润。

10.2.1 合并当期期末内部存货交易的抵销处理

1. 内部销售收入和内部销售成本的抵销处理

在企业集团内部母公司与子公司、子公司之间发生内部购销交易的情况下，母公司和子公司都从自身的角度，以自身独立的会计主体进行核算来反映其损益情况。从销售企业来说，以其内部销售确认当期销售收入并结转相应的销售成本，计算当期内部销售商品损益；从购买企业来说，其购买的商品可能用于对外销售，也可能是作为固定资产、工程物资、在建工程、无形资产等资产使用。在购买企业将内部购买的商品用于对外销售时，可能出现以下 3 种情况：第一，内部购买的商品全部实现对外销售；第二，内部购买的商品全部未实现销售，形成期末存货；第三，内部购买的商品部分实现对外销售、部分形成期末存货。在购买企业将内部购买的商品作为固定资产、工程物资、在建工程、无形资产等资产使用时，则形成其固定资产、工程物资、在建工程、无形资产等资产，这部分的抵销处理参见本章 10.3 节的内容。因此，对内部销售收入和内部销售成本进行抵销时，应分不同的情况进行处理。

1) 母公司与子公司、子公司相互之间销售商品，期末全部实现对外销售

在这种情况下，从销售企业来说，销售给企业集团内其他企业的商品与销售给企业集团外部企业的情况下的会计处理相同，即在本期确认销售收入、结转销售成本、计算销售商品损益，并在其个别利润表中予以反映。对于购买企业来说，一方面要确认向企业集团外部企业的销售收入，另一方面要结转销售内部购买商品的成本，在其个别利润表中分别作为营业收入和营业成本反映，并确认销售损益。这也就是说，对于同一购销业务，在销售企业和购买企业的个别利润表中都作了反映。但从整个企业集团来看，这一购销业务只是实现了一次对外销售，其销售收入只是购买企业向企业集团外部企业销售该商品的销售收入，其销售成本只是销售企业向购买企业销售该商品的成本。销售企业向购买企业销售该商品实现的收入属于内部销售收入，相应地，购买企业向企业集团外部企业销售该商品的销售成本则属于内部销售成本。因此在编制合并利润表时，就必须将重复反映的内部销售收入与内部销售成本予以抵销。应编制如下抵销分录。

借：营业收入(内部销售企业的不含税收入，下同)

　　贷：营业成本(内部购买企业的对外销售成本)

2) 母公司与子公司、子公司之间销售商品，期末未实现对外销售而形成存货的抵销处理

(1) 按照内部销售收入的金额作如下抵销分录。

借：营业收入

　　贷：营业成本

(2) 同时按照期末内部购买形成的存货价值中包含的未实现内部销售利润的金额作如下抵销分录。

借：营业成本(期末内部购买形成的存货价值×销售企业的毛利率)

贷：存货

(3) 将以上两笔抵销分录合并在一起。

借：营业收入(内部销售企业的不含税收入)

贷：营业成本(内部销售企业销售该商品的销售成本)

贷：存货(以上两者差额)

(4) 确认递延所得税资产。

借：递延所得税资产(存货价值中包含的未实现内部销售利润×所得税率)

贷：所得税费用

3) 母公司与子公司、子公司之间销售商品，期末部分实现对外销售、部分形成期末存货的抵销处理

在内部购买的商品部分实现对外销售、部分形成期末存货的情况下，可以将内部购买的商品分解为两部分：一部分为当期购买并全部实现对外销售；另一部分为当期购买但未实现对外销售而形成期末存货。

2. 存货跌价准备的抵销

每期期末，购买企业将内部购买存货的取得成本与其可变现净值进行比较，计提存货跌价准备，而从企业集团角度而言，内部购买存货应以销售企业的销售成本与其可变现净值进行比较，计提存货跌价准备。显然，二者往往不一致而产生差异。因此，在编制合并财务报表时必须通过抵销分录来消除上述差异。

1) 购买企业期末内部购买存货的可变现净值低于其取得成本，但高于内部销售企业的销售成本

从购买企业个别财务报表来说需计提存货跌价准备，但从企业集团合并财务报表来说，期末内部存货如果不发生销售转移，则不存在减值，此时应将购买方提取的跌价准备予以抵销，抵销的金额为购买方提取的跌价准备。

抵销分录如下。

借：存货——存货跌价准备

贷：资产减值损失

借：所得税费用

贷：递延所得税资产(抵销的存货跌价准备×所得税率)

2) 购买企业期末内部购买存货的可变现净值低于内部销售企业的销售成本

从购买企业个别财务报表来说需计提存货跌价准备，从企业集团合并财务报表来说期末内部存货如果不发生销售转移也同样存在一定程度的减值，这时就不能将购买方计提的跌价准备金额全额抵销，而只能部分抵销，抵销的金额以期末存货中包含的未实现内部销售利润为限。

抵销分录如下。

借：存货——存货跌价准备

贷：资产减值损失

借：所得税费用

贷：递延所得税资产(抵销的存货跌价准备×所得税率)

10.2.2 连续编制合并财务报表内部存货交易的抵销处理

对于上期内部购买商品全部实现对外销售的情况，由于不涉及内部存货价值中包含的未实现内部销售利润的抵销处理，在本期连续编制合并财务报表时不涉及对其进行处理的问题。

但在上期内部购买并形成期末存货的情况下，在编制合并财务报表进行抵销处理时，存货价值中包含的未实现内部销售利润的抵销，直接影响上期合并财务报表中合并净利润金额的减少，最终影响合并所有者权益变动表中期末未分配利润的金额的减少。

由于本期编制合并财务报表时是以母公司和子公司本期个别财务报表为基础，而母公司和子公司个别财务报表中的未实现内部销售利润是作为其实现利润的部分包括在其期初未分配利润之中，以母子公司个别财务报表中期初未分配利润为基础计算得出的合并期初未分配利润的金额就可能与上期合并财务报表中的期末未分配利润的金额不一致。因此，上期编制合并财务报表时抵销的内部购买存货中包含的未实现内部销售利润，也对本期的期初未分配利润产生影响，本期编制合并财务报表时必须在合并母子公司期初未分配利润的基础上，将上期抵销的存货价值中包含的未实现内部销售利润对本期期初未分配利润的影响予以抵销，调整本期期初未分配利润的金额，然后再对本期内部购买存货进行抵销处理，其具体抵销处理程序和方法如下。

(1) 将上期抵销的存货价值中包含的未实现内部销售利润对本期期初未分配利润的影响进行抵销。即按照上期内部购买存货价值中包含的未实现内部销售利润的金额，借记“未分配利润——年初”项目，贷记“营业成本”项目；同时抵销递延所得税的影响，借记“递延所得税资产”项目，贷记“未分配利润——年初”项目。

(2) 对于本期发生内部购销活动的，将内部销售收入、内部销售成本及内部购买存货中未实现内部销售利润予以抵销。即按照内部销售企业内部销售收入的金额，借记“营业收入”项目，贷记“营业成本”项目。

(3) 将期末内部购买存货价值中包含的未实现内部销售利润予以抵销。对于期末内部购买形成的存货(包括上期结转形成的本期存货)，应按照购买企业期末内部购入存货价值中包含的未实现内部销售利润的金额，借记“营业成本”项目，贷记“存货”项目；同时抵销递延所得税的影响，借记“递延所得税资产”项目，贷记“所得税费用”项目。

(4) 将上期抵销的存货价值中计提的存货跌价准备对本期期初未分配利润的影响进行抵销。借记“存货——存货跌价准备”项目，贷记“未分配利润——年初”项目；同时抵销递延所得税的影响，借记“未分配利润——年初”项目，贷记“递延所得税资产”项目。

(5) 抵销本期计提的存货跌价准备，借记“存货——存货跌价准备”项目，贷记“资产减值损失”项目；同时抵销递延所得税的影响，借记“所得税费用”项目，贷记“递延所得税资产”项目。

【例 10-6】 甲公司是乙公司的母公司，所得税税率为 25%，20×0 年和 20×1 年有以下内部购买商品业务。

(1) 20×0 年乙公司从甲公司购买 A 商品 400 件，购买价格为每件 8 万元。甲公司 A

商品每件成本为 6 万元。20×0 年乙公司对外销售 A 商品 300 件，每件销售价格为 9 万元，年末结存 A 商品 100 件。20×0 年 12 月 31 日，A 商品每件可变现净值为 7.2 万元，乙公司对 A 商品计提存货跌价准备 80 万元。

(2) 20×1 年乙公司对外销售 A 商品 40 件；20×1 年 12 月 31 日库存 60 件，A 商品每件可变现净值为 5.6 万元。A 商品存货跌价准备的期末余额为 144 万元。

根据上述资料，甲公司编制合并报表时，有关内部购买商品的抵销分录如下。

1) 20×0 年

(1) 抵销本期内部销售收入、成本。

借：营业收入　　(400×80 000)3 200 000

　　贷：营业成本　　3 200 000

(2) 抵销期末存货中未实现内部销售利润。

借：营业成本　　((80 000−60 000)×100)2 000 000

　　贷：存货　　2 000 000

(3) 抵销本期计提的存货跌价准备。

借：存货——存货跌价准备　　(100×(80 000−72 000))800 000

　　贷：资产减值损失　　800 000

(4) 确认递延所得税资产。

借：递延所得税资产　　((2 000 000－800 000)×25%)300 000

　　贷：所得税费用　　300 000

2) 20×1 年

(1) 抵销期初存货中未实现内部销售利润。

借：未分配利润——年初　　((80 000−60 000)×100)2 000 000

　　贷：营业成本　　2 000 000

(2) 抵销期初存货跌价准备。

借：存货——存货跌价准备　　800 000

　　贷：未分配利润——年初　　800 000

(3) 确认递延所得税资产。

借：递延所得税资产　　300 000

　　贷：未分配利润——年初　　300 000

(4) 抵销期末存货中未实现内部销售利润。

借：营业成本　　((80 000−60 000)×60)1 200 000

　　贷：存货　　1 200 000

(5) 抵销本期销售商品结转的存货跌价准备。

借：营业成本　　((80 000−72 000)×40)320 000

　　贷：存货——存货跌价准备　　320 000

(6) 抵销本期计提的存货跌价准备。

借：存货——存货跌价准备　　720 000

　　贷：资产减值损失　　720 000

乙公司期末存货成本=8×60=480(万元)，可变现净值=5.6×60=336(万元)，本期计提存货跌价准备=144-(80-32)=96(万元)；实际对外成本=6×60=360(万元)，实际跌价=360-336=24(万元)，全部发生在本期，所以冲减本期计提存货跌价准备=96-24=72(万元)。

或者这样理解，乙公司 20×1 年 12 月 31 日结存的存货中未实现内部销售利润为(8-6)×60 =120 万元，存货跌价准备的期末余额为 144 万元，本期计提的存货跌价准备可抵销的限额为 120 万元，因此，本期应抵销的存货跌价准备=120-(80-32)=72(万元)。

(7) 确认递延所得税资产。

借：所得税费用　　300 000

　　贷：递延所得税资产 ((800 000-1 200 000-320 000+720 000)×25%-300 000) 300 000

10.3 集团公司内部固定资产交易的抵销

10.3.1 内部固定资产交易类型

内部固定资产交易是指企业集团内部发生交易的一方与固定资产有关的购销业务。对于企业集团内部固定资产交易，根据内部销售企业销售的是产品还是固定资产，可以将其划分为两种类型：第一种类型是企业集团内部企业将自身生产的产品销售给企业集团内的其他企业作为固定资产使用；第二种类型是企业集团内部企业将自身的固定资产出售给企业集团内的其他企业作为固定资产使用。此外，还有另一种类型的内部固定资产交易，即企业集团内部企业将自身使用的固定资产出售给企业集团内的其他企业作为普通商品销售。这种类型的固定资产交易，在企业集团内部发生得极少，一般情况下发生的金额也不大。

10.3.2 第一种类型的内部固定资产交易的抵销处理

在第一种类型的内部固定资产交易的情况下，即企业集团内部的母公司或子公司将自身生产的产品销售给企业集团内部的其他企业作为固定资产使用，这种类型的内部固定资产交易发生得比较多，也比较普遍。以下重点介绍这种类型的内部固定资产交易的抵销处理。

与存货的情况不同，固定资产的使用寿命较长，往往要跨越几个会计年度。对于内部交易形成的固定资产，不仅在该内部固定资产交易发生的当期需要进行抵销处理，而且在以后使用该固定资产的期间也需要进行抵销处理。固定资产在使用过程中是通过折旧的方式将其价值转移到产品价值之中的，由于固定资产按原价计提折旧，在固定资产原价中包含未实现内部销售利润的情况下，每期计提的折旧费中也必然包含着未实现内部销售利润的金额，由此也需要对该内部交易形成的固定资产每期计提的折旧费进行相应的抵销处理。同样，如果购买企业对该项固定资产计提了固定资产减值准备，由于固定资产减值准备是以原价为基础进行计算确定的，在固定资产原价中包含未实现内部销售利润的情况下，对该项固定资产计提的减值准备中也必然包含着未实现内部销售利润的金额，由此也需要对该内部交易形成的固定资产计提的减值准备进行相应的抵销处理。考虑到递延所得税的影响，还需将递延所得税资产予以抵销。

1. 内部交易形成的固定资产在购入当期的抵销处理

在这种情况下，购买企业购买的固定资产，在其个别资产负债表中以支付的价款作为该固定资产的原价列示，因此首先就必须将该固定资产原价中包含的未实现内部销售利润予以抵销。其次，购买企业对该固定资产计提了折旧，折旧费计入相关资产的成本或当期损益。由于购买企业是以该固定资产的取得成本作为原价计提折旧，取得成本中包含未实现内部销售利润，在相同的使用寿命下，各期计提的折旧费要大于不包含未实现内部销售利润时计提的折旧费，因此还必须将当期多计提的折旧额从该固定资产当期计提的折旧费中予以抵销，抵销时一并考虑递延所得税的影响。其抵销处理程序如下。

1) 抵销固定资产原价中包含的未实现内部销售利润

将与内部交易形成的固定资产相关的销售收入、销售成本以及原价中包含的未实现内部销售利润予以抵销，借记“营业收入”项目，贷记“营业成本”项目，贷记“固定资产——原价”项目；借记“递延所得税资产”项目，贷记“所得税费用”项目。

2) 抵销多计提的折旧费

将内部交易形成的固定资产当期多计提的折旧费和累计折旧予以抵销。从单个企业来说，对计提折旧进行会计处理时，一方面增加当期的费用或计入相关资产的成本，另一方面形成累计折旧。因此，对内部交易形成的固定资产当期多计提的折旧费抵销时，应按当期多计提的折旧额，借记“固定资产——累计折旧”项目，贷记“管理费用”等项目(为便于理解，本节有关内部交易形成的固定资产多计提的折旧费的抵销，均假定该固定资产为购买企业的管理用固定资产，通过“管理费用”项目进行抵销)；借记“所得税费用”项目，贷记“递延所得税资产”项目。

3) 抵销多计提的固定资产减值准备

内部购买企业将固定资产的取得成本与其可收回金额进行比较，计提固定资产减值准备，而从企业集团角度而言，应以固定资产内部销售成本与其可收回金额进行比较，计提固定资产减值准备。显然，二者往往不一致而产生差异。因此，在编制合并财务报表时必须通过抵销分录来消除上述差异。抵销多计提的固定资产减值准备时，抵销的金额以期末固定资产中包含的未实现内部销售利润为限，借记“固定资产——固定资产减值准备”项目，贷记“资产减值损失”项目；借记“所得税费用”项目，贷记“递延所得税资产”项目。

2. 内部交易形成的固定资产在以后会计期间的抵销处理

1) 抵销期初未分配利润中包含的未实现内部销售利润

在以后会计期间内，内部交易形成的固定资产仍然以原价在购买企业的个别资产负债表中列示，因此必须将原价中包含的未实现内部销售利润的金额予以抵销；相应地销售企业以前会计期间由于内部交易所实现的销售利润，形成销售当期的净利润的一部分并结转到以后会计期间，在其个别所有者权益变动表中列示，因此必须将期初未分配利润中包含的未实现内部销售利润予以抵销，以调整期初未分配利润的金额。即按照原价中包含的未实现内部销售利润的金额，借记“未分配利润——年初”项目，贷记“固定资产——原价”项目；借记“递延所得税资产”项目，贷记“未分配利润——年初”项目。

2) 抵销以前会计期间多计提的累计折旧

对于固定资产在以前会计期间计提折旧而形成的期初累计折旧，由于将以前会计期间以包含未实现内部销售利润的原价为依据而多计提折旧的部分抵销，一方面必须按照以前会计期间累计多计提的折旧额抵销期初累计折旧；另一方面由于以前会计期间累计折旧抵销而影响到期初未分配利润，因此还必须调整期初未分配利润的金额。即按以前会计期间抵销该内部交易形成的固定资产多计提的累计折旧额，借记“固定资产——累计折旧”项目，贷记“未分配利润——年初”项目；借记“未分配利润——年初”项目，贷记“递延所得税资产”项目。

3) 抵销本期多计提的折旧

内部交易形成的固定资产在本期仍然计提了折旧，由于多计提折旧导致本期有关资产或费用项目增加并形成累计折旧，为此，一方面必须将本期多计提折旧而计入相关资产的成本或当期损益的金额予以抵销；另一方面将本期多计提折旧而形成的累计折旧额予以抵销。即按本期内部交易形成的固定资产多计提的折旧额，借记“固定资产——累计折旧”项目，贷记“管理费用”等项目；借记“所得税费用”项目，贷记“递延所得税资产”项目。

【例 10-7】 P 公司是 S 公司的母公司，假设 S 公司以 30 000 000 元的价格将其生产的产品销售给 P 公司，其销售成本为 27 000 000 元。P 公司购买该产品作为管理用固定资产使用，按 30 000 000 元入账，对该固定资产按 15 年的使用寿命采用年限平均法计提折旧，预计净残值为零，所得税率为 25%。该固定资产交易时间为 20×0 年 1 月 1 日，本章为简化抵销处理，假定 P 公司该内部交易形成的固定资产在 20×0 年按 12 个月计提折旧。

20×0 年(第 1 年)编制合并财务报表时，应当编制如下抵销分录。

借：营业收入　　30 000 000
　　贷：营业成本　　27 000 000
　　　　固定资产——原价　　3 000 000
借：固定资产——累计折旧　　200 000
　　贷：管理费用　　200 000

该固定资产折旧年限为 15 年，原价为 30 000 000 元，预计净残值为零，当年计提的折旧额为 2 000 000 元，而按抵销其原价中包含的未实现内部销售利润 3 000 000 元后的原价 27 000 000 元计提的折旧额为 1 800 000 元，当期多计提的折旧额为 200 000 元。本例中应当按 200 000 元分别抵销管理费用和累计折旧。

借：递延所得税资产　　((3 000 000−200 000)×25%)700 000
　　贷：所得税费用　　700 000

20×1 年(第 2 年)编制合并财务报表时，应当编制如下抵销分录。

借：未分配利润——年初　　3 000 000
　　贷：固定资产——原价　　3 000 000
借：固定资产——累计折旧　　200 000
　　贷：未分配利润——年初　　200 000
借：递延所得税资产　　700 000
　　贷：未分配利润——年初　　700 000
借：固定资产——累计折旧　　200 000
　　贷：管理费用　　200 000
借：所得税费用　((3 000 000−200 000−200 000)× 25%−700 000))50 000
　　贷：递延所得税资　　50 000

3. 内部交易形成的固定资产在清理期间的抵销处理

对于内部销售企业来说，因该内部交易实现的利润，作为期初未分配利润的一部分结转到以后的会计期间，直到购买企业对该内部交易形成的固定资产进行清理的会计期间为止。从购买企业来说，对内部交易形成的固定资产进行清理的期间，在其个别财务报表中表现为固定资产价值的减少。该固定资产清理收入减去该固定资产账面价值以及有关清理费用后的余额，则在其个别利润表中以营业外收入(或营业外支出)项目列示。在这种情况下，购买企业内部交易形成的固定资产实体已不复存在，包含未实现内部销售利润在内的该内部交易形成的固定资产的价值已全部转移到用其加工的产品价值或各期损益中去了，因此不存在未实现内部销售利润的抵销问题。从整个企业集团来说，随着该内部交易形成的固定资产的使用寿命届满，其包含的未实现内部销售利润也转化为已实现利润。但是，由于销售企业因该内部交易所实现的利润，作为期初未分配利润的一部分结转到购买企业对该内部交易形成的固定资产进行清理的会计期间为止。为此，必须调整期初未分配利润。在固定资产进行清理的会计期间，如果仍计提了折旧，本期计提的折旧费中仍然包含多计提的折旧额，因此需要将多计提的折旧额予以抵销。

1) 在固定资产使用期满时对其报废清理

【例 10-8】 沿用例 10-7，假设 P 公司在 2×14 年(第 15 年)该固定资产使用期满时对其报废清理，该固定资产报废清理时实现固定资产清理净收益 500 000 元，在其当期个别利润表中以营业外收入项目列示。此时编制合并财务报表，将本期多计提的折旧额抵销并调整期初未分配利润时，应当编制如下抵销分录。

借：未分配利润——年初　　3 000 000
　　贷：营业外收入　　3 000 000
借：营业外收入　　2 800 000
　　贷：未分配利润——年初　　2 800 000
借：递延所得税资产　　((3 000 000−200 000×14)×25%)50 000
　　贷：未分配利润——年初　　50 000
借：营业外收入　　200 000
　　贷：管理费用　　200 000
借：所得税费用　　50 000
　　贷：递延所得税资产　　50 000

2) 固定资产超期使用

【例 10-9】 沿用例 10-7，假设 P 公司该内部交易形成的固定资产在 2×14 年(第 15 年)后仍继续使用，即未对其进行报废清理，则 2×14 年(第 15 年)编制合并财务报表时，应当编制如下抵销分录。

借：未分配利润——年初　　3 000 000
　　贷：固定资产——原价　　3 000 000
借：固定资产——累计折旧　　2 800 000
　　贷：未分配利润——年初　　2 800 000

借：递延所得税资产　　50 000
　　贷：未分配利润——年初　　50 000
借：固定资产——累计折旧　　200 000
　　贷：管理费用　　200 000
借：所得税费用　　(200 000×25%)50 000
　　贷：递延所得税资产　　50 000

该固定资产在2×15年(第16年)仍继续使用。2×15年编制合并财务报表时，应当编制如下抵销分录：

借：未分配利润——年初　　3 000 000
　　贷：固定资产——原价　　3 000 000
借：固定资产——累计折旧　　3 000 000
　　贷：未分配利润——年初　　3 000 000

3) 固定资产提前报废

【例10-10】 沿用例10-7，假设P公司于2×13年末(第14年)对该项固定资产进行清理报废，该固定资产清理净收入为200 000元。此时，编制合并财务报表时，应编制如下抵销分录进行处理。

借：未分配利润——年初　　3 000 000
　　贷：营业外收入　　3 000 000
借：营业外收入　　2 600 000
　　贷：未分配利润——年初　　2 600 000
借：递延所得税资产　　((3 000 000－200 000×13)×25%)100 000
　　贷：未分配利润——年初　　100 000
借：营业外收入　　200 000
　　贷：管理费用　　200 000
借：所得税费用　　(200 000×25%)50 000
　　贷：递延所得税资产　　50 000

10.3.3　第二种类型的内部固定资产交易的抵销处理

在第二种类型的内部固定资产交易的情况下，即企业集团内部企业将其自用的固定资产出售给集团内部的其他企业。对于内部销售企业来说，在其个别资产负债表中表现为固定资产的减少，同时在其个别利润表中表现为固定资产处置损益，当处置收入大于该固定资产账面价值时，表现为本期营业外收入；当处置收入小于固定资产账面价值时，则表现为本期营业外支出。对于购买企业来说，在其个别资产负债表中表现为固定资产的增加，其固定资产原价中既包含该固定资产在原销售企业中的账面价值，也包含销售企业因该固定资产出售所实现的损益。但从整个企业集团来看，这一交易属于集团内部固定资产调拨的性质，它既不能产生收益，也不会发生损失，固定资产既不能增值也不会减值。因此，必须将销售企业因该内部交易所实现的固定资产处置损益予以抵销，同时将购买企业固定资产原价中包含的未实现内部销售利润的金额予以抵销。通过抵销后，使其在合并财务报表中该固定资产原价仍然以销售企业的原账面价值反映。在合并工作底稿中编制的抵销分录为：借记“营业外收入”项目，贷记“固定资产——原价”项目，或借记“固定资产——原价”项目，贷记“营业外支出”项目。

【例 10-11】 假设 P 公司将其账面价值为 240 万元的某项固定资产以 220 万元的价格出售给 S 公司作为管理用固定资产使用。P 公司因该内部固定资产交易发生处置损失 20 万元。假设 S 公司以 220 万元作为该项固定资产的成本入账，S 公司对该固定资产按 5 年的使用寿命采用年限平均法计提折旧，预计净残值为零。该固定资产交易时间为 20×0 年 6 月 29 日，S 公司在 20×0 年按 6 个月计提折旧。有关抵销处理如下。

(1) 将固定资产的处置损失与固定资产原价中包含的未实现内部销售利润相抵销。

借：固定资产——原价　　200 000
　　贷：营业外支出　　200 000
借：所得税费用　　(200 000×25%)50 000
　　贷：递延所得税资产　　50 000

(2) 抵销固定资产当期少计提的折旧额。

对 S 公司来说，该固定资产折旧年限为 5 年，原价为 220 万元，预计净残值为零，20×0 年计提的折旧额为 22 万元，而按抵销其原价中包含的未实现内部销售利润后的原价计提的折旧额为 24 万元，当期少计提的折旧额为 2 万元。抵销分录如下。

借：管理费用　　20 000
　　贷：固定资产——累计折旧　　20 000
借：递延所得税资产　　(20 000×25%) 5 000
　　贷：所得税费用　　5 000

本 章 小 结

本章着重阐述了在编制合并财务报表时，对集团公司内部债权债务、内部存货交易、内部固定资产交易进行抵销的基本理论和基本方法。

在编制合并报表的抵销分录时，不仅要注意合并当期期末和连续编制合并报表的抵销分录的差别，还要考虑递延所得税对合并报表的影响。

在连续编制合并报表时，必须将上期因内部应收账款计提的坏账准备抵销而抵销的资产减值损失对本期期初未分配利润的影响予以抵销，调整本期期初未分配利润的金额，然后再对本期内部债权债务和坏账准备进行抵销；必须将上期抵销的存货价值中包含的未实现内部销售利润对本期期初未分配利润的影响、上期抵销的存货跌价准备对本期期初未分配利润的影响予以抵销，调整本期期初未分配利润的金额，然后再对本期内部购买存货和存货跌价准备进行抵销；必须将上期抵销的固定资产原价中包含的未实现内部销售利润对本期期初未分配利润的影响、上期抵销的多计提的累计折旧额对本期期初未分配利润的影响、上期抵销的固定资产减值准备对本期期初未分配利润的影响予以抵销，调整本期期初未分配利润的金额，然后再将本期多计提折旧的部分予以抵销。以上抵销分录都要考虑递延所得税对合并报表的影响。

重要术语

连续编制合并财务报表、内部债权债务、内部商品交易、未实现内部销售利润、内部固定资产交易类型

参考阅读文献

[1]《企业会计准则第 33 号——合并财务报表》(2006 年 2 月 15 日财政部发布，自 2007 年 1 月 1 日起施行)

[2]《企业会计准则第 33 号——合并财务报表》应用指南(2006 年 10 月 30 日财政部发布，自 2007 年 1 月 1 日起施行)

[3] 常勋. 财务会计四大难题[M]. 4 版. 上海：立信会计出版社，2008.

[4] 赵治钢. 最新合并财务报表理论与实务[M]. 2 版. 北京：经济科学出版社，2009.

习　　题

一、单项选择题

1．母子公司均采用应收账款余额百分比法计提坏账准备，计提比例为 10%，所得税税率为 25%。20×0 年年初内部应收账款余额为 900 万元，20×0 年年末内部应收账款余额为 630 万元，则在连续编制合并财务报表的情况下，20×0 年年末就内部应收账款计提的坏账准备应编制的抵销分录为(　　)。

A．借：资产减值损失　　27 万
　　贷：应收账款——坏账准备　　27 万
　借：递延所得税资产　　6.75 万
　　贷：所得税费用　　6.75 万

B．借：应收账款——坏账准备　　27 万
　　贷：资产减值损失　　27 万
　借：所得税费用　　6.75 万
　　贷：递延所得税资产　　6.75 万

C．借：应收账款——坏账准备　　90 万
　　贷：未分配利润——年初　　90 万
　借：应收账款——坏账准备　　27 万
　　贷：资产减值损失　　27 万
　借：所得税费用　　29.25 万
　　贷：递延所得税资产　　29.25 万

D．借：应收账款——坏账准备　　90 万
　　贷：未分配利润——年初　　90 万
　借：未分配利润——年初　　22.5 万
　　贷：递延所得税资产　　22.5 万
　借：资产减值损失　　27 万
　　贷：应收账款——坏账准备　　27 万
　借：递延所得税资产　　6.75 万
　　贷：所得税费用　　6.75 万

2. 子公司上期从母公司购入的60万元存货全部在本期实现了销售，取得80万元的销售收入，该项存货母公司的销售成本为50万元。对于此项业务，在母公司编制本期合并报表时所做的抵销分录是(　　)。

A. 借：未分配利润——年初　200 000
　　贷：营业成本　200 000
B. 借：未分配利润——年初　100 000
　　贷：存货　100 000
C. 借：未分配利润——年初　100 000
　　贷：营业成本　100 000
D. 借：营业收入　700 000
　　贷：营业成本　700 000

3. 某企业集团母子公司坏账准备计提比例均为应收账款余额的3%，所得税税率均为25%。上年年末母公司对其子公司内部应收账款余额为2 000万元，本年年末该余额增至3 000万元。不考虑其他因素，母公司本年编制合并财务报表时就上述事项应抵销的递延所得税资产金额为(　　)万元。

A. 22.5　　B. 7.5　　C. 15　　D. 30

4. 不考虑所得税影响，本期期末对上期内部交易形成的管理用固定资产多提折旧额的期初余额进行抵销时，应编制的抵销分录是(　　)。

A. 借记“未分配利润——年初”项目，贷记“管理费用”项目
B. 借记“固定资产——累计折旧”项目，贷记“管理费用”项目
C. 借记“未分配利润——年初”项目，贷记“固定资产——累计折旧”项目
D. 借记“固定资产——累计折旧”项目，贷记“未分配利润——年初”项目

5. 甲公司于20×0年9月18日从其拥有70%股份的被投资企业购进设备一台，该设备成本为405万元，售价为561.6万元(含增值税，增值税税率为17%)，另付运输安装费10.05万元，甲公司已付款且该设备当月投入使用。预计使用年限为5年，净残值为零，采用直线法计提折旧。甲公司20×0年年末编制合并报表时应抵销内部交易固定资产多提的折旧为(　　)万元。

A. 5　　B. 15　　C. 12.35　　D. 11.25

6. A公司是B公司的母公司，A公司销售一批产品给B公司，售价为7 000元，A公司的销售毛利率为10%。截至期末，已对外销售50%，取得收入4 000元。不考虑其他因素，期末编制合并报表时应抵销的未实现内部销售利润为(　　)元。

A. 700　　B. 400　　C. 350　　D. 450

7. A公司拥有B公司55%的股份，A公司20×0年年初结存的存货中含有从B公司购入的存货350万元，该批存货B公司的销售毛利率为13%，A公司对该批存货已提跌价准备70万元。20×0年度A公司将从B公司购入的上述存货全部对外销售(出售时同时结转存货跌价准备)。在编制合并财务报表时，针对A公司计提的存货跌价准备的会计处理，下列做法中正确的是(　　)。

A. 借：存货——存货跌价准备　700 000
　　贷：未分配利润——年初　700 000
　借：营业成本　700 000
　　贷：存货——存货跌价准备　700 000
B. 借：未分配利润——年初　700 000
　　贷：存货——存货跌价准备　700 000
C. 借：存货——存货跌价准备　700 000
　　贷：资产减值损失　700 000
D. 无需做抵销分录

8. 甲公司拥有乙公司75%的表决权股份，能够控制乙公司的生产经营决策。20×0年8月甲公司以1 100万元将一批自产产品销售给乙公司，该批产品成本为780万元，至20×0年年末尚未对外销售。假

设甲、乙公司的所得税税率为 25%。税法规定，企业的存货以历史成本作为计税基础。则在编制 20×0 年合并报表时，应确认(　　)元。

A．递延所得税资产 500 000　　　　B．递延所得税负债 800 000

C．递延所得税资产 800 000　　　　D．递延所得税负债 500 000

9．20×0 年 12 月母公司向子公司销售商品 50 000 元，销售成本率为 70%。子公司购入的商品在年末全部未销售。子公司在年末检查中，发现该存货已经全部陈旧过时，其可变现净值降至 32 000 元，子公司按规定计提了存货跌价准备，在编制 20×0 年报表中已作了抵销。20×1 年子公司又从母公司购入同种商品 20 000 元，母公司的销售成本率为 70%。子公司上年购入的存货在本年售出 80%，本年购入的存货全部未售出。在 20×1 年年末检查中，预计存货的可变现净值为 29 000 元。则 20×1 年在编制合并财务报表时，抵销的资产减值损失是(　　)元。

A．2 000(借方)　　　　B．1 000(贷方)

C．2 600(借方)　　　　D．2 000(贷方)

10．20×0 年 1 月，甲公司以控股合并方式合并了乙公司，能对乙公司实施控制。所得税税率为 25%。20×0 年 9 月 10 日，甲公司将其生产的产品销售给乙公司，成本为 200 万元，售价为 320 万元，乙公司将其作为管理用固定资产核算，预计使用年限为 10 年，预计净残值为零，采用直线法计提折旧。不考虑其他因素，则甲公司 20×0 年年末编制合并报表时，应确认(　　)元。

A．递延所得税资产 290 500　　　　B．递延所得税资产 292 500

C．递延所得税负债 292 500　　　　D．递延所得税负债 300 000

二、多项选择题

1．A 公司和 B 公司是母子公司关系。20×0 年年末，A 公司应收 B 公司账款为 100 万元，坏账准备计提比例为 2%；20×1 年年末，A 公司应收 B 公司账款仍为 100 万元，坏账准备计提比例变更为 4%。对此，母公司编制 20×1 年合并财务报表工作底稿时应编制的抵销分录包括(　　)。

A．借：应付账款　　1 000 000

　　贷：应收账款　　1 000 000

B．借：应收账款——坏账准备　　10 000

　　贷：资产减值损失　　10 000

C．借：应收账款——坏账准备　　20 000

　　贷：资产减值损失　　20 000

D．借：应收账款——坏账准备　　20 000

　　贷：未分配利润——年初　　20 000

E．借：未分配利润——年初　　20 000

　　贷：资产减值损失　　20 000

2．按照我国合并报表准则的规定，以下关于合并资产负债表的抵销，表述正确的有(　　)。

A．母公司对子公司的长期股权投资与母公司在子公司所有者权益中所享有的份额应当相互抵销

B．非同一控制下的控股合并中，在购买日，母公司对子公司的长期股权投资大于母公司享有子公司可辨认净资产公允价值份额的差额，应当在商誉项目列示

C．母公司与子公司、子公司相互之间的债权与债务项目应当相互抵销，同时抵销应收款项的坏账准备和债券投资的减值准备

D．母公司与子公司、子公司相互之间的债券投资与应付债券相互抵销后，产生的差额应当计入投资收益项目

E．母公司与子公司、子公司相互之间的债券投资与应付债券相互抵销后，产生的差额应当计入合并商誉

3．将企业集团内部利息收入与内部利息支出抵销时，可能编制的抵销分录是(　　)。

A．借记“投资收益”项目，贷记“财务费用”项目

B．借记“营业外收入”项目，贷记“财务费用”项目

C. 借记“管理费用”项目，贷记“财务费用”项目

D. 借记“投资收益”项目，贷记“在建工程”项目

E. 借记“营业外收入”项目，贷记“管理费用”项目

4. 将内部交易形成的固定资产中包含的未实现内部销售利润抵销时，应当(　　)。

A. 借记营业收入项目，贷记营业成本、固定资产——原价项目

B. 借记未分配利润——年初项目，贷记固定资产——原价项目

C. 借记营业成本项目，贷记固定资产——原价项目

D. 借记营业外收入项目，贷记固定资产——原价项目

E. 借记主营业务收入项目，贷记固定资产——原价项目

5. A 公司和 B 公司是母子公司。20×0 年年末，A 公司应收 B 公司账款为 300 万元，坏账准备计提比例为 2%；20×1 年年末，A 公司应收 B 公司账款仍为 300 万元，坏账准备计提比例变更为 4%。对此，母公司编制 20×1 年合并工作底稿时应编制的抵销分录包括(　　)。

A. 借：应付账款　　3 000 000
　　贷：应收账款　　3 000 000

B. 借：应收账款——坏账准备　　120 000
　　贷：资产减值损失　　120 000

C. 借：应收账款——坏账准备　　60 000
　　贷：资产减值损失　　60 000

D. 借：应收账款——坏账准备　　60 000
　　贷：未分配利润——年初　　60 000

E. 借：资产减值损失　　60 000
　　贷：应收账款——坏账准备　　60 000

6. 20×0 年 12 月母公司将成本为 180 万元的一批产品销售给子公司，销售价格为 225 万元，至年末该产品仍有 112.5 万元没有实现对外销售，形成存货；20×1 年 2 月母公司又将成本为 354.38 万元的同类商品以 472.5 万元的价格销售给子公司，20×1 年 4 月子公司将上述存货中部分对外销售，销售价格为 307.5 万元，销售成本为 240 万元，其余没有实现对外销售，采用先进先出法对存货计价。母子公司的所得税税率均为 25%。20×1 年年末编制合并财务报表时，下列抵销分录中正确的有(　　)。(计算结果保留两位小数，单位：万元)

A. 借：未分配利润——年初　　22.5
　　贷：营业成本　　22.5

B. 借：营业收入　　472.5
　　贷：营业成本　　472.5

C. 借：营业成本　　86.25
　　贷：存货　　86.25

D. 借：递延所得税资产　　5.63
　　贷：未分配利润——年初　　5.63

E. 借：递延所得税资产　　15.93
　　贷：所得税费用　　15.93

7. 20×0 年子公司将成本为 120 万元的一批产品销售给母公司，销售价格为 150 万元，母公司购入该产品未对外销售形成存货；20×1 年子公司又将成本为 210 万元的一批产品销售给母公司，销售价格为 300 万元，20×1 年母公司将上述存货对外销售，销售价格为 450 万元，销售成本 200 万元。采用先进先出法对存货计价。20×1 年年末编制合并报表时，母公司应作的抵销分录有(　　)。

A. 借：未分配利润——年初 30 万元　　贷：营业成本 30 万元

B. 借：营业收入 300 万元　　贷：营业成本 300 万元

C. 借：营业成本 33 万元　　贷：存货 33 万元

D．借：营业成本 32 万元　　　　　贷：存货 32 万元

E．借：营业成本 75 万元　　　　　贷：存货 75 万元

8．在连续编制合并财务报表时，有些业务要通过未分配利润——年初项目予以抵销。这些经济业务有(　)。

A．上期内部固定资产交易的未实现内部销售利润

B．内部存货交易中期末存货中包含的未实现内部销售利润

C．内部存货交易中期初存货中包含的未实现内部销售利润

D．上期内部固定资产交易后多计提的折旧

E．上期内部债权多提的坏账准备

9．母子公司之间销售固定资产，在编制合并财务报表时，抵销分录中可能涉及的项目有(　)。

A．营业外收入　　　　　B．固定资产——累计折旧

C．固定资产——原价　　　　　D．未分配利润——年初

E．管理费用

10．子公司本期将其成本为 80 万元的一批产品销售给母公司，销售价格为 100 万元，母公司本期购入该产品都形成存货，并为该项存货计提 5 万元跌价准备。一年以后，母公司上期从子公司购入的产品仅对外销售了 40%，另外 60%依然为存货。由于产品已经陈旧，预计其可变现净值进一步下跌为 40 万元，母公司再次计提跌价准备，期末编制合并报表时(假设不考虑内部销售产生的暂时性差异)，母公司应抵销的项目和金额有(　)。

A．未分配利润——年初 15 万元　　　　　B．营业成本 6 万元

C．存货 12 万元　　　　　D．存货——存货跌价准备 12 万元

E．资产减值损失 9 万元

三、计算及会计处理题

1．20×0 年 A 公司投资于 B 公司，占 B 公司表决权资本的 80%，A、B 公司均为增值税一般纳税人，适用的增值税税率为 17%，所得税税率为 25%，发出存货采用先进先出法计价与税法规定相同。其他有关资料如下。

(1) 20×0 年 A 公司向 B 公司销售甲产品 1 000 件，每件价款为 2 万元，成本为 1.6 万元，至 20×0 年末已对外销售甲产品 800 件。

(2) 20×1 年 A 公司向 B 公司销售甲产品 900 件，每件价款为 3 万元，成本为 2 万元；至 20×1 年末已对外销售甲产品 100 件。

(3) 20×2 年 A 公司向 B 公司销售甲产品 600 件，每件价款为 3.5 万元，成本为 2.6 万元；至 20×2 年末甲产品全部对外销售。

要求：根据上述资料，编制 A 公司与合并报表有关的抵销分录。

2．20×0 年 1 月 1 日，P 公司以银行存款购入 S 公司 80%的股份，能够对 S 公司实施控制。20×0 年 S 公司从 P 公司购买 A 商品 400 件，购买价格为每件 2 万元。P 公司 A 商品每件成本为 1.5 万元。20×0 年 S 公司对外销售 A 商品 300 件，每件销售价格为 2.2 万元，年末结存 A 商品 100 件。20×0 年 12 月 31 日，A 商品每件可变现净值为 1.8 万元；S 公司对 A 商品计提存货跌价准备 20 万元。20×1 年 S 公司对外销售 A 商品 20 件，每件销售价格为 1.8 万元。20×1 年 12 月 31 日，S 公司年末存货中包括从 P 公司购买的 A 商品 80 件，A 商品每件可变现净值为 1.4 万元。A 商品存货跌价准备的期末余额为 48 万元。

要求：编制 20×0 年和 20×1 年与存货有关的抵销分录(编制抵销分录时不考虑递延所得税的影响)。

3．甲公司(母公司)和乙公司(子公司)适用的所得税率为 25%，假定存货的初始计量与计税基础相同，税法规定，对于取得的固定资产以其历史成本计量。

(1) 20×0 年，甲公司向乙公司销售 A 产品 100 台，每台不含税(下同)售价为 7.5 万元，增值税税率为 17%，价款已收存银行。A 产品每台成本为 4.5 万元，均未计提存货跌价准备。

甲公司向乙公司销售 B 产品 50 台，每台不含税价为 12 万元，增值税税率为 17%，价款已收存银行。B 产品每台成本为 9 万元，均未计提存货跌价准备。

当年乙公司从甲公司购入的 A 产品和 B 产品对外售出各 40 台，其余部分形成期末存货。20×0 年年末乙公司进行存货检查时发现，因市价下跌，库存 A 产品和 B 产品的可变现净值分别下降至每台 7 万元和 6 万元。乙公司按单个存货项目计提存货跌价准备；存货跌价准备在结转销售成本时结转。

(2) 20×1 年，乙公司对外售出 A 产品 30 台，其余部分形成期末存货。B 产品全部对外售出。20×1 年年末，乙公司进行存货检查时发现，因市价持续下跌，库存 A 产品可变现净值下降至每台 5 万元。

此外，20×1 年 9 月，甲公司向乙公司销售 C 产品 1 台、价款 1 000 万元，产品成本为 800 万元。乙公司购买该产品作为管理用固定资产，假设乙公司对该固定资产按 5 年的使用期限计提折旧，预计净残值为零，采用直线法计提折旧。假定预计折旧年限、折旧方法和净残值同税法。

(3) 20×2 年，甲公司向乙公司销售 A 产品 200 台，每台售价为 8 万元，增值税税率为 17%，价款已收存银行。A 产品每台成本为 5 万元，乙公司从甲公司购入的 A 产品对外售出 150 台，其余部分形成期末存货。20×2 年年末，乙公司进行存货检查时发现，库存 A 产品的可变现净值为每台 3.75 万元。发出存货采用先进先出法核算，甲、乙公司适用的所得税税率均为 25%。

要求：编制各年抵销分录(编制抵销分录时考虑递延所得税的影响)。

4．A 公司于 20×0 年 1 月 1 日通过非同一控制下的企业合并形式合并了甲公司，持有甲公司 80%的股权。

(1) A 公司、甲公司均采用应收账款余额百分比法计提坏账准备，计提比例均为 2%，20×0 年、20×1 年 A 公司应收甲公司账款分别为 500 万元、600 万元。

(2) 20×0 年 1 月 1 日，A 公司经批准发行 5 年期一次还本、分期付息的公司债券 2 000 万元，债券利息在次年 1 月 3 日支付，年票面利率为 6%。假定债券发行时的年市场利率为 5%。A 公司该批债券实际发行价格为 2 086.54 万元。同日甲公司直接从 A 公司购入其所发行债券的 50%，并按持有至到期投资核算。

要求：

(1) 编制 A 公司 20×0 年和 20×1 年内部应收账款与应付账款的抵销分录(编制抵销分录时考虑递延所得税的影响)。

(2) 编制 A 公司 20×0 年和 20×1 年内部应付债券和持有至到期投资的抵销分录。

5．20×0 年甲公司投资乙公司，占乙公司表决权资本的 76%，甲公司所得税税率为 25%，税法规定计提的资产减值损失不得税前扣除。甲、乙公司均采用应收账款余额百分比法计提坏账准备，计提比例为 1%，有关资料如下。

(1) 20×0 年甲公司应收账款中对乙公司应收账款为 2 000 万元(含增值税)。

(2) 20×1 年甲公司应收账款中对乙公司应收账款为 5 000 万元(含增值税)。

(3) 20×2 年甲公司应收账款中对乙公司应收账款为 3 000 万元(含增值税)。

要求：编制各年抵销分录(编制抵销分录时考虑递延所得税的影响)。

6．大华股份有限公司(以下简称大华公司)于 20×0 年 4 月 11 日与另一投资者共同组建腾信有限责任公司(以下简称腾信公司)。大华公司拥有腾信公司 85%的股份，从 20×0 年开始将腾信公司纳入合并范围编制合并财务报表。

(1) 大华公司 20×0 年 6 月 18 日从腾信公司购买不需安装的设备一台，用于公司行政管理，设备价款为 234 万元(含增值税)以银行存款支付，增值税税率为 17%。于 7 月 22 日投入使用。该设备系腾信公司生产，其生产成本为 144 万元。

大华公司对该设备采用年限平均法计提折旧，预计使用年限为 4 年，预计净残值为零。

(2) 大华公司于 20×2 年 9 月 19 日变卖该设备，收到变卖价款 160 万元，款项已收存银行。变卖该设备时支付清理费用 3 万元，支付相关税费 3 万元。

要求：

(1) 编制大华公司 20×0 年度与该设备相关的合并抵销分录。

(2) 编制大华公司 20×1 年度与该设备相关的合并抵销分录。

(3) 编制大华公司 20×2 年度与该设备相关的合并抵销分录。

假定编制合并财务报表抵销分录时考虑递延所得税的影响。

第11章 合并财务报表(三)

教学目标

通过本章的学习，要理解合并当年年末和合并以后会计年度合并财务报表的编制原理和方法；掌握合并当年年末和合并以后会计年度的调整分录和抵销分录的编制方法；掌握报告期内增减子公司的会计处理；掌握合并资产负债表、合并利润表、合并现金流量表和合并所有者权益变动表的编制方法。

教学要求

知识要点	能力要求	相关知识
合并资产负债表	学会调整子公司的个别财务报表 学会用权益法调整长期股权投资 学会编制合并工作底稿 学会编制合并资产负债表	合并当年年末的调整、抵销 合并以后会计期间的调整、抵销 报告期内增减子公司的会计处理
合并利润表	学会抵销内部投资收益 学会编制合并利润表	编制合并利润表抵销分录 合并利润表的格式
合并现金流量表	学会编制合并现金流量表	编制合并现金流量表抵销分录
合并所有者权益变动表	学会编制合并所有者权益变动表	编制合并所有者权益变动表抵销分录

导入案例

合并报表惹祸：徐工机械净利增幅缩水 88 倍

徐工机械发布的 2009 年度业绩报告显示，公司 2008 年实现营业收入 206.99 亿元，相比 2008 年增幅为 30.27%；实现归属于母公司所有者的净利润为 17.41 亿元，同比增长 16.42%；每股收益为 2.01 元；全面摊薄净资产收益率为 39.19%。另外，公司还提出了每 10 股派现金红利 3.34 元的分配预案(去年向徐工集团发行的股份不参与此次利润分配)。

有意思的是，公司在 2009 年 1 月 15 日曾发布公告称，由于 2008 年第四季度国内工程机械市场的需求超过预期、公司销售收入较预计增长等原因，预计公司 2009 年年内净利润同比增幅高达 1468.27%，可是在公布的年报中，这一增幅却“缩水”至 16.42%，减少了 88 倍。业内人士指出，实际上公司对于业绩的预测并未出现太大的偏差，因为此前预测 17.32 亿元利润额与实际并未出现太大偏差。增速大幅缩水，仅仅是因为公司对 2008 年度业绩进行了调整。

根据徐工机械年报中对财务报表的批注，公司 2009 年度非公开发行股份购买了徐州重型机械有限公司等资产。根据会计准则的相关规定，公司自 2009 年 8 月 1 日将上述同一控制下企业合并取得的子公司的财务报表纳入合并范围，相应追溯调整了可比期间的合并财务报表。

资料来源：李智. 合并报表惹祸：徐工机械净利增幅缩水 88 倍[N]. 每日经济新闻, 2010-2-9.

天威保变合并报表产生“误差”

2009 年 2 月 28 日，天威保变(600550.SH)发布其年报。从数据上看，天威保变全年实现营业收入 43.68 亿元，同比增长 38.4%；营业利润 9.93 亿元，同比增长 102.9%；净利润 9.43 亿元，同比增长 109.7%；每股收益 0.81 元。

1. 资产周转率疑似偏低

分析该公司年报，有一个问题值得关注，那就是公司 2008 年营业收入只有 43.68 亿元，但是其总资产高达 121.84 亿元，这样的资产周转率明显低于同行业上市公司的平均水平。另外，公司流动资产高达 80 亿元，在部分市场人士看来，这不太符合常理。

对此，一位为天威保变给出“增持”评级的证券研究员认为，对比天威保变的合并利润表(资产负债表)与母公司利润表(资产负债表)，上述问题是由于报表合并造成的。因天威英利(2008 年营业收入约 76 亿元)和新光硅业(2008 年营业收入约 16 亿元)在合并利润表中只表现为投资收益(共计约 5.92 亿元)并体现在净利润中，而 43.68 亿元为上市公司主营业务变压器收入，并不包括以上两家联营或合营企业的收入。

该人士同时表示，如果按合并负债表的财务比率计算(如问题中的资产周转率)，会因报表项目合并而产生“失真”，实际按母公司测算更能反映其主营业务的真实运营状况。

2. 合并报表产生“偏差”

“查看数据之后可以发现，资产周转率的确偏低，这并不仅仅是由于合并报表‘失真’造成的，而是因为公司新增投资太多。”对于券商研究员的分析，另有业内人士提出这样的看法。

该人士进一步表示，即便按照合并报表中主营业务收入仅为变压器一项，和其他同样以变压器做主营业务的上市公司做对比，也能看出“破绽”。

“数据可以看出，天威保变在两年间营业收入增长幅度有限，但应收账款和预付账款大比例增长，与它同处于一个市场阶段的其他两家公司虽然应收和预付款项也在增长，但前提是营业收入迅猛增长。”该人士认为，这一点就很可能说明天威保变对关联子公司的投资已经影响到母公司的收入增长。

在天威保变2008年年报中，预付款项期末比期初增加86.87%，公司对此的解释是四川硅业公司3000吨/年多晶硅项目、薄膜公司薄膜太阳能电池项目新增预付工程款10.46亿元。

与此同时，该公司2008年期末存货较期初增加6.05亿元，增长幅度为47.82%，年报称主要是因为变压器产量的大幅增长；同时保定天威风电科技有限公司已开始筹备生产，以致原材料、产成品等存货增加。至于货币资金期末较期初增长122.30%，公司的解释是本期新增新能源项目所需资金按工程进度的需要尚未投出；同时也因为年末货款集中回笼较多。

这些，似乎都契合了上述人士的推测，但真相或许只有极少数人了解。

资料来源：蒋平. 天威保变合并报表产生“误差”[N]. 中国经营报，2009-3-22.

问题：

(1) 合并报表产生“失真”对报表使用者的判断和决策会造成什么影响？

(2) 上述案例给了我们什么启示？

本章主要阐述合并日(购买日)后的合并财务报表的编制原理和方法。合并日后的合并财务报表分为合并当年年末编制的和以后年度编制的两种情况。按照企业合并的类型，合并财务报表的编制又分为同一控制下企业合并日后的编制和非同一控制下企业合并日后的编制两种方法，本章将根据以上情况和方法进行综合阐述。

11.1 合并资产负债表

11.1.1 编制合并日后的合并资产负债表时应进行调整处理的项目

1. 对子公司的个别财务报表进行调整

对于同一控制下企业合并中取得的子公司，在其采用的会计政策、会计期间与母公司一致的情况下，编制合并财务报表时，应以有关子公司的个别财务报表为基础，不需要进行调整；在子公司采用的会计政策、会计期间与母公司不一致的情况下，应按照母公司的会计政策和会计期间，对子公司的个别财务报表进行调整。

对于非同一控制下企业合并中取得的子公司，除了存在与母公司会计政策和会计期间不一致的情况，需要对该子公司的个别财务报表进行调整外，还应当根据母公司为该子公司设置的备查簿的记录，以记录的该子公司的各项可辨认资产、负债及或有负债等在购买日的公允价值为基础，通过编制调整分录，对该子公司的个别财务报表进行调整，以使子公司的个别财务报表反映为在购买日公允价值基础上确定的可辨认资产、负债及或有负债在本期资产负债表日的金额。

2. 按权益法调整对子公司的长期股权投资

在合并工作底稿中，将对子公司的长期股权投资调整为权益法时，应按照《企业会计准则第2号——长期股权投资》所规定的权益法进行调整。在确认应享有子公司净损益(调整后的)的份额时，对于属于非同一控制下企业合并形成的长期股权投资，应当以在备查簿中记录的子公司各项可辨认资产、负债及或有负债等在购买日的公允价值为基础，对该子公司的净利润进行调整后确认；对于属于同一控制下的企业合并形成的长期股权投资，可以直接以该子公司的净利润进行确认，但是该子公司的会计政策或会计期间与母公司不一致的，仍需要对净利润进行调整。如果存在未实现内部交易损益，在采用权益法进行调整时还应对未实现内部交易损益进行调整。

需要说明的是，合并财务报表准则也允许企业直接在对子公司的长期股权投资采用成本法核算的基础上编制合并财务报表，但是所生成的合并财务报表应当符合合并财务报表准则的相关规定。

按照权益法调整对子公司的长期股权投资，在合并工作底稿中应编制的调整分录如下。

1) 合并当年年末

(1) 按应享有子公司当期实现净利润的份额调整被投资单位盈利。

借：长期股权投资

　　贷：投资收益

(2) 按照应承担子公司当期发生的亏损份额调整被投资单位亏损。

借：投资收益

　　贷：长期股权投资

(3) 按当期收到子公司分派的现金股利或利润调整被投资单位分派现金股利。

借：投资收益

　　贷：长期股权投资

(4) 按母公司应享有或应承担的份额调整子公司除净损益以外所有者权益的其他变动(假定所有者权益增加)，在持股比例不变的情况下。

借：长期股权投资

　　贷：资本公积——本年

若子公司除净损益以外所有者权益减少，则调整分录相反。

2) 连续编制合并财务报表

(1) 调整以前年度被投资单位的盈利。

借：长期股权投资

　　贷：未分配利润——年初

(2) 调整被投资单位本年的盈利。

借：长期股权投资

　　贷：投资收益

(3) 调整被投资单位以前年度的亏损。

借：未分配利润——年初

　　贷：长期股权投资

(4) 调整被投资单位本年的亏损。

借：投资收益

　　贷：长期股权投资

(5) 调整被投资单位以前年度分派的现金股利。

借：未分配利润——年初

　　贷：长期股权投资

(6) 调整被投资单位当年分派的现金股利。

借：投资收益

贷：长期股权投资

(7) 调整子公司以前年度除净损益以外所有者权益的其他变动(假定所有者权益增加)。

借：长期股权投资

贷：资本公积——年初

(8) 调整子公司当年除净损益以外所有者权益的其他变动(假定所有者权益增加)。

借：长期股权投资

贷：资本公积——本年

11.1.2 编制合并日后的合并资产负债表时应进行抵销处理的项目

合并资产负债表是以母公司和子公司的个别资产负债表为基础编制的。个别资产负债表则是以单个企业为会计主体进行会计核算的结果，它从母公司本身或从子公司本身的角度来反映自身的财务状况。这样，从发生内部交易的企业来看，发生内部交易的各方都在其个别资产负债表中进行了反映。例如，企业集团母公司与子公司之间发生的赊购赊销业务，对于赊销企业来说，要确认营业收入、结转营业成本、计算营业利润，并在其个别资产负债表中反映为应收账款；而对于赊购企业来说，在内部购入的存货未实现对外销售的情况下，应在其个别资产负债表中反映为存货和应付账款。在这种情况下，作为反映企业集团整体财务状况的合并资产负债表，必须对这些重复的因素进行抵销处理。编制合并资产负债表时需要进行抵销处理的项目主要有以下几种。

1. 母公司对子公司长期股权投资与子公司所有者权益的抵销

母公司对子公司进行的长期股权投资，一方面反映为长期股权投资以外的其他资产的减少，另一方面反映为长期股权投资的增加，在母公司个别资产负债表中作为资产类项目中的长期股权投资列示。子公司接受这一投资时，一方面增加资产，另一方面作为实收资本(或股本，下同)处理，在其个别资产负债表中一方面反映为实收资本的增加，另一方面反映为相对应的资产的增加。从企业集团整体来看，母公司对子公司进行的长期股权投资实际上相当于母公司将资本拨付给下属核算单位，并不引起整个企业集团的资产、负债和所有者权益的变动。因此，编制合并财务报表时，应当在母公司与子公司财务报表数据简单相加的基础上，将母公司对子公司长期股权投资项目与子公司所有者权益项目予以抵销。

1) 同一控制下企业合并的抵销

在子公司为全资子公司的情况下，母公司对子公司的长期股权投资经调整后的金额和子公司所有者权益各项目的金额应当全额抵销。在合并工作底稿中编制的抵销分录为：借记“实收资本”、“资本公积”、“盈余公积”和“未分配利润——年末”项目，贷记“长期股权投资”项目。

在子公司为非全资子公司的情况下，应当将母公司对子公司的长期股权投资经调整后的金额与子公司所有者权益中母公司所享有的份额相抵销。子公司所有者权益中不属于母公司的份额，即子公司所有者权益中抵销母公司所享有的价额后的余额，在合并财务报表中作为“少数股东权益”处理。在合并资产负债表中，“少数股东权益”项目应当在“所有者权益”项目下单独列示。在合并工作底稿中编制的抵销分录为：借记“实收资本”、“资本公积”、“盈余公积”和“未分配利润——年末”项目，贷记“长期股权投资”和“少数股东权益”项目。

2) 非同一控制下企业合并的抵销

在子公司为全资子公司的情况下，母公司对子公司的长期股权投资经调整后的金额和子公司所有者权益各项目的金额应当全额抵销。在合并工作底稿中编制的抵销分录为：借记“实收资本”、“资本公积”、“盈余公积”和“未分配利润——年末”项目，贷记“长期股权投资”项目。若经调整后的长期股权投资金额大于取得的子公司可辨认净资产公允价值份额，差额部分还应借记“商誉”项目。反之，贷记“营业外收入”(合并当期)或“未分配利润——年初”(合并以后会计期间)项目。

在子公司为非全资子公司的情况下，在合并工作底稿中编制的抵销分录为：借记“实收资本”、“资本公积”、“盈余公积”和“未分配利润——年末”项目，贷记“长期股权投资”和“少数股东权益”项目。若经调整后的长期股权投资金额大于取得的子公司可辨认净资产公允价值份额，差额部分还应借记“商誉”项目。反之，贷记“营业外收入”(合并当期)或“未分配利润——年初”(合并以后会计期间)项目。

需要说明的是，合并财务报表准则规定，子公司持有母公司的长期股权投资、子公司相互之间持有的长期股权投资，也应当比照上述母公司对子公司的股权投资的抵销方法采用通常所说的交互分配法进行抵销处理。

2. 内部债权与债务的抵销

在企业合并发生当期的期末和以后会计期间，编制合并资产负债表时，需要进行抵销处理的内部债权债务项目主要包括：①应收账款与应付账款；②应收票据与应付票据；③预付款项与预收款项；④持有至到期投资(假定该项债券投资，持有方划归为持有至到期投资，也可能作为交易性金融资产等，原理相同)与应付债券；⑤应收利息与应付利息；⑥应收股利与应付股利；⑦其他应收款与其他应付款。具体抵销处理的方法参见本书第 10 章 10.1 节的相关内容。

3. 存货价值中包含的未实现内部销售利润的抵销

存货价值中包含的未实现内部销售利润的抵销处理的方法参见本书第 10 章 10.2 节的相关内容。

4. 内部固定资产交易的抵销

内部固定资产交易的抵销处理的方法参见本书第 10 章 10.3 节的相关内容。

11.1.3 报告期内增减子公司的会计处理

1. 增加子公司

母公司因追加投资等原因控制了另一个企业即实现了企业合并。根据《企业会计准则第 20 号——企业合并》的规定，企业合并形成母子公司关系的，母公司应当编制合并日或购买日的合并资产负债表。有关合并日或购买日合并资产负债表的编制，参见本书第 9 章合并财务报表(一)的相关内容。

1) 同一控制下企业合并增加的子公司

同一控制下企业合并增加的子公司，视同该子公司从设立起就被母公司控制，在企业合并发生当期的期末和以后会计期间，编制合并资产负债表时，应当调整合并资产负债表所有相关项目的期初数。因企业合并实际发生在当期，以前期间合并方账面上并不存在对被合并方的长期股权投资，在编制比较报表时，应将被合并方的有关资产、负债并入，因合并而增加的净资产在比较报表中调整所有者权益项下的资本公积(资本溢价或股本溢价)。

比如A公司于20×1年3月1日合并B公司，属于同一控制下的控股合并，在20×1年年末编制合并报表时，应假设A、B公司在20×0年年初就已经合并了，故应调整20×1年合并资产负债表的期初数，20×1年的期初数就是20×0年的期末数，所以应根据20×0年年末数编制相关的抵销分录，借记“实收资本”、“资本公积”、“盈余公积”、“未分配利润”，贷记“资本公积”，即将贷方的“长期股权投资”换成了“资本公积”，因为20×0年尚没有“长期股权投资”，以此调整20×1年的年初数。

2) 非同一控制下企业合并增加的子公司

非同一控制下企业合并增加的子公司，在企业合并发生当期的期末和以后会计期间，母公司应当根据合并财务报表准则的规定编制合并资产负债表，不调整合并资产负债表的期初数。

2. 处置子公司

在报告期内，如果母公司失去了决定被投资单位的财务和经营政策的能力，不再能够从其经营活动中获取利益，表明母公司不再控制被投资单位，被投资单位从处置日开始不再是母公司的子公司，不应继续将其纳入合并财务报表的合并范围，不调整合并资产负债表的期初数。

11.1.4 子公司发生超额亏损在合并资产负债表中的反映

子公司少数股东分担的当期亏损超过了少数股东在该子公司期初所有者权益中所享有的份额，其余额应按下列情况分别进行处理。

(1) 公司章程或协议规定少数股东有义务承担，并且少数股东有能力予以弥补的，该项余额应当冲减少数股东权益。

(2) 公司章程或协议未规定少数股东有义务承担的，该项余额应当冲减母公司的所有者权益。该子公司以后期间实现的利润，在弥补了由母公司所有者权益承担的属于少数股东的损失之前，应当全部归属于母公司的所有者权益。

11.1.5 合并资产负债表的格式

合并资产负债表的格式综合考虑了对企业集团中一般工商企业和金融企业(包括商业银行、保险公司和证券公司等)的财务状况列报的要求，在个别资产负债表的格式的基础上主要增加了4个项目：一是在“无形资产”项目下增加了“商誉”项目，用于反映非同一控制下企业合并中取得的商誉，即在控股合并下母公司对子公司的长期股权投资(合并成本)大于其在购买日子公司可辨认净资产公允价值份额的差额；二是在所有者权益项目下增加了“归属于母公司所有者权益合计”项目，用于反映企业集团的所有者权益中归属于母公司所有者权益的部分，包括实收资本(或股本)、资本公积、库存股、盈余公积、未分配利润和外币报表折算差额等项目的金额；三是在所有者权益项目下增加了“少数股东权益”项目，用于反映非全资子公司的所有者权益中不属于母公司的份额；四是在“未分配利润”项目之后，“归属于母公司所有者权益合计”项目之前，增加了“外币报表折算差额”项目，用于反映境外经营的资产负债表折算为人民币表示的资产负债表时所发生的折算差额中归属于母公司所有者权益的部分。合并资产负债表的一般格式见表11-8。

11.1.6 合并资产负债表的编制

合并资产负债表的编制方法和过程，参见本章11.5节的相关内容。

11.2 合并利润表

11.2.1 编制合并利润表时应进行抵销处理的项目

合并利润表应当以母公司和子公司的利润表为基础，在抵销母公司与子公司、子公司相互之间发生的内部交易对合并利润表的影响后，由母公司合并编制。

利润表作为以单个企业为会计主体进行会计核算的结果，分别从母公司本身和子公司本身反映其在一定会计期间的经营成果。在以其个别利润表为基础计算的收入和费用等项目的加总金额中，也必然包含有重复计算的因素，因此，在编制合并利润表时，需要将这些重复的因素予以剔除。

编制合并利润表时需要进行抵销处理的项目主要有：①内部营业收入和内部营业成本项目；②内部销售商品形成的存货、固定资产、无形资产等项目中包含的未实现内部销售损益；③内部销售商品形成的固定资产、无形资产等项目折旧额或摊销额中包含的未实现内部销售损益；④内部应收款项计提的坏账准备以及内部销售商品形成的存货、固定资产、无形资产等计提的资产减值准备中包含的未实现内部销售损益；⑤内部投资收益项目，包括内部利息收入与利息支出项目、内部股权投资的投资收益项目等。

1. 内部营业收入和内部营业成本的抵销

有关内部销售收入和内部销售成本的抵销处理方法参见本书第10章第10.2节的内容。

2. 购买企业内部购进商品作为固定资产、无形资产等资产使用时的抵销

企业集团内母公司与子公司、子公司相互之间将自身的产品销售给其他企业作为固定资产(作为无形资产等的处理原则类似)使用的抵销处理，参见本书第10章第10.3节的内容。

3. 内部应收款项计提的坏账准备等减值准备的抵销

编制合并资产负债表时，需要将内部应收款项与应付款项相互抵销，与此相适应需要将内部应收款项计提的坏账准备予以抵销。相关抵销处理参见本书第10章第10.1节的内容。

4. 内部投资收益(利息收入)和利息费用的抵销

企业集团内部母公司与子公司、子公司相互之间可能发生相互持有对方债券的内部交

易。在持有母公司或子公司发行的企业债券(或公司债券，下同)的情况下，发行债券的企业计付的利息费用作为财务费用处理，并在其个别利润表“财务费用”项目中列示；而持有债券的企业，将购买的债券在其个别资产负债表“持有至到期投资”(本章为简化合并处理，假定购买债券的企业将该债券投资归类为持有至到期投资)项目中列示，当期获得的利息收入则作为投资收益处理，并在其个别利润表“投资收益”项目中列示。在编制合并财务报表时，应当在抵销内部发行的应付债券和持有至到期投资等内部债权债务的同时，将内部应付债券和持有至到期投资相关的利息费用与投资收益(利息收入)相互抵销，即将内部债券投资收益与内部发行债券的利息费用相互抵销。应编制的抵销分录为：借记“投资收益”项目，贷记“财务费用”项目。

5. 内部持有对方长期股权投资的投资收益的抵销

内部投资收益是指母公司对子公司或子公司对母公司、子公司相互之间的长期股权投资的收益，即母公司对子公司的长期股权投资在合并工作底稿中按权益法调整的投资收益，实际上就是子公司当期营业收入减去营业成本和期间费用、所得税费用等后的余额与其持股比例相乘的结果。

在子公司为全资子公司的情况下，母公司对某一子公司在合并工作底稿中按权益法调整的投资收益，实际上就是该子公司当期实现的净利润。编制合并利润表时，需要将子公司的营业收入、营业成本和期间费用视为母公司本身的营业收入、营业成本和期间费用，与母公司相应的项目进行合并，因此，编制合并利润表时，母公司必须将对子公司长期股权投资收益予以抵销，同时，应当将子公司的个别所有者权益变动表中本年利润分配各项目的金额，包括提取盈余公积、对所有者(或股东)的分配和期末未分配利润的金额都必须予以抵销。在子公司为全资子公司的情况下，子公司本期净利润就是母公司本期对子公司长期股权投资按权益法调整的投资收益。假定子公司期初未分配利润为零，子公司本期净利润就是子公司本期可供分配的利润，是本期子公司利润分配的来源，而子公司本期利润分配(包括提取盈余公积、对所有者(或股东)的分配等)的金额与期末未分配利润的金额则是本期利润分配的结果。母公司对子公司的长期股权投资按权益法调整的投资收益正好与子公司的本年利润分配项目相抵销。

在子公司为非全资子公司的情况下，母公司本期对子公司长期股权投资按权益法调整的投资收益与本期少数股东损益之和就是子公司本期的净利润。同样假定子公司期初未分配利润为零，母公司本期对子公司长期股权投资按权益法调整的投资收益与本期少数股东损益之和，正好与子公司本年利润分配项目相抵销。

至于子公司个别所有者权益变动表中本年利润分配项目中的“未分配利润——年初”项目，作为子公司以前会计期间净利润的一部分，在全资子公司的情况下已全额包括在母公司以前会计期间按权益法调整的投资收益之中，从而包括在母公司按权益法调整的本期期初未分配利润之中。因此，也应将其予以抵销。从子公司个别所有者权益变动表来看，其期初未分配利润加上本期净利润就是其本期利润分配的来源，而本期利润分配和期末未分配利润则是利润分配的结果。母公司本期对子公司长期股权投资按权益法调整的投资收益和子公司期初未分配利润正好与子公司本年利润分配项目相抵销。在子公司为非全资子公司的情况下，母公司本期对子公司长期股权投资按权益法调整的投资收益、本期少数股东损益和期初未分配利润与子公司本年利润分配项目也正好相抵销。抵销分录如下。

借：投资收益(子公司调整后的的净利润×母公司持股比例)
　　少数股东损益(子公司调整后的净利润×少数股东持股比例)
　　未分配利润——年初(子公司年初未分配利润)
　　贷：提取盈余公积(子公司当年提取的盈余公积)
　　　　对所有者(或股东)的分配(子公司当年宣告股利)
　　　　未分配利润——年末(子公司)

11.2.2 报告期内增减子公司

母公司因追加投资等原因控制了另一个企业即实现了企业合并。根据《企业会计准则第 20 号——企业合并》的规定，企业合并形成母子公司关系的，母公司应当编制合并日的合并利润表。有关合并日合并利润表的编制，参见本书第 9 章合并财务报表(一)的相关内容。

1. 增加子公司

同一控制下企业合并增加的子公司，应视同合并后形成的报告主体自最终控制开始实施控制时一直是一体化存续下来的，经营成果应持续计算，因此，在企业合并发生当期的期末和以后会计期间，编制合并利润表时，应当将该子公司合并当期期初至报告期末的收入、费用、利润纳入合并利润表，而不是从合并日开始纳入合并利润表。由于这部分净利润是因企业合并准则所规定的同一控制下企业合并的编表原则所致，而非母公司管理层通过生产经营活动实现的净利润，因此应当在合并利润表中单列“被合并方在合并前实现的净利润”项目反映。

非同一控制下企业合并增加的子公司，在企业合并发生当期的期末和以后会计期间，母公司在根据合并财务报表准则的规定编制合并利润表时，应当将该子公司购买日至报告期末的收入、费用、利润纳入合并利润表。

2. 处置子公司

母公司在报告期内处置子公司，应当将该子公司期初至处置日的收入、费用、利润纳入合并利润表。

11.2.3 合并利润表的格式

合并利润表的格式综合考虑了对企业集团中一般工商企业和金融企业(包括商业银行、保险公司和证券公司)的经营成果列报的要求。

合并利润表主要反映以下几方面的内容。

(1) 营业总收入，反映企业集团营业收入总额，其中，营业收入反映企业集团中一般工商企业实现的营业收入，包括主营业务收入和其他业务收入；利息收入反映企业集团中金融企业(商业银行)实现的利息收入；已赚保费反映企业集团中保险公司保费收入扣除提取未到期责任准备金后的净收入；手续费及佣金收入反映企业集团中金融企业实现的手续费及佣金收入。

(2) 营业利润。营业总收入减去营业总成本(营业成本、利息支出、手续费及佣金支出、退保金、赔付支出净额、提取保险责任准备金净额、保单红利支出、分保费用、营业税金及附加、销售费用、管理费用、财务费用、资产减值损失)，加上公允价值变动收益、投资收益、汇兑收益，即为营业利润。

(3) 利润总额。营业利润加上营业外收入，减去营业外支出，即为利润总额。

(4) 净利润。利润总额减去所得税费用，即为净利润。净利润也等于归属于母公司所有者的净利润加上少数股东损益。

与个别利润表相比，合并利润表主要增加了5个项目，即在“净利润”项目下增加“归属于母公司所有者的净利润”和“少数股东损益”两个项目，分别反映净利润中由母公司所有者所享有的份额和非全资子公司当期实现的净利润中属于少数股东权益的份额，即不属于母公司享有的份额。归属于母公司所有者的净利润与少数股东损益之和等于合并净利润。在属于同一控制下企业合并增加的子公司当期的合并利润表中还应在“净利润”项目之下增加“其中：被合并方在合并前实现的净利润”项目，用于反映同一控制下企业合并中取得的被合并方在合并日以前实现的净利润。但是，“被合并方在合并前实现的净利润”应当在母公司所有者和少数股东之间分配，如果全部不属于母公司所有者，则应同时列示在“少数股东损益”项目之中，仍然保持“合并净利润=归属于母公司所有者的净利润+少数股东损益”的平衡关系。在“综合收益总额”项目下增加了“归属于母公司所有者的综合收益总额”和“归属于少数股东的综合收益总额”两个项目，分别反映综合收益总额中由母公司所有者所享有的份额和非全资子公司当期综合收益总额中属于少数股东权益的份额，即不属于母公司享有的份额，仍然保持“综合收益总额=归属于母公司所有者的综合收益总额+归属于少数股东的综合收益总额”的平衡关系。合并利润表的一般格式见表11-9。

11.2.4 合并利润表的编制

合并利润表编制方法和过程，参见本章11.5节的相关内容。

11.3 合并现金流量表

合并现金流量表是综合反映母公司及其所有子公司组成的企业集团在一定会计期间现金和现金等价物[①]流入和流出的报表。现金流量表作为一张主要报表已经为世界上一些主要国家的会计实务所采用，合并现金流量表的编制也成为各国会计实务的重要内容。

现金流量表要求按照收付实现制反映企业经济业务所引起的现金流入和流出，其有关经营活动产生的现金流量的编制方法有直接法和间接法两种。《企业会计准则第31号——现金流量表》明确规定企业应当采用直接法列示经营活动产生的现金流量。在采用直接法的情况下，以合并利润表有关项目的数据为基础，调整得出本期的现金流入和现金流出：分别经营活动产生的现金流量、投资活动产生的现金流量、筹资活动产生的现金流量3大类，反映企业集团在一定会计期间的现金流量情况。

需要说明的是，某些现金流量在进行抵销处理后，需站在企业集团的角度，重新对其进行分类。比如，母公司持有子公司向其购买商品所开具的商业承兑汇票向商业银行申请贴现，母公司所取得现金在其个别现金流量表反映为经营活动的现金流入，在将该内部商

① 在本节提及现金时，除非同时提及现金等价物，否则均包括现金和现金等价物。

品购销活动所产生的债权与债务抵销后，母公司向商业银行申请贴现取得的现金在合并现金流量表中应重新归类为筹资活动的现金流量。

合并现金流量表的编制原理、编制方法和编制程序与合并资产负债表、合并利润表的编制原理、编制方法和编制程序相同。合并现金流量表分 3 步进行。首先，编制合并工作底稿，将母公司和所有子公司的个别现金流量表各项目的数据全部过入同一合并工作底稿；然后，根据当期母公司与子公司以及子公司相互之间发生的影响其现金流量增减变动的内部交易，编制相应的抵销分录，通过抵销分录将个别现金流量表中重复反映的现金流入量和现金流出量予以抵销；最后，在此基础上计算出合并现金流量表的各项目的合并金额，并填制合并现金流量表。

合并现金流量表补充资料，既可以以母公司和所有子公司的个别现金流量表为基础，在抵销母公司与子公司、子公司相互之间发生的内部交易对合并现金流量表的影响后进行编制，也可以直接根据合并资产负债表和合并利润表编制。

11.3.1 编制合并现金流量表时应进行抵销处理的项目

现金流量表作为以单个企业为会计主体进行会计核算的结果，分别从母公司本身和子公司本身反映其在一定会计期间的现金流入和流出。在以个别现金流量表为基础计算的现金流入和流出项目的加总金额中，必然包含重复计算的因素。因此，编制合并现金流量表时，需要将这些重复的因素予以剔除。

编制合并现金流量表时需要进行抵销处理的项目主要有：①母公司与子公司、子公司相互之间当期以现金投资或收购股权增加的投资所产生的现金流量；②母公司与子公司、子公司相互之间当期取得投资收益收到的现金与分配股利、利润或偿付利息支付的现金；③母公司与子公司、子公司相互之间以现金结算债权与债务所产生的现金流量；④母公司与子公司、子公司相互之间当期销售商品所产生的现金流量；⑤母公司与子公司、子公司相互之间处置固定资产、无形资产和其他长期资产收回的现金净额与购建固定资产、无形资产和其他长期资产支付的现金等。

1. 企业集团内部当期以现金投资或收购股权增加的投资所产生的现金流量的抵销

母公司直接以现金对子公司进行的长期股权投资或以现金从子公司的其他所有者(即企业集团内的其他子公司)处收购股权，表现为母公司的现金流出，应在母公司的个别现金流量表中作为投资活动现金流出列示；子公司接受这一投资(或处置投资)时，表现为现金流入，在其个别现金流量表中反映为筹资活动的现金流入(或投资活动的现金流入)。

从企业集团整体来看，母公司以现金对子公司进行的长期股权投资实际上相当于母公司将资本拨付给下属核算单位，并不引起整个企业集团的现金流量的增减变动。因此，编制合并现金流量表时，应当在母公司与子公司现金流量表数据简单相加的基础上，将母公司当期以现金对子公司进行的长期股权投资所产生的现金流量予以抵销。

2. 企业集团内部当期取得投资收益收到的现金与分配股利、利润或偿付利息支付的现金的抵销

母公司对子公司进行的长期股权投资和债权投资，在持有期间收到子公司分派的现金股利(利润)或债券利息时，表现为现金流入，在母公司个别现金流量表中作为取得投资收

益收到的现金列示；子公司向母公司分派的现金股利(利润)或支付债券利息，表现为现金流出，在其个别现金流量表中反映为分配股利、利润或偿付利息支付的现金。从整个企业集团来看，这种投资收益的现金收支，并不引起整个企业集团的现金流量的增减变动。因此，编制合并现金流量表时，应当在母公司与子公司现金流量表数据简单相加的基础上，将母公司当期取得投资收益收到的现金与子公司分配股利、利润或偿付利息支付的现金予以抵销。

3. 企业集团内部以现金结算债权与债务所产生的现金流量的抵销

母公司与子公司、子公司相互之间当期以现金结算应收账款或应付账款等债权与债务时，表现为现金流入或流出，在母公司个别现金流量表中作为收到其他与经营活动有关的现金或支付其他与经营活动有关的现金列示；在子公司个别现金流量表中作为支付其他与经营活动有关的现金或收到其他与经营活动有关的现金列示。从整个企业集团来看，这种现金结算债权与债务，并不引起整个企业集团的现金流量的增减变动。因此，编制合并现金流量表时，应当在母公司与子公司现金流量表数据简单相加的基础上，将母公司当期以现金结算债权与债务所产生的现金流量予以抵销。

4. 企业集团内部当期销售商品所产生的现金流量的抵销

母公司向子公司当期销售商品(或子公司向母公司销售商品或子公司相互之间销售商品，下同)所收到的现金，表现为现金流入，在母公司个别现金流量表中作为销售商品、提供劳务收到的现金列示；子公司向母公司支付购的货款，表现为现金流出，在其个别现金流量表中反映为购买商品、接受劳务支付的现金。从整个企业集团来看，这种内部商品购销的现金收支，并不会引起整个企业集团现金流量的增减变动。因此，编制合并现金流量表时，应当在母公司与子公司现金流量表数据简单相加的基础上，将母公司与子公司、子公司相互之间当期销售商品所产生的现金流量予以抵销。

5. 企业集团内部处置固定资产等收回的现金净额与购建固定资产等支付的现金的抵销

母公司向子公司处置的固定资产等长期资产，母公司表现为现金流入，在母公司个别现金流量表中作为处置固定资产、无形资产和其他长期资产收回的现金净额列示；子公司表现为现金流出，在其个别现金流量表中反映为购建固定资产、无形资产和其他长期资产支付的现金。从整个企业集团来看，这种固定资产处置与购置的现金收支，并不会引起整个企业集团的现金流量的增减变动。因此，编制合并现金流量表时，应当在母公司与子公司现金流量表数据简单相加的基础上，将母公司与子公司、子公司相互之间处置固定资产、无形资产和其他长期资产收回的现金净额与购建固定资产、无形资产和其他长期资产支付的现金相互抵销。

11.3.2 报告期内增减子公司

1. 增加子公司

同一控制下企业合并增加的子公司，在企业合并发生当期的期末和以后会计期间，编制合并现金流量表时，应当将该子公司自合并当期期初至报告期末的现金流量纳入合并现金流量表。

非同一控制下企业合并增加的子公司，在编制合并现金流量表时，应当将该子公司自购买日至报告期末的现金流量纳入合并现金流量表。

2. 处置子公司

母公司在报告期内处置子公司的，应将该子公司自期初至处置日的现金流量纳入合并现金流量表。

11.3.3 合并现金流量表中有关少数股东权益项目的反映

与个别现金流量表相比，合并现金流量表的一个特殊问题就是在子公司为非全资子公司的情况下，其涉及子公司与其少数股东之间的现金流入和现金流出的处理问题。

对于子公司与少数股东之间发生的现金流入和流出，从整个企业集团来看，也影响到其整体的现金流入和流出数量的增减变动，因此必须在合并现金流量表中予以反映。子公司与少数股东之间发生的影响现金流入和流出的经济业务包括：少数股东对子公司增加权益性投资、少数股东依法从子公司中抽回权益性投资、子公司向其少数股东支付现金股利或利润等。为了便于企业集团合并财务报表使用者了解掌握企业集团现金流量的情况，有必要将与子公司与少数股东之间的现金流入和流出的情况予以单独反映。

对于子公司的少数股东增加在子公司中的权益性投资的，在合并现金流量表中应当在“筹资活动产生的现金流量”之下的“吸收投资收到的现金”项目下“其中：子公司吸收少数股东投资收到的现金”项目中反映。

对于子公司向少数股东支付现金股利或利润的，在合并现金流量表中应当在“筹资活动产生的现金流量”之下的“分配股利、利润或偿付利息支付的现金”项目下“其中：子公司支付给少数股东的股利、利润”项目中反映。

对于子公司的少数股东依法抽回在子公司中的权益性投资的，在合并现金流量表应当在“筹资活动产生的现金流量”之下的“支付其他与筹资活动有关的现金”项目中反映。

需要说明的是，在企业合并当期，母公司购买子公司及其他营业单位支付对价中以现金支付的部分与子公司及其他营业单位在购买日持有的现金和现金等价物应当相互抵销，区别两种情况分别做如下处理。

(1) 子公司及其他营业单位在购买日持有的现金和现金等价物小于母公司支付对价中以现金支付的部分，按减去子公司及其他营业单位在购买日持有的现金和现金等价物后的净额在“取得子公司及其他营业单位支付的现金净额”项目中反映，应编制的抵销分录为：借记“取得子公司及其他营业单位支付的现金净额”项目，贷记“年初现金及现金等价物余额”项目。

(2) 子公司及其他营业单位在购买日持有的现金和现金等价物大于母公司支付对价中以现金支付的部分，按减去子公司及其他营业单位在购买日持有的现金和现金等价物后的净额在“收到其他与投资活动有关的现金”项目反映，应编制的抵销分录为：借记“取得子公司及其他营业单位支付的现金净额”和“收到其他与投资活动有关的现金”项目，贷记“年初现金及现金等价物余额”项目。

11.3.4 合并现金流量表的格式

合并现金流量表的格式综合考虑了企业集团中对一般工商企业和金融企业(包括商业

银行、保险公司和证券公司)的现金流入和流出列报的要求，与个别现金流量表的格式基本相同，主要增加了反映金融企业行业特点和经营活动现金流量项目。合并现金流量表的一般格式见表 11-10。

11.3.5 合并现金流量表的编制

合并现金流量表编制方法和过程，参见本章 11.5 节的相关内容。

11.4 合并所有者权益变动表

合并所有者权益变动表是反映构成企业集团所有者权益的各组成部分当期的增减变动情况的财务报表。

合并财务报表准则规定，合并所有者权益变动表应当以母公司和子公司的所有者权益变动表为基础，在抵销母公司与子公司、子公司相互之间发生的内部交易对合并所有者权益变动表的影响后，由母公司合并编制。合并所有者权益变动表也可以根据合并资产负债表和合并利润表编制。

11.4.1 编制合并所有者权益变动表时应进行抵销的项目

所有者权益变动表作为以单个企业为会计主体进行会计核算的结果，分别从母公司本身和子公司本身反映其在一定会计期间所有者权益构成及其变动情况。在以其个别所有者权益变动表为基础计算的各所有者权益构成项目的加总金额中，必然包含重复计算的因素，因此，编制合并所有者权益变动表时，需要将这些重复的因素予以剔除。

编制合并所有者权益变动表时主要有如下项目需要进行抵销处理的项目。

(1) 母公司对子公司的长期股权投资与母公司在子公司所有者权益中所享有的份额应相互抵销，其抵销处理过程请参见本章 11.1 节母公司对子公司长期股权投资与子公司所有者权益的抵销的相关内容。

(2) 母公司对子公司、子公司相互之间持有对方长期股权投资的投资收益应当抵销，其抵销处理过程参见本章 11.2 节内部持有对方长期股权投资的投资收益的抵销的有关内容。

需要说明的是，从合并财务报表前后一致的理念、原则出发，应将母公司及其全部子公司构成的企业集团作为一个会计主体，反映集团外部交易的情况，企业集团内部母子公司之间的投资收益和利润分配与其他内部交易一样应当相互抵销。同时，应当关注合并所有者权益变动表中“未分配利润”的年末余额，将其中子公司当年提取的盈余公积归属于母公司的金额进行单项附注披露。

还需要注意的是，子公司在“专项储备”项目中反映的按照国家相关规定提取的安全生产费等，与留存收益不同，在长期股权投资与子公司所有者权益相互抵销后，应当按归属于母公司所有者的份额予以恢复，借记“未分配利润”项目，贷记“专项储备”项目。子公司其他所有者权益变动的影响中可供出售金融资产公允价值变动净额归属于母公司的份额等，在编制合并所有者权益变动表时，也应在合并工作底稿中进行重分类，将其由“权益法下被投资单位其他所有者权益变动的影响”项目反映调整至“可供出售金融资产公允价值变动净额”等项目反映。

11.4.2 合并所有者权益变动表格式

合并所有者权益变动表的格式与个别所有者权益变动表的格式基本相同。所不同的只是在子公司存在少数股东的情况下，合并所有者权益变动表增加“少数股东权益”栏目，用于反映少数股东权益变动的情况。合并所有者权益变动表的一般格式见表 11-11。

11.4.3 合并所有者权益变动表的编制

所有者权益变动表编制方法和过程，参见本章 11.5 节的相关内容。

11.5 合并财务报表综合实例

为了便于理解和掌握合并财务报表的编制方法，了解合并财务报表的编制过程，本节综合举例说明合并资产负债表、合并利润表、合并现金流量表和合并所有者权益变动表及合并工作底稿的编制方法和过程。

【例 11-1】 20×0 年 1 月 1 日，甲公司用银行存款 30 000 000 元购得乙公司 70%的股份，取得对乙公司的控制权(假定甲公司与乙公司的企业合并属于非同一控制下的企业合并，也属于应税合并)。

甲公司在 20×0 年 1 月 1 日建立的备查簿(表 11-1)中记录了在购买日(20×0 年 1 月 1 日)乙公司可辨认资产、负债及或有负债的公允价值信息。

20×0 年 1 月 1 日，乙公司股东权益总额为 35 000 000 元，其中：股本为 20 000 000 元，资本公积为 15 000 000 元，盈余公积为 0 元，未分配利润为 0 元。

甲公司和乙公司在 20×0 年 12 月 31 日的个别资产负债表分别见表 11-2 和表 11-3，20×0 年利润表、现金流量表和所有者权益变动表分别见表 11-4、表 11-5 和表 11-6。

假定乙公司的会计政策和会计期间与甲公司一致；甲公司和乙公司适用的所得税率均为 25%；除乙公司可供出售金融资产存在暂时性差异外，甲公司的资产和负债、乙公司的其他资产和负债均不存在暂时性差异，在合并财务报表层面出现的暂时性差异均符合递延所得税资产或递延所得税负债的确认条件。

根据上述资料，甲公司首先应当设计合并工作底稿(表 11-7)，将甲公司、乙公司个别财务报表的数据过入合并工作底稿，并计算各项目的合计金额；其次，编制抵销分录，将甲公司与乙公司之间的内部交易对合并财务报表的影响予以抵销。

甲公司在编制由甲公司和乙公司组成的企业集团 20×0 年的合并财务报表时，存在以下内部交易或事项，需在合并工作底稿(表 11-7)中编制如下调整或抵销分录。

1. 甲公司 20×0 年利润表的营业收入中 35 000 000 元系向乙公司销售产品实现的销售收入，该产品销售成本为 30 000 000 元。乙公司在本期将该产品全部售出，其销售收入为 50 000 000 元，销售成本为 35 000 000 元，反映在乙公司 20×0 年的利润表中。

(1) 在合并工作底稿中抵销内部销售收入和销售成本。

借：营业收入　　　　35 000 000
　　贷：营业成本　　　　35 000 000

2. 乙公司于20×0年确认的应向甲公司支付的债券利息费用为200 000元(假设该债券的票面利率与实际利率相差较小，发生的债券利息费用不符合资本化条件)。

(2) 抵销投资收益与利息费用。

借：投资收益　　200 000

　　贷：财务费用　　200 000

3. 乙公司20×0年利润表的营业收入中有10 000 000元系向甲公司销售商品实现的销售收入，对应的销售成本为8 000 000元。甲公司购进的该商品在20×0年末对外销售，全部形成期末存货。

(3) 在合并工作底稿中抵销内部销售收入和销售成本。

借：营业收入　　10 000 000

　　贷：营业成本　　10 000 000

(4) 抵销未实现内部销售利润。

借：营业成本　　2 000 000

　　贷：存货　　2 000 000

(5) 确认该存货可抵扣暂时性差异的递延所得税影响。

借：递延所得税资产　　(2 000 000×25%)500 000

　　贷：所得税费用　　500 000

4. 20×0年1月1日，乙公司以2 700 000元的价格将其生产的产品销售给甲公司，销售成本为2 400 000元。甲公司购买该产品作为管理用固定资产使用，按2 700 000元入账。假设甲公司对该固定资产按3年的使用寿命采用年限平均法计提折旧，预计净残值为0元。本章为简化抵销处理过程，假定甲公司该内部交易形成的固定资产在20×0年按12个月计提折旧。

(6) 抵销与该固定资产相关的销售收入、销售成本以及原价中包含的未实现内部销售损益。

借：营业收入　　2 700 000

　　贷：营业成本　　2 400 000

　　　　固定资产——原价　　300 000

(7) 抵销该固定资产当期多计提的折旧额。

借：固定资产——累计折旧　　100 000

　　贷：管理费用　　100 000

(8) 确认该固定资产可抵扣暂时性差异的递延所得税影响。

借：递延所得税资产　　((300 000−100 000)×25%)50 000

　　贷：所得税费用　　50 000

5. 20×0年6月19日，甲公司将其账面价值为1 300 000元的某项固定资产以1 200 000元的价格出售给乙公司作为管理用固定资产使用。甲公司因该内部固定资产交易发生处置损失100 000元。假设乙公司以1 200 000元作为该项固定资产的成本入账，乙公司对该固定资产按5年的使用寿命采用年限平均法计提折旧，预计净残值为0元。

在合并工作底稿中有关抵销处理如下。

(9) 抵销该固定资产的处置损失与固定资产原价中包含的未实现内部销售损益。

借：固定资产——原价　　100 000

　　贷：营业外支出　　100 000

(10) 抵销该固定资产当期少计提的折旧额。

借：管理费用　　10 000

　　贷：固定资产——累计折旧　　10 000

(11) 确认该固定资产的应纳税暂时性差异的递延所得税影响。

借：所得税费用　　((100 000−10 000)×25%)22 500

　　贷：递延所得税负债　　22 500

6．乙公司 20×0 年实现净利润 10 000 000 元，计提法定盈余公积 1 000 000 元，分派现金股利 6 000 000 元①，其中：向甲公司分派现金股利 4 200 000 元，向其他股东分派现金股利 1 800 000 元，未分配利润为 3 000 000 元。乙公司因持有的可供出售的金融资产的公允价值变动计入当期资本公积的金额为 750 000 元。

20×0 年 12 月 31 日，乙公司股东权益总额为 39 750 000 元，其中股本为 20 000 000 元，资本公积为 15 750 000 元，盈余公积为 1 000 000 元，未分配利润为 3 000 000 元。

20×0 年 12 月 31 日，甲公司个别资产负债表中对乙公司的长期股权投资的金额为 30 000 000 元，拥有乙公司 70%的股份(假定未发生减值)。甲公司在个别资产负债表中采用成本法核算该项长期股权投资。

甲公司在编制 20×0 年合并财务报表时，应当首先根据甲公司备查簿中记录的乙公司可辨认资产、负债在购买日(20×0 年 1 月 1 日)的公允价值的资料(表 11-1)，调整乙公司的净利润。

按照甲公司备查簿中的记录，在购买日，乙公司可辨认资产、负债及或有负债的公允价值与账面价值存在差异的仅有一项，即 A 办公楼，其公允价值高于账面价值的差额为 2 000 000(8 000 000−6 000 000)元，按年限平均法每年应补提的折旧额为 100 000(2 00 000÷20)元。假定 A 办公楼用于乙公司的总部管理。在合并工作底稿中应作的调整分录如下。

(12)调整固定资产折旧②。

借：管理费用　　100 000

　　贷：固定资产——累计折旧　　100 000

据此，以乙公司 20×0 年 1 月 1 日各项可辨认资产、负债等的公允价值为基础，抵销未实现内部销售损益后，重新确定的 20×0 年净利润为：

10 000 000− (10 000 000−8 000 000)− (2 700 000−2 400 000)+100 000+(1 300 000−1 200 000)−10 000−100 000=7 790 000(元)

根据合并财务报表准则的规定，在合并工作底稿中将对乙公司的长期股权投资由成本法调整为权益法。有关调整分录如下。

---

① 为了便于说明合并所有者权益变动表的编制，本章假定乙公司在 20×0 年即进行了利润分配。

②《关于企业重组业务企业所得税处理若干问题的通知》(财税[2009]59 号)规定，企业股权收购时，收购方取得的股权(即对子公司的长期股权投资)的计税基础应以公允价值为基础确定，即意味着对子公司的长期股权投资在初始确认时与其计税基础不存在差异。在合并财务报表层面，母公司对子公司的长期股权投资实际上代表了子公司的各项资产、负债，也即意味着子公司的各项资产、负债在合并财务报表层面在税收上实际是按公允价值确定计税基础的，与会计上相同，不存在暂时性差异。因此，母公司在合并财务报表层面不需要对子公司该项固定资产及其折旧确认递延所得税影响或所得税影响。

(13) 确认甲公司在20×0年乙公司实现净利润7 790 000元中所享有的份额5 453 000元(7 790 000×70%)。

借：长期股权投资——乙公司　　5 453 000

　贷：投资收益——乙公司　　5 453 000

(14) 确认甲公司收到乙公司20×0年分派的现金股利，同时抵销原按成本法确认的投资收益4 200 000元。

借：投资收益——乙公司　　4 200 000

　贷：长期股权投资——乙公司　　4 200 000

(15) 确认甲公司在20×0年乙公司除净损益以外所有者权益的其他变动中所享有的份额525 000元(资本公积的增加额为750 000×70%)。

借：长期股权投资——乙公司　　525 000

　贷：资本公积——其他资本公积——乙公司　　525 000

甲公司对乙公司的长期股权投资经调整后在20×0年12月31日的金额为31 778 000 (30 000 000+5 453 000−4 200 000+525 000)元。

乙公司经调整的20×0年12月31日的股东权益总额为39 540 000元，具体调整如下：

股东权益账面余额39 750 000元−调整前未分配利润3 000 000元+(调整后净利润7 790 000元−分配的现金股利6 000 000元−按调整前计提的盈余公积1 000 000元)+甲办公楼购买日公允价值高于账面价值的差额2 000 000元=39 540 000(元)。

乙公司股东权益中30%的部分，即11 862 000(39 540 000×30%)元属于少数股东权益，在抵销处理时应作为少数股东权益处理。在合并工作底稿中的抵销分录如下。

(16) 抵销母公司对子公司长期股权投资与子公司所有者权益。

借：股本　　20 000 000

　资本公积——年初　　17 000 000

　　　　——年末　　750 000

　盈余公积——年初　　0

　　　　——年末　　1 000 000

　未分配利润——年末　　790 000

　商誉[①]　　4 100 000

　贷：长期股权投资　　31 778 000

　　少数股东权益　　11 862 000

---

① 商誉金额应根据《企业会计准则第20号——企业合并》的规定确定，本例中商誉4 100 000元=甲公司购买日(20×0年1月1日)支付的合并成本30 000 000元−(购买日乙公司的所有者权益总额35 000 000元+乙公司固定资产公允价值增加额2 000 000元)×70%。

《中华人民共和国企业所得税法实施条例》第六十七条规定，外购商誉的支出，在企业整体转让或清算时，准予扣除。同时，《关于企业重组业务企业所得税处理若干问题的通知》(财税[2009]59号)规定，企业股权收购时，收购方取得的股权(即对子公司的长期股权投资)的计税基础应以公允价值为基础确定，即意味着对子公司的长期股权投资在初始确认时与其计税基础不存在差异，而商誉作为长期股权投资成本的组成部分，也不存在暂时性差异，因此，在商誉不发生减值的期间，企业不需要对其确认递延所得税影响。

7. 甲公司 20×0 年的个别资产负债表中应收账款 4 750 000 元(假定不含增值税，下同)为 20×0 年向乙公司销售商品发生的应收销货款的账面价值，甲公司对该笔应收账款计提的坏账准备为 250 000 元。乙公司 20×0 年的个别资产负债表中应付账款 5 000 000 元(假定不含增值税，下同)系 20×0 年向甲公司购进商品存货发生的应付购货款。

(17) 抵销内部应收账款与应付账款。

借：应付账款　　5 000 000

　　贷：应收账款　　5 000 000

(18) 抵销内部应收账款计提的坏账准备。

借：应收账款——坏账准备　　250 000

　　贷：资产减值损失　　250 000

(19) 确认递延所得税的影响。

借：所得税费用　　62 500

　　贷：递延所得税资产　　62 500

8. 甲公司 20×0 年的个别资产负债表中预收款项 1 000 000 元(假定不含增值税，下同)为乙公司预付账款；应收票据 4 000 000 元(假定不含增值税，下同)为乙公司 20×0 年向甲公司购买商品 35 000 000 元时开具的票面金额为 4 000 000 元的商业承兑汇票；乙公司应付债券 2 000 000 元为甲公司所持有(甲公司划归为持有至到期投资)。对此，在编制合并资产负债表时，在合并工作底稿中应编制如下抵销分录。

(20) 抵销内部预收账款与内部预付账款。

借：预收账款　　1 000 000

　　贷：预付账款　　1 000 000

(21) 抵销内部应收票据与内部应付票据。

借：应付票据　　4 000 000

　　贷：应收票据　　4 000 000

(22) 抵销持有至到期投资中债券投资与应付债券。

借：应付债券　　2 000 000

　　贷：持有至到期投资　　2 000 000

9. 甲公司和乙公司 20×0 年年度所有者权益变动表见表 11-6。

在合并工作底稿中，甲公司按权益法调整的本期投资收益为 5 453 000(7 790 000×70%)元，本期少数股东损益为 2 337 000(7 790 000×30%)元。乙公司年初未分配利润为 0 元，乙公司本期计提的盈余公积为 1 000 000 元、分派现金股利 6 000 000 元、未分配利润 790 000 元(7 790 000 元－分派的现金股利 6 000 000 元－按调整前计提的盈余公积 1 000 000 元)。

(23) 抵销甲公司投资收益与乙公司利润分配。

借：投资收益　　5 453 000

　　少数股东权益　　2 337 000

　　未分配利润——年初　　0

贷：提取盈余公积　　1 000 000
　　对所有者(或股东)的分配　　6 000 000
　　未分配利润——年末　　790 000

10．20×0 年，甲公司收到乙公司向其支付的债券利息费用 200 000 元和乙公司分派的 20×0 年现金股利 4 200 000 元。

(24) 抵销内部现金流量。

借[①]：分配股利、利润或偿付利息支付的现金　　4 400 000
　　贷：取得投资收益收到的现金　　4 400 000

11．甲公司 20×0 年向乙公司销售商品的价款 35 000 000 元中实际收到乙公司支付的银行存款为 26 000 000 元，同时乙公司还向甲公司开具了票面金额为 4 000 000 元的商业承兑汇票。乙公司 20×0 年向甲公司销售商品的 10 000 000 元价款全部收到。

(25) 抵销内部现金流量。

借：购买商品、接受劳务支付的现金　　36 000 000
　　贷：销售商品、提供劳务收到的现金　　36 000 000

12．乙公司 20×0 年 1 月 1 日向甲公司销售商品的 2 700 000 元价款全部收到。

(26) 抵销内部现金流量。

借：购建固定资产、无形资产和其他长期资产支付的现金　　2 700 000
　　贷：销售商品、提供劳务收到的现金　　2 700 000

13．甲公司向乙公司出售固定资产的价款 1 200 000 元全部收到。

(27) 抵销内部现金流量。

借：购建固定资产、无形资产和其他长期资产收到的现金　　1 200 000
　　贷：处置固定资产、无形资产和其他长期资产支付的现金　　1 200 000

14．甲公司采用权益法核算乙公司其他所有者权益变动的影响中乙公司可供出售金融资产公允价值变动净额归属于甲公司的份额。

(28) 编制合并所有者权益变动表的抵销分录。

借：权益法下被投资单位其他所有者权益变动的影响　　525 000
　　贷：可供出售金融资产公允价值变动净额　　525 000

15．甲公司在购买日(20×0 年 1 月 1 日)支付银行存款 30 000 000 元购得乙公司 70%的股份从而取得对乙公司的控制权，使乙公司成为其子公司。

(29) 编制合并现金流量表的抵销分录。

借：取得子公司及其他营业单位支付的现金净额　　3 000 000
　　贷：年初现金及现金等价物余额　　3 000 000

根据以上资料，通过合并工作底稿，编制甲公司与乙公司组成的企业集团 20×0 年的合并资产负债表、合并利润表、合并现金流量表和合并所有者权益变动表，分别见表 11-8、表 11-9、表 11-10 和表 11-11，限于篇幅，其合并财务报表附注略。

① 在本节合并现金流量表的抵销分录中，借记表示现金流出的减少，贷记表示现金流入的减少。

表 11-1 甲公司备查簿——乙公司

20×0 年 1 月 1 日 单位：万元①

项 目	购买日账面价值	购买日公允价值	公允价值与账面价值的差额	合并财务报表调整	公允价值增加额计提折旧或摊销后余额	备 注
流动资产	3 900	3 900	0			
非流动资产	2 000	2 200	200			
其中：固定资产——A办公楼	600	800	200	(12)10	190	该办公楼的剩余折旧年限为 20 年，采用年限平均法计提折旧
资产总计	5 900	6 100	200			
流动负债	1 500	1 500	0			
非流动负债	900	900	0			
负债合计	2 400	2 400	0			
股本	2 000	2 000	0			
资本公积	1 500	1 700	200			甲办公楼公允价值与账面价值的差额
盈余公积	0	0	0			
未分配利润	0	0	0			
股东权益合计	3 500	3 700	200			
负债和股东权益总计	5 900	6 100	200			

表 11-2 资产负债表(简表)

会企 01 表
编制单位：甲公司 20×0 年 12 月 31 日 单位：万元

资 产	期末余额	年初余额	负债和股东权益	期末余额	年初余额
流动资产：			流动负债：		
货币资金	1 000	3 000	应付票据	1 000	1 000
应收票据	1 400	1 000	应付账款	3 000	2 000
其中：应收乙公司票据	400		预收账款	200	300
应收账款	1 800	1 300	其中：预收乙公司账款	100	

① 在本章为便于排版，在报表中统一以“万元”为单位；在实务中，合并财务报表应当以“元”为单位列报。

续表

资　　产	期末余额	年初余额	负债和股东权益	期末余额	年初余额
其中：应收乙公司账款	475		应付职工薪酬	1 000	2 100
预付款项	770		应交税费	800	1 000
存货	1 000	3 800	流动负债合计	6 000	6 400
其中：向乙公司购入存货	1 000		非流动负债：		
流动资产合计	5 970	9 100	长期借款	2 000	2 000
非流动资产：			应付债券	600	600
可供出售金融资产			非流动负债合计	2 600	2 600
持有至到期投资	200	200	负债合计	8 600	9 000
其中：持有乙公司债券	200	200			
长期股权投资	4 700	1 700			
其中：对乙公司投资	3 000		股东权益：		
固定资产	4 100	3 300	股本	4 000	4 000
其中：向乙公司购入固定资产	180		资本公积	800	800
无形资产	623.75	700	盈余公积	1 034.5	732
递延所得税资产	6.25		未分配利润	1 165.5	468
非流动资产合计	9 630	5 900	股东权益合计	7 000	6 000
资产总计	15 600	15 000	负债和股东权益总计	15 600	15 000

表 11-3　资产负债表(简表)

会企 01 表

编制单位：乙公司　　　　20×0 年 12 月 31 日　　　　单位：万元

资　　产	期末余额	年初余额	负债和股东权益	期末余额	年初余额
流动资产：			流动负债：		
货币资金	500	300	应付票据	400	300
应收票据	300	100	其中：应付甲公司票据	400	
应收账款	760	600	应付账款	500	600
预付款项	400		其中：应付甲公司账款	500	
其中：预付甲公司账款	100		预收账款		50
存货	1 100	2 900	应付职工薪酬	100	350
流动资产合计	3 060	3 900	应交税费	60	200
非流动资产：			流动负债合计	1 060	1 500
可供出售金融资产	800	700	非流动负债：		
持有至到期投资			长期借款	700	700
长期股权投资			应付债券	200	200

续表

资　　产	期末余额	年初余额	负债和股东权益	期末余额	年初余额
固定资产	2 100	1 300	其中：应付甲公司债券	200	200
其中：向甲公司购入固定资产	108		递延所得税负债	25	
无形资产			非流动负债合计	925	900
非流动资产合计	2 900	2 000	负债合计	1 985	2 400
			股东权益：		
			股本	2 000	2 000
			资本公积	1 575	1 500
			其中：可供出售金融资产公允价值变动	75	
			盈余公积	100	0
			未分配利润	300	0
			股东权益合计	3 975	3 500
资产总计	5 960	5 900	负债和股东权益总计	5 960	5 900

表 11-4　利润表(简表)

会企 02 表　　20×0 年年度　　单位：万元

项　　目	甲 公 司	乙 公 司
一、营业收入	8 700	6 140
减：营业成本	4 425	4 570
营业税金及附加	300	125
销售费用	15	10
管理费用	100	62
财务费用	300	40
资产减值损失	25	
加：公允价值变动收益(损失以“-”号填列)		
投资收益(损失以“-”号填列)	500	
二、营业利润(亏损以“-”号填列)	4 035	1 333
加：营业外收入		
减：营业外支出	10	
三、利润总额(亏损以“-”号填列)	4 025	1 333
减：所得税费用	1 000	333
四、净利润(净亏损以“-”号填列)	3 025	1 000
五、每股收益		
六、其他综合收益		75
七、综合收益总额	3 025	1 075

表 11-5　现金流量表

会企 03 表　　20×0 年年度　　单位：万元

项　　目	甲 公 司	乙 公 司
一、经营活动产生的现金流量：		
销售商品、提供劳务收到的现金	7 795	5 990
收到的税费返还		
收到其他与经营活动有关的现金		
经营活动现金流入小计	7 795	5 990
购买商品、接受劳务支付的现金	1 420	3 270
支付给职工以及为职工支付的现金	1 100	250
支付的各项税费	1 820	758
支付其他与经营活动有关的现金	45	22
经营活动现金流出小计	4 385	4 300
经营活动产生的现金流量净额	3 410	1 690
二、投资活动产生的现金流量：		
收回投资收到的现金		
取得投资收益收到的现金	500	
处置固定资产、无形资产和其他长期资产收回的现金净额	120	
处置子公司及其他营业单位收到的现金净额		
收到其他与投资活动有关的现金		
投资活动现金流入小计	620	
购建固定资产、无形资产和其他长期资产所支付的现金	930	800
投资支付的现金		
取得子公司及其他营业单位支付的现金净额	3 000	
支付其他与投资活动有关的现金		
投资活动现金流出小计	3 930	800
投资活动产生的现金流量净额	-3 310	-800
三、筹资活动产生的现金流量：		
吸收投资收到的现金		
取得借款收到的现金		
收到其他与筹资活动有关的现金		
筹资活动现金流入小计		
偿还债务支付的现金		
分配股利、利润或偿付利息支付的现金	2 100	690
支付其他与筹资活动有关的现金		
筹资活动现金流出小计	2 100	690
筹资活动产生的现金流量净额	-2 100	-690

续表

项　　目	甲 公 司	乙 公 司
四、汇率变动对现金的影响额		
五、现金及现金等价物净增加额	-2 000	200
加：年初现金及现金等价物余额	3 000	300
六、年末现金及现金等价物余额	1 000	500

表 11-6　所有者权益变动表(简表)

会企 04 表　　　　20×0 年年度　　　　单位：万元

项　　目	甲 公 司					乙 公 司				
	实收资本(或股本)	资本公积	盈余公积	未分配利润	所有者权益合计	实收资本(或股本)	资本公积	盈余公积	未分配利润	所有者权益合计
一、上年年末余额	4 000	800	732	468	6 000	2 000	1 500	0	0	3 500
加：会计政策变更										
前期差错更正										
二、本年年初余额	4 000	800	732	468	6 000	2 000	1 500	0	0	3 500
三、本年增减变动金额(减少以“-”填列)			302.5	697.5	1 000		75	100	300	475
(一)净利润				3 025	3 025				1 000	1 000
(二)直接计入所有者权益的利得和损失										
1.可供出售金融资产公允价值变动净额							75			75
2.权益法下被投资单位其他所有者权益变动的影响										
(三)所有者者投入和减少资本										
(四)利润分配			302.5	-2 327.5	-2 025			100	-700	-600
1.提取盈余公积			302.5	-302.5	0			100	-100	0
2.对所有者(或股东)的分配				-2 025	-2 025				-600	-600
(五)所有者权益内部结转										
四、本年年末余额	4 000	800	1 034.5	1 165.5	7 000	2 000	1 575	100	300	3 975

表 11-7　合并工作底稿(简表)

20×0 年

单位：万元

项　目	甲公司			乙公司			合计金额	抵销分录		少数股东权益	合并金额
	报表金额	借方	贷方	报表金额	借方	贷方		借方	贷方		
(利润表项目)											
营业收入	8 700			6 140			14 840	(1)3 500 (3)1 000 (6)270			10 070
营业成本	4 425			4 570			8 995	(4)200	(1)3 500 (3)1 000 (6)240		4 455
营业税金及附加	300			125			425				425
销售费用	15			10			25				25
管理费用	100			62	(12)10		172	(10)1	(7)10		163
财务费用	300			40			340		(2)20		320
资产减值损失	25						25		(18)25		0
投资收益	500	(14)420	(13)545.3				625.3	(2)20 (23)545.3			60
营业利润	4 035	420	545.3	1 333	10		5 483.3	5 536.3	4 795		4 742
营业外支出	10						10		(9)10		0
利润总额	4 025	420	545.3	1 333	10		5 473.3	5 536.3	4 805		4 742
所得税费用	1 000			333			1 333	(11)2.25 (19)6.25	(5)50 (8)5		1 286.5
净利润	3 025	420	545.3	1 000	10		4 140.3	5 544.8	4 860		3 455.5
少数股东损益										(23)233.7	233.7
归属于母公司所有者的净利润											3 221.8
其他综合收益				75			75				75
综合收益总额	3 025	420	545.3	1 075	10		4 215.3	5 544.8	4 860		3 530.5
归属于母公司所有者的综合收益总额											3 274.3
归属于少数股东的综合收益总额											256.2

续表 11-7

项　目	甲公司			乙公司			合计金额	抵销分录		少数股东权益	合并金额
	报表金额	借方	贷方	报表金额	借方	贷方		借方	贷方		
(所有者权益变动表项目)											
未分配利润——年初	468			0			468	(23)0			468
归属于母公司所有者的净利润											3 221.8
利润分配	2 327.5			700			3027.5		(23)100 (23)600		2 327.5
未分配利润——年末	1 165.5	420	545.3	300	10		1 580.8	(16)79 5 623.8	(23)79 5 639	233.7	1 362.3
归属于少数股东的未分配利润——年初										0	
少数股东损益										233.7	
对少数股东的利润分配										180	
归属于少数股东的未分配利润——年末										53.7	
资本公积——年初	800			1 500		200	2 500	(16)1 700			800
可供出售金融资产公允价值变动净额				75			75	(16)75	(28)52.5		52.5
权益法下被投资单位其他所有者权益变动的影响			(15)52.5				52.5	(28)52.5			0
资本公积——年末	800		52.5	1575		200	2 627.5	1 827.5	52.5		852.5
盈余公积——年初	732			0			732	(16) 0			732
提取盈余公积	302.5			100			402.5		(23)100		302.5
盈余公积——年末	1 034.5			100			1 134.5	0	100		1 034.5
(资产负债表项目)											
流动资产：											
货币资金	1 000			500			1 500				1 500
应收票据	1 400			300			1 700		(21) 400		1 300
其中：应收乙公司票据	400						400		(21) 400		0
应收账款	1 800			760			2 560	(18)25	(17)500		2 085

续表 11-7

项目	甲公司			乙公司			合计金额	抵销分录		少数股东权益	合并金额
	报表金额	借方	贷方	报表金额	借方	贷方		借方	贷方		
其中：应收乙公司账款	475						475	(18)25	(17)500		0
预付款项	770			400			1 170		(20)100		1 070
其中：预付甲公司账款				100			100		(20)00		0
存货	1 000			1 100			2 100		(4)200		1 900
其中：向乙公司购入存货	1 000						1 000		(4)200		800
流动资产合计	5 970			3 060			9 030	25	1200		7 855
非流动资产：											
可供出售金融资产				800			800				800
持有至到期投资	200						200		(22)200		0
其中：持有乙公司债券	200						200		(22)200		0
长期股权投资	4 700	(13)545.3 (15)52.5	(14)420				4 877.8		(16)3 177.8		1 700
其中：对乙公司投资	3 000	(13)545.3 (15)52.5	(14)420				3 177.8		(16)3 177.8		0
固定资产	4 100			2 100	200①	(12)10	6 390	(7)10 (9)10	(6)30 (10)1		6 379
其中：乙公司—A 办公楼				570	200②	(12)10	760				760
向乙公司购入固定资产	180						180	(7)10	(6)30		160
向甲公司购入固定资产				108			108	(9)10	(10)1		117
无形资产	623.75						623.75				623.75
商誉								(16)410			410
递延所得税资产	6.25						6.25	(5)50 (8)5	(19)6.25		55
非流动资产合计	9 630	597.8	420	2 900	200	10	12 897.8	485	3 415.05		9 967.75
资产总计	15 600	597.8	420	5 960	200	10	21 927.8	510	4 615.05		17 822.75

① 金额为合计金额。

② 金额由表 11-1 中甲公司备查簿中记录的“公允价值与账面价值的差额”中的 200 万元直接转入。

续表 11-7

项目	甲公司			乙公司			合计金额	抵销分录		少数股东权益	合并金额
	报表金额	借方	贷方	报表金额	借方	贷方		借方	贷方		
流动负债：											
应付票据	1 000			400			1 400	(21)400			1 000
其中：应付甲公司票据				400			400	(21)400			0
应付账款	3 000			500			3 500	(17)500			3 000
其中：应付甲公司账款				500			500	(17)500			0
预收账款	200						200	(20)100			100
其中：预收乙公司账款	100						100	(20)100			0
应付职工薪酬	1 000			100			1 100				1 100
应交税费	800			60			860				860
流动负债合计	6 000			1 060			7 060	1 000			6 060
非流动负债：											
流动负债：											
长期借款	2 000			700			2 700				2 700
应付债券	600			200			800	(22)200			600
其中：应付甲公司债券				200			200	(22)200			0
递延所得税负债				25			25		(11)2.25		27.25
非流动负债合计	2 600			925			3 525	200	2.25		3 327.25
负债合计	8 600			1 985			10 585	1200	2.25		9 387.25
股东权益：											
股本	4 000			2 000			6 000	(16)2 000			4 000
资本公积	800		(15)52.5	1 575		200①	2 627.5	(16)1 775			852.5
其中：可供出售金融资产公允价值变动			(15)52.5	75			127.5	(16)75			52.5
盈余公积	1 034.5			100			1 100	(16)100			1 034.5

① 此金额由表 11-1 中甲公司备查簿中记录的“公允价值与账面价值的差额”中的 200 万元直接转入。

续表 11-7

项目	甲公司			乙公司			合计金额	抵销分录		少数股东权益	合并金额
	报表金额	借方	贷方	报表金额	借方	贷方		借方	贷方		
未分配利润	1 165.5	(14)420	(13)545.3	300	(12)10		1 580.8	(1)3 500 (2)20 (3)1 000 (4)200 (6)300 (10)1 (11)2.25 (16)79 (19)6.25 (23)545.3 (23)0 5 653.8	(1)3 500 (2)20 (3)1 000 (5)50 (6)270 (7)10 (8)5 (9)10 (18)25 (23)100 (23)600 (23)79 5 669	(23)233.7	1362.3
少数股东权益										(16)1 186.2	1 186.2
股东权益合计	7 000	420	597.8	3 975	10	200	11 342.8	9 528.8	5 669	952.5	8 435.5
负债和股东权益总计	15 600	420	597.8	5 960	10	200	21 927.8	10 728.8	5 671.25	952.5	17 822.75
(现金流量表项目)											
经营活动产生的现金流量：											
销售商品、提供劳务收到的现金	7 795			5 990			13 785		(25)3 600 (26)270		9 915
收到其他与经营活动有关的现金											
经营活动现金流入小计	7 795			5 990			13 785		3 870		9 915
购买商品、接受劳务支付的现金	1 420			3 270			4 690	(25)3 600			1 090
支付给职工以及为职工支付现金	1 100			250			1 350				1 350
支付的各项税费	1 820			758			2 578				2 578
支付其他与经营活动有关的现金	45			22			67				67
经营活动现金流出小计	4 385			4 300			8 685	3 600			5 085
经营活动产生的现金流量净额	3 410			1 690			5 100	3 600	3 870		4 830

续表 11-7

项目	甲公司			乙公司			合计金额	抵销分录		少数股东权益	合并金额
	报表金额	借方	贷方	报表金额	借方	贷方		借方	贷方		
投资活动产生的现金流量：											
收回投资收到的现金											
取得投资收益收到的现金	500						500		(24)440		60
处置固定资产、无形资产和其他长期资产收回的现金净额	120						120		(27)120		0
处置子公司及其他营业单位收到的现金净额											
收到其他与投资活动有关的现金											
投资活动现金流入小计	620						620		560		60
购建固定资产、无形资产和其他长期资产所支付的现金	930			800			1 730	(26)270 (27)120			1 340
投资支付的现金											
取得子公司及其他营业单位支付的现金净额	3 000						3 000	(29)300			2 700
支付其他与投资活动有关的现金											
投资活动现金流出小计	3 930			800			4 730	690			4 040
投资活动产生的现金流量净额	-3 310			-800			-4 110	690	560		-3 980
筹资活动产生的现金流量：											
吸收投资收到的现金											
取得借款收到的现金											
收到其他与筹资活动有关的现金											
筹资活动现金流入小计											
偿还债务支付的现金											
分配股利、利润或偿付利息支付的现金	2 100			690			2 790	(24)440			2 350
其中：子公司支付给少数股东的股利、利润				180			180				180
支付其他与筹资活动有关的现金											
筹资活动现金流出小计	2 100			690			2 790	440			2 350
筹资活动产生的现金流量净额	-2 100			-690			-2 790	440			-2 350
现金及现金等价物净增加额	-2 000			200			-1 800	4 730	4 430		-1 500
年初现金及现金等价物余额	3 000			300			3 300		(29)300		3 000
年末现金及现金等价物余额	1 000			500			1 500	4 730	4 730		1 500

表 11-8　合并资产负债表

会合 01 表

编制单位：甲公司　　　　　　　　20×0 年 12 月 31 日　　　　　　　　单位：万元

资　　产	期末余额	年初余额	负债和股东权益	期末余额	年初余额
流动资产：			流动负债：		
货币资金	1 500		短期借款		
结算备付金			向中央银行借款		
拆出资金			吸收存款及同业存放		
交易性金融资产			拆入资金		
应收票据	1 300		交易性金融负债		
应收账款	2 085		应付票据	1 000	
预付款项	1 070		应付账款	3 000	
应收保费			预收账款	100	
应收分保账款			卖出回购金融资产款		
应收分保合同准备金			应付手续费及佣金		
应收利息			应付职工薪酬	1 100	
其他应收款			应交税费	860	
买入返售金融资产			应付利息		
存货	1 900		其他应付款		
一年内到期的非流动资产			应付分保账款		
其他流动资产			保险合同准备金		
流动资产合计	7 855		代理买卖证券款		
非流动资产：			代理承销证券款		
发放贷款及垫款			一年内到期的非流动负债		
可供出售金融资产	800		其他流动负债		
持有至到期投资	0		流动负债合计	6 060	
长期应收款			非流动负债：		
长期股权投资	1 700		长期借款	2 700	
投资性房地产			应付债券	600	
固定资产	6 379		长期应付款		
在建工程			专项应付款		
工程物资			预计负债		
固定资产清理			递延所得税负债	27.25	
生产性生物资产			其他非流动负债		
油气资产			非流动负债合计	3 327.25	
无形资产	623.75		负债合计	9 387.25	
开发支出			股东权益：		
商誉	410		股本	4 000	
长期待摊费用			资本公积	852.5	

续表

资　　产	期末余额	年初余额	负债和股东权益	期末余额	年初余额
递延所得税资产	55		减：库存股		
其他非流动资产			盈余公积	1 034.5	
非流动资产合计	9 967.75		一般风险准备		
			未分配利润	1 362.3	
			外币报表折算差额		
			归属于母公司所有者权益合计	7 249.3	
			少数股东权益	1 186.2	
			股东权益合计	8 435.5	
资产总计	17 822.75		负债和股东权益总计	17 822.75	

表 11-9　合并利润表

会合 02 表

编制单位：甲公司　　20×0 年年度　　单位：万元

项　　目	本年金额	上年金额
一、营业总收入	10 070	
其中：营业收入	10 070	
利息收入		
已赚保费		
手续费及佣金收入		
二、营业总成本	5 388	
其中：营业成本	4 455	
利息支出		
手续费及佣金支出		
退保金		
赔付支出净额		
提取保险责任准备金净额		
保单红利支出		
分保费用		
营业税金及附加	425	
销售费用	25	
管理费用	163	
财务费用	320	
资产减值损失		
加：公允价值变动收益(损失以“-”号填列		
投资收益(损失以“-”号填列)	60	
其中：对联营企业和合营企业的投资收益		
汇兑收益(损失以“-”号填列)		

续表

项　　目	本年金额	上年金额
三、营业利润(亏损以“-”号填列)	4 742	
加：营业外收入		
减：营业外支出		
其中：非流动资产处置损失		
四、利润总额(亏损以“-”号填列)	4 742	
减：所得税费用	1 286.5	
五、净利润(亏损以“-”号填列)	3 455.5	
归属于母公司所有者的净利润	3 221.8	
少数股东损益	233.7	
六、每股收益		
(一)基本每股收益		
(二)稀释每股收益		
七、其他综合收益	75	
八、综合收益总额	3 530.5	
(一)归属于母公司所有者的综合收益总额	3 274.3	
(二)归属于少数股东的综合收益总额	256.2	

表 11-10　合并现金流量表

会合 03 表

编制单位：甲公司　　　　20×0 年度　　　　单位：万元

项　　目	本年金额	上年金额
一、经营活动产生的现金流量：		
销售商品、提供劳务收到的现金	9 915	
客户存款和同业存放款项净增加额		
向中央银行借款净增加额		
向其他金融机构拆入资金净增加额		
收到原保险合同保费取得的现金		
收到再保险业务现金净额		
保户储金及投资款净增加额		
处置交易性金融资产净增加额		
收取利息、手续费及佣金净增加额		
拆入资金净增加额		
回购业务资金净增加额		
收到的税费返还		
收到其他与经营活动有关的现金		
经营活动现金流入小计	9 915	
购买商品、接受劳务支付的现金	1 090	
客户贷款及垫款净增加额		

续表

项　　目	本年金额	上年金额
存放中央银行和同业款项净增加额		
支付原保险合同赔付款项的现金		
支付利息、手续费及佣金的现金		
支付保单红利的现金		
支付给职工以及为职工支付的现金	1 350	
支付的各项税费	2 578	
支付其他与经营活动有关的现金	67	
经营活动现金流出小计	5 085	
经营活动产生的现金流量净额	4 830	
二、投资活动产生的现金流量：		
收回投资收到的现金		
取得投资收益收到的现金	60	
处置固定资产、无形资产和其他长期资产收回的现金净额	0	
处置子公司及其他营业单位收到的现金净额		
收到其他与投资活动有关的现金		
投资活动现金流入小计	60	
购建固定资产、无形资产和其他长期资产所支付的现金	1 340	
投资支付的现金		
质押贷款净增加额		
取得子公司及其他营业单位支付的现金净额	2 700	
支付其他与投资活动有关的现金		
投资活动现金流出小计	4 040	
投资活动产生的现金流量净额	−3 980	
三、筹资活动产生的现金流量：		
吸收投资收到的现金		
其中：子公司吸收少数股东投资收到的现金		
取得借款收到的现金		
发行债券收到的现金		
收到其他与筹资活动有关的现金		
筹资活动现金流入小计		
偿还债务支付的现金		
分配股利、利润或偿付利息支付的现金	2 350	
其中：子公司支付给少数股东的股利、利润	180	
支付其他与筹资活动有关的现金		
筹资活动现金流出小计	2 350	
筹资活动产生的现金流量净额	−2 350	
四、汇率变动对现金的影响额		
五、现金及现金等价物净增加额	−1 500	
加：年初现金及现金等价物余额	3 000	
六、年末现金及现金等价物余额	1 500	

表 11-11　合并所有者权益变动表

会合 04 表

编制单位：甲公司　　20×0 年年度　　单位：万元

项　目	本年金额									上年金额								
	归属于母公司所有者权益							少数股东权益	所有者权益合计	归属于母公司所有者权益							少数股东权益	所有者权益合计
	实收资本(或股本)	资本公积	减：库存股	盈余公积	一般风险准备	未分配利润	其他			实收资本(或股本)	资本公积	减：库存股	盈余公积	一般风险准备	未分配利润	其他		
一、上年年末余额	4 000	800		732		468			6 000									
加：会计政策变更								1 110[①]	1 110									
前期差错更正																		
二、本年年初余额	4 000	800		732		468		1 110	7 110									
三、本年增减变动金额(减少以“-”填列)		52.5		302.5		894.3		76.2	1 325.5									
(一)净利润						3 221.8		233.7	3 455.5									
(二)直接计入所有者权益的利得和损失		52.5						22.5	75									
1.可供出售金融资产公允价值变动净额								22.5	22.5									
2.权益法下被投资单位其他所有者权益变动的影响		52.5							52.5									
3.与计入所有者权益项目相关的所得税影响																		
4.其他																		

① 1 110 万元为 20×0 年 1 月 1 日甲公司购买乙公司 70%的股份时，按其可辨认净资产的公允价值计算确定的少数股东权益的金额=(乙公司的所有者权益总额 3500 万元+乙公司固定资产增加额 200 万元)×30%。

续表 11-11

项　　目	本年金额									上年金额								
	归属于母公司所有者权益							少数股东权益	所有者权益合计	归属于母公司所有者权益							少数股东权益	所有者权益合计
	实收资本(或股本)	资本公积	减：库存股	盈余公积	一般风险准备	未分配利润	其他			实收资本(或股本)	资本公积	减：库存股	盈余公积	一般风险准备	未分配利润	其他		
以上(一)和(二)小计		52.5				3 221.8		256.2	3 530.5									
(三)所有者者投入和减少资本																		
1.所有者投入资本																		
2.股分支付计入所有者权益金额																		
3.其他																		
(四)利润分配				302.5		−2 327.5		−180	−2 205									
1.提取盈余公积				302.5		−302.5			0									
2.提取一般风险准备																		
3.对所有者(或股东)的分配						−2 025		−180	−2 205									
4.其他																		
(五)所有者权益内部结转																		
1.资本公积转增资本(或股本)																		
2.盈余公积转增资本(或股本)																		
3.盈余公积弥补亏损																		
4.其他																		
四、本年年末余额	4 000	852.5		1 034.5		1 362.3		1 186.2	8 435.5	4 000	800			732		468		6 000

本章小结

本章在介绍编制合并财务报表调整分录和抵销分录的基础上，着重阐述了合并当年年末和以后年度编制合并财务报表的基本原理和基本方法。

合并当年年末和以后年度编制合并财务报表时，对于属于非同一控制下企业合并中取得的子公司，要用购买日公允价值对其个别财务报表进行连续调整，还要将对子公司的长期股权投资调整为权益法。

母公司对子公司长期股权投资项目与子公司所有者权益项目的抵销，要区分同一控制下企业合并与非同一控制下企业合并、全资子公司与非全资子公司、合并当年年末与以后年度等情况分别处理。

编制合并利润表时，在子公司为非全资子公司的情况下，母公司本期对子公司长期股权投资按权益法调整的投资收益、本期少数股东损益和期初未分配利润与子公司本年利润分配项目正好相抵销。

报告期内增加子公司时，要区分同一控制下企业合并与非同一控制下企业合并分别处理；报告期内处置子公司时，不调整合并资产负债表的期初数。

重要术语

合并资产负债表、比较报表、增加子公司、处置子公司、合并利润表、合并现金流量表、合并所有者权益变动表

参考阅读文献

[1]《企业会计准则第 30 号——财务报表列报》(2006 年 2 月 15 日财政部发布，自 2007 年 1 月 1 日起施行)

[2]《企业会计准则第 33 号——合并财务报表》(2006 年 2 月 15 日财政部发布，自 2007 年 1 月 1 日起施行)

[3]《企业会计准则第 33 号——合并财务报表》应用指南(2006 年 10 月 30 日财政部发布，自 2007 年 1 月 1 日起施行)

[4]《企业会计准则解释第 1 号》(2007 年 11 月 16 日财政部发布，自 2007 年 1 月 1 日起施行)

[5]《企业会计准则解释第 2 号》(2008 年 8 月 7 日财政部发布，自 2008 年 1 月 1 日起施行)

[6]《企业会计准则解释第 3 号》(2009 年 6 月 11 日财政部发布，自 2009 年 1 月 1 日起施行)

[7] 徐微. 带你走出合并报表迷宫——合并财务报表编制案例分析[M]. 上海：立信会计出版社，2009.

习　题

一、单项选择题

1．甲乙两公司没有关联方关系，按照净利润的 10%提取盈余公积。20×0 年 1 月 1 日甲公司投资 500 万元购入乙公司 100%股权，乙公司可辨认净资产公允价值为 500 万元，账面价值 400 万元，其差额为应按 5 年摊销的无形资产。20×0 年乙公司实现净利润 100 万元，所有者权益其他项目不变，期初未分配利润为 0 万元，在 20×0 年年末甲公司编制投资收益和利润分配的抵销分录时，应抵销的乙公司期末未分配利润是(　　)万元。

A．100　　B．0　　C．80　　D．70

2．M 公司采用备抵法核算坏账损失，坏账准备计提比例为应收账款余额的 3%。上年年末该公司对其子公司内部应收账款余额为 4 000 万元，本年年末对其子公司内部应收账款余额为 6 000 万元。M 公司本年编制合并财务报表时应抵销“未分配利润——年初”的金额为(　　)万元。

A．180　　B．120　　C．60　　D．50

3．甲乙两公司没有关联方关系，甲公司在 20×0 年 1 月 1 日投资 500 万元购入乙公司 80%股权，乙公司可辨认净资产公允价值为 500 万元，账面价值 400 万元，其差额为应按 5 年摊销的无形资产。20×0 年乙公司实现净利润 100 万元，20×1 年乙公司分配现金股利 60 万元，20×1 年乙公司又实现净利润 120 万元，所有者权益其他项目不变，在 20×1 年期末甲公司编制合并抵销分录时，长期股权投资应调整为(　　)万元。

A．620　　B．720　　C．596　　D．660

4．甲乙公司没有关联方关系。甲公司按照净利润的 10%提取盈余公积。20×0 年 1 月 1 日甲公司投资 500 万元购入乙公司 100%股权。乙公司可辨认净资产账面价值(等于其公允价值)为 500 万元。20×0 年 7 月 1 日，甲公司从乙公司购入一项无形资产，出售时，该项无形资产在乙公司账上的价值为 400 万元，售价为 500 万元，该项无形资产的使用年限是 10 年，净残值为零。20×0 年乙公司实现净利润 300 万元，20×0 年未发生其他内部交易，不考虑其他因素，则在 20×0 年期末编制合并报表时，甲公司对乙公司的长期股权投资按权益法调整后的金额为(　　)万元。

A．800　　B．1 000　　C．900　　D．705

5．20×0 年 3 月，母公司以 1 000 万元的价格将其生产的设备销售给其子公司作为管理用固定资产，该设备的生产成本为 800 万元。子公司采用年限平均法对该设备计提折旧，该设备预计使用年限为 10 年，预计净残值为零。假定不考虑增值税等相关税费，与该设备相关的未实现内部销售利润的抵销而影响 20×1 年合并净利润的金额为(　　)万元。

A．180　　B．185　　C．200　　D．215

6．下列各项中，在合并现金流量表中不反映的现金流量是(　　)。

A．子公司依法减资向少数股东支付的现金

B．子公司向其少数股东支付的现金股利

C．子公司吸收母公司投资收到的现金

D．子公司吸收少数股东投资收到的现金

7．甲公司于 20×0 年 1 月 1 日合并了 A 公司，能够对 A 公司实施控制。20×0 年 2 月 17 日甲公司从 A 公司购进设备一台，该设备由 A 公司生产，成本为 180 万元，售价为 300 万元，增值税为 51 万元，甲公司另付运输安装费 7 万元，甲公司已付款且该设备当月投入使用。预计使用寿命为 5 年，净残值为零，采用直线法计提折旧。A 公司 20×0 年实现净利润 500 万元。不考虑其他因素，则甲公司在 20×0 年年末编制合并报表时，调整后 A 公司 20×0 年度的净利润为(　　)万元。

A．520　　B．420　　C．380　　D．400

8．甲公司只有一个子公司乙公司，20×0 年年度甲公司和乙公司个别现金流量表中“销售商品、提供劳务收到的现金”项目的金额分别为 4 000 万元和 2 000 万元，“购买商品、接受劳务支付的现金”项目的金额分别为 1 600 万元和 700 万元。20×0 年甲公司向乙公司销售商品收到现金 300 万元，不考虑其他事项，合并现金流量表中“销售商品、提供劳务收到的现金”项目的金额为(　　)万元。

A．5 700　　B．2 300　　C．2 000　　D．6 000

9．母公司在编制合并现金流量表时，下列各项中，会引起筹资活动产生的现金流量发生增减变动的是(　　)。

A．子公司依法减资支付给少数股东的现金

B．子公司购买少数股东的固定资产支付的现金

C．子公司向少数股东出售无形资产收到的现金

D．子公司购买少数股东发行的债券支付的现金

10．下列对同一控制下企业合并的年度合并财务报表的表述中，错误的是(　　)。

A．在报告期内出售上年已纳入合并范围的子公司时，合并资产负债表的期初数应进行调整

B．在报告期内购买应纳入合并范围的子公司时，合并现金流量表中应合并被购买子公司自购买日至年末的现金流量

C．在报告期内出售上年已纳入合并范围的子公司时，合并利润表中应合并被出售子公司年初至出售日止的相关收入和费用

D．在报告期内上年已纳入合并范围的某子公司发生巨额亏损导致所有者权益为负数，但仍持续经营的，则该子公司仍应纳入合并范围

二、多项选择题

1．母公司在报告期增减子公司的，关于合并资产负债表的下列说法中正确的有(　　)。

A．因同一控制下企业合并增加的子公司，编制合并资产负债表时，应当调整合并资产负债表的期初数

B．因非同一控制下企业合并增加的子公司，不应调整合并资产负债表的期初数

C．母公司在报告期内处置子公司，编制合并资产负债表时，不应当调整合并资产负债表的期初数

D．因同一控制下企业合并增加的子公司，编制合并资产负债表时，不应当调整合并资产负债表的期初数

E．因非同一控制下企业合并增加的子公司，应调整合并资产负债表的期初数

2．按照我国合并报表准则的规定，编制合并现金流量表时，抵销处理包括的内容有(　　)。

A．企业集团内部当期以现金投资或收购股权增加的投资所产生的现金流量的抵销处理

B．企业集团内部当期取得投资收益收到的现金与分配股利、利润或偿付利息支付的现金的抵销处理

C．企业集团内部以现金结算债权与债务所产生的现金流量的抵销处理

D．企业集团内部当期销售商品所产生的现金流量的抵销处理

E．企业集团内部处置固定资产等收回的现金净额与购建固定资产等支付的现金的抵销处理。

3．乙和丙公司均为纳入甲公司合并范围的子公司。20×0 年 6 月 1 日，乙公司将其产品销售给丙公司作为管理用固定资产使用，售价为 25 万元(不含增值税)，销售成本为 13 万元。丙公司购入后按 4 年的期限、采用直线法计提折旧，预计净残值为零。甲公司在编制 20×1 年度合并财务报表时，下列说法正确的有(　　)。

A．调减未分配利润项目 12 万元　　B．调减未分配利润 10.5 万元

C．调减固定资产项目 12 万元　　D．调增固定资产项目 4.5 万元

E．调减固定资产项目 7.5 万元

4．与个别利润表相比，合并利润表主要增加了(　　)项目。

A．归属于母公司所有者的净利润　　B．少数股东损益

C．少数股东权益　　　　　　　　　　D．对所有者(或股东)的分配

E．被合并方在合并前实现的净利润

5．按照我国合并报表准则的规定，编制合并利润表时，抵销处理包括的内容有(　　)。

A．内部销售商品形成存货、固定资产、无形资产等项目中包含的未实现内部销售损益

B．内部销售商品形成固定资产、无形资产等项目计提额或摊销额中包含的未实现内部销售损益

C．内部投资收益(利息收入)和利息费用

D．内部应收款项计提的坏账准备等减值准备

E．内部营业收入和内部营业成本

6．20×0 年 4 月 16 日，A 公司控股合并 B 公司。20×0 年年末，A 公司应收 B 公司的账款为 100 万元(期初应收账款余额为 0 万元)，坏账准备计提比例为 2%，两公司所得税税率均为 25%。对此，A 公司在编制 20×0 年度合并财务报表时，下列说法正确的有(　　)。

A．调减应付账款 100 万元　　　　　B．调减资产减值损失 2 万元

C．调减递延所得税资产 0.5 万元　　D．调减应收账款 98 万元

E．调减应收账款 100 万元

7．母公司在报告期内增减子公司，关于合并现金流量表的下列说法中正确的有(　　)。

A．因同一控制下企业合并增加的子公司，在编制合并现金流量表时，应当将该子公司合并当期期初至报告期末的现金流量纳入合并现金流量表

B．母公司在报告期内处置子公司，应将该子公司处置日至期末的现金流量纳入合并现金流量表

C．因非同一控制下企业合并增加的子公司，在编制合并现金流量表时，应当将该子公司购买日至报告期末的现金流量纳入合并现金流量表

D．母公司在报告期内处置子公司，应将该子公司期初至处置日的现金流量纳入合并现金流量表

E．因非同一控制下企业合并增加的子公司，在编制合并现金流量表时，应当将该子公司合并当期期初至报告期末的现金流量纳入合并现金流量表

8．以下属于母子公司合并现金流量表应抵销的项目的有(　　)。

A．以现金投资或收购股权增加的投资所产生的现金流量

B．当期取得投资收益收到的现金与分配股利、利润或偿付利息支付的现金

C．以现金结算债权与债务产生的现金流量

D．当期销售商品所产生的现金流量

E．内部处置固定资产、无形资产和其他长期资产收回的现金净额与购建固定资产等支付的现金

9．以下关于母公司合并财务报表的处理，正确的有(　　)。

A．在报告期内因同一控制下企业合并增加的子公司应当调整合并资产负债表的期初数

B．母公司在报告期内因同一控制下企业合并增加的子公司不应当调整合并资产负债表的期初数

C．因非同一控制下企业合并增加的子公司不应当调整合并资产负债表的期初数

D．因非同一控制下企业合并增加的子公司应当调整合并资产负债表的期初数

E．报告期内处置子公司均不调整合并资产负债表的期初数

10．母公司在报告期增减子公司，关于合并利润表的下列说法中正确的有(　　)。

A．因同一控制下企业合并增加的子公司，在编制合并利润表时，应当将该子公司合并当期期初至报告期末的收入、费用、利润纳入合并利润表

B．因非同一控制下企业合并增加的子公司，在编制合并利润表时，应当将该子公司合并当期期初至报告期末的收入、费用、利润纳入合并利润表

C．因非同一控制下企业合并增加的子公司，在编制合并利润表时，应当将该子公司购买日至报告期末的收入、费用、利润纳入合并利润表

D．母公司在报告期内处置子公司，应当将该子公司期初至处置日的收入、费用、利润纳入合并利润表

E．因同一控制下企业合并增加的子公司，在编制合并利润表时，应当将该子公司购买日至报告期末的收入、费用、利润纳入合并利润表

三、计算及会计处理题

1．20×0 年 1 月 1 日，正大股份有限公司以银行存款 2 800 万元取得 A 股份有限公司(以下简称 A 公司)60%的股份，合并当日，被投资方可辨认净资产账面价值为 3 500 万元，其中股本为 2 000 万元，资本公积为 200 万元，盈余公积为 800 万元，未分配利润为 500 万元，可辨认净资产公允价值为 4 000 万元，差额为合并时 A 公司一项管理用固定资产所引起的，合并当日，该项固定资产原价为 900 万元，已计提折旧 200 万元，公允价值为 1 200 万元，采用直线法计提折旧，预计净残值为零，预计尚可使用年限为 10 年。正大公司和 A 公司均为增值税一般纳税企业，销售价格均为不含增值税价格，在合并前不存在关联方关系。各个公司适用的所得税税率均为 25%。编制合并财务报表有关资料如下。

(1) 20×0 年度有关资料如下。

① 正大公司于 20×0 年从 A 公司购进 1 600 万元的 X 产品，A 公司 20×0 年销售 X 产品的销售毛利率为 15%。正大公司 20×0 年度未对外出售。

② A 公司上述交易收到货款 472 万元(含增值税 272 万元)，期末应收正大公司账款余额为 1 400 万元，该应收账款计提的坏账准备余额为 150 万元，即应收正大公司账款账面价值为 1 250 万元。至年末，该款项未收回。

③ 正大公司于 20×0 年 1 月向 A 公司转让设备一台，转让价格为 800 万元，该设备系正大公司自行生产的，实际成本为 680 万元，A 公司购入该设备发生安装等相关费用 100 万元，该设备于 20×0 年 6 月 15 日安装完毕并投入 A 公司管理部门使用，A 公司对该设备采用年限平均法计提折旧，预计净残值为零，预计使用年限为 6 年。

④ 20×0 年年度，A 公司实现净利润 800 万元，提取盈余公积 80 万元。

(2) 20×1 年年度有关资料如下。

① 正大公司 20×1 年度从 A 公司购入产品 10 000 万元的 X 产品，年末存货中包含有从 A 公司购进的 X 产品 2 000 万元(均为 20×1 年购入的存货)，A 公司 20×1 年销售 X 产品的销售毛利率为 20%。

② A 公司 20×1 年年度资产负债表年末应收账款中包含有应收正大公司账款余额 1 800 万元，该应收账款累计计提的坏账准备余额为 200 万元，即应收正大公司账款账面价值为 1 600 万元。

③ 20×1 年年度，A 公司实现净利润 990 万元，提取盈余公积 99 万元。

要求：(答案中的金额单位用万元表示，不需要考虑现金流量表项目的抵销)

(1) 编制正大公司 20×0 年年度合并财务报表相关的调整、抵销分录。

(2) 编制正大公司 20×1 年年度合并财务报表相关的调整、抵销分录。

2．资料：甲公司和乙公司均为增值税一般纳税人，适用的增值税税率为 17%；年末均按实现净利润的 10%提取法定盈余公积。假定产品销售价格均为不含增值税的公允价格。20×1 年度发生的有关交易或事项如下。

(1) 1 月 1 日，甲公司以 3 200 万元取得乙公司有表决权股份的 60%作为长期股权投资。当日，乙公司可辨认净资产的账面价值和公允价值均为 5 000 万元；所有者权益为 5 000 万元，其中股本 2 000 万元，资本公积 1 900 万元，盈余公积 600 万元，未分配利润 500 万元。在此之前，甲公司和乙公司之间不存在关联方关系。

(2) 6 月 30 日，甲公司向乙公司销售一件 A 产品，销售价格为 500 万元，销售成本为 300 万元，款项已于当日收存银行。乙公司购买的 A 产品作为管理用固定资产，于当日投入使用，预计可使用年限为 5 年，预计净残值为零，采用年限平均法计提折旧。

(3) 7 月 1 日，甲公司向乙公司销售 B 产品 200 件，单位销售价格为 10 万元，单位销售成本为 9 万元，款项尚未收取。

乙公司将购入的 B 产品作为存货入库；至 20×1 年 12 月 31 日，乙公司已对外销售 B 产品 40 件，单位销售价格为 10.3 万元；20×1 年 12 月 31 日，对尚未销售的 B 产品每件计提存货跌价准备 1.2 万元。

(4) 12 月 31 日，甲公司尚未收到向乙公司销售的 200 件 B 产品的款项；当日，对该笔应收账款计提了 20 万元的坏账准备。

(5) 4 月 12 日，乙公司对外宣告发放上年度现金股利 300 万元；4 月 20 日，甲公司收到乙公司发放的现金股利 180 万元。乙公司 20×1 年年度利润表列报的净利润为 400 万元。

要求：

(1) 编制甲公司 20×1 年 12 月 31 日合并乙公司财务报表时按照权益法调整相关长期股权投资的会计分录。

(2) 编制甲公司 20×1 年 12 月 31 日合并乙公司财务报表的各项相关抵销分录。(不要求编制与合并现金流量表相关的抵销分录；不要求编制与抵销内部交易相关的递延所得税抵销分录；答案中的金额单位用万元表示)

3．20×0 年 2 月 17 日，A 公司与 B 公司签订购买 B 公司持有的 C 公司(非上市公司)80%股权的合同。合同规定：以 C 公司 20×0 年 5 月 30 日评估的可辨认净资产价值为基础，协商确定对 C 公司 80%股权的购买价格；合同经双方股东大会批准后生效。

购买 C 公司 80%股权时，A 公司与 B 公司不存在关联方关系。

(1) 购买 C 公司 80%股权的合同执行情况如下。

① 20×0 年 3 月 15 日，A 公司和 B 公司分别召开股东大会，批准通过了该购买股权的合同。

② 以 C 公司 20×0 年 5 月 30 日净资产评估值为基础，经协商，双方确定 C 公司 80%股权的价格为 18 000 万元，A 公司以银行存款 18 000 万元为对价。

20×0 年 6 月 30 日，A 公司以银行存款支付购买股权过程中发生的评估费用 120 万元、咨询费用 80 万元。

③ A 公司和 B 公司均于 20×0 年 6 月 30 日办理完毕上述相关资产的产权转让手续。

④ A 公司于 20×0 年 6 月 30 日对 C 公司董事会进行改组，并取得控制权。

⑤ C 公司可辨认净资产的账面价值与公允价值均为 20 000 万元，其中：股本为 12 000 万元，资本公积为 2 000 万元，盈余公积为 600 万元，未分配利润为 5 400 万元。

(2) C 公司 20×0 年年度实现净利润 3 000 万元，其中 20×0 年 7 月 1 日至 12 月 31 日实现净利润 2 000 万元，提取盈余公积 200 万元；宣告分派 20×0 年度现金股利 1 000 万元，无其他所有者权益变动。

(3) A 公司 20×0 年销售 100 件甲产品给 C 公司，每件售价 6 万元，增值税税率为 17%，每件成本 5 万元，货款未收到，C 公司 20×0 年对外销售 60 件。

(4) 该合并采用应税合并，各个公司适用的所得税率为 25%，A 公司对应收 C 公司的账款按 10%计提坏账准备，计提的坏账准备不得税前扣除。在合并财务报表层面出现的暂时性差异均符合递延所得税资产或递延所得税负债的确认条件。

要求：

(1) 编制 A 公司 20×0 年与长期股权投资业务有关的会计分录。

(2) 编制 A 公司 20×0 年 12 月 31 日合并 C 公司财务报表的内部销售交易抵销分录。

(3) 编制 A 公司 20×0 年 12 月 31 日合并 C 公司财务报表时按照权益法调整长期股权投资的调整分录，并计算调整后长期股权投资的账面价值。

(4) 编制 A 公司 20×0 年 12 月 31 日合并 C 公司财务报表的长期股权投资与 C 公司所有者权益的抵销分录。

(5) 编制 A 公司 20×0 年 12 月 31 日合并 C 公司财务报表的投资收益与利润分配抵销分录。

(6) 编制 A 公司 20×0 年 12 月 31 日合并 C 公司财务报表的内部应收账款的抵销分录。

4．M 公司于 20×0 年 1 月 1 日以 4 000 万元取得 N 公司 80%的股权。在合并前，M 公司与 N 公司不存在关联方关系。合并当日，N 公司可辨认净资产公允价值(等于其账面价值)为 5 000 万元，其中股本为 4 000 万元，资本公积为 1 000 万元。M、N 公司增值税税率均为 17%，所得税税率均为 25%，均按 10%提取盈余公积。

(1) 20×0 年 M 公司出售 100 件甲商品给 N 公司，每件售价(不含增值税)8 万元，每件成本 6 万元。至 20×0 年 12 月 31 日，N 公司向 M 公司购买的上述甲商品尚有 50 件未对外出售，其可变现净值为每件 7 万元。

20×0 年度 N 公司发生亏损 1 000 万元，期末，N 公司当期购入的可供出售金融资产公允价值上升 100 万元(已考虑所得税影响)。

(2) 20×1 年 6 月 13 日 M 公司出售乙商品给 N 公司，售价(不含增值税)600 万元，成本 552 万元，N 公司购入后作为固定资产，双方款项已结清。N 公司发生安装费 18 万元，于 20×1 年 6 月 30 日达到预定可使用状态，折旧年限 4 年，折旧方法为年限平均法，不考虑净残值。

至 20×1 年 12 月 31 日，N 公司向 M 公司购买的上述甲商品尚有 20 件未出售，其可变现净值为每件 5 万元。

20×1 年年度 N 公司实现净利润 480 万元，假定未提取盈余公积，期末，N 公司当期购入的可供出售金融资产公允价值下降 50 万元(已考虑所得税影响)。

要求：

(1) 编制 20×0 年合并报表的有关调整、抵销分录。

(2) 编制 20×1 年合并报表的有关调整、抵销分录。

第4篇　特殊时期会计

第12章　物价变动会计

教学目标

通过本章的学习，要理解物价变动会计的理论基础及主要模式，理解资本保全理论，理解一般物价水平会计的基本原理、程序和方法，理解现行成本会计的基本原理和方法；掌握货币性项目购买力损益的计算方法，非货币性资产持有损益的计算方法；了解现行成本不变币值会计的基本原理和方法。

教学要求

知识要点	能力要求	相关知识
物价变动会计概述	理解会计计量模式 理解资本保全理论	会计计量模式 资本保全理论
一般物价水平会计	学会一般物价水平会计的基本原理和方法 学会货币性项目购买力损益的计算方法	一般物价水平会计原理 一般物价水平会计方法
现行成本会计 现行成本不变币值会计	学会现行成本会计的基本原理和方法 学会非货币性资产持有损益的计算方法 了解现行成本不变币值会计的基本原理和方法	现行成本会计的理论依据 现行成本会计方法 现行成本不变币值会计的基本原理和方法

导入案例

谁是真实的收益

传统会计模式是以名义货币作为计量单位的，通常是指不考虑货币购买力变化的货币单位。假定货币单位像其他度量衡一样具有稳定不变的特性，任何时期同一货币单位均具有相同的购买力。在物价基本稳定、币值基本不变，也即经济现实与会计假设基本吻合的前提下，以名义货币作为计量单位的计量结果无疑是可靠和客观的。

由于通货膨胀乃至物价变动的频繁出现，给财务会计信息带来了种种冲击，应用传统会计假设和会计原则处理会计事项显示出许多缺点，基于币值不变背景下的财务会计的确认、计量所生成的财务报告，将不可避免地受到影响。物价变动影响到了财务报告信息的可靠性和相关性，物价变动通过影响价格波动影响会计的计量属性，进而影响财务报表，使得信息使用者难以根据这些信息作出正确的比较、分析、判断和决策。

比如，传统会计模式下的会计收益强调已实现收入与相关的历史成本相配比，体现的是财务资本保全理论，在通货膨胀较为严重时，会计收益虽然可使财务资本得到保全，但却不能体现实物资本的保全。

精工制造有限公司某年年初拥有M存货500件，购入价格为100元/件，年内售出用500件M存货加工的产品500件，售价为200元/件。企业按直线法计提折旧(不考虑残值)，发生固定资产折旧20 000元，加工过程中发生其他变动成本为20元/件，年中又购入M存货500件，购入价格为120元/件。分别按财务资本保全理论和实物资本保全理论计算当期营业收益。

按财务资本保全理论计算：当期营业收入=200 × 500=100 000(元)，当期存货成本=100 × 500=50 000(元)，当期其他成本=20 × 500+20 000=30 000(元)，当期营业收益=100 000−(50 000+30 000)=20 000(元)。

按实物资本保全理论计算：当期营业收入=200 × 500=100 000(元)，当期重置存货成本=120 × 500=60 000(元)，当期其他成本=20 × 500+20 000=30 000(元)，当期营业收益=100 000−(60 000+30 000)=10 000(元)。

这10 000元才是精工制造有限公司真实的当期营业收益，因为存货重置价格的上升，使企业想维持原有生产能力的成本增加，使企业真实的收益减少。如按照财务资本保全理论下的营业收益20 000元核定企业收益，就容易导致企业收益的超前分配。

资料来源：秦格,朱学义. 实体资本保全条件下营业收益的计算[J]. 财会月刊(综合), 2008(06).

问题：

(1) 在通货膨胀加剧的情况下，仍采用传统会计模式会有什么弊端？

(2) 为消除通货膨胀因素的影响，应如何改进传统会计模式？

物价变动会计是利用一定的物价资料，对企业传统的财务报表和会计模式作出调整和修正，以反映或消除物价变动对会计信息的影响所采用的会计程序和方法。由于物价变动按变动的方向可分为上涨和下跌两种情况。随着经济的发展，虽然个别商品价格会有所下跌，但绝大多数商品价格却会持续上涨，因此，物价变动会计也称为通货膨胀会计。

12.1　物价变动会计概述

物价变动会计研究的基本框架是物价变动对传统财务会计信息的影响及影响的消除，因此物价变动会计研究的基本框架构建起点是会计计量模式。

12.1.1 会计计量模式

1. 计量单位

1) 名义货币

名义货币通常是指不考虑货币购买力变化，假定货币单位像其他度量衡一样具有稳定不变的特性，任何时期同一货币单位均具有相同的购买力。

2) 实际货币

实际货币，亦称一般购买力货币单位、不变购买力货币单位、稳定币值货币单位等，是对名义货币单位的调整或变换形式，是按照一定时点的实际货币购买力换算后的计量单位，从而使不同时期的货币计量尺度保持在相同的计量基础上。

2. 计量属性

所谓计量属性，就是指被计量客体的特性或外在表现形式。从会计角度看，计量属性是指被计量会计对象(资产、负债等会计要素)可用财务形式定量化的方面，即能用货币单位计量的方面。经济交易或事项因可从多个方面予以货币定量而有不同的计量属性。1984年，美国财务会计准则委员会(FASB)第 5 号财务会计概念公告《企业财务报表的确认与计量》中提出 5 种会计计量属性：历史成本、现行成本、现行市价、可变现净值以及未来现金流量的现值。2000 年，FASB 又颁布了第 7 号财务会计概念公告，推荐使用一种新的计量属性——公允价值。这种计量属性现在已成为国际财务报告准则的重要选择。2006 年，我国企业会计准则在会计计量问题上实现了突破性的进展，引入了公允价值计量属性，明确规定采用历史成本、重置成本(现行成本)、可变现净值、现值和公允价值 5 种会计计量属性。

1) 历史成本

历史成本又称实际成本，就是取得或制造某项财产物资时所实际支付的现金或现金等价物。在历史成本计量下，资产按照其购置时支付的现金或者现金等价物的金额，或者按照购置资产时所付出的对价的公允价值计量；负债按照其因承担现时义务而实际收到的款项或者资产的金额，或者承担现时义务的合同金额，或者按照日常活动中为偿还负债预期需要支付的现金或者现金等价物的金额计量。

2) 现行成本

现行成本又称重置成本，是指按照当前市场条件、重新取得同样一项资产所需支付的现金或现金等价物金额。在重置成本计量下，资产按照现在购买相同或者相似资产所需支付的现金或者现金等价物的金额计量；负债按照现在偿付该项债务所需支付的现金或者现金等价物的金额计量。

3) 现行市价

现行市价又称脱手价值，指在正常清算情况下销售资产时可望获得的现金或现金等价物。

4) 可变现净值

可变现净值是指在正常生产经营过程中以资产预计售价减去进一步加工成本和预计销

售费用以及相关税费后的净值。在可变现净值计量下，资产按照其正常对外销售所能收到现金或者现金等价物的金额扣减该资产至完工时估计将要发生的成本、估计的销售费用以及相关税费后的金额计量。

5) 现值

现值是指对未来现金流量以恰当的折现率进行折现后的价值，是考虑货币时间价值的一种计量属性。在现值计量下，资产按照预计从其持续使用和最终处置中所取得的未来净现金流入量的折现金额计量；负债按照预计期限内需要偿还的未来净现金流出量的折现金额计量。

6) 公允价值

公允价值是指在公平交易情况下，熟悉情况的交易双方自愿进行资产交换或者债务清偿的金额。在公允价值计量下，资产和负债按照在公平交易中熟悉情况的交易双方自愿进行资产交换或者债务清偿的金额计量。

3. 会计计量模式

将计量单位和计量属性组合，从理论上便可以形成以下12种会计计量模式，见表12-1。

表12-1　会计计量模式组合

计量单位 / 计量属性	名义货币	实际货币
历史成本	历史成本/名义货币	历史成本/一般购买力货币
现行成本	现行成本/名义货币	现行成本/一般购买力货币
现行市价	现行市价/名义货币	现行市价/一般购买力货币
可变现净值	可变现净值/名义货币	可变现净值/一般购买力货币
未来现金流量现值	未来现金流量现值/名义货币	未来现金流量现值/一般购买力货币
公允价值①	公允价值/名义货币	公允价值/一般购买力货币

财务会计发展至今，历史成本/名义货币、现行成本/名义货币、历史成本/一般购买力货币、现行成本/一般购买力货币这4种会计计量模式成为财务会计核算方法的首选，而剩余的8种会计计量模式则为理想模式，需要相应的适用环境。

历史成本/名义货币单位会计计量模式，是目前采用的传统会计计量模式。它以币值稳定为前提，不考虑物价变动对会计信息的影响，不能体现资本保全概念。

后3种计量模式虽然各自的计量立足点不同，但都是对计量单位或计量属性的改造，目的都是为了消除物价变动对会计的影响，体现资本保全的要求。因而都属于物价变动会计模式。其中，历史成本/一般购买力货币单位会计计量模式，构成一般物价水平会计；现行成本/名义货币单位会计计量模式，构成现行成本会计；现行成本/一般购买力货币单位会计计量模式，构成现行成本不变币值会计。

① 可从广义和狭义的角度理解公允价值。狭义公允价值是指一种新的计量属性，即在正常交易中，运用现值技术估计方法对缺乏历史成本和现行市价的资产和负债试图找到相对公允、合理的价格；广义的公允价值是一种抽象概念，它不仅包括狭义公允价值，还包括历史成本、现行成本、现行市价、可变现净值。这里指的是狭义公允价值。

12.1.2 资本保全理论与物价变动会计模式的选择

资本保全是依据资本循环规律，运用一定的方法，通过对资本循环时投入的资本量与资本循环结束时收回的资本量进行比较，来保证投入资本价值量的完整和再生产的正常进行，使资本不受侵蚀，进而保障所有者权益的一种资本管理制度。资本保全又可以分为财务资本保全和实物资本保全。财务资本是指企业所有者投入企业的货币资本，它所代表的价值以货币数量表示，因此与传统会计中的净资产相同；实物资本是指企业的实物资产，反映企业实际具有的生产能力或经营能力，而企业的生产经营能力一般以一定时期企业生产的产品或劳务的实物数量表示。

1. 财务资本保全理论

财务资本保全观点，是将资本视为一种财务现象，只有企业当期期末净资产的金额(扣除当期所有者投资和对所有者的分配额)超过当期期初净资产的金额时，其超出金额才是当期收益。财务资本保全的计量属性一般采用历史成本，计量单位既可用名义货币，也可用不变币值(即一般购买力)的货币。不过，采用历史成本/名义货币核算，是传统会计的做法，它没有考虑物价上涨对资本购买力的影响，保全的仅仅是贬值了的原始资本数额，所确认的利润代表这一时期名义货币资本的增加。采用历史成本/一般购买力货币核算，考虑了通货膨胀对资本购买力的影响，保持了原有资本的购买力，所确认的利润代表这一时期购买力的增加。

2. 实物资本保全理论

实物资本保全观点，是将资本视为一种实物现象，只有期末实物生产能力或经营能力在扣除了当期所有者的投资和对所有者的分配额后，超过期初实物生产能力或经营能力时，超出金额才可确认为当期收益。实物资本保全观念要求采用现行成本的计量属性，以反映现有资产的现行价值，已耗用资产在未得到重置之前，不确认营业收益。至于计量单位，可采用名义货币或一般购买力货币。可见，按照实物资本保全的要求，应将现时收入与现行成本相配比，利润代表了这一时期实物资本的增加。所有影响企业资产、负债的价格变动，都被认为是企业实物生产能力计量上的变动，变动金额应作为权益中的资本保全调整处理，不确认为收益。

12.2 一般物价水平会计

12.2.1 一般物价水平会计的基本原理

1. 基本原理

一般物价水平会计按本期一般物价指数将历史成本财务报表中各项会计数据加以调整，从而消除一般物价水平变动的影响，按期末货币的现实购买力反映企业的财务状况和经营成果。

2. 基本特点

一般物价水平会计采用历史成本、一般购买力货币作为计量模式，日常会计核算不需要进行单独或特殊的会计处理，仅仅是期末对传统历史成本会计所作的财务报表进行调整。

3. 一般物价水平会计与传统历史成本会计的异同

一般物价水平会计与传统历史成本会计相比，两者计量属性均使用历史成本；所不同的是，一般物价水平会计用一般购买力货币单位调整了名义货币单位。

12.2.2 一般物价水平会计的基本程序和方法

1. 划分货币性和非货币性项目

1) 货币性项目

货币性项目包括货币性资产和货币性负债，是指金额固定或以货币直接反映、金额不因通货膨胀发生变动、但是其购买力发生变化的资产或负债项目。

(1) 货币性资产项目包括现金、银行存款、应收账款、应收票据以及持有至到期投资等。

(2) 货币性负债项目包括应付账款、应付票据、其他应付款、短期借款、应付债券、长期借款、长期应付款等。

(3) 货币性项目的特点有以下两点。

① 金额固定不变。企业货币性资产的报表项目账面金额固定不变。

② 在物价变动的情况下，货币性项目会发生购买力损益。当一般物价水平上涨时，相同金额的货币性资产实际代表的商品或劳务数量减少，就会发生购买力损失；相反，当一般物价水平下跌时，因货币购买力上升，就会发生购买力收益。企业货币性负债与企业货币性资产相反，即当一般物价水平上涨时，就会发生购买力收益；相反，当一般物价水平下跌时，就会发生购买力损失。

2) 非货币性项目

非货币性项目包括非货币性资产和非货币性负债，是指金额不固定、随一般物价水平的变动而变动的资产和负债项目。由于所有者权益是资产总额减负债总额后的余额，故一般归入非货币性项目。

(1) 非货币性资产项目包括存货、长期股权投资、交易性金融资产、固定资产、无形资产等。

(2) 非货币性项目的特点有以下两点。

① 在物价变动时期，非货币性项目的金额应按一般物价指数变动的幅度进行调整。

② 在物价变动的情况下，非货币性项目不会发生购买力变动损益。

2. 按一般物价指数调整货币性项目金额

调整系数=本年末一般物价指数÷业务发生当时的一般物价指数

货币性项目调整后金额=货币性项目调整前金额×调整系数

3. 货币性项目购买力损益

1) 货币性资产项目购买力损益的计算公式

货币性资产项目购买力损益=调整后金额-调整前金额，若为正数差额表示货币性资产购买力变动损失；若为负数差额表示货币性资产购买力变动收益。

【例 12-1】 应收账款年初为 100 万元，年内未发生新的增减业务，应收账款仍为 100 万元，若是在物价变动的情况下，如果年末一般物价指数比年初增长 10%，则它等值于年末应收账款 110 万元，当年末应收账款仍为 100 万元时，意味着损失 10 万元，即 110-100=10(万元)，正数差额，为货币性资产购买力变动损失；相反，如果年末一般物价指数比年初下跌 10%，则它等值于年末应收账款 90 万元，当年末应收账款仍为 100 万元时，意味着收益 10 万元，即 90-100=-10(万元)，负数差额，表示货币性资产购买力变动收益。

2) 货币性负债项目购买力损益的计算公式

货币性负债项目购买力损益=调整后金额-调整前金额，若为正数差额表示货币性负债购买力变动收益；若为负数差额表示货币性负债购买力变动损失。

【例 12-2】 企业年初借入 1 年期的借款 100 万元，年末偿还的本金仍为 100 万元，如果年末一般物价指数比年初增长 10%，与年初 100 万元等值的金额就为 110 万元，意味着收益 10 万元，即企业货币性负债(调整后金额-调整前金额)为正数差额表示货币性负债购买力变动收益=110-100=10(万元)；相反，如果年末一般物价指数比年初下跌 10%，与年初 100 万元等值的金额就为 90 万元，意味着损失 10 万元，即企业货币性负债(调整后金额-调整前金额)为负数差额表示货币性负债购买力变动损失。

3) 货币性项目购买力损益计算方法

(1)分别计算出货币性项目年初和年末名义货币净额。

其计算公式为：

名义货币表示的货币性项目净额=名义货币表示的货币性资产-名义货币表示的货币性负债

(2) 将货币性项目年初名义货币净额调整为一般购买力货币单位。

按年末一般购买力货币单位表示的年初货币性资产=名义货币表示的年初货币性资产×调整系数

按年末一般购买力货币单位表示的年初货币性负债=名义货币表示的年初货币性负债×调整系数

按年末一般购买力货币单位表示的年初货币性项目净额=按年末一般购买力货币单位表示的年初货币性资产-按年末一般购买力货币单位表示的年初货币性负债

(3) 分别计算影响本期货币性项目净额变动的货币性收入额与支出额。

① 引起当期货币性项目净额增加的主要是销售业务，这些收入大多为年内均衡发生的，可按本年平均物价指数作为计算调整系数的分母。

② 引起当期货币性项目净额减少的主要是进货、销售费用、管理费用和交纳所得税等，还有现金股利支出。其中进货、销售费用、管理费用和交纳所得税，这些项目大多为年内均衡发生的，可按本年平均物价指数作为计算调整系数的分母。只有现金股利支出一般是在期末支出，因此，应当直接以财务报表编制日一般物价指数作为调整一般购买力货币的标准。

(4) 以调整后的年初货币性项目净额，加上本期货币性收入，减去本期货币性支出，求出按年末一般购买力货币单位表示的年末货币性项目净额。

按年末一般购买力货币单位表示的年末货币性项目净额=按年末一般购买力货币单位表示的年初货币性项目净额+本期货币性收入-本期货币性支出(进货成本+销售费用+管理费用+所得说费用+现金股利支出等)

(5) 用按年末一般购买力货币单位表示的年末货币性项目净额，减去按名义货币单位表示的年末货币性项目净额，求出货币性项目净额的购买力损益。

货币性项目净额的购买力损益=按年末一般购买力货币单位表示的年末货币性项目净额-按名义货币单位表示的年末货币性项目净额

4. 按一般物价指数调整非货币性项目

调整后的非货币性项目金额=按名义货币单位表示的非货币性项目年末金额×调整系数=按名义货币单位表示的非货币性项目年末金额×报告期末的一般物价指数÷形成或购置该非货币性项目时的一般物价指数

1) 对资产负债表各非货币性项目的调整

(1) 存货。存货主要来自外购，企业平时都有进货记录。但不同企业存货的流转及其计价方法有所不同，故存货项目的调整应分为以下 4 种情况。

① 存货的发出能逐项确认时，可较容易确定年末存货的取得时期及当时的一般物价指数，调整系数的分母是相应时间的物价指数。

② 如果存货发出的计价方法是先进先出法，年末存货的取得日应为进货的最近月份，则调整系数的分母是按最近月份的物价指数。

③ 如果存货发出的计价方法是加权平均法，则调整系数的分母是物价指数年平均值。

④ 如果期末存货采用成本与可变现净值孰低法计价，其调整则较为复杂。一般应先将年末存货的历史成本按一般物价水平进行调整，然后与其可变现净值比较，根据成本(已调整为年末一般购买力货币单位)与可变现净值孰低的原则，确定资产负债表上年末存货的金额。

(2) 固定资产。对固定资产项目进行调整时，调整系数的分母是形成或购置时的一般物价指数，利润表中折旧费的调整应与固定资产项目的调整相一致。

(3) 留存收益。对该项目进行调整时，应先调整年初数，再用调整后的金额与本年度按一般购买力货币单位计算的净利润相加即可。为简化调整工作，也可以根据资产负债表的有关项目金额“倒轧”，计算公式为：

按一般购买力货币单位表示的年末留存收益=按年末一般购买力货币单位表示的资产合计数-按年末一般购买力货币单位表示的负债合计数-按年末一般购买力货币单位表示的实收资本(或股本)数。

2) 对利润表各项目的调整

(1) 营业收入。在调整时，假定营业收入在报告期内是均匀发生的，其调整系数的分母应是物价指数年平均值。

(2) 营业成本。对于主营业务成本项目，可按“主营业务成本=年初存货+本年进货-年末存货”计算求得。调整时，“年初存货”可从按一般购买力货币单位调整的上年资产负债表中获得；“本年进货”被假定为在报告期内均匀发生的，其调整系数的分母是物价指数年平均值；“年末存货”的调整如前所述。对于其他业务成本项目可以按照配比原则选择与其他业务收入相一致的物价指数。

(3) 期间费用，除因对资产类报表项目进行调整而调整的折旧费用等以外的费用，其调整系数的分母一般按物价指数的年平均值。

(4) 所得税费用，其调整系数的分母一般按物价指数的年平均值。

(5) 现金股利，其调整系数的分母一般按年末一般物价指数。

3) 利润分配表中本年度的利润分配项目

企业的利润分配一般在年末进行，有关利润分配项目的金额已按年末的货币价值反映，不需调整。

5. 编制按一般购买力货币单位调整后的财务报表

按一般购买力货币单位编制调整后的财务报表见例12-3。

12.2.3 应用举例

【例12-3】 设20×0年全年的物价变动指数为：年初为100，年末为150，年平均为120。甲公司按历史成本/名义货币编制的资产负债表、利润表详见表12-2、表12-3。

表12-2 资产负债表

编制单位：甲公司　　　　20×0年12月31日　　　　单位：元

项　目	20×0年1月1日	20×0年12月31日
货币性资产	200 000	190 000
存货	400 000	525 000
固定资产原值	430 000	430 000
减：累计折旧		100 000
固定资产净值	430 000	330 000
资产合计	1 030 000	1 045 000
流动负债	280 000	242 500
长期负债	150 000	150 000
实收资本	500 000	500 000
盈余公积	80 000	89 000
未分配利润	20 000	63 500
负债及所有者权益合计	1 030 000	1 045 000

补充说明：

(1) 期初存货系按每件100元计价，共计4 000件；本期存货按每件125元购入，共购入6 000件，该公司按先进先出法核算存货成本；购进存货最近月份的物价指数是130。

(2) 期初固定资产为全新购入，尚未提取折旧。

(3) 流动负债和长期负债均为货币性负债。

表 12-3　利润表

编制单位：甲公司　　　　20×0 年度　　　　单位：元

项　　目	金　　额
营业收入	935 200
减：营业成本(按先进先出法计算)	625 000
折旧费用	100 000
营业费用	68 000
利润总额	142 200
减：所得税	29 700
净利润	112 500
加：年初未分配利润	20 000
可供分配利润	132 500
减：提取盈余公积	9 000
对所有者(或股东)的分配(现金股利)	60 000
年末未分配利润	63 500

补充说明：

(1) 本年销售商品 5 800 件，系在年内均匀发生。

(2) 本年的折旧费用在年末一次性计提，营业费用在年内均匀发生。

(3) 所得税在年内分月预交，系均匀发生，提取盈余公积和现金股利系年内一次性结转与支付。

根据上述资料，按本年一般物价指数，对财务报表进行调整。

1. 资产负债表项目的调整

货币性资产：

20×0 年 1 月 1 日：200 000×150/100=300 000 元

20×0 年 12 月 31 日：190 000×150/150=190 000 元

货币性负债：

20×0 年 1 月 1 日：(280 000+150 000)×150/100=645 000 元

20×0 年 12 月 31 日：(242 500+150 000)×150/150=392 500 元

存货：

20×0 年 1 月 1 日：400 000×150/100=600 000 元

20×0 年 12 月 31 日：525 000×150/130=605 769 元

固定资产净值：

20×0 年 1 月 1 日：430 000×150/100=645 000 元

20×0 年 12 月 31 日：330 000×150/100=495 000 元

调整后本年应记的累计折旧数额为 150 000(645 000−495 000)元。

实收资本：

20×0 年 1 月 1 日：500 000×150/100=750 000 元

20×0 年 12 月 31 日：500 000×150/100=750 000 元

留存收益：

20×0 年 1 月 1 日：(300 000+ 600 000+ 645 000) −645 000−750 000=150 000 元

20×0 年 12 月 31 日：(190 000+ 634 615+ 495 000) −392 500−750 000=177 115 元

将留存收益按其期末数再作内部调整。

盈余公积：

20×0 年 1 月 1 日：80 000×150/100 =120 000 元

20×0 年 12 月 31 日：120 000 +9 000 =129 000 元

未分配利润：

20×0 年 1 月 1 日：20 000×150/100 =30 000 元

20×0 年 12 月 31 日：177 115−129 000 元=48 115 元

2. 利润表(含利润分配部分)项目的调整

营业收入：935 200×150/120=1 169 000 元

营业成本：

其中：年初存货成本= 400 000×150/100=600 000 元

本期购入存货成本=125×6 000 ×150/120=937 500 元

期末存货成本=525 000×150/130=605 769 元

本期营业成本=600 000 + 937 500–605 769=931 731 元

折旧费用：100 000×150/100=150 000 元

营业费用：68 000×150/120=85 000 元

所得税：29 700×150/120=37 125 元

盈余公积：9 000×150/150=9 000 元

现金股利：60 000×150/150=60 000 元

3. 货币性项目购买力损益的计算

货币性项目购买力损益的计算详见表 12-4。

表 12-4 货币性项目购买力损益计算表

编制单位：甲公司　　20×0 年　　单位：元

项　目	名义货币 (1)	调整系数 (2)	一般购买力货币 (3)=(1)×(2)
年初货币性资产	200 000	150/100	300 000
年初货币性负债	430 000	150/100	645 000
年初货币性项目净额	(230 000)	150/100	(345 000)
加：本期货币性收入	935 200	150/120	1 169 000
减：现金性进货成本	750 000	150/120	937 500
营业费用	68 000	150/120	85 000
所得税	29 700	150/120	37 125
现金股利支出	60 000	150/150	60 000
年末货币性项目净额	(202 500)		(295 625)
货币性项目净额购买力利得	(295 625)−(202 500)= (93 125)元		

此计算结果说明：由于该公司年初持有货币性负债大于货币性资产，所以，当一般物价水平上涨时，持有这些货币性项目可以使公司形成购买力收益 93 125 元。此数据应记入公司期末调整后的利润表中的利润分配部分。

4. 调整后的财务报表

按上述计算结果，重新编制出该公司的财务报表，详见表 12-5 和表 12-6。

表 12-5 调整后的资产负债表(按一般物价水平编制)

编制单位：甲公司　　20×0 年 12 月 31 日　　单位：元

项　　目	20×0 年 1 月 1 日	20×0 年 12 月 31 日
货币性资产	300 000	190 000
存货	600 000	605 769
固定资产原值	645 000	645 000
减：累计折旧		150 000
固定资产净值	645 000	495 000
资产合计	1 545 000	1 290 769
流动负债	420 000	242 500
长期负债	225 000	150 000
实收资本	750 000	750 000
盈余公积	120 000	129 000
未分配利润	30 000	19 269
负债及所有者权益合计	1 545 000	1 290 769

表 12-6 调整后的利润表(按一般物价水平编制)

编制单位：甲公司　　20×0 年度　　单位：元

项　　目	金　　额
营业收入	1 169 000
减：营业成本	931 731
折旧费用	150 000
营业费用	85 000
利润总额	2 269
减：所得税	37 125
净利润	-34 856
加：货币性项目净额购买力利得	93 125
一般购买力货币单位计量的净利润	58 269
加：年初未分配利润	30 000
可供分配利润	88 269
减：提取盈余公积	9 000
支付现金股利	60 000
年末未分配利润	19 269

12.2.4 一般物价水平会计的评价

1. 一般物价水平会计的优点

1) 简便易行

一般物价水平会计不改变传统的历史成本计量基础，不变动会计账簿的记录，只是按一般物价指数对按历史成本/名义货币编制的财务报表进行调整，既操作简单，又容易理解。

2) 便于监督

一般物价水平会计选用的一般物价指数是政府公布的，因而调整后的财务报表具有客观性、可验证性，便于审计监督。

3) 增强了财务报表的可比性

一般物价水平会计将历史成本/名义货币会计下不同时期的报表数据换算为一般购买力货币单位后，不仅消除了物价变动的影响，而且增强了同一企业在不同时期或不同企业在同一时期财务报表的可比性。

2. 一般物价水平会计的局限性

1) 不能确切反映企业各类资产价值的实际变化

因为同一时期一般物价指数与个别物价指数可能相差较大，采用一般物价指数调整财务报表，无法考虑各类资产价格的实际变化，不能保证实物资本保全，只能是财务资本保全。

2) 不能确切反映企业真实的财务状况和经营成果

因为一般物价水平会计需要确认货币性项目购买力变动损益，而这很可能会导致信息使用者的决策失误。由于货币性项目购买力变动损益是由企业年初、年末的货币性项目净额的变动形成的，在通货膨胀时期，持有货币性资产会产生购买力变动损失，承担货币性负债则产生购买力变动收益。如果企业债务不断增加，虽然会负担沉重的利息支出，由此也会产生巨额的购买力变动收益。如果年内企业的货币性资产大量增加，相应会产生大量的购买力变动损失。事实上，货币性项日产生的购买力收益不能给企业的利润分配提供任何资金准备，其损失也无需专门弥补。在这种情况下，企业的净损益会给人以错觉，不符合会计信息有用性、可理解性的质量特征。

3) 不容易划分货币性项目和非货币性项目

运用一般物价水平会计，应先划分货币性资产、货币性负债、非货币性资产与非货币性负债项目，否则就很难保证调整后的财务报表数据的真实性。虽然大多数资产和负债项目可以明确划分，但有少数项目仍难以明确其性质。如可转换公司债券、递延所得税资产等。问题的关键在于，如何理解货币性项目金额的固定性和固定的程度，在实务中，这往往离不开会计人员的专业判断。

12.3 现行成本会计

12.3.1 现行成本会计的理论依据

现行成本会计，亦称现行成本/名义货币会计，指以现行成本为计量属性、名义货币为计量单位的一种会计模式。它针对某些受物价变动影响的特定资产，用现行成本代替历史成本计价，在此基础上计算求得企业持有的资产因物价变动所形成的损益并进行调整。

现行成本会计的理论依据是资本实物保全理论。

根据马克思的社会再生产理论，企业的耗费要使价值和实物同时得到补偿，只有采用现行成本计量，使计量得出的金额可在现时情况下购回原来相应规模的生产能力，使企业的实物资本得到保全。

报表使用者最关心的是企业资产的现行价值而非历史成本。在物价发生结构性变动的情况下，无论历史成本会计或一般物价水平会计均无法满足报表使用者的需求。而现行成本会计，对企业本期耗费的资产及期末持有资产的价值均采用现行成本(重置成本)计量，从而满足了实物资本保全和提供资产现行价值的要求。现行成本会计已充分考虑了物价变动的具体情形，被认为是一种比较完善的物价变动会计。

12.3.2 现行成本会计的主要特点

1. 采用现行成本作为计量基础

不论企业生产经营过程中耗费的资产还是期末持有的资产，都以其现行成本计量，以消除物价变动的影响。随着物价的变化，现行成本会计需要不断地对企业资产的价值重新计量，使会计信息具有较大的真实性。

2. 在实物资本保全概念下确认企业收益

收益是企业一定时期的收入超过本期全部费用和损失后的余额。企业收益只有在投入资本得到保全后才能确认。通货膨胀条件下，企业面临财务资本或实物资本保全的会计选择，而一般物价水平会计是在财务资本保全的基础上确认收益。以财务资本保全为基础确定的收益，称为会计收益。为消除物价变动导致的收益不真实，使实物资本得到保全，现行成本会计以现行成本计量资产，并以此为基础来确定企业收益。以实物资本保全为基础确定的收益，称为经济收益。

12.3.3 现行成本会计的基本程序和方法

1. 确定各项目的现行成本

确定企业资产现行成本的依据：外购资产的现行成本主要是资产的现行市场牌价和卖方的报价；自制资产的现行成本主要是资产的现行再生产成本。如果不能直接确定各项资产的现行成本，也可根据各项资产的历史成本及个别物价指数进行估算。

1) 货币性项目的现行成本

在实务操作中，一般认为企业货币性项目年初历史成本就是当时的现行成本，年末历史成本就是年末现行成本，因而不需要进行调整。

2) 非货币性项目的现行成本

(1) 资产负债表项目的调整原则。

存货、固定资产等具有较为活跃的市场或较为可靠的计算现行成本所需参数的支持，应按照现行成本调整；无形资产的特有性、不确定性及市场化程度不同等原因导致其现行成本确定较为困难，实务中通常不调整。我国现阶段尚未建立发达的债权债务转移市场，确定负债的现值有较大难度，因此，负债可以不调整。

(2) 利润表项目的调整原则。

利润表项目的历史成本调整与否取决于它们各自形成时的市场化状态，是市场直接交易的结果则其历史成本就代表了当时现行成本，故不需要调整；是企业内部事项的结果则需要用现行成本进行调整。因此，除销售成本、折旧费外，其他收支项目的金额已经代表了该期间的现行成本，不需要进行调整，直接取自历史成本核算的金额。按照现行成本会计的要求，存货的销售成本应根据销售存货时的重置成本计算。由于本期存货的购销频繁，为了简化核算，期末计算销售成本时，一般直接以期末的重置成本为依据来确定。本期固定资产折旧费的计算，宜采用期末的重置成本为依据来确定。虽然会增加费用，但收回的补偿资金多，有利于实物资本保全。

(3) 现金流量表是基于收付实现制编制的，因而报表项目金额可被视为现行成本。所有者权益变动表项目由资产负债表与利润表项目直接填列或经计算填列。

2. 计算非货币性资产持有损益

物价变动时，非货币性资产(常见的主要是存货、固定资产)的现行成本与其历史成本之间会有差额，该差额称为资产持有损益。如果现行成本金额大于历史成本金额，其差额就是持有利得；如果现行成本金额小于历史成本金额，其差额就是持有损失；资产持有损益可分为未实现持有损益、已实现持有损益两部分。

未实现持有损益指企业期末持有资产的现行成本高于历史成本的差额，是针对资产类账户余额而言的，是资产负债表项目。

已实现持有损益指本期消耗资产的现行成本高于历史成本的差额，该差额已通过资产的销售或耗用计入相关成本费用，再从销售收入中收回，故称为已实现持有损益。这是针对资产类账户的调整账户而言的，是利润表项目。

对于存货而言：

未实现持有损益=按现行成本表示的期末存货-按历史成本表示的期末存货

已实现持有损益=按现行成本确定的营业成本-按历史成本确定的营业成本

对于固定资产而言：

未实现持有损益=按现行成本表示的期末净值-按历史成本表示的期末净值

已实现持有损益=按现行成本计算的折旧费用-按历史成本计算的折旧费用

现行成本会计下，资产持有损益的列示如下。

(1) 根据财务资本保全观念的处理方法，对资产持有损益单独设项、列入利润表中，最终调整企业的期末未分配利润。

(2) 根据实物资本保全观念，因物价变动而产生的资产持有损益，反映在资产负债表中的股东权益项下。这样做的好处是可以保证企业实物资本保全，因而被广泛采用。

3. 编制按现行成本计价的财务报表

编制按现行成本计价的财务报表的方法，见例12-4。

12.3.4 现行成本会计应用举例

【例12-4】 A公司按历史成本/名义货币编制的资产负债表和利润表详见表12-7、表12-8。

表 12-7 资产负债表

编制单位：A 公司　　20×0 年 12 月 31 日　　单位：元

项　目	20×0 年 1 月 1 日	20×0 年 12 月 31 日
货币资金	110 000	83 000
应收账款	85 000	317 000
其他货币性资产	65 000	8 000
存货	200 000	240 000
固定资产净值	116 000	108 000
无形资产(土地使用权)	370 000	370 000
资产合计	946 000	1 126 000
流动负债(货币性)	126 000	211 000
长期负债(货币性)	320 000	320 000
负债合计	446 000	531 000
实收资本	500 000	500 000
留存收益	0	95 000
所有者权益合计	500 000	595 000
负债及所有者权益合计	946 000	1 126 000

表 12-8 利润表

编制单位：A 公司　　20×0 年年度　　单位：元

项　目	金额
一、营业收入	744 000
减：营业成本	390 000*
营业费用	121 000
折旧费	8 000
二、利润总额	225 000
减：所得税费用	80 000
三、净利润	145 000
加：年初未分配利润	0
四、可供分配利润	145 000
减：现金股利	50 000
五、年末未分配利润	95 000

* 营业成本=年初存货+本年进货−年末存货=280 000+350 000−240 000=390 000。

假设：

(1) A 公司自 20×0 年 1 月 1 日开始营业。故存货、固定资产、无形资产等非货币性项目在 20×0 年 1 月 1 日的现行成本和历史成本相同。

(2) 存货在 20×0 年 12 月 31 日的现行成本为 300 000 元。

(3) 固定资产(原值)在 20×0 年 12 月 31 日的现行成本为 135 000 元；平均使用年限 15 年，无残值，采用直线法折旧。

(4) 20×0 年 12 月 31 日无形资产——土地使用权的现行成本为 390 000 元。

(5) 销售成本以现行成本为基础，在年内均匀发生，其现行成本为 618 000 元。

(6) 对于营业费用及所得税项目，以历史成本为基础和以现行成本为基础所计算的金额相同。

1. 确定各项目的现行成本

根据以上资料，需要调整的项目经调整后的现行成本如下。

1) 资产负债表项目的调整

存货　　300 000

固定资产(原值)　　135 000

(净值)　　126 000(135 000−135 000÷15)

无形资产——土地使用权　　390 000

2) 利润表项目的调整

营业成本　　618 000

折旧费　　9 000(135 000÷15)

2. 计算非货币性资产持有损益

对于存货而言：

未实现持有损益=300 000−240 000=60 000

已实现持有损益=618 000−390 000=228 000

对于固定资产而言：

未实现持有损益=126 000−108 000=18 000

已实现持有损益=9 000−8 000=1 000

对于无形资产——土地使用权而言：

未实现持有损益=390 000−370 000=20 000

已实现持有损益=0

根据计算结果编制的持有损益汇总表见表 12-9。

表 12-9 A 公司非货币性资产持有损益汇总表

单位：元

项　目	存　货	固定资产	无形资产——土地使用权	合　计
未实现持有损益				
20×0 年 12 月 31 日	60 000	18 000	20 000	98 000
20×0 年 1 月 1 日	0	0	0	0
已实现持有损益	228 000	1 000	0	229 000
持有损益合计	288 000	19 000	20 000	327 000

3. 编制按现行成本计价的财务报表

重编 A 公司的以现行成本为基础的资产负债表、利润表，见表 12-10、表 12-11。

表 12-10　资产负债表

编制单位：A 公司　　20×0 年 12 月 31 日　　单位：元

项　目	20×0 年 1 月 1 日	20×0 年 12 月 31 日
货币资金	110 000	83 000
应收账款	85 000	317 000
其他货币性资产	65 000	8 000
存货	200 000	300 000
固定资产(净值)	116 000	126 000
无形资产(土地使用权)	370 000	390 000
资产合计	946 000	1 224 000
流动负债(货币性)	126 000	211 000
长期负债(货币性)	320 000	320 000
负债合计	446 000	531 000
实收资本	500 000	500 000
留存收益	0	(134 000)
已实现资产持有收益	0	229 000
未实现资产持有收益	0	98 000
所有者权益合计	500 000	693 000
负债及所有者权益合计	946 000	1 224 000

表 12-11　利润表

编制单位：A 公司　　20×0 年年度　　单位：元

项目	金额
一、营业收入	744 000
减：营业成本	618 000
营业费用	121 000
折旧费	9 000
二、利润总额	(4 000)
减：所得税费用	80 000
三、净利润	(84 000)
加：年初未分配利润	0
四、可供分配利润	(84 000)
减：现金股利	50 000
五、年末未分配利润	(134 000)

12.3.5　现行成本会计的评价

1. 现行成本会计的主要优点

1) 增强了报表的有用性

现行成本会计保留了为人们所熟悉的、具有现行购买力单位性质的名义货币计量单位，它对资产的估价方法通常能够为历史成本财务报表的使用者所接受。同时，对企业经营者来说，历史成本是沉没成本，制定未来决策往往需要现行成本，现行成本会计恰好能提供这种相关信息，因此信息的有用性也得到相应的提高。

2) 能够提供企业真实的经营利润

现行成本会计明确区分企业的经营损益与资产持有损益，两者性质不同，前者反映企业管理者的经营管理水平，后者虽然取决于物价的变动因素，但也与管理者的应变能力有关。将两者分别列示，有利于对企业管理人员作出全面的评价。

3) 有利于实物资本保全

现行成本会计按现行重置成本补偿成本费用，保证了实物资产更新的资金来源。尤其是将通货膨胀时期产生的资产持有收益反映在所有者权益内，可较好地保持企业的生产经营能力，杜绝资本金的暗中流失。

4) 所有者权益较为真实

资产按现行成本计量，负债按契约或合同规定的责任计量，二者相抵后的净资产较为接近实际的所有者权益。

2. 现行成本会计的主要缺陷

1) 主观性较强

现行成本的确定比较困难，尤其对于专项设备和季节性生产设备而言，要确定其在任何时点的重置成本相当困难，即使能确定也难免带有很大程度的主观判断。因而，在确定重置成本的过程中，数字的取舍及计算上的繁简极易渗入主观意志，从而影响会计信息的可靠性。

2) 可比性较差

各期的现行成本反映了资产在不同时期的现行价值，会导致资产价值缺乏可比性。

3) 未考虑货币性项目购买力变动对会计信息的影响

货币性项目，如现金、银行存款的购买力将随着物价的变动而发生变动，进而对会计信息的可靠性产生影响，现行成本会计对此未予以考虑。

12.4 现行成本不变币值会计

12.4.1 现行成本不变币值会计的基本原理

现行成本不变币值会计既改变计量单位，又改变计量属性。它要求按现行成本调整各非货币性项目，计算因物价变动对持有非货币性资产产生的影响，同时对货币性项目要按一般物价指数调整，计算货币性项目购买力变动损益，并将结果在利润表上单独列示。

现行成本不变币值会计是一般物价水平会计和现行成本会计两种模式相结合的产物。一般物价水平会计只将计量单位改为一般购买力单位，计量属性仍用历史成本，而现行成本会计将计量属性改为现行成本，计量单位仍采用名义货币，因而在消除物价变动对会计信息的影响方面两者都有一定的局限性。

采用现行成本不变币值会计模式对企业的资产、负债、收入费用等要素进行计量，既要考虑一般物价水平(即币值)变动的影响，又要考虑这些要素本身价格变动(即特定物价变动)的影响；既需要按一般物价水平进行调整并计算购买力损益，又需要按现行成本调整计算资产持有损益。

12.4.2 现行成本不变币值会计的基本程序和方法

(1) 收集重编报表所需的物价指数和非货币性资产等项目的现行成本。

(2) 划分货币性和非货币性项目。

(3) 计算货币性项目的购买力损益(与一般物价水平会计的计算相同)。

(4) 对每一非货币性项目计算其现行成本的总变动数。总变动数要分解为币值变动引起的现行成本变动数和特定物价变动引起的现行成本变动数。

(5) 重编财务报表。在日常会计处理中，编制出现行成本会计的财务报表后，只需按一般物价指数对财务报表的各项目进行调整即可得到现行成本/不变币值会计模式下的财务报表。

12.4.3 现行成本不变币值会计的评价

(1) 优点。这种模式既能反映货币性项目购买力变动净损益，又能提供非货币性资产现行成本的增加或减少，既考虑了币值变动对计量对象价格的影响，又考虑了特定物价变动对计量对象价格的影响，因而能全面消除物价变动对会计信息的影响。

(2) 缺陷。货币性项目与非货币性项目划分、现行成本的确定比较困难，处理程序烦琐，所提供的信息内容十分复杂，不符合成本效益原则，也不便于实际操作和信息使用者理解，因此一般很少采用。

本章小结

本章在介绍会计计量模式、资本保全理论的基础上，着重讲述了一般物价水平会计和现行成本会计的基本原理、基本程序和方法，简单描述了现行成本不变币值会计的基本原理和方法。

会计计量模式是研究物价变动会计的起点，资本保全理论是物价变动会计的理论基础。历史成本/名义货币单位会计计量模式是目前采用的传统会计计量模式，它以币值稳定为前提，未考虑物价变动对会计信息的影响，不能体现资本保全观念；历史成本/一般购买力货币单位会计计量模式，构成一般物价水平会计，体现了财务资本保全观念；现行成本/名义货币单位会计计量模式，构成现行成本会计，体现了实物资本保全观念；现行成本/一般购买力货币单位会计计量模式，构成现行成本不变币值会计，也体现了实物资本保全观念。

理论界提出的以上 3 种物价变动会计模式，各有利弊，因此需要在实践中不断地完善和改进。

重要术语

一般物价水平会计、现行成本会计、现行成本不变币值会计、货币性项目、非货币性项目、财务资本保全、实物资本保全、货币项目购买力损益、非货币性资产持有损益、未实现持有损益、已实现持有损益

参考阅读文献

[1] 孙铮. 物价变动会计理论与实务[M]. 上海：立信会计出版社，1995.

[2] 曲晓辉. 论物价变动会计[M]. 北京：中国财政经济出版社，1991.

习　　题

一、单项选择题

1. 下列体现财务资本保全的会计计量模式是(　　)。

A．历史成本/名义货币单位　　B．历史成本/一般购买力货币单位

C．现行成本/名义货币单位　　D．现行成本/一般购买力货币单位

2. 在物价变动会计中，企业应收账款期初余额、期末余额均为 50 万元，如果期末物价比期初增长 10%，则意味着本期应收账款发生了(　　)。

A．购买力变动损失 5 万元　　B．购买力变动收益 5 万元

C．资产持有收益 5 万元　　D．资产持有损失 5 万元

3. 一般物价水平会计对物价变动而产生的影响，其处理方法为(　　)。

A．计入当期损益　　B．予以递延

C．作为留存收益的调整项目　　D．作为少数股东权益项目

4. 企业期末所持有资产的现行成本与历史成本的差额，称为(　　)。

A．持有损益　　B．已实现持有损益

C．未实现持有损益　　D．购买力变动损益

5. 认为只要本期收入额大于本期资产的减少额即为本期实现了利润的是(　　)。

A．以名义货币单位考虑的财务资本保全

B．以一般购买力货币单位考虑的财务资本保全

C．以名义货币单位考虑的实物资本保全

D．以一般购买力货币单位考虑的实物资本保全

6. 只要调整财务报表、变动会计计量单位的物价变动会计处理方法是(　　)。

A．一般物价水平会计　　B．现行成本会计

C．现行成本不变币值会计　　D．物价变动会计的部分调整法

7. 既改变会计的计量单位，又改变会计的计量属性的物价变动会计方法是(　　)。

A．一般物价水平会计　　B．现行成本会计

C．现行成本不变币值会计　　D．物价变动会计的部分调整法

8. 在一个会计年度中，物价指数既有一般物价指数和个别物价指数，又有年初的物价指数，年末的物价指数和全年平均的物价指数等。在运用一般物价水平会计进行企业利润表的物价变动调整时，对一般的收入和费用项目采用的物价指数是(　　)。

A．年初的物价指数　　B．个别物价指数

C．年末的物价指数　　D．全年平均的物价指数

9．(　　)不属于非货币性项目。

A．存货　　B．实收资本

C．应收票据　　D．交易性金融资产

10．(　　)不是现行成本会计的主要优点。

A．能全面评价企业的经营管理业绩

B．有利于实物资本保全

C．考虑货币性项目购买力变动对损益的影响

D．能为决策提供更相关的会计信息

二、多项选择题

1．物价大幅度变动对会计理论产生的冲击主要表现在(　　)。

A．基本上否定了币值不变的假设　　B．基本上否定了会计主体的假设

C．使历史成本原则缺乏基础　　D．严重降低了会计信息有用性的质量

E．影响了会计目标的实现

2．下列属于货币性项目的有(　　)。

A．应收账款　　B．应付账款

C．固定资产　　D．无形资产

E．持有至到期投资

3．现行成本会计的主要优点包括(　　)。

A．有利于实物资本保全　　B．有利于财务资本保全

C．所有者权益较为真实　　D．能为经济决策提供更相关的会计信息

E．考虑了货币性项目购买力变动对会计信息的影响

4．相对于现行成本不变币值会计，下述说法正确的是(　　)。

A．一般物价水平未能确切地表达资产的期末价值

B．现行成本会计不进行货币购买力损益的计算

C．现行成本会计的调整范围不涉及企业上期的权益数额

D．一般物价水平会计没有进行资产持有损益的计算

E．现行成本不变币值会计既要改变会计计量属性，又要改变会计计量单位

5．非货币性项目的特点是(　　)。

A．当以期末名义货币为等值货币对该项目期末金额按一般物价水平变动换算时，其换算后的金额有所改变，但原价值量不变

B．在一般物价水平会计核算中需对其是否具有货币性质或非货币性质加以划分

C．当以期末名义货币为等值货币对该项目期末金额按一般物价水平变动换算时，其换算后的金额不变

D．在一般物价水平变动中，该项目产生购买力损益

E．在一般物价水平变动中，该项目不产生购买力损益

6．在物价显著变动的时期，按历史成本记录的各项业务在会计期末必然会与其变动后的价格有所区别。这样，以下说法正确的有(　　)。

A．如在通货膨胀期持有应收款项，企业将因物价变动而受到损失

B．如在通货膨胀期持有应付款项，企业将因物价变动而受到损失

C．如在通货膨胀期持有应收款项，企业将因物价变动而得到收益

D．如在通货膨胀期持有应付款项，企业将因物价变动而得到收益

E．如在通货膨胀持有交易性金融资产，企业因将物价变动而得到收益

7. 现行成本会计的特点可以体现为以下(　　)几个方面。

A. 以现行成本为基础进行各资产项目的账项调整

B. 依据调整后的数据编制财务报表

C. 要确切地计算货币购买力损益

D. 要确切地计算资产持有损益

E. 资产的计价依据是个别物价指数

8. 货币性项目是指企业拥有的货币和应以货币结算的项目，按照现行成本法，下述(　　)情况是正确的。

A. 其内容包括有固定利息收入的持有至到期投资等货币性资产

B. 其内容包括可由固定货币金额表示的货币性负债

C. 其账面金额不随物价变动而变动

D. 其购买力会随物价变动而变化

E. 由于上述特点，企业不要在物价变动时期持有货币性项目

9. 采用现行成本会计，下述说法正确的有(　　)。

A. 货币性项目不需再作调整

B. 货币性项目需要进行调整

C. 非货币性项目以会计分录的方式将账面上的历史成本调整为现行成本

D. 非货币性项目以一般物价指数将账面上的历史成本调整为现行成本

E. 要计算资产的已实现持有损益和未实现持有损益

10. 下列关于货币性项目的说法中正确的有(　　)。

A. 持有货币性资产，物价上涨会带来购买力损失

B. 持有货币性资产，物价下降会带来购买力收益

C. 持有货币性负债，物价上涨会带来购买力损失

D. 持有货币性负债，物价上涨会带来购买力收益

E. 持有货币性负债，物价下降会带来购买力损失

三、计算及会计处理题

1. 资料：

(1) A 公司在 20×0 年 1 月 1 日的货币性项目如下。

现金 800 000 元	应收账款 340 000 元
应付账款 480 000 元	短期借款 363 000 元

(2) 本年度发生以下有关经济业务。

① 销售收入 2 800 000 元，购货 250 000 元。

② 以现金支付营业费用 50 000 元。

③ 3 月底支付现金股利 30 000 元。

④ 3 月底增发股票 1 000 股，收入现金 3 000 元。

⑤ 支付所得税 20 000 元。

(3) 有关物价指数如下。

20×0 年 1 月 1 日	100
20×0 年 3 月 31 日	120
20×0 年 12 月 31 日	130
20×0 年年度平均	115

要求：以年末货币为稳值货币，计算货币性项目净额购买力变动损益。

2. 资料：

(1) H 公司于 20×0 年年初成立并正式营业。本年度按历史成本/名义货币编制的资产负债表、利润表分别见表 12-12、表 12-13。

表 12-12 资产负债表

20×0 年 12 月 31 日 单位：元

项 目	20×0 年 1 月 1 日	20×0 年 12 月 31 日
货币资金	30 000	40 000
应收账款	75 000	60 000
其他货币性资产	55 000	160 000
存货	200 000	240 000
固定资产(净值)	120 000	112 000
无形资产——土地使用权	360 000	360 000
资产总计	840 000	972 000
流动负债(货币性)	80 000	160 000
长期负债(货币性)	520 000	520 000
实收资本	240 000	240 000
留存收益	0	52 000
负债及所有者权益总计	840 000	972 000

表 12-13 利润表

20×0 年 单位：元

一、营业收入	640 000
减：营业成本	376 000
年初存货	200 000
加：本年进货	416 000
减：年末存货	240 000
销售及管理费用	136 000
折旧费	8 000
二、利润总额	120 000
减：所得税费用	60 000
三、净利润	60 000
加：年初未分配利润	0
四、可供分配利润	60 000
减：现金股利	8 000
五、年末未分配利润	52 000

(2) 年末，期末存货的现行成本为 400 000 元。

(3) 年末，固定资产(原值)的现行成本为 144 000 元，使用年限为 15 年，无残值，采用直线法折旧。

(4) 年末，无形资产——土地使用权的现行成本为 720 000 元。

(5) 销售成本以现行成本为基础，在年内均匀发生，现行成本为 608 000 元。

(6) 销售及管理费用、所得税项目，其现行成本金额与以历史成本为基础的金额相同。

要求：根据上述资料，编制 H 公司 20×0 年度现行成本/名义货币基础的资产负债表、利润表。

第13章 债务重组与企业清算会计

教学目标

通过本章的学习，要理解债务重组的定义、方式，理解破产清算的条件、程序；理解解散清算的条件、程序；掌握债务重组中的以资产清偿债务、将债务转为资本、修改其他债务条件以及混合重组的会计处理方法；了解破产清算中的管理人会计处理方法、解散清算的会计处理方法。

教学要求

知识要点	能力要求	相关知识
债务重组会计	理解债务重组的定义、方式 学会资产清偿债务的账务处理 学会债务转为资本的账务处理 学会修改其他债务条件以及混合重组的账务处理	债务重组定义 债务重组方式 债务重组的会计处理
破产清算会计	理解管理人制度 理解破产财产的清偿顺序 了解破产清算中的管理人账务处理	破产原因 破产清算程序 破产清算会计处理
解散清算会计	学会清算所得的计算和剩余财产的分配 了解解散清算的账务处理 理解解散清算会计与破产清算会计的异同	公司解散 解散清算程序 解散清算会计处理

导入案例

中航油：债务重组后的迷雾

饱受重组煎熬的中国航油(新加坡)股份有限公司(下称“中航油”)，一天之间经历了一悲一喜的两重天。2005 年 6 月 8 日，中航油新重组计划获得债权人大会的高票通过，免遭清盘命运。中航油债务重组计划能够获得通过，对有关各方来说，应该都是利好消息。同一天，包括中国航空油料集团总经理荚长斌在内的 5 名中航油高管及董事因涉嫌触犯相关法律，在新加坡被拘捕。

毫无疑问，债务重组计划获得通过，是建立在中航油及其母公司作了较大让步的基础上的。与 2005 年 1 月份的方案相比，新方案中，中航油的偿付金额为 2.75 亿美元，将偿还债务人款项的比例提高到 53.9%，这比之前公布的 41.5%的比例，提高了 12.4 个百分点。同时先偿还债权人 1.3 亿美元现金，其余的 1.45 亿美元，公司将分 5 年偿还。中国航空油料集团公司(CAOHC)承诺，将和新投资者共同注资最高至 1.3 亿美元。此方案与最初方案相比，不仅显著提高了偿付率，缩短了偿付时间，而且包含了其他额外的优惠条件，如母公司为中航油担保延后偿付的债务及利息，债权人可以根据债务数量购买总额不超过 10%的未来公司扩大的股份。

此前，普华永道披露的最终调查报告给中航油的重组前景投下了一些阴影，但是该方案还是得到了债权人和市场投资人士的积极响应。尽管挽救中航油的政治意义大于经济意义，不过，新的债务重组计划是尽可能减少各方损失、妥善解决问题的合适途径和方法。支持中航油的新债务重组计划对债权人来说，是现实的和理性的。如果重组不能成功，中航油被清盘，作为一家以贸易为主营业务的公司，可以用来偿债的资产并不多。并且，在此情况下，拥有 1.18 亿美元债权的母公司，也将加入索赔行列。因此，债权人能够获得的权益将会更少。

债务重组计划获得债权人的通过，对中航油来说只是第一步，其未来的长期发展还面临着一系列不确定因素。

首先，从经济上来看，中航油实际上已经资不抵债，破产是最好的选择。被投资者和债权人看好的是中航油在中国的航空燃油进口独家垄断权。众所周知，中航油的母公司几乎完全垄断了航空燃油的进口供应，依靠与母公司的关系，中航油去年为国内各航空公司独家提供了大约三分之一的燃油。中航油最初的迅速成长，得益于其政策性垄断的国内航油市场是一个不争的事实。但是，中航油在未来能否保住它的独家燃油供应权，目前来看还是一个未知数。中国加入 WTO 时已承诺，将逐步开放成品油市场，因此，航空燃油进口独家垄断权的结束只是时间问题。实际上，在 2005 年底中航油出事之初，中石油和中石化等几家公司就想打破这种垄断地位。只是中航油马上成立了新的燃油贸易公司来接管原来的业务，才一直保持到现在。如果丧失了这一垄断地位，中航油偿付债务的能力和长期发展都将大打折扣。

其次，在中航油的新还债方案中，最为关键的是母公司和新投资者注入的 1.3 亿美元现金。但是，到目前为止，谁是这名新投资者依然是个未知数。中航油只是表示在与新加坡的淡马锡控股进行商谈，但是一直没有确定其是否会入股。而淡马锡控股则持相当谨慎的态度，一再表示它会根据商业考虑来作决定。如果淡马锡控股最终不参与重组计划，那么，母公司是独自注入 1.3 亿美元的资金，还是寻找新的投资者？这一切尚不明朗。

再次，普华永道的最终调查报告披露，对于中航油的巨亏，除其前总裁陈久霖先生要负直接责任外，相关方也应负间接责任，这包括在中航油董事会任职的母公司的高层管理人员。在新加坡，一系列针对中航油相关责任人的法律行动已经展开。被停职的中航油总裁陈久霖等已经被新加坡警方拘捕。法律诉讼会不会影响新的投资者加入，目前尚不得而知。而国资委也一再强调，待(中航油)事件妥善解决后，将依法追究责任人的责任。我们有理由相信，中航油及其母公司将会发生一系列的人事变动。如何选择和任命合适的管理和监管人员是必须面对的问题。毫无疑问，法律诉讼和人事变动，这一切或多或少都会影响到中航油未来的运作。

另外，中航油将分 5 年偿还余下的 1.45 亿美元。除了出售其拥有的西班牙 CLH 公司 5%的股权，并将从售股收益中拿出 6 000 万美元用于偿还债务外，中航油打算用营运现金流、公司分红等收益所得的现金，来支付每年的分期付款。前 4 年每年支付 800 万美元，第 5 年支付 5 300 万美元。将来中航油如果仅靠公司的主要业务平台——进口航油采购业务，现金流能否支撑偿债是个问题。即使在中航油巨亏以前，公司的营运现金流也一直在恶化。从 2001 年的 5 550 万美元和 2002 年的 4 510 万美元，降到 2003 年的 2 340 万美元。而同时公司需要逐年用现金来支付债务，这会导致发展资金的缺乏。公司能够获得长远的发展才是挽救中航油的真正目的。只有公司财力能够支撑长远发展，才能给股东真正的信心。

中航油能够通过债权人的投票，我们有理由欣喜，但是考虑到上面的这些未知数，要恢复投资者的信心，并能够获得长期的持续发展，中航油仍有漫长的路要走。

资料来源:

[1] 王雪涛. 最艰难时刻已过去 中航油能否涅槃新生[J]. 财富时报, 2006(03).

[2] 禹刚, 郭继. 97%债权人通过中航油重组计划[N]. 第一财经日报, 2005-6-9.

问题:

(1) 如果中航油的债务重组方案未获得债权人通过，中航油将如何处理此事?

(2) 中航油重组方案给我们的启示是什么?

13.1 债务重组会计

企业在其经营活动中会由于自身的经营条件或企业外部的环境等各种原因，无法如期偿还其债务，而陷入财务困难甚至财务危机。如果企业面临的财务困难是暂时的，则企业有可能在同其债权人达成协议或由法院裁定进行债务重组；如果企业的财务危机十分严重，可以采取破产方式解决。

13.1.1 债务重组的定义

债务重组是指在债务人发生财务困难的情况下，债权人按照其与债务人达成的协议或者法院的裁定作出让步的事项。

债务人发生财务困难是指因债务人出现资金周转困难、经营陷入困境或者其他方面的原因，导致其无法或者没有能力按原定条件偿还债务。

债权人作出让步是指债权人同意发生财务困难的债务人现在或者将来以低于重组债务账面价值的金额或者价值偿还债务。债权人作出让步的情形主要包括债权人减免债务人部分债务本金或者利息、降低债务人应付债务的利率等。

13.1.2 债务重组的方式

债务重组主要有以下几种方式。

(1) 以资产清偿债务(包括现金资产和非现金资产)。

(2) 将债务转为资本(债转股)。但债务人根据转换协议，将应付可转换公司债券转为资本的，属于正常情况下的债务转为资本，不能作为本章所指的债务重组。

(3) 修改其他债务条件，如减少债务本金、降低利率、免去应付未付的利息、延长偿还期限等。

(4) 以上3种方式的组合(混合重组)。

13.1.3 以现金(广义)清偿债务的会计处理

1. 债务人的会计处理

以现金清偿债务的，债务人应当将重组债务的账面价值与实际支付现金之间的差额，确认为债务重组利得，计入当期损益(营业外收入)。

以低于应付债务账面价值的现金清偿债务的，应按应付债务的账面余额，借记“应付账款”等科目，按实际支付的金额，贷记“银行存款”科目， 按其差额，贷记“营业外收入——债务重组利得”科目。

2. 债权人的会计处理

以现金清偿债务的，债权人应当将重组债权的账面余额与收到的现金之间的差额，确认为债务重组损失，计入当期损益(营业外支出)。债权人已对债权计提减值准备的，应当先将该差额冲减减值准备，冲减后仍有损失的，计入营业外支出(债务重组损失)；若冲减后减值准备仍有余额的，应予转回并抵减当期资产减值损失。

【例 13-1】 乙公司于20×0年2月15日销售一批产品给甲公司，开具的增值税专用发票上的价款为500 000元，增值税税额为85 000元。按合同规定，甲公司应于20×0年5月15日前偿付价款，由于甲公司发生财务困难，无法按合同规定的期限偿还债务，经双方协商于20×0年8月1日进行债务重组。债务重组协议规定：乙公司同意减免甲公司50 000元债务，余额用现金立即清偿。乙公司于20×0年8月8日收到甲公司通过银行转账偿还的剩余款项。乙公司已为该项应收账款计提了30 000元坏账准备。

(1) 20×0年8月8日，甲公司的账务处理如下。

计算债务重组利得：

应付账款账面余额	585 000
减：支付的现金	535 000
债务重组利得	50 000

会计分录如下。

借：应付账款——乙公司	585 000	
贷：银行存款		535 000
营业外收入——债务重组利得		50 000

(2) 20×0年8月8日，乙公司的账务处理如下。

计算债务重组损失：

应收账款账面余额	585 000
减：收到的现金	535 000
差额	50 000
减：已计提坏账准备	30 000
债务重组损失	20 000

会计分录如下。

借：银行存款　　535 000
　　坏账准备　　30 000
　　营业外支出——债务重组损失　　20 000
　　贷：应收账款——甲公司　　585 000

若乙公司已为该项应收账款计提了 60 000 元坏账准备。

乙公司的账务处理如下。

借：银行存款　　535 000
　　坏账准备　　60 000
　　贷：应收账款　　585 000
　　　　资产减值损失　　10 000

13.1.4 以非现金资产清偿债务的会计处理

债务人以非现金资产清偿债务的，应当在符合金融负债终止确认条件时，终止确认重组债务，并将重组债务的账面价值与转让的非现金资产的公允价值之间的差额，确认为债务重组利得，计入当期损益(营业外收入)；转让的非现金资产的公允价值与其账面价值的差额为转让资产损益，计入当期损益，两项差额不能相互抵销。

转让资产公允价值与其账面价值的差额，应当分不同的情况进行处理。

(1) 转让资产为存货的，应当作为销售处理，根据企业会计准则相关内容的规定，按其公允价值确认收入，同时结转相应的成本。

(2) 转让资产为固定资产、无形资产的，转让资产公允价值与其账面价值的差额，计入营业外收入或营业外支出。

(3) 转让资产为长期股权投资(或金融资产)的，转让资产公允价值与其账面价值的差额，计入投资收益。

债权人在债务重组日，重组债权的账面余额与受让的非现金资产的公允价值之间的差额，确认为债务重组损失，计入当期损益。债权人已对债权计提减值准备的，应当先将该差额冲减减值准备，冲减后仍有损失的，计入营业外支出，若冲减后减值准备仍有余额的，应予转回并抵减当期资产减值损失。

债务人在转让非现金资源的过程中发生的一些税费，如资产评估费、运杂费等，直接计入转让资产损益。债权人收到非现金资产时发生的有关运杂费等，应当计入相关资产的价值。

以非现金资产清偿债务的具体会计处理如下。

1. 以库存材料、商品产品抵偿债务

债务人以库存材料、商品产品抵偿债务的，应视同销售进行核算。企业可将该项业务分为两部分，一是将库存材料、商品产品出售给债权人，取得货款，出售库存材料、商品产品业务与企业正常的销售业务处理相同，其发生的损益计入当期损益；二是以取得的货币清偿债务，当然在这项业务中实际上并没有发生相应的货币流入与流出。

【例 13-2】甲公司向乙公司购买了一批货物，价款为 468 000 元(包括应收取的增值税税额)，按照购销合同约定，甲公司应于 20×0 年 1 月 5 日前支付该价款，但至 20×0 年 1 月 31 日甲公司尚未支付。由于甲公司财务发生困难，短期内不能偿还债务，经双方协商，乙公司

同意甲公司以其生产的产品偿还债务。该产品的公允价值为340 000元，实际成本为283 000元，适用的增值税率为17%，乙公司于20×0年2月5日收到甲公司抵债的产品，并作为商品入库；乙公司对该项应收账款计提了46 800元坏账准备。

(1) 20×0年2月5日，甲公司的账务处理。

计算债务重组利得：468 000−(340 000+340 000×17%)=70 200(元)

借：应付账款——乙公司　　468 000
　　贷：主营业务收入　　340 000
　　　　应交税费——应交增值税(销项税额)　　57 800
　　　　营业外收入——债务重组利得　　70 200

同时，借：主营业务成本　　283 000
　　　　贷：库存商品　　283 000

(2) 20×0年2月5日，乙公司的账务处理。

计算债务重组损失：468 000−(340 000+340 000×17%)−46 800=23 400(元)

借：库存商品　　340 000
　　应交税费——应交增值税(进项税额)　　57 800
　　坏账准备　　46 800
　　营业外支出——债务重组损失　　23 400
　　贷：应收账款——甲公司　　468 000

2. 以固定资产抵偿债务

债务人以固定资产抵偿债务的，应将固定资产的公允价值与该项固定资产账面价值和清理费用的差额作为转让固定资产的损益处理。同时，将固定资产的公允价值与应付债务的账面价值的差额，作为债务重组利得，计入营业外收入。债权人收到的固定资产应按公允价值计量。

【例13-3】 20×0年4月5日，乙公司销售一批产品给甲公司，价款为1 300 000元(包括应收取的增值税税额)，按购销合同约定，甲公司应于20×0年7月5日前支付价款，但至20×0年9月30日甲公司尚未支付。由于甲公司发生财务困难，短期内无法偿还债务。经过协商，乙公司同意甲公司用其一台机器设备抵偿债务。该项设备的账面原价为1 200 000元，累计折旧为330 000元，公允价值为900 000元。抵债设备已于20×0年10月10日运抵乙公司，乙公司将其用于本企业产品的生产。

(1) 20×0年10月10日，甲公司的账务处理。

计算债务重组利得：1 300 000−(900 000+900 000×17%)=247 000(元)

计算固定资产清理损益：900 000−(1 200 000−330 000)=30 000(元)

首先，将固定资产净值转入固定资产清理。

借：固定资产清理——××设备　　870 000
　　累计折旧　　330 000
　　贷：固定资产——××设备　　1 200 000

其次，结转债务重组利得。

借：应付账款——乙公司　　1 300 000
　　贷：固定资产清理——××设备　　900 000

应交税费——应交增值税(销项税额)　　153 000(900 000×17%)
营业外收入——债务重组利得　　247 000

最后，结转转让固定资产收益。

借：固定资产清理——××设备　　30 000
　贷：营业外收入——处置非流动资产利得　　30 000

(2) 20×0 年 10 月 10 日，乙公司的账务处理。

计算债务重组损失：1 300 000-(900 000+900 000×17%)=247 000(元)

借：固定资产——××设备　　900 000
　应交税费——应交增值税(进项税额)　　153 000
　营业外支出——债务重组损失　　247 000
　贷：应收账款——甲公司　　1 300 000

3. 以股票、债券等金融资产抵偿债务

债务人以股票、债券等金融资产清偿债务的，应按相关金融资产的公允价值与其账面价值的差额，作为转让金融资产的利得或损失处理；相关金融资产的公允价值与重组债务的账面价值的差额，作为债务重组利得。债权人收到的相关金融资产应按公允价值计量。

【例 13-4】 甲公司于 20×0 年 6 月 1 日销售给乙公司一批产品，价值为 450 000 元(包括应收取的增值税税额)，乙公司于当日开出 6 个月承兑的商业汇票。乙公司于 20×0 年 11 月 31 日尚未支付货款。由于乙公司发生财务困难，短期内不能支付货款。乙公司已将应付票据转入应付账款。经与甲公司协商，甲公司同意乙公司以其所拥有并作为以公允价值计量且其变动计入当期损益的某公司股票抵偿债务。

该股票的账面价值为 400 000 元(为取得时的成本)，公允价值 380 000 元。甲公司已将该项应收票据转入应收账款，为该项应收账款提取了坏账准备 40 000 元；甲公司将取得的某公司股票作为以公允价值计量且其变动计入当期损益的金融资产。用于抵债的股票已于 20×0 年 12 月 22 日办理了相关转让手续。

(1) 20×0 年 12 月 22 日，乙公司(债务人)的账务处理。

计算债务重组利得：450 000-380 000=70 000(元)

计算转让股票收益：380 000-400 000=-20 000(元)

会计分录如下。

借：应付账款　　450 000
　投资收益　　20 000
　贷：交易性金融资产　　400 000
　　营业外收入——债务重组利得　　70 000

(2) 20×0 年 12 月 22 日，甲公司(债权人)的账务处理。

计算债务重组损失：450 000-380 000-40 000=30 000(元)

会计分录如下。

借：交易性金融资产　　380 000
　营业外支出——债务重组损失　　30 000
　坏账准备　　40 000
　贷：应收账款　　450 000

13.1.5 将债务转为资本的会计处理

债务人为股份有限公司时，债务人应当在满足金融负债终止确认条件时，终止确认重组债务，并将债权人因放弃债权而享有股份的面值总额确认为股本；股份的公允价值总额(市价)与股本之间的差额作为资本公积(股本溢价)。重组债务的账面价值与股份的公允价值总额之间的差额作为债务重组利得，计入当期损益(营业外收入)。

债务人为其他企业时，债务人应当在满足金融负债终止确认条件时，终止确认重组债务，并将债权人因放弃债权而享有的股权份额确认为实收资本；股权的公允价值与实收资本之间的差额确认为资本公积(资本溢价)。重组债务的账面价值与股权的公允价值之间的差额作为债务重组利得，计入当期损益(营业外收入)。

债权人在债务重组日，应当将享有股权的公允价值确认为对债务人的投资，重组债权的账面余额与因放弃债权而享有的股权的公允价值之间的差额，先冲减已提取的减值准备，减值准备不足冲减的部分，或未提取减值准备的，将该差额确认为债务重组损失(营业外支出)。

【例 13-5】 20×0 年 1 月 5 日，乙公司销售一批产品给甲公司，价款为 200 000 元(包括应收取的增值税税额)，合同约定 6 个月后结清款项。6 个月后，由于甲公司发生财务困难，无法支付该价款，与乙公司协商进行债务重组。经双方协议，乙公司同意甲公司将该债务转为甲公司的资本。乙公司对该项应收账款计提了坏账准备 10 000 元，转股后甲公司注册资本为 5 000 000 元，抵债股权占甲公司注册资本的 2%。20×0 年 10 月 5 日，抵债股权的公允价值为 152 000 元，同日，相关手续办理完毕。假定不考虑其他相关税费。

(1) 20×0 年 10 月 5 日，甲公司的账务处理。

计算应计入资本公积的金额：152 000−5 000 000×2%=52 000(元)

计算债务重组利得：200 000−152 000=48 000(元)

	借方	贷方
借：应付账款——乙公司	200 000	
贷：实收资本——乙公司		100 000
资本公积——资本溢价		52 000
营业外收入——债务重组利得		48 000

(2) 20×0 年 10 月 5 日，乙公司的账务处理。

计算债务重组损失：200 000−152 000−10 000=38 000(元)

	借方	贷方
借：长期股权投资——甲公司	152 000	
坏账准备	10 000	
营业外支出——债务重组损失	38 000	
贷：应收账款——甲公司		200 000

13.1.6 修改其他债务条件的会计处理

1. 不附或有条件的债务重组

不附或有条件的债务重组是指在债务重组中不存在或有应付(或应收)金额。或有应付(或应收)金额是指需要根据未来某种事项出现而发生的应付(或应收)金额，而且该未来事项的出现具有不确定性。

不附或有条件的债务重组，债务人应将修改其他债务条件后债务的公允价值作为重组后债务的入账价值，重组债务的账面价值大于重组后债务的入账价值的差额作为债务重组利得，计入营业外收入。

债权人应当将修改其他债务条件后的债权的公允价值作为重组后债权的账面价值，重组债权的账面余额与重组后债权账面价值之间的差额确认为债务重组损失，计入营业外支出。如果债权人已对该项债权计提坏账准备的，应当首先冲减已计提的坏账准备，减值准备不足以冲减的部分，作为债务重组损失，计入营业外支出。

【例 13-6】甲公司在 20×0 年 12 月 31 日应收乙公司票据的账面余额为 65 400 元，其中，5 400 元为累计未付的利息，票面年利率 4%。由于乙公司连年亏损，资金周转困难，不能偿付应于 20×0 年 12 月 31 日前支付的应付票据。经双方协商，于 20×1 年 1 月 5 日进行债务重组。甲公司同意将债务本金减至 50 000 元，免去债务人所欠的全部利息，将利率从 4%降低到 2%(等于实际利率)，并将债务到期日延至 20×2 年 12 月 31 日，利息按年支付。该项债务重组协议从协议签订日起开始实施。甲、乙公司已将应收、应付票据转入应收、应付账款。甲公司已为该项应收款项计提了 5 000 元的坏账准备。

(1) 乙公司的账务处理。

① 20×1 年 1 月 5 日，计算债务重组利得。

应付账款的账面余额	65 400	
减：重组后债务公允价值	50 000	
债务重组利得	15 400	

② 20×1 年 1 月 5 日，债务重组日的会计分录如下。

借：应付账款	65 400	
贷：应付账款——债务重组		50 000
营业外收入——债务重组利得		15 400

③ 20×1 年 12 月 31 日支付利息。

借：财务费用	1 000	
贷：银行存款		(50 000×2%)1 000

④ 20×2 年 12 月 31 日偿还本金和最后一年利息。

借：应付账款——债务重组	50 000	
财务费用	1 000	
贷：银行存款		51 000

(2) 甲公司的账务处理。

① 20×1 年 1 月 5 日，计算债务重组损失。

应收账款账面余额	65 400	
减：重组后债权公允价值	50 000	
差额	15 400	
减：已计提坏账准备	5 000	
债务重组损失	10 400	

② 20×1 年 1 月 5 日，债务重组日的会计分录如下。

借：应收账款——债务重组　　50 000
　　营业外支出——债务重组损失　　10 400
　　坏账准备　　5 000
　　贷：应收账款　　65 400

③ 20×1 年 12 月 31 日收到利息。

借：银行存款　　1 000
　　贷：财务费用　　(50 000×2%)1 000

④ 20×2 年 12 月 31 日收到本金和最后一年利息。

借：银行存款　　51 000
　　贷：财务费用　　1 000
　　　　应收账款——债务重组　　50 000

2. 附或有条件的债务重组

修改后的债务条款如涉及或有应付金额，且该或有应付金额符合或有事项中有关预计负债确认条件的，债务人应当将该或有应付金额确认为预计负债。重组债务的账面价值与重组后债务的入账价值同预计负债金额之和的差额，作为债务重组利得，计入营业外收入。

借：应付账款等(重组债务的账面余额)
　　贷：应付账款——债务重组(重组后债务的公允价值)
　　　　预计负债(或有应付金额)
　　　　营业外收入——债务重组利得

或有应付金额在随后会计期间没有发生的，企业应当冲销已确认的预计负债，同时确认营业外收入。

对债权人而言，修改后的债务条款中涉及或有应收金额的，不应当确认或有应收金额，不得将其计入重组后债权的账面价值。只有在或有应收金额实际发生时，才计入当期损益。

借：应收账款——债务重组(重组后债权的公允价值，不包括或有应收金额)
　　坏账准备
　　营业外支出(借方差额)
　　贷：应收账款(重组债权的账面余额)
　　　　资产减值损失(贷方差额)

【例 13-7】 20×0 年 A 公司应收 B 公司货款 120 万元，由于 B 公司发生财务困难，遂于 20×0 年 12 月 31 日进行债务重组，A 公司同意延长 2 年，免除 20 万元债务，利息按年支付，利率为 3%。但附有一或有条件：债务重组后，如 B 公司自第二年起有盈利，则利率上升至 5%，若未盈利，利率仍维持 3%。假定实际利率等于名义利率，A 公司未计提坏账准备，B 公司很可能盈利。

(1) B 公司的账务处理(单位：万元)。

20×0 年 12 月 31 日会计分录如下。

借：应付账款　　120
　　贷：应付账款——债务重组　　100

预计负债 2(100×2%)
营业外收入——债务重组利得 18

20×1 年 12 月 31 日支付利息时的会计分录如下。

借：财务费用 3(100×3%)
贷：银行存款 3

20×2 年 12 月 31 日的会计分录如下。

假设 B 公司自债务重组后的第二年起盈利。

借：应付账款——债务重组 100
财务费用 3
预计负债 2
贷：银行存款 105

假设 B 公司自债务重组后的第二年起未盈利。

借：应付账款——债务重组 100
财务费用 3
预计负债 2
贷：银行存款 103
营业外收入 2

(2) A 公司的账务处理(单位：万元)。

20×0 年 12 月 31 日的会计分录如下。

借：应收账款——债务重组 100
营业外支出——债务重组损失 20
贷：应收账款 120

20×1 年 12 月 31 日收到利息时的会计分录如下。

借：银行存款 3
贷：财务费用 3(100×3%)

20×2 年 12 月 31 日的会计分录如下。

假设 B 公司自债务重组后的第二年起盈利。

借：银行存款 105
贷：应收账款——债务重组 100
财务费用 5

假设 B 公司自债务重组后的第二年起未盈利。

借：银行存款 103
贷：应收账款——债务重组 100
财务费用 3

13.1.7 混合重组的会计处理

(1) 债务人以现金、非现金资产两种方式的组合清偿某种债务的，应将重组债务的账面价值与支付的现金、转让的非现金资产的公允价值之间的差额作为债务重组利得。非现金资产的公允价值与其账面价值的差额作为转让资产损益。

债权人应将重组债权的账面余额与收到的现金、受让的非现金资产的公允价值，以及已提坏账准备之间的差额作为债务重组损失。

(2) 债务人以现金、将债务转为资本两种方式的组合清偿某项债务的，应将重组债务的账面价值与支付的现金、债权人因放弃债权而享有的股权的公允价值之间的差额作为债务重组利得。股权的公允价值与股本(或实收资本)的差额作为资本公积。

债权人应将重组债权的账面余额与收到的现金、因放弃债权而享有股权的公允价值，以及已提坏账准备之间的差额作为债务重组损失。

(3) 债务人以非现金资产、将债务转为资本两种方式的组合清偿某项债务的，应将重组债务的账面价值与转让的非现金资产的公允价值、债权人因放弃债权而享有的股权的公允价值之间的差额作为债务重组利得。非现金资产的公允价值与账面价值的差额作为转让资产损益；股权的公允价值与股本(或实收资本)的差额作为资本公积。

债权人应将重组债权的账面余额与受让的非现金资产的公允价值、因放弃债权而享有的股权的公允价值，以及已提坏账准备的差额作为债务重组损失。

(4) 债务人以现金、非现金资产、将债务转为资本 3 种方式的组合清偿某种债务的，应将重组债务的账面价值与支付的现金、转让的非现金资产的公允价值、债权人因放弃债权而享有股权的公允价值的差额作为债务重组利得；非现金资产的公允价值与账面价值的差额作为转让资产损益；股权的公允价值与股本(或实收资本)的差额作为资本公积。

债权人应将重组债权的账面余额与收到的现金、受让的非现金资产的公允价值、因放弃债权而享有的股权的公允价值，以及已提坏账准备的差额作为债务重组损失。

(5) 以资产、将债务转为资本等方式清偿某项债务的一部分，并对该项债务的另一部分以修改其他债务条件进行债务重组。在这种方式下，债务人应先以支付的现金、转让的非现金资产的公允价值、债权人因放弃债权而享有的股权的公允价值冲减重组债务的账面价值，余额与重组后债务的公允价值进行比较，据此计算债务重组利得。债权人因放弃债权而享有的股权的公允价值与股本(或实收资本)的差额作为资本公积；非现金资产的公允价值与账面价值的差额作为转让资产损益，于当期确认。

债权人应先以收到的现金、受让的非现金资产的公允价值、因放弃债权而享有的股权的公允价值冲减重组债权的账面价值，余额与重组后债权的公允价值进行比较，据此计算债务重组损失。

【例 13-8】 甲公司为上市公司，于 20×0 年 1 月 1 日销售给乙公司一批产品，价款为 2 000 万元，增值税税率 17%。双方约定 3 个月付款。乙公司因财务困难无法按期支付。至 20×0 年 12 月 31 日甲公司仍未收到款项，甲公司已对该应收款计提坏账准备 234 万元。20×0 年 12 月 31 日乙公司与甲公司协商，达成如下债务重组协议。

(1) 乙公司以 100 万元现金偿还部分债务。

(2) 乙公司以 5 辆小轿车和 A 产品一批抵偿部分债务，5 辆小轿车的账面原价为 350 万元，已提折旧为 100 万元，计提的减值准备为 10 万元，公允价值为 280 万元。A 产品账面成本为 180 万元，公允价值(计税价格)为 200 万元。乙公司适用增值税税率为 17%。5 辆小轿车和产品已于 20×0 年 12 月 31 日运抵甲公司。

(3) 将部分债务转为乙公司 100 万股普通股，每股面值为 1 元，每股市价为 5 元。不考虑其他因素，甲公司将取得的股权作为长期股权投资核算。乙公司已于 20×0 年 12 月 31 日办妥相关手续。

(4) 甲公司同意免除乙公司剩余债务的 40%并延期至 20×2 年 12 月 31 日偿还，并从 20×1 年 1 月 1 日起按年利率 4%计算利息。但如果乙公司从 20×1 年起，年实现利润总额超过 100 万元，则当年利率上升为 6%；如果乙公司年利润总额低于 100 万元，则当年仍按年利率 4%计算利息。乙公司 20×0 年末预计未来每年利润总额均可能超过 100 万元。

(5) 乙公司 20×1 年实现利润总额 120 万元，20×2 年实现利润总额 80 万元。乙公司于每年年末支付利息。

假定不考虑货币时间价值的影响，或有应收金额实际收到时冲减财务费用，或有应付金额没有发生时计入营业外收入。

(1) 乙公司重组后债务的公允价值。

=(2000×1.17−100−280×1.17−200×1.17−100×5)×(1−40%)

= 707.04(万元)

应确认预计负债的金额=707.04×(6%−4%)×2=28.28(万元)

乙公司应确认的债务重组利得

=2000×1.17−100−280×1.17−200×1.17−100×5−707.04−28.28

=443.08(万元)

(2) 甲公司重组后债权的公允价值。

=(2000×1.17−100−280×1.17−200×1.17−100×5)×(1−40%)

=707.04(万元)

甲公司应确认的债务重组损失

=2000×1.17−100−280×1.17−200×1.17−100×5−707.04−234

=237.36(万元)

(3) 乙公司有关分录(单位：万元)。

重组时的会计分录。

	借方	贷方
借：固定资产清理	240	
累计折旧	100	
固定资产减值准备	10	
贷：固定资产		350
借：应付账款	2 340	
贷：银行存款		100
固定资产清理		240
主营业务收入		200
应交税费——应交增值税(销项税额)		81.6
股本		100
资本公积——股本溢价		400
应付账款——债务重组		707.04
预计负债		28.28
营业外收入——处置非流动资产利得		40
——债务重组利得		443.08

借：主营业务成本　180
　　贷：库存商品　180

20×1 年支付利息时的会计分录。

借：财务费用　28.28(707.04×4%)
　　预计负债　14.14
　　贷：银行存款　42.42

20×2 年支付款项时的会计分录。

借：应付账款——债务重组　707.04
　　财务费用　28.28(707.04×4%)
　　贷：银行存款　735.32

借：预计负债　14.14(707.04×2%)
　　贷：营业外收入　14.14

(4) 甲公司有关分录(单位：万元)。

重组时的会计分录。

借：银行存款　100
　　固定资产　280
　　库存商品　200
　　应交税费——应交增值税(进项税额)　81.6
　　长期股权投资——乙公司　500
　　应收账款——债务重组　707.04
　　营业外支出——债务重组损失　237.36
　　坏账准备　234
　　贷：应收账款　2 340

20×1 年收取利息时的会计分录。

借：银行存款　42.42(707.04×6%)
　　贷：财务费用　42.42

20×2 年收回款项时的会计分录。

借：银行存款　735.32
　　贷：应收账款——债务重组　707.04
　　　　财务费用　28.28

13.2　破产清算会计

破产清算会计是以破产企业为对象，以货币为主要计量单位，对破产企业各项清算业务及剩余财产进行会计核算和监督，向破产企业债权人、投资者及有关部门披露破产企业的财务状况、清算过程和结果等会计信息的一种专门会计。

2007 年 6 月 1 日实施的《中华人民共和国企业破产法》(以下简称《破产法》)增加了很多新的制度设计，对破产清算会计产生了深刻的影响。《破产法》从结构上来看，共分为 12 章 136 条，包括总则、申请和受理、管理人、债务人财产、破产费用和共益债务、债权申报、债权人会议、重整、和解、破产清算、法律责任和附则。

破产清算是指破产企业的法人资格消失，通过清算来结束各种债权和股权关系。破产清算是解决财务困难最为极端的方式。

13.2.1 破产清算程序

1. 申请破产

企业法人不能清偿到期债务，并且资产不足以清偿全部债务或者明显缺乏清偿能力的，应当依照《破产法》规定清理债务。破产清算的申请人有如下规定：债务人不能清偿到期债务，并且资产不足以清偿全部债务或者明显缺乏清偿能力的，可以向人民法院提出破产清算申请；债务人不能清偿到期债务，债权人可以向人民法院提出对债务人进行破产清算的申请；企业法人已解散但未清算或者未清算完毕，资产不足以清偿债务的，依法负有清算责任的人应当向人民法院申请破产清算。

2. 受理申请

债权人提出破产申请的，人民法院应当自收到申请之日起 5 日内通知债务人。债务人对申请有异议的，应当自收到人民法院的通知之日起 7 日内向人民法院提出。人民法院应当自异议期满之日起 10 日内裁定是否受理。对于债务人或依法负有清算责任的人的破产申请，人民法院应当自收到破产申请之日起 15 日内裁定是否受理。有特殊情况需要延长裁定受理期限的，经上一级人民法院批准，可以延长 15 日。

3. 指定管理人

人民法院裁定受理破产申请的，应当同时指定管理人。管理人可以由有关部门、机构的人员组成的清算组或者依法设立的律师事务所、会计师事务所、破产清算事务所等社会中介机构担任。管理人主要职责是：接管债务人的财产、印章和账簿、文书等资料；调查债务人财产状况，制作财产状况报告；决定债务人的内部管理事务；决定债务人的日常开支和其他必要开支；在第一次债权人会议召开之前，决定继续或者停止债务人的营业；管理和处分债务人的财产；代表债务人参加诉讼、仲裁或者其他法律程序；提议召开债权人会议；人民法院认为管理人应当履行的其他职责。

4. 债权申报

人民法院受理破产申请后，应当确定债权人申报债权的期限。债权申报期限自人民法院发布受理破产申请公告之日起计算，最短不得少于 30 日，最长不得超过 3 个月。

债权人申报债权时，应当书面说明债权的数额和有无财产担保，并提交有关证据。申报的债权是连带债权的，应当说明。

5. 宣告破产

人民法院依照《破产法》规定宣告债务人破产的，应当自裁定作出之日起 5 日内送达债务人和管理人，自裁定作出之日起 10 日内通知已知债权人，并予以公告。债务人被宣告破产后，债务人称为破产人，债务人财产称为破产财产，人民法院受理破产申请时对债务人享有的债权称为破产债权。

破产宣告前，有下列情形之一的，人民法院应当裁定终结破产程序，并予以公告：①第三人为债务人提供足额担保或者为债务人清偿全部到期债务的；②债务人已清偿全部到期债务的。

6. 清理变现财产

管理人应当及时拟订破产财产变价方案，提交债权人会议讨论。管理人应当按照债权人会议通过的或者人民法院依照《破产法》规定裁定的破产财产变价方案，适时变价出售破产财产。

7. 分配破产财产

管理人应当及时拟订破产财产分配方案，提交债权人会议讨论。债权人会议通过破产财产分配方案后，由管理人将该方案提请人民法院裁定认可后，由管理人执行。

破产财产在优先清偿破产费用和共益债务后，依照下列顺序清偿。

(1) 破产人所欠职工的工资和医疗、伤残补助、抚恤费用，所欠的应当划入职工个人账户的基本养老保险、基本医疗保险费用，以及法律、行政法规规定应当支付给职工的补偿金。

(2) 破产人欠缴的除前项规定以外的社会保险费用和破产人所欠税款。

(3) 普通破产债权。

破产财产不足以清偿同一顺序的清偿要求的，按照比例分配。

8. 终结破产程序

破产人无财产可供分配的，管理人应当请求人民法院裁定终结破产程序。管理人在最后分配完结后，应当及时向人民法院提交破产财产分配报告，并提请人民法院裁定终结破产程序。管理人应当自破产程序终结之日起 10 日内，持人民法院终结破产程序的裁定，向破产人的原登记机关办理注销登记。

13.2.2 破产清算会计处理

目前，有关破产清算会计核算还没有相关的会计准则，现行破产清算会计实践主要是依据 1997 年财政部制定的《国有企业试行破产有关会计处理问题暂行规定》(以下简称《暂行规定》)。以下参照《暂行规定》，对管理人会计处理作一个简单的介绍。

1. 管理人会计处理

1) 账户设置

管理人应当接管属于破产企业的财产，并对破产清算过程中的有关事项(如清算、变卖和分配财产等)如实地记录。管理人应于清算开始日另立新账，参照《暂行规定》，从资产、负债和清算损益 3 个方面设置账户。

(1) 资产类账户。

①“现金”账户，核算被清算企业的库存现金。

②“银行存款”账户，核算被清算企业存入银行的各种存款以及持有的外埠存款、银行汇票存款、银行本票存款、信用证存款等。

③“应收票据”账户，核算被清算企业持有的商业汇票，包括商业承兑汇票和银行承兑汇票。

④“应收款”账户，核算被清算企业除应收票据以外的各种应收款项。

⑤“材料”账户，核算被清算企业库存以及在途的各种材料的实际成本。

⑥“半成品”账户，核算被清算企业尚未完工产品的实际成本。被清算企业的自制半成品也在本科目核算。

⑦“库存商品”账户，核算被清算企业库存的各种产成品、代制代修品等的实际成本。被清算企业的外购商品也在本科目核算。

⑧“投资”账户，核算被清算企业持有的各种投资，包括股票投资、债券投资和其他投资。

⑨“固定资产”账户，核算被清算企业所有的固定资产的净值。

⑩“投资性房地产”账户，核算被清算企业所有的投资性房地产的价值。

⑪“在建工程”账户，核算被清算企业尚未完工的各项工程的实际成本。被清算企业的库存工程物资的实际成本以及预付工程款，也在本科目核算。

⑫“无形资产”账户，核算被清算企业持有的各种专利权、非专利技术、商标权等各种无形资产的价值。

(2)负债类账户。

①“共益债务”账户，核算人民法院受理破产申请后发生的下列债务，包括因管理人或者债务人请求对方当事人履行双方均未履行完毕的合同所产生的债务；债务人财产受无因管理所产生的债务；因债务人不当得利所产生的债务；为债务人继续营业而应支付的劳动报酬和社会保险费用以及由此产生的其他债务；管理人或者相关人员执行职务致人损害所产生的债务；债务人财产致人损害所产生的债务。

②“借款”账户，核算被清算企业需偿还的各种借款，包括短期借款、长期借款。

③“应付票据”账户，核算被清算企业需偿付的商业汇票，包括银行承兑汇票和商业承兑汇票。

④“其他应付款”账户，核算被清算企业需偿付的除应付票据以外的各种款项。

⑤“应付职工薪酬”账户，核算被清算企业需支付给职工的各种薪酬。

⑥“应交税金”账户，核算被清算企业需交纳的各种税金，如增值税、营业税、消费税、资源税、所得税等。企业尚未抵扣的期初进项税额，也在本科目核算，并应单独设置“期初进项税额”明细科目进行明细核算。

⑦“应付利润”账户，核算被清算企业需支付给投资者的利润。

⑧“其他应交款”账户，核算被清算企业需交纳的除应交税金、应付利润以外的其他各种需上交的款项，包括教育费附加等。

⑨“应付债券”账户，核算被清算企业需偿付的债券本息。

(3) 清算损益类账户。

①“清算费用”账户，核算被清算企业在清算期间发生的各项费用。本科目应按发生的费用项目设置明细账。

②“土地转让收益”账户，核算被清算企业转让土地使用权取得的收入以及土地使用权转让所得支付的职工安置费等。企业发生的与转让土地使用权有关的成本、税费，如应缴纳的有关税金、支付的土地评估费用等，也在本科目核算。

③“清算损益”账户，核算被清算企业在破产清算期间处置资产、确认债务等发生的损益。被清算企业的所有者权益，也在本科目核算。管理人可根据被清算企业的具体情况，增设、减少或合并某些账户。

2) 结转期初余额

管理人于清算开始日，根据破产企业移交的科目余额表，将有关会计科目余额转入新的账户，并编制清算资产负债表。

3) 处理破产财产

(1) 收回应收款等债权的核算。

以银行存款或现金等方式收回应收款等，则应按实际收回的金额，借记“银行存款”等科目，按应收金额和实收金额的差额，借记(或贷记)“清算损益”科目，按应收金额贷记“应收款”、“应收票据”等科目。对于不能收回的应收款项，按核销的金额，借记“清算损益”科目，贷记“应收款”等科目。

(2) 变卖材料、产成品等存货的核算。

变卖材料、产成品等存货时，按实际变卖收入和收取的增值税额，借记“银行存款”等科目，按其账面价值和变卖收入的差额，借记(或贷记)“清算损益”科目，按账面价值，贷记“材料”、“库存商品”等科目，按收取的增值税额，贷记“应交税金——应交增值税(销项税额)”科目(小规模纳税企业贷记：“应交税金——应交增值税”)。

清算期间取得的其他业务收入，应按实际收入金额，借记“银行存款”等科目，贷记“清算损益”科目；发生的税金等支出，借记“清算损益”科目，贷记“应交税金”科目。

(3) 处置固定资产以及在建工程的核算。

变卖机器设备、房屋等固定资产及在建工程时，应按实际变卖收入，借记“银行存款”等科目，按其账面价值和变卖收入的差额，借记(或贷记)“清算损益”科目，按账面价值，贷记“固定资产”、“在建工程”等科目。转让相关资产应交纳的有关税费等，借记“清算损益”科目，贷记“应交税金”等科目。

(4) 转让无形资产的核算。

转让商标权、专利权等无形资产时，按其实际变卖收入，借记“银行存款”等科目，按实际变卖收入与账面价值的差额，借记(或贷记)“清算损益”科目，按资产的账面价值，贷记“无形资产”等科目；转让相关资产应交纳的有关税费，借记“清算损益”科目，贷记“应交税金”等科目。

(5) 转让对外投资的核算。

转让企业原来的对外投资时，按实际取得的转让收入，借记“银行存款”等科目，按投资的账面价值与转让收入的差额，借记(或贷记)“清算损益”等科目，按投资的账面价值，贷记“投资”等科目。

4) 支付破产费用

破产企业进入清算程序以后，主要工作是破产清算，发生的费用也主要是为了清算而支付的，没有必要再分为管理费用、财务费用等，因此，会计核算时应设置“清算费用”科目。

关于破产费用的开支范围，《破产法》和有关的财务法规作了明确的规定，人民法院受理破产申请后发生的下列费用为破产费用：破产案件的诉讼费用；管理、变价和分配债务人财产的费用；管理人执行职务的费用、报酬和聘用工作人员的费用。

破产费用的核算比较简单，实际支付有关费用时，按实际发生额，借记“清算费用”科目，贷记“现金”、“银行存款”等科目。

5) 转让土地使用权、支付职工有关费用

(1) 转让土地使用权的核算。

对于有偿取得的土地使用权，在取得时已计入了“无形资产”科目，因此转让时，按其实际转让收入，借记“银行存款”科目，按其账面价值，贷记“无形资产”科目，按实际转让收入与账面价值的差额，贷记“土地转让收益”科目。

对于无偿划拨取得的没有入账的土地，在转让土地使用权时，就按实际转让收入，借记“银行存款”科目，贷记“土地转让收益”科目；按国家有关规定，企业在转让土地使用权时还应交纳营业税等税费，按应交纳的税费，借记“土地转让收益”科目，贷记“应交税金”等科目。

(2) 以土地使用权支付有关费用的核算。

从土地使用权转让所得中支付未参加养老、医疗社会保险的离退休职工的离退休费和医疗保险费或向有关部门拨付职工安置费时，应按实际支付金额，借记“土地转让收益”科目，贷记“现金”、“银行存款”科目。

土地使用权转让所得不足以支付职工安置费，以其他破产财产支付职工安置费时，按实际支付金额，借记“清算损益”科目，贷记“现金”、“银行存款”科目。

6) 清偿债务

破产财产在优先清偿破产费用和共益债务后，按法定的顺序清偿债务，并按实际支付的金额注销各项债务。

支付所欠职工工资和社会保险费等，按照实际支付金额，借记“应付职工薪酬”等科目，贷记“现金”、“银行存款”科目。在清算过程中发生的支付给职工的各种费用，应直接计入清算费用，不通过“应付职工薪酬”科目核算。

交纳所欠的税费，按实际交纳的金额，借记“应交税金”、“其他应交款”科目，贷记“银行存款”等科目。

清偿其他破产债务，按实际清偿各种债务的金额，借记“应付票据”、“其他应付款”、“借款”等有关科目，贷记“现金”、“银行存款”等科目。

7) 结转清算损益

清算终结时，管理人应将有关科目的余额全部转入“清算损益”科目，通过该科目结转各有关科目。

将“清算费用”、“土地转让收益”科目的余额转入“清算损益”科目，借记“清算损益”科目，贷记“清算费用”(或“土地转让收益”)科目。

对于不能处置变现而需要核销的各项资产以及不能抵扣的期初进项税额，也应转入清算损益，借记“清算损益”科目，贷记“材料”、“库存商品”、“无形资产”、“投资”、“应交税金”等科目。

如果破产财产不足以清偿破产债权，按照有关规定，尚欠的债务不再清偿，应予注销，借记“应付票据”、“其他应付款”、“借款”等科目，贷记“清算损益”科目。

《破产法》规定，在清算过程中，如果实际清算收入小于清算费用(即破产财产不足以支付破产费用)，应立即终结清算程序，未清偿的破产债权不再清偿。在这种情况下，清算费用及有关的债务也应结转至“清算损益”科目。

2. 破产清算财务报表

为全面、系统地反映清算的过程和结果，对债权人和国家有关部门负责，管理人在清算期间应定期编报有关财务报表。《暂行规定》中设置了4张表，其中有3张主表(清算资产负债表、清算损益表和债务清偿表)和1张附表(清算财产表)。

3. 破产清算会计实例

M公司成立于1995年，近年来经营滑坡，出现了严重亏损，因不能清偿到期债务、资产不足以清偿全部债务，于20×0年8月6日被人民法院宣告破产，该日M公司的科目余额表见表13-1。

表13-1 M公司科目余额表

20×0年8月6日　　单位：元

科目名称	借方余额	贷方余额
库存现金	500	
银行存款	3 900	
库存商品	17 500	
交易性金融资产	6 000	
应收账款	31 000	
长期待摊费用	4 000	
长期股权投资	5 000	
固定资产	394 200	
累计折旧	-56 300	
无形资产	7 200	
其他应付款		30 000
应交税费		80 000
应付账款		17 500
应付职工薪酬		25 000
长期借款		400 000
实收资本		500 000
资本公积		65 000
盈余公积		7 200
利润分配		-711 700
合　计	413 000	413 000

1) 管理人会计接管

在清算开始时，管理人应当将M公司的科目余额表转入有关新账，并编制清算资产负债表。

根据上述有关资料，管理人编制的清算资产负债表见表13-2。

表 13-2　清算资产负债表

20×0 年 8 月 6 日　　单位：元

资　产	账面金额	预计可实现净值	债务及清算净损益	账面金额	确认数
用作担保的资产：			有担保的债务：		
A 厂房	300 000	330 000	B 银行贷款	300 000	300 000
小　计	300 000	330 000	小　计	300 000	300 000
普通资产：			普通债务：		
货币资金	4 400	4 400	应付员工费用	25 000	25 000
应收款项	31 000	15 000	应付税款	80 000	80 000
投资	11 000	11 000	其他普通债务	147 500	147 500
实物资产	55 400	37 500	小　计	252 500	252 500
无形资产	7 200	0	债务合计	552 500	552 500
长期待摊费用	4 000	0	清算净损益：		
小　计	113 000	67 900	清算净收益	-139 500*	-154 600**
资产总计	413 000	397 900	债务及清算净损益总计	413 000	397 900

说明： *-139 500=500 000+65 000+7 200-711 700；**-154 600=397 900-552 500。

(1) 表中“账面金额”栏反映被清算企业清算报表日的资产、负债和清算损益的账面金额；“预计可实现净值”栏反映在清算报表日预计的资产可出售价格或该项资产可以抵偿债务的金额；“确认数”栏反映债务清理中重新确认的债务金额。资产部分分为“用作担保的资产”和“普通资产”两大类，用作担保的资产的预计可实现净值高于相关债务的部分应视为普通资产，填列在普通资产类的预计可实现净值栏内；债务部分分为“有担保的债务”和“普通债务”两大类，对于有担保的债务高于用作担保的资产的预计可实现净值的部分应作为普通债务，填列在普通债务类的确认数栏内。

(2) 本例中，长期借款——B 银行 300 000 元的抵押物是账面价值 300 000 的 A 厂房。

2) 清理变现财产

假设管理人于 20×0 年 9 月 10 日起进行清算，当月发生的业务及会计处理如下。

(1) 管理人在组织财产清理过程中，确认无法收回的应收款 15 000 元，盘亏库存商品 5 000 元。

借：清算损益　　20 000
　　贷：应收款　　15 000
　　　　库存商品　　5 000

(2) 无形资产、长期待摊费用因没有价值，予以冲销。

借：清算损益　　11 200
　　贷：无形资产　　7 200
　　　　长期待摊费用　　4 000

(3) 各项财产经过估价、变现，共获得货币资金 310 850 元，其中：库存商品变现 5 850 元(含增值税)、应收款变现 11 000 元、投资变现 14 000 元、A 厂房变现 250 000 元、其他固定资产变现 30 000 元。

① 借：银行存款　　5 850
　　清算损益　　7 500
　　贷：库存商品　　12 500
　　　　应交税金　　850

② 借：银行存款　　11 000
　　清算损益　　5 000
　　贷：应收款　　16 000

③ 借：银行存款　　14 000
　　贷：投资　　11 000
　　　　清算损益　　3 000

④ 借：银行存款　　250 000
　　清算损益　　50 000
　　贷：固定资产——A 厂房　　300 000

⑤ 借：银行存款　　30 000
　　清算损益　　7 900
　　贷：固定资产——其他　　37 900

3) 清偿担保债务

担保财产 A 厂房变现 250 000 元，其担保债务 300 000 元，不足清偿的 50 000 元属于普通债务。

借：借款　　250 000
　　贷：银行存款　　250 000

4) 清偿破产费用与共益债务

(1) 支付清算期间管理人执行职务的报酬 6 600 元、诉讼费 1 100 元、设备设施维护费 2 700 元、审计评估费 900 元、财产保管费 700 元。

借：清算费用　　12 000
　　贷：银行存款　　12 000

(2) 管理人决定解除某项合同，按照该项合同规定，应给予对方 11 000 元的赔偿。

借：清算费用　　11 000
　　贷：共益债务　　11 000

以银行存款 11 000 元支付共益债务

借：共益债务　　11 000
　　贷：银行存款　　11 000

至此，所有财产经过变现后，共有货币资金 315 250(4 400+310 850)元，清偿担保债务 250 000 元、支付破产费用与共益债务 23 000 元后，余 42 250 元。

5) 清偿普通债务并结转清算损益

(1) 清偿职工工资等。

借：应付职工薪酬　　25 000
　　贷：银行存款　　25 000

(2) 部分清偿所欠税款。

借：应交税金　　　　　　　　　17 250(42 250−25 000)

　　贷：银行存款　　　　　　　　17 250

(3) 其余债务依法豁免。

借：应交税金　　　　　　　　　63 600(80 000+850−17 250)

　　其他应付款　　　　　　　　47 500(30 000+17 500)

　　借款　　　　　　　　　　　150 000(400 000−250 000)

　　贷：清算损益　　　　　　　　261 100

(4) 结转清算费用。

借：清算损益　　　　　　　　　23 000

　　贷：清算费用　　　　　　　　23 000

至此，所有账目结清，“清算损益”账户借、贷方合计均为264 100元(借方为：139 500+20 000+11 200+7 500+5 000+50 000+7 900+23 000，贷方为：3 000+261 100)。

6) 编制清算财务报表

清算结束时，根据规定，管理人应当编制清算损益表和清偿债务表。

(1) 清算损益表。

假设管理人于20×0年9月30日清算结束，根据上述资料编制的清算损益表见表13-3。

表13-3　清算损益表

20×0年9月10日至30日　　　　单位：元

项　　目	预计数	本期数	累计数
一、清算收益(损失)		(98 600*)	
二、清算费用		23 000	
1．管理人执行职务的报酬		6 600	
2．诉讼费		1 100	
3．设备设施维护费		2 700	
4．审计评估费		900	
5．财产保管费		700	
6．其他		11 000	
三、土地转让净收益			
其中：土地转让收入			
安置职工支出			
四、清算净收益(损失)		(121 600)	

说明：* 98 600=20 000+11 200+7 500+5 000−3 000+50 000+7 900。

(2) 债务清偿表。

假设管理人于20×0年9月30日清算结束，根据上述资料编制的债务清偿表见表13-4。

表 13-4 债务清偿表

20×0 年 9 月 10 日至 30 日　　单位：元

债务项目	账面金额	确认金额	偿还比例	本期偿还金额	累计偿还金额	尚未偿还金额
有担保的债务：						
B 银行	300 000	300 000	83.3%	250 000	250 000	0
小　计	300 000	300 000	83.3%	250 000	250 000	0
普通债务：						
应付职工薪酬	25 000	25 000	100%	25 000	25 000	0
应付税金	80 850	80 850	21.3%	17 250	17 250	0
借款	100 000	100 000	0	0	0	0
其他应付款	47 500	47 500	0	0	0	0
小　计	253 350	253 350		42 250	42 250	0
合　计	553 350	553 350		292 250	292 250	0

13.3 解散清算会计

13.3.1 公司解散

公司解散是指已经成立的公司，因出现法定事由而停止公司的经营活动，并开始公司清算。根据 2005 年第三次修正的《中华人民共和国公司法》(以下简称《公司法》)的规定，公司解散主要有以下原因：①公司章程规定的营业期限届满或者公司章程规定的其他解散事由出现；②股东会或者股东大会决议解散；③因公司合并或者分立需要解散；④依法被吊销营业执照、责令关闭或者被撤销；⑤公司经营管理发生严重困难，继续存续会使股东利益受到重大损失，通过其他途径不能解决的，持有公司全部股东表决权 10%以上的股东，可以请求人民法院解散公司。

13.3.2 公司解散清算的程序

1. 成立清算组

公司因法定原因解散的，应当在解散事由出现之日起 15 日内成立清算组。有限责任公司的清算组由股东组成，股份有限公司的清算组由董事或者股东大会确定的人员组成。逾期不成立清算组进行清算的，债权人可以申请人民法院指定有关人员组成清算组进行清算。清算组是在公司解散宣告后接管公司、负责财产保管、清理以及处理和分配的专门机构。在清算期间，公司不能再独立从事民事行为，而由清算组代表公司处理对外事务。

根据《公司法》的规定，清算组的职权主要有两大项，一是对外债权债务的了结，包括清偿债务、收取债权以及未完结业务的了结；二是对内剩余财产的分配，即清理公司财产，在支付清算费用、职工工资、社会保险费用、法定补偿金和缴纳公司所欠的税款之后，将剩余的财产分配给股东。另外清算组还代表公司参与民事诉讼活动。

2. 确定清算基准日

清算基准日是出现公司解散事宜、股东会同意终止经营活动的日期。清算基准日以后公司会计处理不再适用持续经营的会计假设。

3. 清算通知与清算公告、债权登记

清算组应当自成立之日起 10 日内通知债权人，并于 60 日内在报纸上至少公告 3 次。债权人应当自接到通知书之日起 30 日内，未接到通知书的自第一次公告之日起 90 日内，向清算组申报其债权。清算组应当对债权进行登记。清算组核定债权后，应当将核定结果书面通知债权人。

4. 界定清算财产

在清算过程中应该明确划分清算财产和非清算财产。清算财产包括：①清算开始时公司所有的或者经营管理的财产；②清算开始后至清算终结前公司所取得的财产；③应当由公司行使的其他财产权利。对于公司内属于他人的财产，由该财产权利人通过清算组收回。已作为担保物的财产，由债权人以担保财产为限优先受偿，未受偿部分视同非担保债权。担保物价款超过所担保的债务数额的部分，属于清算财产。

5. 制订清算方案

清算组应在接手公司清算工作后，及时制定公司的清算方案。一般情况下，清算方案应在清算财产拨付清算费用后按下列顺序清偿：①员工工资和社会保险费用；②税款；③企业债务。企业未到清偿期的债务，也应予以清偿，但应当减去未到期的利息。清算财产清偿后的剩余财产，按规定分配给股东。

清算方案制订以后应经股东会确认方可实施。因债权争议或诉讼原因致使债权人、股东暂时不能参加分配的，清算组应当从清算财产中按比例提存相应金额。

13.3.3 公司解散清算的会计处理

在确定了公司清算的基准日后，应编制公司清算开始日的资产负债表和财产清单，并交由清算小组确认。解散清算的会计处理工作，主要包括对企业的清算财产加以确认、计量和重估计价，以及进行处置变现，确认计量清算债权并据以分配清算财产，对全部清算过程进行会计核算并编报有关企业清算的财务报表。

1. 设置账户

在实务操作上，可以不另立账簿，在企业原有账簿中进行，一般需设置“清算费用”和“清算损益”两个基本账户。

清算过程中的清算费用包括：①清算组成员和聘请工作人员的报酬；②清算财产的管理、变卖及分配所需要的费用；③清算过程中支付的诉讼费用、仲裁费用及公告费用；④清算过程中为了维护债权人和股东的合法权益支付的其他费用。清算组在清理公司财产、编制资产负债表和财产清单后，发现公司财产不足以清偿债务的，应当依法向人民法院申请宣告破产。

“清算损益”属损益类账户，专门核算企业清算期间所实现的各项收益和损失。该账户的贷方反映企业的清算收益，其内容包括清算中发生的财产盘盈、财产重估收益、财产变现的收益和因债权人原因确实无法归还的债务等；该账户的借方反映企业的清算损失，其内容包括清算中发生的财产盘亏、变现损失和无法收回的债权等；期末余额可能在贷方也可能在借方。清算期结束时，该账户余额不需结转，保留余额能清晰地反映企业的清算情况。

2. 清算财产的作价和变现

清算财产的作价一般以账面净值为依据，也可以重估价值或者变现收入等为依据。如企业合同或者章程规定或投资各方协商决定，企业解散时应聘请资产评估师对现存财产物资、债权债务进行重估价，重估增值与重估减值抵销后净额作为清算收益。对清算企业的财产物资出卖和处理时，一般按成交价格即变现收入作为清算财产的作价依据。企业财产变现收入高于账面价值的净额，计入清算收益。

3. 清算所得及税款清缴

《中华人民共和国企业所得税法》(以下简称企业所得税法)规定，企业依法清算时，应当以清算期间作为一个纳税年度。《中华人民共和国企业所得税法实施条例》规定，清算所得是指企业的全部资产可变现价值或者交易价格减除资产净值、清算费用以及相关税费等后的余额。企业清算所得税可按下列公式计算：

清算所得=资产处置损益+负债清偿损益-清算费用-清算税金及附加±其他所得或支出

其中，清算税金及附加为企业在清算过程中发生的相关税费，资产处置损益=企业的全部资产可变现价值或交易价格-资产的计税基础；债务清偿损益=债务的计税基础-债务的实际偿还金额，正数为收益，负数为损失。

应纳税所得额=清算所得-免税收入-不征税收入-其他免税所得±弥补以前年度亏损

应纳所得税额=应纳税所得额×25%

企业所得税法规定，企业在年度中间终止经营活动的，应当自实际经营终止之日起60日内，向税务机关办理当期企业所得税汇算清缴。企业应当在办理注销登记前，就其清算所得向税务机关申报并依法缴纳企业所得税。

4. 编制清算财务报表

清算终结时，清算组通过编制清算财务报表和清算报告来全面、综合地反映清算过程和清算结果。清算财务报表包括清算资产负债表、清算损益表、债务清偿表和清算财产表。

5. 分配剩余财产

清算组根据清算结果，在最大限度保护股东的权益的前提下，本着平等和公平分配原则，对企业的剩余财产提出分配方案，并提交股东会审议通过后执行。根据《公司法》的规定，公司财产在分别支付清算费用、职工的工资、职工的社会保险费用和法定补偿金、所欠税款、公司债务后的剩余财产，有限责任公司按照股东的出资比例进行分配；股份有限公司按照股东持有的股份比例进行分配。在分配方式上可采取货币分配、实物分配或者作价分配等形式。

13.3.4 解散清算会计与破产清算会计比较

解散清算会计与破产清算会计同属清算会计，自有相同之处，但由于企业解散与破产的法律依据、产生原因不同，因此，二者在许多方面又存在着较大的差异。

1. 解散清算会计与破产清算会计的相同之处

清算会计实为财务会计的一个分支，但与传统的财务会计又有着许多不同。如果从“清算”这一特点而言，解散清算会计与破产清算会计的相同之处，即存在于它们共同区别于传统财务会计的不同之处，主要表现在以下几个方面。

1) 传统财务会计的一些基本假设对二者不再适用

清算组或管理人接管企业，意味着一切事务的管理或受理权业已易人，正常经营条件下的会计主体假设、持续经营假设以及会计分期假设，均已失去存在的意义。企业解散或破产，则无从谈及持续经营；会计主体更替为为满足具有不同要求的企业、债权人和人民法院服务的清算组或管理人；会计分期更无必要，即以清算之日起至清算结束止视为清算会计期间。

2) 传统财务会计的一些基本原则对二者也不再适用

清算会计中，资产的价值更注重以可变现价值来计量，历史成本原则失去作用，同时清算的目的不再是要正确核算企业的经营成果，而是要进行资产的变现和债务的偿还，自然也无须遵循配比原则、权责发生制原则和划分收益性支出与资本性支出原则。

3) 二者的计量与传统财务会计不同

企业进入清算程序后，在会计上反映资产的现时价值(或称预计可变现价值)比反映其账面价值更为重要，因而要求反映其重新确认的价值及偿还的数额等。

4) 二者的财务报表在种类、格式、内容上与传统财务会计不同

清算组或管理人应当编制清算资产负债表、清算损益表、清算财产表和债务清偿表等，反映资产的变现、债务的偿还、清算损益等内容。

2. 解散清算会计与破产清算会计的差异

1) 法律依据不同

前者主要以《公司法》为依据进行企业清算，后者主要以《破产法》为依据进行企业清算。

2) 产生原因不同

解散清算的原因有两大类：一类是一般解散的原因，一类是强制解散的原因。一般解散的原因是指，只要出现了解散公司的事由，公司即可解散；强制解散的原因是指由于某种情况的出现，主管机关或人民法院命令公司解散。而破产清算的原因是资不抵债。

3) 资产所属不同

公司无论何种原因解散，其全部资产仍归出资人所有；而公司被宣告破产，其宣告破产时所存在的全部资产已不再属出资人所有，而是作为破产财产由管理人占有和管理。

4) 会计目的不同

前者的目的在于清理公司终止营业时的资产，进行变卖偿还债务后，将剩余财产分配给出资人。后者的目的则是将破产财产变现后用于清偿债务。

5) 会计主体不同

对于解散清算，会计主体是清算组，有限责任公司的清算组由股东组成，股份有限公司的清算组由董事或者股东大会确定的人员组成；若是破产清算，会计主体是由法院依照《破产法》的规定指定的管理人。

本 章 小 结

本章着重阐述了债务重组会计、破产清算会计和解散清算会计的基本原理和基本方法。

债务人发生财务困难是债务重组的前提，债权人作出让步是债务重组的实质。以非现金资产清偿债务的会计处理中，债务人要注意区分债务重组收益和资产转让损益，债权人按受让的非现金资产的公允价值作为其入账价值。

对于债务人而言，修改后的债务条款如涉及或有应付金额，且该或有应付金额符合或有事项中有关预计负债确认条件的，债务人应当将该或有应付金额确认为预计负债。或有应付金额在继后会计期间没有发生的，企业应当冲销已确认的预计负债，同时确认营业外收入。对债权人而言，修改后的债务条款中涉及或有应收金额的，不应当确认，不得将其计入重组后债权的账面价值，而是在或有应收金额实际发生时，计入当期损益。

对于混合重组，无论是从债务人还是从债权人角度讲，都应考虑清偿的顺序。

破产清算应当以《破产法》为依据，解散清算应当以《公司法》为依据。与破产清算不同，解散清算属于对企业正常终止的清算，不需另设新的账户体系。解散清算过程中，有关财产清查、财产变卖、债权回收、债务偿付以及清算费用的支付和结转等具体核算与破产清算会计类似或一致。

重要术语

债务重组、债务重组利得、债务重组损失、或有应付(或应收)金额、破产清算、共益债务、清算费用、清算损益、清算财务报表、公司解散、清算所得

参考阅读文献

[1] 中华人民共和国企业破产法[M]. 北京：法律出版社，2006.

[2] 中华人民共和国公司法[M]. 北京：中国法制出版社，2007.

[3] 国有企业试行破产有关会计处理问题暂行规定的说明(1998 年财政部会计司发布)[M]. 北京：中国财政经济出版社，2005.

[4]《中华人民共和国企业所得税法》(2007 年 3 月 16 日第十届全国人民代表大会第五次会议通过，自 2008 年 1 月 1 日起施行)

[5]《中华人民共和国企业所得税法实施条例》(2007 年 11 月 28 日国务院第 197 次常务会议通过，自 2008 年 1 月 1 日起施行)

[6] 《企业会计准则第12号——债务重组》(2006年2月15日财政部发布，自2007年1月1日起施行)
[7] 《企业会计准则第12号——债务重组》应用指南(2006年10月30日财政部发布，自2007年1月1日起施行)

习　　题

一、单项选择题

1．甲公司“应收账款——乙公司”的账面余额为585万元，由于乙公司财务困难无法偿付应付账款，经双方协商同意，乙公司以85万元现金和其200万股普通股偿还债务。乙公司普通股每股面值1元，市价2.2元，甲公司取得投资后确认为可供出售金融资产，甲公司对该应收账款提取坏账准备50万元。甲公司债务重组损失和可供出售金融资产的初始投资成本分别是(　　)万元。

A．95，485　　B．60，200　　C．10，440　　D．145，525

2．债务人以现金、非现金资产、债务转为资本方式的组合清偿某项债务的一部分，并对该项债务的另一部分以修改其他债务条件进行债务重组的，对上述支付方式应考虑的先后顺序是(　　)。

A．现金、非现金资产、修改其他债务条件、债务转为资本方式

B．现金、非现金资产、债务转为资本方式、修改其他债务条件

C．现金、债务转为资本方式、修改其他债务条件、非现金资产

D．现金、债务转为资本方式、非现金资产、修改其他债务条件

3．甲公司因资金紧张，无法偿还所欠乙公司的应付账款500万元，经协商于20×0年12月31日与乙公司达成债务重组协议，协议规定：甲公司以一批原材料偿还部分债务，该批原材料账面价值为80万元，公允价值(重组日)为100万元；同时乙公司同意豁免债务50万，剩余债务延期1年偿还；并规定，债务重组后，如果甲公司下一年有盈利，则甲公司还需另行支付10万元，作为其占用乙公司资金而给予乙公司的补偿，预计甲公司下一年很可能有盈利。用于抵债的原材料已于重组当日运抵乙公司。假设不考虑各种税费，则甲公司应确认的债务重组利得为(　　)万元。

A．50　　B．40　　C．60　　D．70

4．以修改其他债务条件进行债务重组的，如果债务重组协议中附有或有应付金额的，该或有应付金额最终没有发生的，债务人应(　　)。

A．冲减营业外支出

B．冲减财务费用

C．冲减已确认的预计负债，同时确认营业外收入

D．不作账务处理

5．A公司、B公司均为一般纳税企业，增值税率为17%。A公司应收B公司的账款为3 150万元(未计提减值准备)，已逾期，经协商双方进行债务重组。债务重组内容是：①B公司以银行存款偿付A公司账款450万元；②B公司以一项存货和一项长期股权投资偿付所欠账款的余额。B公司该项存货的账面价值为1 350万元，公允价值为1 575万元；长期股权投资的账面价值为155万元，公允价值为202万元。假定不考虑除增值税以外的其他税费，A公司的债务重组损失为(　　)万元。

A．1 181.55　　B．913.50　　C．1 449.30　　D．655.25

6．20×0年11月10日，甲公司与债务人乙公司就其一项5 000万元债务达成如下重组协议：乙公司以一批产品和一台设备偿还全部债务。乙公司用于偿债的产品成本为1 200万元，公允价值和计税价格均为1 500万元，未计提存货跌价准备；用于偿债的设备原价为5 000万元，已计提折旧2 000万元，公允价值为2 500万元；已计提减值准备800万元。甲公司和乙公司适用的增值税税率均为17%。假定不考虑设备的增值税，乙公司该项债务重组形成的营业外收入为(　　)万元。

A．1 345　　B．745　　C．1 045　　D．330

7．债务重组时，债权人对于受让非现金资产过程中发生的运杂费、保险费等相关费用，应计入的项目是(　　)。

A．管理费用　　B．其他业务成本

C．营业外支出　　D．接受资产的价值

8．甲公司发生财务困难，短期内无法偿还所欠乙公司货款 100 万元。双方协商，甲公司以持有至到期投资抵偿乙公司全部货款，持有至到期投资公允价值为 98 万元，账面价值为 110 万元。乙公司已为该项应收债权计提 10 万元坏账准备。假定不考虑相关税费，乙公司收到该项持有至到期投资的入账价值为(　　)万元。

A．98　　B．90　　C．110　　D．100

9．20×0 年 2 月 10 日，远洋公司销售一批材料给长江公司，同时收到长江公司签发并承兑的一张面值 100 000 元、年利率 7%、6 个月到期还本付息的票据。当年 8 月 10 日，长江公司发生财务困难，无法兑现票据，经双方协议，远洋公司同意长江公司用一台设备抵偿该应收票据。这台设备的历史成本为 120 000 元，累计折旧为 30 000 元，清理费用等 1 000 元，计提的减值准备为 9 000 元，公允价值为 90 000 元。远洋公司未对债权计提坏账准备。假定不考虑其他相关税费。长江公司应确认的债务重组收益和资产转让损益分别为(　　)元。

A．12 500，8 000　　B．8 000，10 000

C．9 000，8 000　　D．13 500，8 000

10．20×0 年 6 月 11 日，M 公司就应收 B 公司货款 2 340 000 元(已计提坏账准备 80 000 元)与其进行债务重组。经协商，M 公司同意豁免 B 公司债务 340 000 元，延长债务偿还期限 6 个月，每月按 2%收取利息，如果从 7 月份起公司盈利则每月再加收 1%的利息，12 月 11 日 B 公司应将本金和利息一起偿还。在债务重组日 M 公司应确认的重组损失为(　　)元。

A．340 000　　B．300 000　　C．20 000　　D．260 000

11．下列不属于破产财产的是(　　)。

A．宣告破产时破产企业经营管理的全部财产

B．已作为担保物的财产

C．应当由破产企业行使的其他财产权利

D．破产企业在破产宣告后至破产程序终结前取得的财产

12．下列关于企业破产清算财产支付顺序正确的是(　　)。

A．支付破产费用、支付共益债务、支付未付工资、缴纳所欠税款、清偿其他无担保债务

B．支付共益债务、支付未付工资、支付破产费用、缴纳所欠税款、清偿其他无担保债务

C．缴纳所欠税款、支付破产费用、支付共益债务、支付未付工资、清偿其他无担保债务

D．清偿其他无担保债务、支付破产费用、支付共益债务、支付未付工资、缴纳所欠税款

13．管理人执行职务的费用、报酬应计入(　　)科目。

A．工资费用　　B．管理费用　　C．清算损益　　D．清算费用

14．企业进入破产清算，停止使用的负债科目是(　　)。

A．应交税金　　B．应付账款　　C．应付债券　　D．应付票据

15．下列属于破产债务的内容(　　)。

A．担保债务　　B．抵销债务　　C．非担保债务　　D．受托债务

16．破产企业担保资产的价值低于担保债务而未受清偿部分应确认为(　　)。

A．普通债务　　B．优先清偿债务　　C．保证债务　　D．破产债务

二、多项选择题

1．下列各项中，属于债务重组范围的有(　　)。

A．银行免除某困难企业积欠贷款的利息，银行只收回本金

B. 企业甲同意企业乙推迟偿还货款的期限，并减少乙企业偿还货款的金额

C. 债务人以非现金资产清偿债务，同时又与债权人签订了资产回购的协议

D. 银行同意减低某困难企业的贷款利率

E. 银行同意债务人借新债偿旧债

2. 债务人以现金清偿债务的情况下，债权人进行账务处理可能涉及的科目有(　　)。

A. 库存现金　　B. 营业外支出

C. 营业外收入　　D. 资产减值损失

E. 预计负债

3. 下列有关债务重组时债务人会计处理的表述中，正确的有(　　)。

A. 以现金清偿债务时，债务人实际支付的现金低于债务账面价值的差额计入资本公积

B. 以非现金资产清偿债务时，转让的非现金资产公允价值低于重组债务账面价值的差额计入资本公积

C. 以非现金资产清偿债务时，转让的非现金资产公允价值低于重组债务账面价值的差额计入当期损益

D. 以非现金资产清偿债务时，转让的非现金资产公允价值高于其账面价值之间的差额计入当期损益

E. 以现金清偿债务时，债务人实际支付的现金低于债务账面价值的差额计入当期损益

4. 以非货币性资产偿还债务的债务重组中，下列说法正确的有(　　)。

A. 债务人以存货偿还债务的，视同销售该存货，应按照其公允价值确认相应的收入，同时结转存货的成本

B. 债务人以固定资产偿还债务的，固定资产公允价值与其账面价值之间的差额，计入投资损益

C. 债务人以长期股权投资偿还债务的，长期股权投资公允价值与其账面价值之间的差额计入营业外收入或营业外支出

D. 债务人以无形资产偿还债务的，无形资产公允价值与其账面价值之间的差额，计入营业外收入或营业外支出

E. 债务人有可能会发生债务重组损失

5. 以债务转为资本的方式进行债务重组时，以下处理方法正确的有(　　)。

A. 债务人应将债权人因放弃债权而享有的股份的面值总额确认为股本或实收资本

B. 债务人应将股份公允价值总额与股本或实收资本之间的差额确认为资本公积

C. 债权人应当将享有股份的公允价值确认为对债务人的投资

D. 债权人已对债权计提减值准备的，应当先将该差额冲减减值准备，冲减后尚有余额的，计入营业外支出(债务重组损失)；冲减后减值准备仍有余额的，应予转回并抵减当期资产减值损失

E. 重组债务的账面价值与股权的公允价值之间的差额作为债务重组利得，计入当期损益

6. 下列有关债务重组的会计处理方法正确的有(　　)。

A. 修改其他债务条件涉及的或有应付金额，该或有应付金额符合《企业会计准则第 13 号——或有事项》中有关预计负债确认条件的，债务人应将该或有应付金额确认为预计负债

B. 修改其他债务条件涉及的或有应收金额，在债权人方面，债权人应确认或有应收金额

C. 对于债务人而言，发生债务重组时，应当将重组债务的账面价值超过抵债资产的公允价值、所转股份的公允价值、或者重组后债务账面价值之间的差额，确认为债务重组利得计入资本公积

D. 在债务重组会计处理中，债务人以固定资产抵偿债务时，既要确认债务重组利得，又要确认处置非流动资产损益

E. 债务重组日指债务重组完成日，即债务人履行协议或法院裁定，将相关资产转让给债权人、将债务转为资本或修改后的债务条件开始执行的日子。债务重组日方可进行债务重组的会计处理

7．甲公司应收乙公司的账款 3 000 万元已逾期，经协商决定进行债务重组。债务重组内容是：①乙公司以银行存款偿付甲公司账款 300 万元；②乙公司以一项无形资产和一项长期股权投资偿付所欠账款的余额。乙公司该项无形资产的原值为 900 万元，已计提摊销额 100 万元，公允价值为 1 050 万元；长期股权投资的账面价值为 1 100 万元，公允价值为 1 250 万元。假定不考虑相关税费，则乙公司计入损益正确处理方法有(　　)。

A．营业外收入——处置非流动资产利得 250 万元

B．投资收益 150 万元

C．营业外收入——债务重组利得 400 万元

D．营业外收入——债务重组利得 800 万元

E．投资收益 0 万元

8．在混合重组方式下，以下会计处理正确的有(　　)。

A．债权人依次以收到的现金、接受的非现金资产原账面价值、债权人享有股份的面值冲减重组债权的账面余额

B．债权人依次以收到的现金、接受的非现金资产公允价值、债权人享有股份的公允价值冲减重组债权的账面价值

C．债务人依次以支付的现金、转让的非现金资产原账面价值、债权人享有股份的面值冲减重组债务的账面价值

D．债务人依次以支付的现金、转让的非现金资产公允价值、债权人享有股份的公允价值冲减重组债务的账面价值

E．债务人和债权人分别确认或有支出和或有收益

9．以下关于修改其他债务条件时，会计处理表述正确的有(　　)。

A．修改其他债务条件后债务的公允价值作为重组后债务的入账价值

B．修改后的债务条款中涉及或有应收金额的，债权人不应当确认或有应收金额，不得将其计入重组后债权的账面价值

C．或有应付金额在随后会计期间没有发生的，企业应当冲销已确认的预计负债，同时确认营业外收入

D．重组债务的账面价值与重组后债务的入账价值之间的差额，计入当期损益

E．修改债务条件后将来应付债务的入账价值应包含未来应付利息，大于重组债务的账面价值债务人应确认重组损失

10．有关债务重组的基本特征表述正确的是(　　)。

A．债务重组是指在债务人发生财务困难的情况下，债权人按照其与债务人达到的协议或者法院的裁定作出让步的事项

B．“债务人发生财务困难”，是指因债务人出现资金周转困难、经营陷入困境或者其他方面的原因等，导致其无法或者没有能力按原定条件偿还债务的情况

C．“债权人作出让步”，是指债权人同意发生财务困难的债务人现在或者将来以低于重组债务账面价值的金额或者价值偿还债务

D．“债权人作出让步”的情形主要包括：债权人减免债务人部分债务本金或者利息、降低债务人应付债务的利率等

E．债权人作出让步是债务重组的必要条件

11．清算财务报表包括(　　)。

A．清算资产负债表　　B．清算损益表　　C．债务清偿表

D．清算财产表　　E．清算现金流量表

12．属于清算损益类科目的有(　　)。

A．清算费用　　B．土地转让收益　　C．清算损益

D．待处理财产损溢　　E．管理费用

13．向法院提出破产申请，一般可以由(　　)提出。

A．债务人的上级主管部门　B．债权人的上级主管部门　C．债务人

D．债权人　E．受托人

14．破产企业的原下列账户余额直接转入管理人新设置的“清算损益”账户的有(　　)。

A．递延资产　B．预提费用　C．实收资本

D．待处理财产损溢　E．应交税金

三、计算及会计处理题

1．20×0 年 1 月 10 日，乙公司销售一批产品给甲公司，价款 1 300 000 元(包括应收取的增值税税额)。至 20×0 年 12 月 31 日，乙公司对该应收账款计提的坏账准备为 18 000 元。由于甲公司与乙公司发生财务困难，无法偿还债务，与乙公司协商进行债务重组。20×1 年 1 月 1 日，甲公司与乙公司达成债务重组协议如下。

(1) 甲公司以材料一批偿还部分债务。该批材料的账面价值为 280 000 元(未提取跌价准备)，公允价值为 300 000 元，适用增值税率为 17%。假定材料同日送抵乙公司，甲公司开出增值税专用发票，乙公司将该批材料作为原材料验收入库。

(2) 将 250 000 元的债务转为甲公司的股份，其中 50 000 元为股份面值。假定股份转让手续同日办理完毕，乙公司将其作为长期股权投资核算。

(3) 乙公司同意减免甲公司所负全部债务扣除实物抵债和股权抵债后剩余债务的 40%，其余债务的偿还期延长至 20×1 年 6 月 30 日。

要求：编制甲乙两公司债务重组日有关债务重组的会计分录。

2．A、B 公司均为增值税一般纳税企业，双方增值税税率均为 17%。20×0 年 6 月 16 日 A 公司应收 B 公司的货款为 800 万元(含增值税)。由于 B 公司资金周转困难，至 20×0 年 11 月 30 日尚未支付货款。双方协商于 20×1 年 1 月 1 日达成以下协议。

(1) B 公司以现金偿还 48.25 万元。

(2) B 公司以一批库存商品偿还一部分债务。该产品的成本为 420 万元，公允价值(即计税价值)为 375 万元，B 公司已为此库存商品计提存货跌价准备 45 万元。

(3) 以 B 公司持有 C 公司的一项股权投资清偿。该股权投资划分为可供出售金融资产，其中成本为 100 万元、允价值变动为 35 万元(借方余额)，未计提减值准备，已宣告但未领取的现金股利 10 万元，公允价值为 150 万元(包含已宣告但未领取的现金股利 10 万元)。

(4) 在上述抵债的基础上免除债务 63 万元，剩余债务展期 2 年，延长期限内加收利息，利率为 6%(与实际利率相同)，同时附或有条件，如果 B 公司在 2 年内实现利润，则利率上升至 10%，如果亏损仍维持 6%的利率。

假定 20×1 年 1 月 1 日 B 公司以银行存款 48.25 万元支付给 A 公司，并办理了股权划转手续，库存商品已经验收入库，开具了增值税专用发票。A 公司取得 C 公司股权后，作为交易性金融资产核算。A 公司应收 B 公司的账款已计提坏账准备 60 万元。B 公司预计展期 2 年内很可能实现净利润。

要求：做出债务重组日 A、B 公司的账务处理。

3．甲公司应收乙公司 10 500 万元，乙公司到期无力支付款项，甲公司同意乙公司用其投资性房地产和交易性金融资产抵偿全部债务。

乙公司投资性房地产采用成本模式进行后续计量。原值为 9 000 万元，折旧为 1 500 万元，公允价值为 8 000 万元，营业税率为 5%。交易性金融资产成本为 1 700 万元，公允价值变动增加 200 万元，公允价值为 2 000 万元。

甲公司收到乙公司的资产仍然作为投资性房地产和交易性金融资产。甲公司计提坏账准备 100 万元。

要求：编制甲乙两公司债务重组日有关债务重组的会计分录。

4．20×0 年 7 月 10 日，甲公司销售一批商品给乙公司，货款为 1 000 万元(含增值税额)。合同约定，乙公司应于 20×0 年 9 月 10 日前支付上述货款。由于资金周转困难，乙公司到期不能偿付货款。经协商，甲公司与乙公司达成如下债务重组协议：乙公司以一批商品、一台固定资产和可供出售金融资产偿还全部债务。乙公司用于偿债的商品成本为 270 万元，公允价值和计税价格均为 300 万元，未计提存货跌价准备；用于偿债的设备原价为 1 000 万元，已计提折旧 400 万元，已计提减值准备 160 万元，公允价值为 400 万元；用于偿债的可供出售金融资产的账面价值为 90 万元(其中成本为 80 万元，公允价值变动增加为 10 万元)，公允价值为 100 万元。甲公司和乙公司适用的增值税税率均为 17%。甲公司收到上述资产后不改变用途并已计提坏账准备 200 万元。假定不考虑除增值税以外的其他相关税费。

要求：根据上述资料，不考虑其他因素，编制甲乙两公司有关债务重组的会计分录。

5．资料：甲公司于 20×0 年 3 月 31 日销售给乙公司一批产品，价款为 6 000 000 元(含增值税)。至 20×0 年 12 月 31 日甲公司仍未收到款项，甲公司对该应收账款计提了坏账准备 300 000 元。20×0 年 12 月 31 日乙公司与甲公司协商，达成的债务重组协议如下。

(1) 乙公司以其生产的产品一批和设备一台抵偿所欠债务的 50%，产品账面成本为 800 000 元，已提存货跌价准备 20 000 元，计税价格(公允价值)为 1 000 000 元，增值税率为 17%；设备账面原价为 2 000 000 元，已提折旧为 500 000 元，公允价值为 1 600 000 元。甲公司收到的产品作为商品入账，设备作为固定资产入账。

(2) 甲公司同意免除抵债后另外 50%债务的 20%，并将剩余债务延期至 20×2 年 12 月 31 日偿还，按年利率 5%(与实际利率相等)计算利息。但如果乙公司 20×1 年开始盈利，则 20×2 年按年利率 10%计算利息；如果乙公司 20×1 年没有盈利，则 20×2 年仍按年利率 5%计算利息，利息于每年年末支付。假定或有支出符合预计负债的确认条件。

(3) 乙公司 20×1 年没有盈利。

要求：

(1) 编制甲公司债务重组的有关会计分录。

(2) 编制乙公司债务重组的有关会计分录。

参 考 文 献

[1] 中华人民共和国财政部制定．企业会计准则 2006[M]．北京：经济科学出版社，2006．

[2] 中华人民共和国财政部制定．企业会计准则——应用指南 2006[M]．北京：中国财政经济出版社，2006．

[3] 财政部会计司编写组．企业会计准则讲解 2008[M]．北京：人民出版社，2008．

[4] 财政部会计资格评价中心．2010 年中级会计资格——中级会计实务[M]．北京：经济科学出版社，2009．

[5] 中国注册会计师协会．2010 年度注册会计师全国统一考试辅导教材——会计[M]．北京：中国财政经济出版社，2010．

[6] 财政部会计司组织翻译．国际财务报告准则 2008[M]．北京：中国财政经济出版社，2008．

[7] 汪祥耀．中国新会计准则与国际财务报告准则比较[M]．上海：立信会计出版社，2006．

[8] [美]罕尼・梵・格鲁宁．国际财务报告准则：实用指南[M]．4 版．北京国家会计学院组织翻译．北京：中国财政经济出版社，2007．

[9] 常勋．财务会计四大难题[M]．4 版．上海：立信会计出版社，2008．

[10] 陈秩秩．金融工具会计准则研究——基于 IASC/IASB 的若干经验[M]．上海：复旦大学出版社，2009．

[11] 赵治钢．最新合并财务报表理论与实务[M]．2 版．北京：经济科学出版社，2009．

[12] 曲晓辉．论物价变动会计[M]．北京：中国财政经济出版社，1991．

[13] 孙铮．物价变动会计理论与实务[M]．上海：立信会计出版社，1995．

[14] [美]莱斯利・F・塞德曼(Leslie.F.Seidman)．金融工具会计及财务报告综合指南(A Comprehensive Guide to Financial Instruments Accounting and Reporting)[M]．北京：中信出版社，2004．

[15] [美]马克・A・特朗布利(Mark A.Trombley)．衍生工具与套期会计[M]．王莛译．上海：立信会计出版社，2009．

[16] 郑磊，吴超．金融工具会计[M]．北京：清华大学出版社，2004．

[17] 孙玉甫．衍生金融工具会计[M]．上海：复旦大学出版社，2005．

[18] 周斌，杨志慧．新会计准则金融工具讲解与实务运用[M]．北京：企业管理出版社，2007．

[19] 聂兴凯．新会计准则下金融工具的会计处理[M]．上海：立信会计出版社，2007．

[20] 史燕平．融资租赁原理与实务[M]．北京：对外经济贸易大学出版社，2005．

[21] 罗素清．租赁会计研究[M]．上海：上海三联书店，2005．

[22] [美]阿诺德・J・帕勒．高级会计学[M]．8 版．杨有红等译．北京：中国人民大学出版社，2006．

[23]《高级会计实务》编委会．2009 年全国高级会计师资格考评结合辅导教材——高级会计实务[M]．北京：中国财政经济出版社，2009．

北京大学出版社本科财经管理类实用规划教材(已出版)

序号	标准书号	书 名	主 编	定 价	序号	标准书号	书 名	主 编	定 价
1	7-5038-4748-6	应用统计学	王淑芬	32.00	38	7-5038-5018-9	财务管理学实用教程	骆永菊	42.00
2	7-5038-4875-9	会计学原理	刘爱香	27.00	39	7-5038-5022-6	公共关系学	于朝晖	40.00
3	7-5038-4881-0	会计学原理习题与实验	齐永忠	26.00	40	7-5038-5013-4	会计学原理与实务模拟实验教程	周慧滨	20.00
4	7-5038-4892-6	基础会计学	李秀莲	30.00	41	7-5038-5021-9	国际市场营销学	范应仁	38.00
5	7-5038-4896-4	会计学原理与实务	周慧滨	36.00	42	7-5038-5024-0	现代企业管理理论与应用	邸彦彪	40.00
6	7-5038-4897-1	财务管理学	盛均全	34.00	43	7-301-13552-5	管理定量分析方法	赵光华	28.00
7	7-5038-4877-3	生产运作管理	李全喜	42.00	44	7-81117-496-0	人力资源管理原理与实务	邹 华	32.00
8	7-5038-4878-0	运营管理	冯根尧	35.00	45	7-81117-492-2	产品与品牌管理	胡 梅	35.00
9	7-5038-4879-7	市场营销学新论	郑玉香	40.00	46	7-81117-494-6	管理学	曾 旗	44.00
10	7-5038-4880-3	人力资源管理	颜爱民	56.00	47	7-81117-498-4	政治经济学原理与实务	沈爱华	28.00
11	7-5038-4899-5	人力资源管理实用教程	吴宝华	38.00	48	7-81117-495-3	劳动法学	李 瑞	32.00
12	7-5038-4889-6	公共关系理论与实务	王 玫	32.00	49	7-81117-497-7	税法与税务会计	吕孝侠	45.00
13	7-5038-4884-1	外贸函电	王 妍	20.00	50	7-81117-549-3	现代经济学基础	张士军	25.00
14	7-5038-4894-0	国际贸易	朱廷珺	35.00	51	7-81117-536-3	管理经济学	姜保雨	34.00
15	7-5038-4895-7	国际贸易实务	夏合群	42.00	52	7-81117-547-9	经济法实用教程	陈亚平	44.00
16	7-5038-4883-4	国际贸易规则与进出口业务操作实务	李 平	45.00	53	7-81117-544-8	财务管理学原理与实务	严复海	40.00
17	7-5038-4885-8	国际贸易理论与实务	缪东玲	47.00	54	7-81117-546-2	金融工程学理论与实务	谭春枝	35.00
18	7-5038-4873-5	国际结算	张晓芬	30.00	55	7-5038-3915-3	计量经济学	刘艳春	28.00
19	7-5038-4893-3	国际金融	韩博印	30.00	56	7-81117-559-2	财务管理理论与实务	张思强	45.00
20	7-5038-4874-2	宏观经济学原理与实务	崔东红	45.00	57	7-81117-545-5	高级财务会计	程明娥	46.00
21	7-5038-4882-7	宏观经济学	蹇令香	32.00	58	7-81117-533-2	会计学	马丽莹	44.00
22	7-5038-4886-5	西方经济学实用教程	陈孝胜	40.00	59	7-81117-568-4	微观经济学	梁瑞华	35.00
23	7-5038-4870-4	管理运筹学	关文忠	37.00	60	7-81117-575-2	管理学原理与实务	陈嘉莉	38.00
24	7-5038-4871-1	保险学原理与实务	曹时军	37.00	61	7-81117-519-6	流程型组织的构建研究	岳 澎	35.00
25	7-5038-4872-8	管理学基础	于干千	35.00	62	7-81117-660-5	公共关系学实用教程	周 华	35.00
26	7-5038-4891-9	管理学基础学习指南与习题集	王 珍	26.00	63	7-81117-663-6	企业文化理论与实务	王水嫩	30.00
27	7-5038-4888-9	统计学原理	刘晓利	28.00	64	7-81117-599-8	现代市场营销学	邓德胜	40.00
28	7-5038-4898-8	统计学	曲 岩	42.00	65	7-81117-674-2	发展经济学	赵邦宏	48.00
29	7-5038-4876-6	经济法原理与实务	杨士富	32.00	66	7-81117-598-1	税法与税务会计实用教程	张巧良	38.00
30	7-5038-4887-2	商法总论	任先行	40.00	67	7-81117-594-3	国际经济学	吴红梅	39.00
31	7-5038-4965-7	财政学	盖 锐	34.00	68	7-81117-676-6	市场营销学	戴秀英	32.00
32	7-5038-4997-8	通用管理知识概论	王丽平	36.00	69	7-81117-597-4	商务谈判实用教程	陈建明	24.00
33	7-5038-4999-2	跨国公司管理	冯雷鸣	28.00	70	7-81117-595-0	金融市场学	黄解宇	24.00
34	7-5038-4890-2	服务企业经营管理学	于干千	36.00	71	7-81117-677-3	会计实务	王远利	40.00
35	7-5038-5014-1	组织行为学	安世民	33.00	72	7-81117-800-5	公司理财原理与实务	廖东声	36.00
36	7-5038-5016-5	市场营销学	陈 阳	48.00	73	7-81117-801-2	企业战略管理	陈英梅	34.00
37	7-5038-5015-8	商务谈判	郭秀君	38.00	74	7-81117-826-5	服务营销理论与实务	杨丽华	39.00

序号	标准书号	书　名	主　编	定　价	序号	标准书号	书　名	主　编	定　价
75	7-81117-824-1	消费者行为学	甘瑁琴	35.00	85	7-81117-958-3	金融法学理论与实务	战玉锋	34.00
76	7-81117-828-9	审计学	王翠琳	46.00	86	7-81117-959-0	市场营销理论与实务	那　薇	38.00
77	7-81117-593-6	国际金融实用教程	周　影	32.00	87	7-81117-956-9	东南亚南亚商务环境概论	韩　越	38.00
78	7-81117-818-0	微观经济学原理与实务	崔东红	48.00	88	7-81117-972-9	新编市场营销学	刘丽霞	30.00
79	7-81117-851-7	西方经济学	于丽敏	40.00	89	7-301-16084-8	人力资源管理经济分析	颜爱民	38.00
80	7-81117-853-1	企业战略管理实用教程	刘松先	35.00	90	7-5655-0069-5	质量管理	陈国华	36.00
81	7-81117-852-4	国际商法理论与实务	杨士富	38.00	91	7-5655-0063-3	管理学实用教程	邵喜武	37.00
82	7-81117-887-6	会计规范专题	谢万健	35.00	92	7-5655-0064-0	市场营销学	王槐林	33.00
83	7-81117-943-9	管理会计	齐殿伟	27.00	93	7-5655-0078-7	管理学原理	尹少华	42.00
84	7-81117-955-2	审计理论与实务	宋传联	36.00	94	7-5655-0061-9	高级财务会计	王奇杰	44.00

本科电子商务与信息管理类教材

序号	标准书号	书　名	主　编	定价	序号	标准书号	书　名	主　编	定　价
1	7-301-12349-2	网络营销	谷宝华	30.00	13	7-301-15284-3	网络营销实务	李蔚田	42.00
2	7-301-12351-5	数据库技术及应用教程(SQL Server 版)	郭建校	34.00	14	7-301-15474-8	电子商务实务	仲　岩	28.00
3	7-301-12343-0	电子商务概论	庞大连	35.00	15	7-301-15480-9	电子商务网站建设	臧良运	32.00
4	7-301-12348-5	管理信息系统	张彩虹	36.00	16	7-301-15694-0	网络金融与电子支付	李蔚田	30.00
5	7-301-13633-1	电子商务概论	李洪心	30.00	17	7-301-16556-0	网络营销	王宏伟	26.00
6	7-301-12323-2	管理信息系统实用教程	李　松	35.00	18	7-301-16557-7	网络信息采集与编辑	范生万	24.00
7	7-301-14306-3	电子商务法	李　瑞	26.00	19	7-301-16596-6	电子商务案例分析	曹彩杰	28.00
8	7-301-14313-1	数据仓库与数据挖掘	廖开际	28.00	20	7-301-16717-5	电子商务概论	杨雪雁	32.00
9	7-301-12350-8	电子商务模拟与实验	喻光继	22.00	21	7-301-05364-5	电子商务英语	覃　正	30.00
10	7-301-14455-8	ERP 原理与应用教程	温雅丽	34.00	22	7-301-16911-7	网络支付与结算	徐　勇	34.00
11	7-301-14080-2	电子商务原理及应用	孙　睿	36.00	23	7-301-17044-1	网上支付与安全	帅青红	32.00
12	7-301-15212-6	管理信息系统理论与应用	吴　忠	30.00	24	7-301-16621-5	企业信息化实务	张志荣	42.00

本科旅游管理类教材

序号	标准书号	书　名	主　编	定价	序号	标准书号	书　名	主　编	定　价
1	7-5038-4996-1	饭店管理概论	张利民	35.00	12	7-5038-5306-7	旅游政策与法规	袁正新	37.00
2	7-5038-5000-4	旅游策划理论与实务	王衍用	20.00	13	7-5038-5384-5	野外旅游探险考察教程	崔铁成	31.00
3	7-5038-5006-6	中国旅游地理	周凤杰	28.00	14	7-5038-5363-0	旅游学基础教程	王明星	43.00
4	7-5038-5047-9	旅游摄影	夏　峰	36.00	15	7-5038-5373-9	民俗旅游学概论	梁福兴	34.00
5	7-5038-5030-1	酒店人力资源管理	张玉改	28.00	16	7-5038-5375-3	旅游资源学	郑耀星	28.00
6	7-5038-5040-0	旅游服务礼仪	胡碧芳	23.00	17	7-5038-5344-9	旅游信息系统	夏琛珍	18.00
7	7-5038-5283-1	现代饭店管理概论	尹华光	36.00	18	7-5038-5345-6	旅游景观美学	祁　颖	22.00
8	7-5038-5036-3	旅游经济学	王　梓	28.00	19	7-5038-5374-6	前厅客房服务与管理	王　华	34.00
9	7-5038-5008-0	旅游文化学概论	曹诗图	23.00	20	7-5038-5443-9	旅游市场营销学	程道品	30.00
10	7-5038-5302-9	旅游企业财务管理	周桂芳	32.00	21	7-5038-5601-3	中国人文旅游资源概论	朱桂凤	26.00
11	7-5038-5293-0	旅游心理学	邹本涛	32.00					

电子书(PDF 版)、电子课件和相关教学资源下载地址：http://www.pup6.com/ebook.htm，欢迎下载。
欢迎免费索取样书，请填写并通过 E-mail 提交教师调查表，下载地址：http://www.pup6.com/down/教师信息调查表 excel 版.xls，欢迎订购。联系方式：010-62750667，lihu80@163.com，dreamliu3742@163.com，linzhangbo@126.com，欢迎来电来信。